Studien zum Zivilrecht

Herausgegeben von

Prof. Dr. Dr. h.c. Barbara Dauner-Lieb, Universität Köln
Prof. Dr. Christian Berger, Universität Leipzig
Prof. Dr. Florian Faust, Bucerius Law School, Hamburg

Band 61

Jannis Fischer

Der Anspruch auf Beachtung von Schutzpflichten im Sinne von § 241 Abs. 2 BGB

Nomos

Onlineversion
Nomos eLibrary

Die Deutsche Nationalbibliothek verzeichnet diese Publikation in der Deutschen Nationalbibliografie; detaillierte bibliografische Daten sind im Internet über http://dnb.d-nb.de abrufbar.

Zugl.: Hamburg, Bucerius Law School,
Hochschule für Rechtswissenschaft, Diss., 2024

ISBN 978-3-7560-3113-9 (Print)
ISBN 978-3-7489-5454-5 (ePDF)

1. Auflage 2025

Vorwort

Die vorliegende Arbeit wurde im März 2024 eingereicht und im Juni 2024 von der Bucerius Law School – Hochschule für Rechtswissenschaft – als Dissertation angenommen.

Meinem Doktorvater, Herrn Professor Dr. Florian Faust, danke ich ganz herzlich für seine hervorragende Betreuung.

Danken möchte ich auch Herrn Professor Dr. Jens Prütting für die Erstellung des Zweitgutachtens.

Großer Dank gilt ferner meiner Familie sowie Michaela Lübkemann und Michael Agi, die mich während der gesamten Promotionszeit in jeder Hinsicht unterstützt haben.

Schließlich danke ich Herrn Professor Dr. Florian Faust, Herrn Professor Dr. Christian Berger und Frau Professorin Dr. Dr. h.c. Barbara Dauner-Lieb für die Aufnahme der Arbeit in die „Studien zum Zivilrecht".

Köln, Februar 2025 Jannis Fischer

Inhaltsverzeichnis

Einleitung

> „Aber bei den Schutzpflichten spielt der Erfüllungsanspruch – mag er nun rechtlich gegeben sein oder nicht – praktisch keine Rolle: Niemand verlangt auch nur außergerichtlich die Beseitigung rutschiger Kohlblätter, den sorgsamen Umgang mit Linoleumrollen oder die Warnung vor Gefahren; Klagen mit solchen Begehren kommen vollends nicht vor. Vielmehr dominiert hier der auf die zu vertretende Pflichtverletzung gestützte Schadensersatzanspruch.“[1]

Vertraut man *Dieter Medicus*‘ spöttischer Bemerkung aus dem Jahr 1987, käme einem Anspruch auf Beachtung von Schutzpflichten – sollte es ihn rechtlich geben – keinerlei Bedeutung zu. Schutzpflichtverletzungen werden regelmäßig erst durch den Eintritt eines Schadens sichtbar, womit das Interesse an der vorbeugenden Durchsetzbarkeit der Schutzpflicht entfällt. Ist die drohende Schädigung ausnahmsweise schon im Vorhinein sichtbar, wird häufig entweder der Betroffene der Gefahr ausweichen oder der Verpflichtete wird die Gefahr von sich aus beseitigen, um einer Schadensersatzhaftung zu entgehen. Auf die Einklagbarkeit von Schutzpflichten kommt es deshalb tatsächlich nur in Ausnahmefällen an.[2]

Allerdings ist ein Anspruch auf Beachtung von Schutzpflichten damit nicht obsolet. Ein einfacher und doch bedeutsamer Anwendungsfall zeigt sich mit Blick auf eine Entscheidung des dritten Zivilsenats des BGH aus dem Jahr 2021.[3] Die Betreiberin eines weltweiten sozialen Netzwerks hatte einen Nutzerbeitrag gelöscht und zugleich das Konto der Nutzerin

---

1 *Medicus*, Probleme um das Schuldverhältnis, S. 16. Er bezieht sich unter anderem auf die folgenden Grundsatzentscheidungen: RG, Urteil v. 07.12.1911 – VI 240/11, RGZ 78, 239 (Linoleumrolle); BGH, Urteil v. 28.01.1976 – VIII ZR 246/74, BGHZ 66, 51 (Gemüseblatt).

2 So auch *Grigoleit*, in: FS Canaris 2007, Bd. 1, 275, 289 ff.; siehe zudem *G. Müller*, Leistungsbegriff, S. 104; *Medicus*, in: FS Canaris 2007, Bd. 1, 835, 839; *Looschelders*, Schuldrecht AT, § 1 Rn. 25; *Martens*, in: Erman, BGB, § 241 Rn. 21; *Kramme*, in: Prütting/Wegen/Weinreich, BGB, § 241 Rn. 24.

3 BGH, Urteil v. 29.07.2021 – III ZR 179/20, BGHZ 230, 347; siehe auch die am selben Tag ergangene und inhaltlich ganz ähnliche Entscheidung BGH, Urteil v. 29.07.2021 – III ZR 192/20, ZUM-RD 2021, 612; daran anknüpfend ferner OLG Dresden, Beschluss v. 04.10.2021 – 4 W 625/21, ZUM-RD 2022, 76.

gesperrt (im Folgenden auch „Facebook-Fall"). Der BGH stufte sowohl die Löschung als auch die Sperrung als vertragswidrig ein und sprach der Nutzerin einen Anspruch auf Wiederherstellung des Beitrags aus §§ 280 Abs. 1, 249 Abs. 1 BGB zu.[4] Außerdem bejahte der dritte Zivilsenat einen Anspruch auf Unterlassung einer erneuten Kontosperrung und auf Unterlassung der Löschung des Beitrags bei dessen erneuter Einstellung und stützte sich dabei ebenfalls auf §§ 280 Abs. 1, 249 Abs. 1 BGB.[5] Die Entscheidung des BGH ist insoweit bemerkenswert, als hier das Leistungsstörungsrecht um einen vorbeugenden Unterlassungsanspruch ergänzt wird.[6] Die Einkleidung als Schadensersatzanspruch ist dabei jedoch fragwürdig, weil hinsichtlich bevorstehender Vertragsverstöße ein kompensierbarer Schaden fehlt.[7] Tatsächlich verbirgt sich hinter dem herangezogenen Rechtsschutzmittel ein Anspruch auf Beachtung von Schutzpflichten[8]: Die Parteien des Vertrags zur Nutzung des sozialen Netzwerks unterliegen nach § 241 Abs. 2 BGB Pflichten zum Schutz der Rechte, Rechtsgüter und Interessen des anderen Teils.[9] Zählt man hierzu auch den Schutz vertraglicher Rechte[10] – also etwa des Rechts auf vertragsgemäße Nutzung eines sozialen Netzwerks – und hält man die entsprechenden Schutzpflichten für einklagbar, ergibt sich daraus ein Anspruch auf Unterlassung sowohl andauernder als auch bevorstehender Vertragsverletzungen.[11] Die Anerkennung eines

4 BGH, Urteil v. 29.07.2021 – III ZR 179/20, BGHZ 230, 347, 359 (Rn. 27), 388 (Rn. 99); siehe auch BGH, Urteil v. 29.07.2021 – III ZR 192/20, ZUM-RD 2021, 612, 618 (Rn. 39), 627 (Rn. 111).

5 BGH, Urteil v. 29.07.2021 – III ZR 179/20, BGHZ 230, 347, 388 f. (Rn. 100 ff.); siehe auch BGH, Urteil v. 29.07.2021 – III ZR 192/20, ZUM-RD 2021, 612, 627 (Rn. 115), wo ein solcher Anspruch aber aufgrund der Tatsachen des Falls im Ergebnis abgelehnt wird.

6 Vgl. *Heymann/Götz*, GRUR 2021, 1491, 1495.

7 Näher dazu unter 1. Teil C.II (S. 91 f.).

8 Ebenso *Heymann/Götz*, GRUR 2021, 1491, 1495; *Wagener/Wünnerke*, RDi 2022, 50, 51. Dass es in dem Fall um die selbständige Einklagbarkeit von vertraglichen Verhaltenspflichten geht, sagt der BGH zwar nicht ausdrücklich. Es ergibt sich aber indirekt aus den Quellen, auf die er Bezug nimmt: BGH, Urteil v. 29.07.2021 – III ZR 179/20, BGHZ 230, 347, 388 f. (Rn. 103); ganz ähnlich BGH, Urteil v. 29.07.2021 – III ZR 192/20, ZUM-RD 2021, 612, 627 (Rn. 115).

9 Vgl. *Bachmann/Schirmer*, in: FS Canaris 2017, 371, 381; zur Einordnung als vertragliches Schuldverhältnis vgl. auch *Faust*, Digitale Wirtschaft, S. A 62.

10 Näher dazu unter 1. Teil C.I.2.c.cc(1)(ii) (S. 84 f.); siehe insbesondere Fn. 413.

11 Ebenso *Heymann/Götz*, GRUR 2021, 1491, 1495; *Wagener/Wünnerke*, RDi 2022, 50, 51.

Anspruchs auf Beachtung von Schutzpflichten bedeutet insofern eine Ausweitung des negatorischen Rechtsschutzes auf relative Rechte.[12]

Auch über diesen Fall hinaus mehren sich in der jüngeren Rechtsprechung und Literatur konkrete Beispiele für einen Anspruch auf Beachtung von Schutzpflichten im Sinne von § 241 Abs. 2 BGB.[13] Selbst *Medicus* zeigte sich im Jahr 2007 aufgeschlossener und merkte an, dass etwa im Rahmen einer ständigen Geschäftsverbindung ein Bedürfnis nach einem klagbaren Anspruch auf Wahrung der Integrität gegeben sein könne.[14] Im Jahr 2017 konstatierten *Gregor Bachmann* und *Jan-Erik Schirmer* deshalb zu Recht: Eine Auseinandersetzung mit dem Anspruch auf Beachtung von Schutzpflichten ist mehr als ein „akademisches Glasperlenspiel".[15]

Allerdings haben sich Schutzpflichten erst im Laufe des 20. Jahrhunderts entwickelt und nach *Joachim Gernhuber* zum Untergang einer der Grundideen der Schuldrechtsdogmatik geführt, nämlich der „Skelettierung des

---

12 Zu den insoweit bislang bestehenden Lücken des negatorischen Rechtsschutzes vgl. *Fehling/Faust/Rönnau*, JuS 2006, 18, 20 f.; *Thole*, in: Staudinger, Neubearbeit. 2023, § 1004 Rn. 10; näher dazu unter 1. Teil C.III.3.b (S. 101 ff.).

13 Nach der Rechtsprechung kann etwa ein Bieter im Vergabeverfahren nach §§ 311 Abs. 2, 241 Abs. 2 BGB i. V. m. § 280 Abs. 1 BGB oder § 1004 BGB die Unterlassung des Zuschlags gegenüber einem Mitbieter einklagen, wenn der Zuschlag unter Verstoß gegen vorvertragliche Pflichten im Vergabeverfahren erfolgen soll: BGH, Urteil v. 05.06.2012 – X ZR 161/11, NZBau 2012, 652, 653 (Rn. 14 f.); OLG Jena, Urteil v. 08.12.2008 – 9 U 431/08, VergabeR 2009, 524, 527; KG, Urteil v. 07.01.2020 – 9 U 79/19, NZBau 2020, 680, 681 (Rn. 6); OLG Düsseldorf, Urteil v. 13.01.2010 – I-27 U 1/09, NZBau 2010, 328; OLG Saarbrücken, Urteil v. 13.06.2012 – 1 U 357/11-107, NZBau 2012, 654; näher dazu insbesondere auf S. 104 f. In der Literatur finden sich die folgenden Beispiele: Ein Käufer hegt nach der Übergabe der Kaufsache den begründeten Verdacht, dass die Kaufsache einen gefährlichen Mangel aufweist, und verlangt insoweit Auskunft von dem Verkäufer (*Bodewig*, Der Rückruf fehlerhafter Produkte, S. 161 f.); Anspruch eines Bankkunden gegen die Bank auf Unterlassung der Verletzung des Bankgeheimnisses (*Wech*, Das Bankgeheimnis, S. 502 ff.; *Kramme*, Konflikt, S. 169 ff.); ein Verbandsmitglied will die Verwaltung daran hindern, Gesellschafterbeschlüsse auszuführen, die seine Mitgliedschaftsrechte verletzen (*Leuering*, in: FS Bergmann, 457, 467 f.); ein Nutzer eines sozialen Netzwerks im digitalen Raum verlangt von der Plattformbetreiberin, vermögensgefährdende Einträge anderer Nutzer zu löschen (*Bachmann/Schirmer*, in: FS Canaris 2017, 371, 381 f.); Anbieter von Software-basierten Dienstleistungen sollen dazu gebracht werden, algorithmische Fehlentscheidungen zu korrigieren, welche die versprochene Leistung oder die sonstigen Rechtsgüter des Berechtigten gefährden (*Kähler*, NJW 2020, 113 ff.); Anspruch auf Stellung und Berichtigung einer Rechnung (*Mankowski*, BB 2011, 1097, 1098).

14 *Medicus*, in: FS Canaris 2007, Bd. 1, 835, 839 (mit Fn. 21).

15 *Bachmann/Schirmer*, in: FS Canaris 2017, 371, 371, 375 ff.

Schuldverhältnisses auf Leistungspflichten".[16] Dies wiederum hat „erhebliche Unsicherheit in das Schuldrecht gebracht"[17], was sich im Hinblick auf den Diskurs zur Einklagbarkeit von Schutzpflichten bis heute bemerkbar macht.[18] Drei Probleme stehen dabei im Mittelpunkt:

Das erste Problem betrifft die Abgrenzung der verschiedenen Pflichttypen im Schuldverhältnis, darunter insbesondere der Schutzpflichten. Bis heute ist sie nicht abschließend geklärt.[19] Auch in der Begründung des Fraktionsentwurfs zu § 241 Abs. 2 BGB im Rahmen der Schuldrechtsmodernisierung[20] misslingt eine konsequente Einordnung von Schutzpflichten.[21] Danach sollen sie „die Beteiligten zu einem *gesteigerten* Schutz der Rechtsgüter des jeweils anderen"[22] verpflichten.[23] Auf der anderen Seite sollen Schutzpflichten „nur die gegenwärtige Güterlage [...] vor Beeinträchtigungen bewahren".[24] Einerseits stärken Schutzpflichten also die beiderseitigen Rechtspositionen, andererseits bewahren sie nur den *status quo*. Der Fraktionsentwurf, der im Wesentlichen die herrschende Lehre wiedergibt[25], ist insofern widersprüchlich.[26] Ist allerdings unklar, wie Schutzpflichten einzuordnen sind, ist auch die Frage nach der Klagbarkeit offen. Dies zeigt ein Vorschlag aus der jüngeren Literatur, wonach Leistungs- und

16 So *Gernhuber* im Vorwort zu *H. Lange*, Schadensersatz, 1. Aufl. (1979).

17 *Medicus*, Probleme um das Schuldverhältnis, S. 17 (siehe auch S. 1, 16); *Kamp*, Funktion und Grenzen, S. 9 ff.

18 Zum verschwommenen Meinungsbild siehe *Olzen*, in: Staudinger, Neubearbeit. 2019, § 241 Rn. 556 f.; ausführlich dazu unter 1. Teil A (S. 21 ff.).

19 Nach *Gernhuber*, Das Schuldverhältnis, § 2 III 1 (S. 16), gehört „die Lehre von den Pflichten im Schuldverhältnis noch immer zu den eher vernachlässigten Teilbereichen der Schuldrechtsdogmatik"; nach *Krebs*, in: Dauner-Lieb/Langen, BGB, § 241 Rn. 48, ist „die Abgrenzung von aus der Treuepflicht abgeleiteten Nebenleistungspflichten und Schutzpflicht [...] noch wenig erforscht"; siehe daneben auch *Korch*, ZfPW 2020, 189; *Kamp*, Funktion und Grenzen, S. 3 f.

20 Fraktionsentwurf zum SchuldRModG, BT-Drucks. 14/6040 v. 14.05.2001, S. 125 f.; übernommen durch Regierungsentwurf zum SchuldRModG, BT-Drucks. 14/6857 v. 31.08.2001, S. 5.

21 Nach *Krebs*, in: Dauner-Lieb/Langen, BGB, § 241 Rn. 48, haben „der Gesetzgeber wie auch die meisten Vertragspartner keine Erfahrungen mit Schutzpflichten".

22 Hervorhebung nicht im Original.

23 Fraktionsentwurf zum SchuldRModG, BT-Drucks. 14/6040 v. 14.05.2001, S. 125.

24 Fraktionsentwurf zum SchuldRModG, BT-Drucks. 14/6040 v. 14.05.2001, S. 125; so aus der Literatur auch etwa *Grigoleit*, in: FS Canaris 2007, Bd. 1, 275, 276 f.; *Olzen*, in: Staudinger, Neubearbeit. 2019, § 241 Rn. 156, 161; *Grüneberg*, in: Grüneberg, § 241 Rn. 6.

25 Fraktionsentwurf zum SchuldRModG, BT-Drucks. 14/6040 v. 14.05.2001, S. 125.

26 Näher dazu unter 1. Teil C.I.2.c.cc(1)(i) (S. 77 ff.).

Schutzpflichten nicht – wie nach der herrschenden Meinung – anhand des Leistungs- bzw. Schutzinteresses[27], sondern gerade anhand des Merkmals der Klag- bzw. Unklagbarkeit voneinander abzugrenzen sind.[28]

Das zweite Problem betrifft die herrschende Lehre vom Anspruch. Ihr zufolge sind der Anspruch im Sinne von § 194 Abs. 1 BGB und das in § 241 Abs. 1 S. 1 BGB verankerte Recht, eine Leistung zu fordern, weitgehend identisch.[29] Für einen Anspruch auf Beachtung von Schutzpflichten ergeben sich insoweit zwei Optionen: Entweder man geht mit der herrschenden Lehre davon aus, dass der Anspruch immer auf eine Leistung gerichtet ist und hebt damit die Unterscheidung zwischen Schutz- und Leistungspflichten auf. Oder man hält an der in § 241 Abs. 1 und Abs. 2 BGB angelegten Unterscheidung beider Pflichtkategorien[30] fest, muss dann aber einen Anspruch anerkennen, der kein Leistungsanspruch ist, wobei sowohl dessen Herleitung als auch seine Verortung im allgemeinen Schuldrecht mit Unsicherheiten verbunden sind.

Das dritte Problem folgt aus der begrenzten Funktion von Schutzpflichten in der Rechtspraxis. Auf sie wird insbesondere zurückgegriffen, um die Pflichtwidrigkeit im Rahmen der Schadensersatzhaftung nach §§ 280 Abs. 1, 241 Abs. 2 BGB herzuleiten.[31] Vergrößert man den Funktionsradius, indem man Schutzpflichten einen Anspruch gegenüberstellt, ist unklar, welche Konsequenzen sich daraus ergeben: Findet zum Beispiel – wie im Hinblick auf den Leistungsanspruch – § 275 BGB Anwendung, sodass die nach § 241 Abs. 2 BGB gebotene Rücksicht nunmehr in § 275 BGB ihre Grenze findet? Löst die Nichterfüllung einer Schutzpflicht einen Anspruch auf Schadensersatz statt der Leistung gemäß §§ 280 Abs. 1, Abs. 3 i. V. m. 281 Abs. 1 S. 1 bzw. 283 S. 1 BGB aus und nicht – wie bisher – eine Haftung nach §§ 280 Abs. 1, 241 Abs. 2 BGB? Oder gilt es, entsprechend der Forderung *Eduard Pickers* für das Sachenrecht, eine derartige „Verschuldrechtlichung“[32] zu vermeiden, weil sie der Natur von Schutzpflichten widerspricht und dementsprechend zu Fehlschlüssen verleitet?

---

27 Siehe die Verweise in Fn. 24.

28 *Korch*, ZfPW 2020, 189 ff.; in diese Richtung auch schon *Gröschler*, in: FS Konzen, 109, 113 f.

29 Siehe dazu – auch mit Blick auf die historischen Wurzeln – *Henckel*, AcP 174 (1974), 97, 141; *J. Schmidt*, in: FS Jahr, 401 f.

30 Fraktionsentwurf zum SchuldRModG, BT-Drucks. 14/6040 v. 14.05.2001, S. 125.

31 Siehe nur *Sutschet*, in: BeckOK, BGB, § 241 Rn. 106, der hier auch auf die weiteren in Betracht kommenden Rechtsfolgen einer Schutzpflichtverletzung eingeht.

32 *Picker*, in: FS Bydlinski, 269, 302.

Wie sich zeigt, sind die Hürden für einen Anspruch auf Beachtung von Schutzpflichten tief in der deutschen Zivilrechtsdogmatik verwurzelt. Dabei geht es im Kern um die folgenden zwei Fragen: 1. Lassen sich Schutzpflichten konsequent von Leistungspflichten abgrenzen? 2. Wie und mit welchen Folgen lässt sich einer Pflicht, die keine Leistungspflicht ist, ein Anspruch gegenüberstellen? Die vorliegende Arbeit soll unter anderem Antworten auf diese Fragen liefern. Ziel ist es, das dogmatische Fundament zu legen, von dem aus die Rechtspraxis ohne Unsicherheit auf einen Anspruch auf Beachtung von Schutzpflichten zurückgreifen kann.

Mit dieser Zielsetzung ist auch die Struktur der Untersuchung vorgezeichnet. Der erste Teil der Arbeit ist dem Streit um die Einklagbarkeit von Schutzpflichten gewidmet. Der zweite Teil behandelt die Frage, wie sich ein Anspruch auf Beachtung von Schutzpflichten in das allgemeine Schuldrecht einfügt.

Erster Teil: Zur Einklagbarkeit von Schutzpflichten

Der erste Teil dieser Arbeit befasst sich mit der Frage, ob Schutzpflichten einklagbar sind. Zunächst wird der Meinungsstand in der Literatur und Rechtsprechung erörtert (A). Daraufhin wird dem Ursprung der unterschiedlichen Meinungsströmungen auf den Grund gegangen, indem ein Blick auf die Entwicklungsgeschichte von Schutzpflichten geworfen wird (B). Im Anschluss wird untersucht, ob sich eine taugliche Rechtsgrundlage für einen Anspruch auf Beachtung von Schutzpflichten finden lässt (C). Im letzten Abschnitt liegt der Fokus auf der Rechtsfolgenseite, das heißt, es wird überprüft, ob die Einklagbarkeit von Schutzpflichten zu einem angemessenen Interessenausgleich führt (D).

A. Meinungsstand in Literatur und Rechtsprechung

I. Vorbemerkung zum Vokabular

In der Literatur findet sich mehrfach die Mahnung, dass es bei der Problematik um die Einklagbarkeit von Schutzpflichten nicht um die Befugnis zur Klage geht, sondern um das zugrunde liegende subjektive Recht – den materiellrechtlichen Anspruch.[33] Dieser Hinweis ist insoweit berechtigt, als das Zivilrecht zwischen materiellem Recht und Prozessrecht trennt.[34] Dabei ist einer Leistungsklage ein davon unterscheidbares, materielles Recht vorgelagert.[35] Im Laufe dieser Untersuchung wird sich allerdings die kategorische Trennung zwischen Anspruch und Klagerecht weitgehend relativieren.[36] Hier sollen zur Einordnung des Anspruchsbegriffs vorerst die folgenden Eckpunkte ausreichen: Nach der Legaldefinition in § 194 Abs. 1 BGB ist ein Anspruch das „Recht, von einem anderen ein Tun oder Unterlassen

33 So insbesondere *Kuhlmann*, Leistungspflichten und Schutzpflichten, S. 125 f.; siehe auch *R. Stürner*, JZ 1976, 384, 387 f.; *Bachmann/Schirmer*, in: FS Canaris 2017, 371, 372.

34 *Henckel*, Prozessrecht und materielles Recht, S. 5; *H. Roth*, Einrede, S. 306 f.; *G. Wagner*, Prozeßverträge, S. 399, 401.

35 *R. Stürner*, JZ 1976, 384, 388.

36 Siehe unter 1. Teil C.I.2.b (S. 59 ff.).

zu verlangen". Eine wesentliche Funktion dieses Rechts besteht darin, das Verlangen klageweise durchsetzen zu können.[37] Um diese Funktion geht es hier. Es soll geklärt werden, ob Schutzpflichten nicht nur die Grundlage für repressiven Rechtsschutz in Form einer Klage auf Schadensersatz bieten, sondern ob sie auch präventiv gerichtlich durchgesetzt werden können. Insofern kann sowohl vom Anspruch auf Beachtung von Schutzpflichten, von der Einklagbarkeit bzw. Klagbarkeit oder auch von der vorbeugenden Durchsetzbarkeit von Schutzpflichten gesprochen werden. Alle Begriffe werden hier in diesem Sinne verwendet und sind insoweit austauschbar.

Auch der Begriff der Schutzpflicht ist definierungsbedürftig. Eine genaue Abgrenzung dieses Pflichttyps wird im Zusammenhang mit der Suche nach einer Rechtsgrundlage für einen korrespondierenden Anspruch erfolgen (dazu unter C). Vorerst soll der Wortlaut von § 241 Abs. 2 BGB genügen: Eine Schutzpflicht ist die sich aus einem Schuldverhältnis ergebende Pflicht „zur Rücksicht auf die Rechte, Rechtsgüter und Interessen des anderen Teils".

II. Literatur

In der Literatur gibt es drei Ansätze[38], von denen keiner als herrschend angesehen werden kann[39].

Der älteste Ansatz geht auf *Hugo Kreß*, den Vater der heutigen Schutzpflichtenlehre[40], zurück.[41] Die Vertreter dieses Ansatzes sehen im Grundsatz keinen Raum für ein mit Schutzpflichten korrespondierendes Klagerecht.[42] Viele von ihnen weisen aber auf Ausnahmekonstellationen hin:

---

37 Dazu vorerst nur Motive, Bd. 1, S. 357; näher dazu unter 1. Teil C.I.2.b.aa (S. 59 ff.).

38 Ähnlich, aber mit teilweise abweichenden Akzenten *J. Schmidt*, in: Staudinger, 13. Bearbeit. 1995, Einleit. zu §§ 241 ff. Rn. 323 ff.

39 A. A. *Mansel*, in: Jauernig, BGB, § 241 Rn. 10, *Krebs*, in: Dauner-Lieb/Langen, BGB, § 241 Rn. 67. Die Vorgenannten sehen aber jeweils unterschiedliche Meinungen als herrschend an.

40 Ebenso *Dorn*, in: HKK, BGB, § 241 Rn. 98; *Bachmann/Schirmer*, in: FS Canaris 2017, 371, 384.

41 *Bachmann/Schirmer*, in: FS Canaris 2017, 371, 388.

42 *Kreß*, Lehrbuch des Allgemeinen Schuldrechts, § 1 Abschn. 2 b (S. 5 f.), § 23 Abschn. 3 b (S. 594); *Enneccerus/H. Lehmann*, Recht der Schuldverhältnisse, § 4 II 2 (S. 20 f.); *Evans-von Krbek*, AcP 179 (1979), 85, 102 f.; *von Bar*, AcP 179 (1979), 452, 464; *G. Lüke*, NJW 1979, 2047, 2049; *Larenz*, Lehrbuch des Schuldrechts AT, Bd. 1, 14. Aufl. (1987), § 2 I (S. 12), § 9 (S. 105); *Medicus*, Probleme um das Schuld-

Zumeist werden insofern Voraussetzungen wie ein „erhöhtes Präventionsbedürfnis“[43], ein „schutzwürdiges Interesse“[44] oder die „Konkretisierbarkeit“ einer bestimmten Schutzmaßnahme[45] genannt.[46]
Den zweiten Ansatz[47] stellte *Rolf Stürner* in seinem viel zitierten Aufsatz von 1976[48] vor: Im Grundsatz befürwortet *Stürner* die Einklagbarkeit von Schutzpflichten, sieht darin aber lediglich eine „ultima ratio der Gefahrenabwehr“[49]. Wo ein Ausweichen für den Betroffenen möglich und zumutbar sei, müsse dieses „verhältnismäßigere Mittel des Rechtsgüter- und Vermögensschutzes dem erzwingbaren Anspruch vorgezogen werden“.[50]

---

verhältnis, S. 16; *Henssler*, Risiko als Vertragsgegenstand, S. 130; *Esser/E. Schmidt*, Schuldrecht, Bd. 1.1, § 6 IV (S. 109); *Krebs*, Sonderverbindung, S. 548 ff.; *Krebs*, in: Dauner-Lieb/Langen, BGB, § 241 Rn. 68; *Kuhlmann*, Leistungspflichten und Schutzpflichten, S. 134; *Ehmann/Sutschet*, Modernisiertes Schuldrecht, § 4 III 2 (S. 72 ff.); *S. Lorenz/Riehm*, Lehrbuch zum neuen Schuldrecht, Rn. 354; *Madaus*, JURA 2004, 289, 290 (Fn. 18); *Schlechtriem/Schmidt-Kessel*, Schuldrecht AT, Rn. 165 (mit Fn. 9); *Gröschler*, in: FS Konzen, 109, 113 f.; *Weller*, Vertragstreue, S. 237; *Paßmann*, Schutzpflichtverletzungen, S. 160; *Riehm*, in: FS Canaris 2017, 345, 349; *Böttcher*, in: Erman, BGB, § 242 Rn. 92; *Korch*, ZfPW 2020, 189, 198 ff.; *Mansel*, in: Jauernig, BGB, § 241 Rn. 10; *Joussen*, Schuldrecht I – AT, Rn. 39; *Medicus/S. Lorenz*, Schuldrecht AT, § 13 Rn. 17, § 39 Rn. 8; *Brox/Walker*, Allgemeines Schuldrecht, § 2 Rn. 11; *Sutschet*, in: BeckOK, BGB, § 241 Rn. 91; *Riehm*, in: BeckOGK, BGB, Stand: 01.08.2023, § 282 Rn. 42; *R. Schulze*, in: HK, BGB, § 241 Rn. 4; *Toussaint*, in: jurisPK, BGB, § 241 Rn. 39, 46; *Grüneberg*, in: Grüneberg, § 241 Rn. 7, § 242 Rn. 25.

43 *Krebs*, Sonderverbindung, S. 551; *Krebs*, in: Dauner-Lieb/Langen, BGB, § 241 Rn. 68.

44 *Grüneberg*, in: Grüneberg, § 242 Rn. 25; *Sutschet*, in: BeckOK, BGB, § 241 Rn. 43.

45 *Kuhlmann*, Leistungspflichten und Schutzpflichten, S. 134; siehe auch *Larenz*, Lehrbuch des Schuldrechts AT, Bd. 1, 14. Aufl. (1987), § 2 I (S. 12); *Esser/E. Schmidt*, Schuldrecht, Bd. 1.1, § 6 IV (S. 110).

46 Andere orientieren sich eher an einzelnen Fallkonstellationen (insbesondere unter Verweis auf § 618 BGB und § 541 BGB): *Kreß*, Lehrbuch des Allgemeinen Schuldrechts, § 1 Abschn. 2 b (S. 6); *Ehmann/Sutschet*, Modernisiertes Schuldrecht, § 4 III 2 (S. 72 ff.); *Schlechtriem/Schmidt-Kessel*, Schuldrecht AT, Rn. 164 f.; *Medicus*, in: FS Canaris 2007, Bd. 1, 835, 839; *Böttcher*, in: Erman, BGB, § 242 Rn. 92; *Riehm*, in: BeckOGK, BGB, Stand: 01.08.2023, § 282 Rn. 42; *Sutschet*, in: BeckOK, BGB, § 241 Rn. 91.

47 *R. Stürner*, JZ 1976, 384 ff.; *Köhler*, AcP 190 (1990), 496, 511; *Teichmann*, in: Soergel, BGB, § 242 Rn. 189; *J. Schmidt*, in: Staudinger, 13. Bearbeit. 1995, Einleit. zu §§ 241 ff. Rn. 326 ff., 336; *Koch*, Unterlassungsansprüche, S. 37; *Bodewig*, Der Rückruf fehlerhafter Produkte, S. 161; *Bodewig*, JURA 2005, 505, 512; wohl auch *Katzenstein*, Haftungsbeschränkungen, S. 192; *Grigoleit*, in: FS Canaris 2007, Bd. 1, 275, 289 ff.

48 *R. Stürner*, JZ 1976, 384 ff.

49 *R. Stürner*, JZ 1976, 384, 386.

50 *R. Stürner*, JZ 1976, 384, 386.

Der dritte Ansatz findet gerade in der jüngeren Literatur Zuspruch. Ihm zufolge ist ein mit Schutzpflichten korrespondierendes Klagerecht auch ohne *Ultima-ratio*-Vorbehalt anzuerkennen.[51] Allerdings wird der Anspruch an zusätzliche Voraussetzungen wie die Konkretisierbarkeit der Schutzpflicht und die unmittelbare Gefährdung der Rechtsgüter des Betroffenen geknüpft.[52] *Gregor Bachmann* und *Jan-Erik Schirmer*, die einen *Ultima-ratio*-Vorbehalt explizit ablehnen und für eine umfassende Anerkennung der Einklagbarkeit von Schutzpflichten plädieren, sehen sich außerdem zu der folgenden Einschränkung gezwungen: Dem Schutzberechtigten sei der Anspruch nach § 242 BGB entzogen, wenn es „ihm ein Leichtes wäre, der Gefahr selbst zu begegnen".[53]

Die drei dargestellten Ansätze bilden zwar die Grundströmungen in der Literatur ab. Die im Einzelnen vertretenen Ansichten lassen sich aber häufig nicht klar voneinander abgrenzen. Dies beruht auf den zahlreichen Ausnahmen und Einschränkungen, die mit den verschiedenen Positionierungen einhergehen. Die Mehrheit derjenigen, die prinzipielle Einwände gegen die Einklagbarkeit von Schutzpflichten erheben, sehen die Gefahr von „doktrinären Verengungen"[54] und erkennen Konstellationen an, in denen ein Anspruch gerechtfertigt sein soll. Viele derjenigen dagegen, die einen Anspruch im Grundsatz befürworten, sehen die Gefahr eines übermäßigen Eingriffs in die Freiheitssphäre des Schutzpflichtigen[55] und beschränken die Einklagbarkeit insbesondere auf Konstellationen, in denen der Betroffene unmittelbar gefährdet ist und sich nicht selbst schützen

---

51 *Lenzen*, NJW 1967, 1260 f.; *G. Müller*, Leistungsbegriff, S. 104; *Motzer*, JZ 1983, 884, 885 ff.; *Gernhuber*, Das Schuldverhältnis, § 2 IV 3 (S. 25); *Fritzsche*, Unterlassungsanspruch, S. 42 f.; *Picker*, in: FS Bydlinski, 269, 315 ff.; *Lüsing*, Die Pflichten, S. 39 f.; *Kramme*, Konflikt, S. 169 ff.; *Herresthal*, in: GS Unberath, 179, 210; *Bachmann/Schirmer*, in: FS Canaris 2017, 371, 394; *Westermann*, in: Erman, BGB, 15. Aufl. (2017), § 241 Rn. 13; *Leuering*, in: FS Bergmann, 457, 467 f.; *Kähler*, NJW 2020, 113, 114 ff.; *Wendelstein*, Pflicht, S. 236 ff.; *Bachmann*, in: MüKo, BGB, § 241 Rn. 181 f.; *Martens*, in: Erman, BGB, § 241 Rn. 21; *Kramme*, in: Prütting/Wegen/Weinreich, BGB, § 241 Rn. 24; *Medicus/Petersen*, Bürgerliches Recht, Rn. 207; *Looschelders*, Schuldrecht AT, § 1 Rn. 25.

52 *Bachmann/Schirmer*, in: FS Canaris 2017, 375, 395 f.; *Westermann*, in: Erman, BGB, 15. Aufl. (2017), § 241 Rn. 13; *Martens*, in: Erman, BGB, § 241 Rn. 21; *Kramme*, in: Prütting/Wegen/Weinreich, BGB, § 241 Rn. 24.

53 *Bachmann/Schirmer*, in: FS Canaris 2017, 371, 398.

54 *Esser/E. Schmidt*, Schuldrecht, Bd. 1.1, § 6 IV (S. 109); siehe auch *Grigoleit*, in: FS Canaris 2007, Bd. 1, 275, 304.

55 So besonders deutlich *R. Stürner*, JZ 1976, 384, 386; *Köhler*, AcP 190 (1990), 496, 509, 511; dazu auch *Bachmann/Schirmer*, in: FS Canaris 2017, 371, 374.

kann. Schon 2001 hat *Kai Kuhlmann* beobachtet, dass die Meinungsströmungen in der Literatur häufig weniger voneinander abweichen als ihre Ausganspositionen erwarten lassen, weil die Regel der einen Grundannahme zur Ausnahme der anderen und umgekehrt wird und sie sich in der Mitte überschneiden.[56]

Insgesamt ist das Meinungsbild also verschwommen. *Dirk Olzen* konstatiert zu Recht: „Die vorherrschende Ansicht legt sich heute insoweit nicht mehr fest."[57] Stattdessen tendiert sie zu einer Abwägungsentscheidung im Einzelfall.[58]

III. Rechtsprechung

Nach der Rechtsprechung des BGH kann sich aus § 280 Abs. 1 BGB nicht nur ein Anspruch auf Schadensersatz, sondern auch ein vorbeugender Unterlassungsanspruch ergeben.[59] Für die maßgebliche Pflichtverletzung stellt der BGH auf „Vertragspflichten" bzw. auf eine „Vertragsverletzung" ab.[60] In einer Entscheidung von 2012 ordnet er die betroffene Pflicht ausdrücklich als Schutzpflicht im Sinne von § 241 Abs. 2 BGB ein.[61] Eine nähere Begründung des Unterlassungsanspruchs erfolgt nicht. In BGHZ 230, 347, heißt es insoweit lediglich:

> „Soweit Einzelheiten diesbezüglich umstritten sind […], kommt es darauf hier nicht an. Denn jedenfalls in der vorliegenden besonderen Konstel-

56 *Kuhlmann*, Leistungspflichten und Schutzpflichten, S. 133.

57 *Olzen*, in: Staudinger, Neubearbeit. 2019, § 241 Rn. 556.

58 Ebenso *Olzen*, in: Staudinger, Neubearbeit. 2019, § 241 Rn. 557; siehe auch *Hossenfelder*, Pflichten von Internetnutzern, S. 280 f.

59 BGH, Urteil v. 11.09.2008 – I ZR 74/06, BGHZ 178, 63, 68 f. (Rn. 17); BGH, Urteil v. 05.06.2012 – X ZR 161/11, NZBau 2012, 652, 653 (Rn. 15); BGH, Urteil v. 29.07.2021 – III ZR 179/20, BGHZ 230, 347, 388 (Rn. 102); BGH, Urteil v. 29.07.2021 – III ZR 192/20, ZUM-RD 2021, 612, 627 (Rn. 115); siehe auch BGH, Urteil v. 12.01.1995 – III ZR 136/93, NJW 1995, 1284, 1285 (Herleitung aus positiver Vertragsverletzung).

60 BGH, Urteil v. 29.07.2021 – III ZR 179/20, BGHZ 230, 347, 388 (Rn. 102); siehe auch BGH, Urteil v. 12.01.1995 – III ZR 136/93, NJW 1995, 1284, 1285; BGH, Urteil v. 11.09.2008 – I ZR 74/06, BGHZ 178, 63, 68 f. (Rn. 17); BGH, Urteil v. 29.07.2021 – III ZR 192/20, ZUM-RD 2021, 612, 627 (Rn. 115).

61 BGH, Urteil v. 05.06.2012 – X ZR 161/11, NZBau 2012, 652, 653 (Rn. 14 f.); siehe aber BGH, Urteil v. 17.12.2020 – I ZR 228/19, NJW 2023, 2023, 2025 (Rn. 23), wonach zu den Nebenpflichten im Sinne von § 241 Abs. 2 BGB auch Aufklärungspflichten zählen, welche „regelmäßig nicht selbständig einklagbar sind, sondern nur Schadensersatzansprüche im Fall ihrer Verletzung auslösen können".

> lation, in der die Bekl. bereits einmal ihre Pflichten aus dem – fortbestehenden – Vertragsverhältnis verletzt hat und die Vertragsverletzung – in Gestalt der Entfernung des Beitrags der Kl. – teilweise noch andauert, ist vom Bestehen eines aus § 280 I BGB folgenden Unterlassungsanspruchs auszugehen."[62]

Zugleich geht der BGH allerdings davon aus, dass auch bevorstehende Pflichtverletzungen abwehrbar sind und dass die bereits erfolgte Pflichtverletzung die tatsächliche Vermutung für das Vorliegen einer Wiederholungsgefahr begründet.[63]

Ein ähnliches Bild ergibt sich mit Blick auf die oberinstanzliche Rechtsprechung: Ein Anspruch auf Unterlassung einer Schutzpflichtverletzung wird regelmäßig aus § 280 Abs. 1 BGB hergeleitet.[64] Teilweise wird vorausgesetzt, dass die Verletzungshandlung noch andauert,[65] teilweise soll sich der Anspruch auch gegen zukünftige Verletzungshandlungen richten[66]. Ein dazu abweichender Ansatz findet sich in zwei vergaberechtlichen Entscheidungen: einerseits des OLG Düsseldorf von 2010[67], andererseits des OLG Saarbrücken von 2012[68]. Das OLG Düsseldorf leitet den Unterlassungsanspruch direkt aus § 241 Abs. 2 BGB her. Ihm zufolge bedürfe es keines Umweges über § 280 Abs. 1 BGB:

> „Ein Grundsatz ‚dulde und liquidiere' besteht im deutschen Recht bei rechtswidrigen Handlungen nicht [...]. Vielmehr geht das deutsche Recht grundsätzlich davon aus, dass dem Gläubiger gegenüber (drohendem) rechtswidrigem Handeln des Schuldners ein Unterlassungsanspruch zu-

---

62 BGH, Urteil v. 29.07.2021 – III ZR 179/20, BGHZ 230, 347, 388 (Rn. 102); zum Erfordernis einer andauernden Verletzungshandlung auch BGH, Urteil v. 05.06.2012 – X ZR 161/11, NZBau 2012, 652, 653 (Rn. 15).

63 BGH, Urteil v. 29.07.2021 – III ZR 179/20, BGHZ 230, 347, 388 (Rn. 100, 103); siehe auch BGH, Urteil v. 29.07.2021 – III ZR 192/20, ZUM-RD 2021, 612, 627 (Rn. 115); dazu auch schon oben in der Einleitung.

64 OLG Jena, Urteil v. 08.12.2008 – 9 U 431/08, VergabeR 2009, 524, 527; KG, Urteil v. 07.01.2020 – 9 U 79/19, NZBau 2020, 680, 681 (Rn. 6); die Art der verletzten Pflicht nicht näher bezeichnend: OLG Hamm, Urteil v. 27.03.1990 – 4 U 232/89, NJW-RR 1990, 1380, 1381 (positive Vertragsverletzung); OLG Hamburg, Urteil v. 03.02.2005 – 5 U 65/04, NJW 2005, 3003, 3004; OLG Dresden, Beschluss v. 04.10.2021 – 4 W 625/21, ZUM-RD 2022, 76.

65 OLG Jena, Urteil v. 08.12.2008 – 9 U 431/08, VergabeR 2009, 524, 527.

66 OLG Dresden, Beschluss v. 04.10.2021 – 4 W 625/21, ZUM-RD 2022, 76.

67 OLG Düsseldorf, Urteil v. 13.01.2010 – I-27 U 1/09, NZBau 2010, 328.

68 OLG Saarbrücken, Urteil v. 13.06.2012 – 1 U 357/11-107, NZBau 2012, 654.

steht, und zwar unabhängig davon, aus welchem Rechtsgrund das Handeln des Schuldners rechtswidrig ist."[69]

Trotz dieser klaren Positionierung geht das OLG davon aus, dass der Anspruch ausgeschlossen ist, wenn die Interessen des Schutzverpflichteten überwiegen, und befürwortet damit indirekt eine Abwägungsentscheidung im Einzelfall.[70] Das OLG Saarbrücken wählt einen ähnlichen Ansatz, leitet den Unterlassungsanspruch jedoch aus § 241 Abs. 2 i. V. m. § 1004 Abs. 1 BGB analog her:

> „Die Rechtsähnlichkeit dieser konkret bestimmten Schutzpflichten zu den deliktsrechtlichen Ansprüchen spricht somit dafür, auch für das Schutzpflichtverhältnis einen klagbaren Erfüllungs- und auch einen vorbeugenden Unterlassungsanspruch zu gewähren, falls sich die abzuwehrende Gefahr rechtzeitig im Voraus hinreichend konkretisiert und die Interessen des Gläubigers – hier des Bieters – diejenigen des Schuldners überwiegen."[71]

In diesem Sinne plädiert das OLG Saarbrücken sogar ausdrücklich für eine „Abwägungslösung".[72]

Insgesamt betrachtet, steht die Rechtsprechung der Einklagbarkeit von Schutzpflichten damit offen gegenüber. Zumeist wird ein Anspruch – gestützt auf § 280 Abs. 1 BGB – als selbstverständlich unterstellt, wobei unklar bleibt, mit welcher dogmatischen Begründung ein auf Restitution gerichteter Schadensersatzanspruch auf Unterlassung von noch bevorstehenden Pflichtverletzungen gerichtet sein kann[73]. Werden andere dogmatische Ansätze gewählt, laufen diese auf eine Abwägung der Interessen des Schutzberechtigten und des Schutzverpflichteten im konkreten Fall hinaus.

IV. Ergebnis

Die überwiegende Literatur geht weder von der Einklagbarkeit von Schutzpflichten aus noch lehnt sie eine solche pauschal ab. Vielmehr wird das

69 OLG Düsseldorf, Urteil v. 13.01.2010 – I-27 U 1/09, NZBau 2010, 328, 329.
70 OLG Düsseldorf, Urteil v. 13.01.2010 – I-27 U 1/09, NZBau 2010, 328, 330.
71 OLG Saarbrücken, Urteil v. 13.06.2012 – 1 U 357/11-107, NZBau 2012, 654, 655.
72 OLG Saarbrücken, Urteil v. 13.06.2012 – 1 U 357/11-107, NZBau 2012, 654, 655.
73 Siehe auch *Heymann/Götz*, GRUR 2021, 1491, 1495; *Wagener/Wünnerke*, RDi 2022, 50, 51; näher dazu unter 1. Teil C.II (S. 91 f.).

Klagerecht von unterschiedlichen Wertungen abhängig gemacht, wie zum Beispiel, ob ein gesteigertes Präventionsbedürfnis besteht oder ob es dem Betroffenen zuzumuten ist, der drohenden Beeinträchtigung auszuweichen. Die Frage der Einklagbarkeit wird insofern im Rahmen einer Abwägung von Fall zu Fall beantwortet. Darüberhinausgehende Leitlinien liefert auch die Rechtsprechung nicht. Insgesamt bestätigt sich hier, was in der Einleitung bereits angeklungen ist: Es verbleibt eine gewisse Unsicherheit im Umgang mit Schutzpflichten.[74] Um diese Unsicherheit präzise adressieren zu können, ist es erforderlich, ihrer Ursache auf den Grund zu gehen. Hierbei lohnt sich ein Blick auf die Entwicklungsgeschichte von Schutzpflichten.

B. Entwicklungsgeschichte

Die Entwicklungsgeschichte von Schutzpflichten lässt sich grob in drei Abschnitte einteilen: die Zeit, bevor sich Schutzpflichten als eigenständige Pflichtenkategorie etabliert haben, die Zeit, nachdem *Kreß* 1929 sein „System des Schuldrechts“[75] vorstellte und Schutzpflichten damit erstmals einen festen Platz in der Schuldrechtsdogmatik verschaffte, und die Zeit seit der gesetzlichen Anerkennung von Schutzpflichten durch das Schuldrechtsmodernisierungsgesetz[76] (SchuldRModG) im Jahr 2002. Diese drei Abschnitte werden im Folgenden näher untersucht. Dabei wird sich zeigen, warum die Einklagbarkeit von Schutzpflichten zu einem Streitpunkt wurde (dazu unter I.), woher die verbreitete Skepsis gegenüber einem solchen Klagerecht stammt (dazu unter II.) und warum der Streit auch heute noch nicht entschieden ist (dazu unter III.).

I. Keine Schutz*pflichten* bei Schaffung des BGB

Als das BGB in der zweiten Hälfte des 19. Jahrhunderts entstand, war das Recht des Gläubigers, eine Forderung klageweise durchzusetzen (Natura-

74 Vgl. auch *Kamp*, Funktion und Grenzen, S. 9 ff.
75 Einführung zu *Kreß*, Lehrbuch des Allgemeinen Schuldrechts, S. XI.
76 Gesetz zur Modernisierung des Schuldrechts vom 26.11.2001 (BGBl. I S. 3138), in Kraft getreten am 01.01.2002.

lerfüllungsrecht), zu einer Selbstverständlichkeit geworden.[77] *Franz Philipp von Kübel*, der den Teilentwurf für das Obligationenrecht ausarbeitete, sah keinen Grund, dieses Recht im BGB eigens zu normieren – es folge „vielmehr aus dem Anspruch des Gläubigers unmittelbar und von selbst" sowie aus „dem Wesen des Schuldverhältnisses".[78] In § 241 S. 1 BGB a. F. (heute: § 241 Abs. 1 S. 1 BGB) kam der Grundsatz schließlich doch zum Ausdruck[79]: „Kraft des Schuldverhältnisses ist der Gläubiger berechtigt, von dem Schuldner eine Leistung zu fordern." In Anbetracht der Tatsache, dass die Einklagbarkeit von Leistungspflichten im deutschen Zivilrecht damit seit Langem eine Selbstverständlichkeit darstellt,[80] drängt sich die Frage auf, warum dieser Aspekt im Hinblick auf Schutzpflichten solche Zweifel auslöst.

Dies gilt umso mehr, als auch die Grundidee der Schutzpflichtenlehre weit zurück geht. Schon im römischen Recht sowie später im gemeinen Recht war im Rahmen von schuldrechtlichen Bindungen eine Haftung für Schäden anerkannt, die heute als Gegenstand des Schadensersatzanspruchs wegen einer Schutzpflichtverletzung gemäß §§ 280 Abs. 1, 241 Abs. 2 BGB zu ersetzen sind.[81] Die Haftung wurde jedoch – anders als heute – nicht primär auf das Handlungsunrecht, also die Verletzung bestimmter Verhaltens*pflichten* des Schädigers gestützt, sondern auf das Erfolgsunrecht, also die Verletzung der Rechte und Rechtsgüter des Geschädigten.[82] Noch zu

---

77 Vgl. *Wächter*, Erörterungen, S. 26; *Wetzell*, System, § 46 Abschn. 2 (S. 553, 555); *Ziebarth*, Realexecution, S. 182; *Arndts*, Pandekten, §§ 218 f. (S. 352); *Puchta*, Pandekten, §§ 238 f. (S. 370 f.); *Windscheid*, Lehrbuch des Pandektenrechts, Bd. 2, § 252 (S. 13); *Dernburg*, Pandekten, Teil 2, § 259 I (S. 539); dazu auch *Würthwein*, Schadensersatzpflicht, S. 66 ff., 226 (mit Verweisen auch auf die Gesetze und Entwürfe des gemeinen Rechts im 19. Jahrhundert).

78 *von Kübel*, Teilentwurf BGB, Schuldrecht I, Abschn. I. Tit. 3. III. 1. §§ 1-7 S. 1.

79 *Avenarius*, JR 1996, 492, 495 f., unter Bezugnahme auf *Jakobs/Schubert*, Beratung des BGB, Recht der Schuldverhältnisse I, S. 44 und Protokolle, BGB, Bd. 1, S. 279 f.; vgl. auch *Würthwein*, Schadensersatzpflicht, S. 228 (dort auch Fn. 8); *Dorn*, in: HKK, BGB, § 241 Rn. 82. Zu den weiteren Funktionen der Vorschrift vgl. *Dorn*, in: HKK, BGB, § 241 Rn. 33, 38, 82; Motive, Bd. 2, S. 5; *Jakobs/Schubert*, Beratung des BGB, Recht der Schuldverhältnisse I, S. 44; *von Kübel*, Teilentwurf BGB, Schuldrecht I, Abschn. I. Tit. 1. § 1 S. 2 ff.

80 *Larenz*, Lehrbuch des Schuldrechts AT, Bd. 1, 14. Aufl. (1987), § 2 III (S. 20); *Repgen*, Vertragstreue und Erfüllungszwang, S. 24 m. w. N.

81 *Dorn*, in: HKK, BGB, § 241 Rn. 95, 10, 84; *Kaser/Knütel/Lohsse*, Römisches Privatrecht, § 47 Rn. 5.

82 *Dorn*, in: HKK, BGB, § 241 Rn. 95, 10, 84; *Bachmann/Schirmer*, in: FS Canaris 2017, 371, 389 f.; *Kaser/Knütel/Lohsse*, Römisches Privatrecht, § 44 Rn. 10, § 47 Rn. 5 f.

Beginn des 19. Jahrhunderts leitete die Pandektistik die Schadensersatzhaftung innerhalb wie außerhalb von Schuldverhältnissen aus der – im Naturrecht wurzelnden – Lehre eines allgemeinen Haftungstatbestands her[83]: „Wer den Anderen widerrechtlich beschädigt, gegen Den kann Dieser auf Ersatz klagen“[84]. Die Schadenszufügung war „an sich widerrechtlich“[85], wenn sie auf einem positiven Tun beruhte;[86] alternativ konnte sich die Widerrechtlichkeit daraus ergeben, dass einer *obligatio*[87] zuwider gehandelt, also zum Beispiel nicht ordnungsgemäß erfüllt wurde.[88] Die Haftung setzte jeweils objektiv einen Erfolg, also eine Schädigung, und subjektiv Verschulden, also die Zurechenbarkeit der Schadenszufügung, voraus.[89]

Auch *Friedrich Carl von Savigny* dachte in den Bahnen des Erfolgsunrechts.[90] Er lehnte allerdings einen allgemeinen Haftungstatbestand ab[91] und trennte stattdessen scharf zwischen deliktischer und vertraglicher Haf-

---

83 *Würthwein*, Schadensersatzpflicht, S. 180; zu finden ist diese Lehre etwa bei *von Löhr*, Theorie der Culpa, § 2 (S. 8); *G. Hugo*, Civilistischer Cursus, Bd. 4, S. 282; *von Wening-Ingenheim*, Lehrbuch des Gemeinen Civilrechtes, Bd. 2, § 240 (S. 137 ff.); *von Wening-Ingenheim*, Lehre vom Schadensersatz, § 31 (S. 77 f.).

84 So noch im Jahr 1826 *G. Hugo*, Civilistischer Cursus, Bd. 4, S. 282.

85 So im Jahr 1838 *Hasse*, Culpa, § 13 (S. 64).

86 *Würthwein*, Schadensersatzpflicht, S. 180 f.; siehe aus der Zeit auch *von Löhr*, Theorie der Culpa, § 15 (S. 88 f.): „alle Handlungen, wodurch widerrechtlich ein Schaden eingetreten ist [...], das geringste Versehen folglich, dessen man sich bey der Vornahme irgend einer Handlung schuldig gemacht hat, muß hier als culpos angesehen werden, sobald durch dasselbe der Schaden entstanden ist“. Beruhte der Schaden auf einem Unterlassen, ergab sich daraus nicht ohne weiteres eine deliktische Haftung – siehe aus der Zeit etwa *von Wening-Ingenheim*, Lehrbuch des Gemeinen Civilrechtes, Bd. 2, § 240 (S. 138): „So lange man mit einem Anderen nicht in einem Obligationsverhältnisse steht, kann man rechtlich nicht verpflichtet seyn, für ihn oder seine Sachen Sorge zu tragen, nützlich zu werden.“; ähnlich auch *von Löhr*, Theorie der Culpa, § 9 (S. 59 f.), § 15 (S. 86 f.).

87 In der Tradition des römischen Privatrechts bezeichnete der Begriff der *obligatio* das Rechtsverhältnis, aus dem der Schuldner dem Gläubiger zu einer Leistung verpflichtet ist; vgl. *Repgen*, Vertragstreue und Erfüllungszwang, S. 41; *Dorn*, in: HKK, BGB, § 241 Rn. 7; *Kaser/Knütel/Lohsse*, Römisches Privatrecht, § 42 Rn. 1.

88 Siehe wiederum *Hasse*, Culpa, § 13 (S. 64); vgl. auch *von Wening-Ingenheim*, Lehrbuch des Gemeinen Civilrechtes, Bd. 2, § 240 (S. 137 ff.); *von Löhr*, Theorie der Culpa, § 2 (S. 8), § 9 (S. 59 f.), § 15 (S. 86 f.); dazu aus heutiger Sicht *Würthwein*, Schadensersatzpflicht, S. 180.

89 So aus der Zeit *Arndts*, Pandekten, § 84 (S. 114); *Puchta*, Pandekten, § 261 (S. 398 f.); *Wächter*, Pandekten, Bd. 1, § 85 (S. 440 f.); ebenso *Sintenis*, Civilrecht, Bd. 2, § 100 (S. 322), der allerdings von „verbotenen Handlungen“ spricht; dazu aus heutiger Sicht *Würthwein*, Schadensersatzpflicht, S. 180, 192 f.

90 *von Savigny*, Obligationenrecht, Bd. 2, § 82 (S. 293 f.).

91 *Würthwein*, Schadensersatzpflicht, S. 183, 185 f.

tung, wobei er letztere unmittelbar aus der Obligation herleitete.[92] Für *Savigny* war das Vertragsverhältnis nicht auf die Leistung und die hierauf bezogene Forderung bzw. Pflicht der Vertragspartner beschränkt.[93] Die Obligation war vielmehr ein wandelbarer Organismus, aus dem auch „Nebenverbindlichkeiten" in Gestalt von Schadensersatzpflichten erwachsen konnten. Solche Schadensersatzpflichten waren nach *Savigny* nur Modifikationen der Obligation, die durch schuldhafte Verletzungen derselben entstanden.[94] Zu entsprechenden Verletzungen zählten sowohl die Nicht- oder nicht ordnungsgemäße Leistung als auch die sonstigen Beeinträchtigungen der Interessen und Rechtsgüter des Vertragspartners.[95] Auch im System *Savignys* war die Haftung für Schutzpflichtverletzungen demnach nicht primär eine Haftung für Verhaltenspflichtverletzungen, sondern eine Haftung für Erfolgsunrecht in Form von Verletzungen der Obligation. *Savignys* Lehre konnte sich in der Rechtswissenschaft des 19. Jahrhunderts durchsetzen[96] und hatte maßgeblichen Einfluss auf die Konzeption des BGB.[97]

Zwar gab es bereits Mitte des 19. Jahrhunderts einen Versuch, die Haftung im Rahmen von Vertragsverhältnissen auf die Verletzung bestimmter Verhaltenspflichten zurückzuführen.[98] *Friedrich Ludwig von Keller* sah die Parteien nicht nur zu „Hauptleistungen"[99], auf die der Vertrag ausgerichtet ist, verpflichtet, sondern gleichfalls zu „eine[r] gewisse[n] Sorge und gewis-

---

92 *von Savigny*, Obligationenrecht, Bd. 2, § 51 (S. 3), § 82 (S. 293 ff.); *von Savigny*, Obligationenrecht Manuskript, Bl. 268v, 270ar; *von Savigny*, System, Bd. 1, § 59 (S. 393 f.); dazu auch *Wollschläger*, Unmöglichkeitslehre, S. 138 f.; *Würthwein*, Schadensersatzpflicht, S. 184 ff.

93 *Wollschläger*, Unmöglichkeitslehre, S. 139.

94 *von Savigny*, System, Bd. 1, § 4 (S. 7 f.), § 59 (S. 393 f.); *von Savigny*, System, Bd. 3, § 104 (S. 4 f.); *von Savigny*, System, Bd. 5, §§ 204 f. (S. 1 ff.); *von Savigny*, Obligationenrecht, Bd. 2; *von Savigny*, Obligationenrecht Manuskript, Bl. 268v, 270ar; dazu auch *Wollschläger*, Unmöglichkeitslehre, S. 139; *Würthwein*, Schadensersatzpflicht, S. 184 ff.

95 Vgl. *von Savigny*, Obligationenrecht Manuskript, Bl. 268v.

96 Vgl. etwa *Sintenis*, Civilrecht, Bd. 2, § 100 (S. 321), § 101 (S. 328 ff.); *Arndts*, Pandekten, § 84 (S. 114); *Puchta*, Pandekten, § 261 (S. 398 f.), § 264 (S. 402 f.); *Wächter*, Pandekten, Bd. 1, § 89 I 2 (S. 462); dazu auch *Würthwein*, Schadensersatzpflicht, S. 194 ff.

97 *Kübel* bestätigt in seinem Teilentwurf für das Obligationenrecht, dass es „das verletzte Verpflichtungsverhältniß [ist], in welchem der Anspruch des Verletzten seinen Grund hat" (*von Kübel*, Teilentwurf BGB, Schuldrecht I, Abschn. I. Tit. 2. III. §§ 1–3 S. 1); zum Einfluss *Savignys* auf das BGB auch *Heinrich Stoll*, AcP 136 (1932), 257, 282; *Picker*, AcP 183 (1983), 359, 457; *Würthwein*, Schadensersatzpflicht, S. 263; *U. Huber*, Leistungsstörungen, Bd. 1, § 3 II 3 a, b, d; *Emmerich*, Leistungsstörungen, § 20 Rn. 3.

98 *Würthwein*, Schadensersatzpflicht, S. 199.

99 *von Keller*, Pandekten, Bd. 1, § 248 (S. 541).

senhafte[n] Rücksicht für das Interesse des Anderen"[100].[101] Die damalige Lehre stellte sich dem jedoch entgegen.[102] *Richard Cohnfeldt* kommentierte *Kellers* Vorschlag wie folgt:

> „Grund des Schadensersatzes [...] ist daher das Delict an sich selbst, die culpose Handlung als solche, nicht aber die etwa darunter verborgene Verletzung einer allgemeinen Bürgerpflicht oder einer besonderen Pflicht zur Aufmerksamkeit und Gewissenhaftigkeit. [...] Es ist sonach die Rechtsverletzung, nicht eine Pflichtverletzung, welche den juristischen Charakter des Delicts und den Grund des Schadensersatzes bildet."[103]

Als das BGB am 1. Januar 1900 in Kraft trat, waren Schutzpflichten demnach als eigenständige Pflichten noch nicht anerkannt.[104] Zwar gab es bereits eine Haftung, die heute unter die Haftung für Schutzpflichtverlet-

100 *von Keller*, Pandekten, Bd. 1, § 248 (S. 541 f.).

101 Dazu auch *Würthwein*, Schadensersatzpflicht, S. 199 f.; *Dorn*, in: HKK, BGB, § 241 Rn. 96; *Bachmann/Schirmer*, in: FS Canaris 2017, 371, 389.

102 *Würthwein*, Schadensersatzpflicht, S. 200 f.; *Dorn*, in: HKK, BGB, § 241 Rn. 96; *Bachmann/Schirmer*, in: FS Canaris 2017, 371, 389 f.

103 *Cohnfeldt*, Lehre vom Interesse, S. 29; entsprechend ist auch die sonstige Pandektenliteratur zu deuten: vgl. *von Savigny*, System, Bd. 5, § 204 (S. 1); *von Savigny*, Obligationenrecht, Bd. 2, § 82 (S. 293 ff.); *Puchta*, Pandekten, § 261 (S. 398 ff.); *Dernburg*, Pandekten, Teil 2, § 294 Abschn. 1 (S. 620 mit S. 99 Anm. 1); *Wächter*, Pandekten, Bd. 1, § 85 (S. 440 f.); *Windscheid*, Lehrbuch des Pandektenrechts, Bd. 1, § 101 (S. 519 ff.). Weil der Leistungsanspruch selbst als verletzbares Recht galt, werden bei *von Kübel*, Teilentwurf BGB, Schuldrecht I, Abschn. I. Tit. 2. III. §§ 1–3 S. 1, Pflicht- und Rechtsverletzungen teilweise gleichgesetzt; siehe insoweit auch *von Savigny*, Obligationenrecht Manuskript, Bl. 268v; *Hasse*, Culpa, § 13 (S. 64); *Göschen*, Vorlesungen, Bd. 2 Abt. 2, § 388 (S. 58). Zumindest in der Rechtsprechung jener Zeit erfuhr *v. Kellers* Ansatz jedoch teilweise Bestätigung. Sie begann, Schadensersatzpflichten im Rahmen von Vertragsverhältnissen zunehmend auf die Verletzung bestimmter Verhaltenspflichten zu stützen; siehe insbesondere RG, Urteil v. 22.04.1881 – II 274/81, RGZ 4, 192, 193; vgl. auch RG, Urteil v. 25.10.1884 – V 184/84, Beiträge zur Erläuterung des deutschen Rechts 1885, 385, 386; Anzeichen auch bei RG, Urteil v. 30.12.1882 – I 466/82, RGZ 8, 149. 151; RG, Urteil v. 04.11.1886 – IIIa 193/86, RGZ 18, 173, 176; RG, Urteil v. 06.07.1888 – III 80/88, RGZ 21, 77, 79; dazu auch *Würthwein*, Schadensersatzpflicht, S. 201; *Dorn*, in: HKK, BGB, § 241 Rn. 97; instruktiv zum Ganzen auch *Leser*, AcP 183 (1983), 568, 579 ff.

104 *Weller*, Vertragstreue, S. 241; *Olzen*, in: Staudinger, Neubearbeit. 2019, § 241 Rn. 388, 434; vgl. auch *Heinrich Stoll*, AcP 136 (1932), 257, 283; *Sutschet*, Schutzanspruch, S. 50.

zungen fällt.[105] Sie wurde damals aber unmittelbar aus der Verletzung der Obligation und nicht aus eigenständigen Verhaltenspflichten hergeleitet. Als Inhalt von Schuldverhältnissen hatte der Gesetzgeber vielmehr Leistungspflichten vor Augen.[106] Dies zeigt sich schon an dem im BGB bis heute unveränderten ersten Titel des ersten Abschnitts des Rechts der Schuldverhältnisse: „Verpflichtung zur Leistung". Auch der Wortlaut der meisten Vorschriften des allgemeinen Schuldrechts ist ein Zeugnis dieser Ausrichtung: Es ist fast durchweg von „Leistung" bzw. „leisten" die Rede.[107] Damit erklärt sich, warum die Kategorie der Schutzpflichten, die sich erst im Laufe des 20. Jahrhunderts etablierte, für Verunsicherung sorgte: Es war nicht klar, wie diese „neuen" Pflichten einzuordnen waren.[108] Auch die Frage der Einklagbarkeit von Schutzpflichten wurde so zu einem Problem.[109] Den entscheidenden Impuls, diese Frage vorerst zu verneinen, setzte *Kreß* mit seiner Lehre vom unentwickelten Schutzanspruch.

II. *Kreß*' Lehre vom unentwickelten Schutzanspruch

Zwar hatte schon *Keller* die Haftung innerhalb von Schuldverhältnissen auf unterschiedliche Verhaltenspflichten gestützt – darunter auch solche zur gegenseitigen Rücksichtnahme. Erst durch *Kreß* gewann die Kategorie der von ihm erstmals so bezeichneten „Schutzverpflichtungen"[110] jedoch

105 Vgl. *Kreß*, Lehrbuch des Allgemeinen Schuldrechts, S. 580; *Heinrich Stoll*, AcP 136 (1932), 257, 283; *Sutschet*, Schutzanspruch, S. 49 f.; *U. Huber*, in: Zivilrechtswissenschaft und Schuldrechtsreform, 31, 140.

106 Siehe das schon in der Einleitung aufgegriffene Vorwort *Gernhubers* zu *H. Lange*, Schadensersatz, 1. Aufl. (1979); deutlich auch *Medicus*, in: FS Canaris 2007, Bd. 1, 835; *Olzen*, in: Staudinger, Neubearbeit. 2019, § 241 Rn. 390.

107 Siehe zum Beispiel die §§ 242, 243, 262, 267, 269, 271, 273 BGB. Ebenso *Medicus*, in: FS Canaris 2007, Bd. 1, 835.

108 Ganz ähnlich *Medicus*, Probleme um das Schuldverhältnis, S. 9; siehe auch seine Bemerkung auf S. 17: Die Unsicherheit im Umgang mit Schutzpflichten sei „auch nicht verwunderlich. Denn über die Leistungspflichten etwa des Verkäufers ist mehr als zweitausend Jahre lang nachgedacht worden, bis man die jetzt mögliche Klarheit erlangt hat; auch die Konkretisierung der Schutzpflichten wird – soweit sie überhaupt möglich ist – daher erhebliche Zeit brauchen."; daneben auch *Olzen*, in: Staudinger, Neubearbeit. 2019, § 241 Rn. 434.

109 *Medicus*, Probleme um das Schuldverhältnis, S. 9.

110 *Kreß*, Lehrbuch des Allgemeinen Schuldrechts, § 23 Abschn. 1 b (S. 579); vgl. dazu auch *Dorn*, in: HKK, BGB, § 241 Rn. 98 (mit Fn. 516); *Bachmann/Schirmer*, in: FS Canaris 2017, 371, 384.

dogmatische Reife.[111] In seinem 1929 vorgestellten System des Schuldrechts nennt er zwei Anspruchskategorien: Erwerbansprüche und Schutzansprüche.[112] Erwerbansprüche sind auf den Erwerb von Gütern gerichtet, Schutzansprüche auf die Wahrung der erworbenen Güter.[113] *Kreß* führt die Schutzansprüche und entsprechenden Schutzverpflichtungen auf diejenigen zivilrechtlichen Gebote zurück, die einen Eingriff in fremde Güter verbieten.[114] Ansprüche zum Schutz des Eigentums und anderer absoluter Rechte finden sich ihm zufolge etwa in den §§ 985 ff. BGB, § 1004 BGB und §§ 823 ff. BGB, zum Schutz des Vermögens in den §§ 823 Abs. 2 BGB, § 826 BGB und §§ 812 ff. BGB.[115] Dabei unterscheidet *Kreß* zwischen absoluten Schutzansprüchen, die gegen jeden gehen, und relativen, die nur gegenüber bestimmten Personen bestehen.[116] Relative Schutzansprüche im Rahmen von Schuldverhältnissen, die nicht ausdrücklich vereinbart sind, leitet *Kreß* in erster Linie aus einer ergänzenden Vertragsauslegung nach § 157 BGB her, alternativ aus § 242 BGB oder – sofern anwendbar – aus spezielleren Vorschriften wie § 523 Abs. 1 BGB.[117]

Kreß untergliedert die relativen wie absoluten Schutzansprüche in unentwickelte und voll entwickelte Ansprüche.[118] Unentwickelt ist ein Anspruch demnach, solange die Verletzung des Schutzguts bevorsteht.[119] Mit der Verletzung des Rechtsguts gelangt der Schutzanspruch dann zur vollen Entwicklung. Er ist, wie zum Beispiel der Schadensersatzanspruch nach § 823 Abs. 1 BGB, auf Wiedergutmachung gerichtet.[120]

Nach *Kreß* kann der unentwickelte Schutzanspruch – anders als der entwickelte[121] – im Grundsatz nicht mittels Klage und Zwangsvollstreckung

---

111 Vgl. *Sutschet*, Schutzanspruch, S. 52; *Krebs*, Sonderverbindung, S. 2 f.; *Kuhlmann*, Leistungspflichten und Schutzpflichten, S. 41; *Dorn*, in: HKK, BGB, § 241 Rn. 98 ff.; *Bachmann/Schirmer*, in: FS Canaris 2017, 371, 384 ff.

112 *Kreß*, Lehrbuch des Allgemeinen Schuldrechts, § 1 Abschn. 2 (S. 1 ff.); zum Ganzen auch *Sutschet*, Schutzanspruch, S. 52 ff.; *Bachmann/Schirmer*, in: FS Canaris 2017, 371, 384 f.

113 *Kreß*, Lehrbuch des Allgemeinen Schuldrechts, § 1 Abschn. 2 (S. 1 ff.).

114 *Kreß*, Lehrbuch des Allgemeinen Schuldrechts, § 1 Abschn. 2 b (S. 3).

115 *Kreß*, Lehrbuch des Allgemeinen Schuldrechts, § 1 Abschn. 2 b (S. 3 f.), der hier auch weitere Beispiele nennt.

116 *Kreß*, Lehrbuch des Allgemeinen Schuldrechts, § 1 Abschn. 2 b (S. 4 f.).

117 *Kreß*, Lehrbuch des Allgemeinen Schuldrechts, § 1 Abschn. 2 b (S. 5).

118 *Kreß*, Lehrbuch des Allgemeinen Schuldrechts, § 1 Abschn. 3 (S. 5 ff.).

119 *Kreß*, Lehrbuch des Allgemeinen Schuldrechts, § 1 Abschn. 3 a (S. 5).

120 *Kreß*, Lehrbuch des Allgemeinen Schuldrechts, § 1 Abschn. 3 a (S. 4 ff.).

121 *Kreß*, Lehrbuch des Allgemeinen Schuldrechts, § 1 Abschn. 3 a (S. 6), § 23 Abschn. 3 (S. 593).

verfolgt werden. Der entscheidende und ausreichende Mechanismus zur Durchsetzung sei die „Drohkulisse“[122] der Wiedergutmachungspflicht.[123] Das Gesetz sehe nur in Ausnahmefällen eine Durchsetzung des unentwickelten Schutzanspruchs nach allgemeinen Regeln vor. Als Beispiele nennt er unter anderem § 1004 Abs. 1 S. 2 BGB und § 550 BGB a. F. (heute: § 541 BGB).[124] Im Hinblick auf die relativen Schutzverpflichtungen weist *Kreß* zudem darauf hin, dass deren Durchsetzung durch vorbeugende Maßnahmen regelmäßig nicht dem Willen der Beteiligten entspreche.[125] Bestehe ausnahmsweise doch eine solches Interesse, sei dies im Vertrag ausdrücklich zu regeln.[126] Hier sieht *Kreß* auch den entscheidenden Grund, warum eine analoge Anwendung der gesetzlichen Regeln des vorbeugenden Rechtsschutzes nur für die absolut geschützten Güter in Betracht komme, nicht dagegen für die relativen Schutzansprüche.[127]

Heinrich Stoll schloss sich der von *Kreß* vorgestellten Lehre an[128] und entwickelte sie weiter[129]. *Stoll* unterschied zwischen Erfüllungs- und Schutzpflichten. Erstere sollten dem Leistungs-, letztere dem Schutzinteresse des Gläubigers dienen.[130] In Abweichung zu *Kreß* leitete er die Schutzpflichten jedoch vor allem aus dem „beherrschende[n] Grundsatz“[131] von Treu und Glauben her.[132] *Stoll* begriff das Schuldverhältnis als eine Sonder- bzw. Vertrauensbeziehung, in deren Rahmen die Beteiligten auf die Rechtsgüter des jeweils anderen in besonderem Maße einwirken können.[133] Jede Partei sei nach Treu und Glauben verpflichtet, „die Gegenpartei vor Schäden [zu] bewahren, die sich aus der Sonderbeziehung und durch

122 *Bachmann/Schirmer*, in: FS Canaris 2017, 371, 388.

123 *Kreß*, Lehrbuch des Allgemeinen Schuldrechts, § 1 Abschn. 3 a (S. 5 f.), § 23 Abschn. 3 (S. 593); so auch schon eine im Gesetzgebungsverfahren zu § 908 BGB geäußerte Mindermeinung – siehe Protokolle, BGB, Bd. 3, S. 161.

124 *Kreß*, Lehrbuch des Allgemeinen Schuldrechts, § 1 Abschn. 3 a (S. 6), § 23 Abschn. 3 b (S. 594).

125 *Kreß*, Lehrbuch des Allgemeinen Schuldrechts, § 23 Abschn. 3 b (S. 594).

126 *Kreß*, Lehrbuch des Allgemeinen Schuldrechts, § 23 Abschn. 3 b (S. 594).

127 *Kreß*, Lehrbuch des Allgemeinen Schuldrechts, § 23 Abschn. 3 b (S. 593 f.).

128 *Heinrich Stoll*, AcP 136 (1932), 257, 289 (mit Fn. 66).

129 Vgl. *Canaris*, JZ 1965, 475, 476 (mit Fn. 7); *Dorn*, in: HKK, BGB, § 241 Rn. 100 ff.; *Bachmann/Schirmer*, in: FS Canaris 2017, 371, 386.

130 *Heinrich Stoll*, AcP 136 (1932), 257, 287 ff.

131 *Heinrich Stoll*, AcP 136 (1932), 257, 288.

132 Dazu auch *Dorn*, in: HKK, BGB, § 241 Rn. 100; *Bachmann/Schirmer*, in: FS Canaris 2017, 371, 386.

133 *Heinrich Stoll*, AcP 136 (1932), 257, 288.

sie ergeben könnten".[134] *Claus-Wilhelm Canaris* sah das ähnlich,[135] ging aber noch einen Schritt weiter[136]: Er verzichtete vollständig auf eine rechtsgeschäftliche Herleitung von Schutzpflichten.[137] Im Gegenzug verankerte er Schutzpflichten in einem einheitlichen gesetzlichen Schuldverhältnis, welches die gesamte Beziehung zwischen den Beteiligten überspannt und welches neben einem etwaigen Vertragsverhältnis steht.[138] *Kreß*' Idee eines unentwickelten Schutzanspruchs, der nicht einklagbar sein soll, ließen aber sowohl *Stoll* als auch *Canaris* unangetastet.[139]

Schutzpflichten wurden somit in Abgrenzung zu Erfüllungs- bzw. Leistungspflichten als unklagbare Pflichten konzipiert. Damit war ein eingängiges System geschaffen.[140] Dieses System ist auch die Grundlage für die bis heute verbreitete Skepsis gegenüber einem Anspruch auf Beachtung von Schutzpflichten.[141] Nach *Stephan Madaus* zum Beispiel sind Schutzpflichten „per definitionem" nicht einklagbar.[142] Im Folgenden wird untersucht, ob sich dieses Verständnis auch im Gesetz niedergeschlagen hat.

134 *Heinrich Stoll*, AcP 136 (1932), 257, 288 f.

135 *Canaris*, JZ 1965, 475, 476 (mit Fn. 13).

136 *Dorn*, in: HKK, BGB, § 241 Rn. 104; *Bachmann/Schirmer*, in: FS Canaris 2017, 371, 387 f.

137 *Canaris*, JZ 1965, 475, 479; dazu auch *Dorn*, in: HKK, BGB, § 241 Rn. 104.

138 *Canaris*, JZ 1965, 475, 479 f.; zustimmend *Thiele*, JZ 1967, 649, 651 ff.; *Jakobs*, Unmöglichkeit und Nichterfüllung, S. 38 ff.; *Gerhardt*, JuS 1970, 597, 598 f.; *Gerhardt*, JZ 1970, 535 f.; *Gottwald*, JuS 1982, 877 f.; *Motzer*, JZ 1983, 884, 885, 887; *Schlechtriem*, in: FS Medicus 1999, 429, 439 f.; *Krebs*, Sonderverbindung, S. 564; *Grigoleit*, in: FS Canaris 2007, Bd. 1, 275, 281 ff.; siehe aus der Rechtsprechung auch BGH, Urteil v. 20.06.1952 – V ZR 34/51, BGHZ 6, 330, 333; BGH, Urteil v. 28.01.1976 – VIII ZR 246/74, BGHZ 66, 51, 54; kritisch zu *Canaris*' Ansatz *Larenz*, Lehrbuch des Schuldrechts AT, Bd. 1, 14. Aufl. (1987), § 2 I (S. 14 f.) § 9 I b (S. 119 f.); *Gernhuber*, Das Schuldverhältnis, § 2 IV 4 c (S. 27 ff.); abweichend auch *Picker*, AcP 183 (1983), S. 385 ff., 429 ff.; *Picker*, JZ 1987, 1041, 1043 ff.; ausdrücklich offen gelassen im Fraktionsentwurf zum SchuldRModG, BT-Drucks. 14/6040 v. 14.05.2001, S. 126.

139 *Bachmann/Schirmer*, in: FS Canaris 2017, 371, 387 f.; vgl. auch *Heinrich Stoll*, AcP 136 (1932), 257, 289 (mit Fn. 66), 301; *Canaris*, JZ 1965, 475, 476 (mit Fn. 7).

140 Vgl. *Larenz*, Lehrbuch des Schuldrechts AT, Bd. 1, 14. Aufl. (1987), § 2 I (S. 11 mit Fn. 7a); siehe auch *Grigoleit*, in: FS Canaris 2007, Bd. 1, 275, 304, der aber zugleich auf die „Gefahr begriffsjuristischer Fehlschlüsse" hinweist.

141 Ähnlich *Bachmann/Schirmer*, in: FS Canaris 2017, 371, 393 f.; *Kamp*, Funktion und Grenzen, S. 34.

142 *Madaus*, JURA 2004, 289, 290 (Fn. 18); siehe auch *Gröschler*, in: FS Konzen, 109, 113 f.; *Korch*, ZfPW 2020, 189 ff.

III. Gesetzliche Anerkennung von Schutzpflichten durch das SchuldRModG

Durch das SchuldRModG, das am 1. Januar 2002 in Kraft getreten ist, wurde § 241 Abs. 2 BGB geschaffen und damit die Kategorie der Schutzpflichten gesetzlich verankert.[143] Außerdem wurde das Leistungsstörungsrecht weitgehend umgestaltet.[144] Unter anderem wurden § 282 BGB und § 324 BGB neu gefasst. Der Gläubiger kann danach Schadensersatz statt der Leistung verlangen (§ 282 BGB) bzw. von einem gegenseitigen Vertrag zurücktreten (§ 324 BGB), sofern der Schuldner eine Pflicht nach § 241 Abs. 2 BGB verletzt hat und dem Gläubiger die Leistung (§ 282 BGB) bzw. ein Festhalten an dem Vertrag (§ 324 BGB) nicht mehr zuzumuten ist. Schließlich wurden im Zuge der Schuldrechtsreform auch die § 311 Abs. 2 und Abs. 3 BGB eingefügt. Es sollte klargestellt werden, dass ein Schuldverhältnis mit Pflichten nach § 241 Abs. 2 BGB auch vor dem Vertragsschluss (Abs. 2) bzw. zu Personen entstehen kann, die nicht selbst Vertragspartei werden sollen (Abs. 3).[145]

Der Gesetzgeber hat in den genannten Vorschriften und den dazugehörigen Materialien erstmals sein Verständnis von Schutzpflichten niedergelegt und letztere insoweit der bis zu diesem Zeitpunkt umfassenden Deutungshoheit der Lehre entzogen. Selbst wenn einige Konzepte aus der Lehre – wie etwa *Kreß*' Theorie vom unentwickelten Schutzanspruch – die Entwicklung von Schutzpflichten wesentlich mitgeprägt haben, können sie nicht mehr als *zwingende* Bestandteile der Schutzpflichtenlehre angesehen werden, wenn sie sich im Gesetz nicht niedergeschlagen haben. Fehlt zu bestimmten Aspekten eine Positionierung durch den Gesetzgeber, muss die Diskussion als offen gelten. Vor diesem Hintergrund werden im Folgenden sowohl das SchuldRModG als auch die dazugehörigen Materialien daraufhin untersucht, ob sich daraus die Unklagbarkeit oder die Klagbarkeit von Schutzpflichten ableiten lässt.

---

143 Fraktionsentwurf zum SchuldRModG, BT-Drucks. 14/6040 v. 14.05.2001, S. 125; *Dorn*, in: HKK, BGB, § 241 Rn. 82; *Toussaint*, in: jurisPK, BGB, § 241 Rn. 40.

144 Fraktionsentwurf zum SchuldRModG, BT-Drucks. 14/6040 v. 14.05.2001, S. 83 ff., 133 ff.

145 Fraktionsentwurf zum SchuldRModG, BT-Drucks. 14/6040 v. 14.05.2001, S. 161 ff.

1. Unklagbarkeit von Schutzpflichten nach dem SchuldRModG?

Die Unklagbarkeit von Schutzpflichten wird in der Literatur auf den Wortlaut und die Systematik von § 241 BGB, auf die Systematik des Leistungsstörungsrechts sowie auf § 311 Abs. 2 und Abs. 3 BGB gestützt. Die insoweit vorgebrachten Argumente werden in den folgenden Abschnitten überprüft.

a. Wortlaut und Systematik von § 241 BGB

§ 241 Abs. 1 S. 1 BGB spricht vom Forderungsrecht des Gläubigers („fordern"), Abs. 2 dagegen von der Verpflichtung des Schuldners („verpflichten"). *Wolf-Dietrich Walker* leitet allein aus dieser Begriffswahl ab, der Gesetzgeber habe sich gegen die Einklagbarkeit von Schutzpflichten entschieden.[146] In eine ähnliche Richtung geht die Argumentation von *Stefan Korch*: Der Gesetzgeber habe in § 241 Abs. 1 BGB Pflichten geregelt, die einen Anspruch auf ein Tun oder Unterlassen gewähren, Schutzpflichten aber in Abs. 2 gesondert erfasst. Daraus könne im Umkehrschluss abgeleitet werden, dass Schutzpflichten keinen einklagbaren Anspruch gewähren.[147]

Beide Standpunkte berücksichtigen nicht hinreichend, in welchem historischen Kontext und mit welchem Ziel einerseits § 241 Abs. 1 BGB und andererseits § 241 Abs. 2 BGB geschaffen wurden. Der seit 1900 unveränderte Abs. 1 S. 1 sollte allgemeingültigen schuldrechtlichen Prinzipien Ausdruck verleihen;[148] insbesondere sollte der Grundsatz der Naturalerfüllung gesetzlich fixiert werden.[149] Um eine inhaltliche Ein- und Abgrenzung von Leistungspflichten ging es nicht.[150] In dem 2002 hinzugefügten Abs. 2 dagegen werden Schutzpflichten ihrem Inhalt und ihrer Ausrichtung nach generalklauselartig[151] umrissen.[152] Schutzpflichten waren im deutschen Zi-

146 *Brox/Walker*, Allgemeines Schuldrecht, § 2 Rn. 11.

147 *Korch*, ZfPW 2020, 189, 202, 205.

148 *Dorn*, in: HKK, BGB, § 241 Rn. 33, 38, 82; vgl. auch *von Kübel*, Teilentwurf BGB, Schuldrecht I, Abschn. I. Tit. 1. § 1 S. 2 ff.; Motive, Bd. 2, S. 5; *Jakobs/Schubert*, Beratung des BGB, Recht der Schuldverhältnisse I, S. 44.

149 Dazu unter 1. Teil B.I (S. 28 ff.).

150 *Dorn*, in: HKK, BGB, § 241 Rn. 82.

151 Vgl. *Dorn*, in: HKK, BGB, § 241 Rn. 82 f.; *Olzen*, in: Staudinger, Neubearbeit. 2019, § 241 Rn. 561 ff.

152 Ebenso *U. Huber*, in: Zivilrechtswissenschaft und Schuldrechtsreform, 31, 140; vgl. auch Fraktionsentwurf zum SchuldRModG, BT-Drucks. 14/6040 v. 14.05.2001, S. 125 f.; abweichend *Grüneberg*, in: Grüneberg, § 241 Rn. 1, 7.

vilrecht zwar bereits anerkannt, fanden im Gesetzestext aber noch keine Erwähnung und sollten insofern als eigenständiger Pflichttyp gesetzlich verankert und dabei vor allem von Leistungspflichten abgegrenzt werden. Im Fraktionsentwurf zum SchuldRModG, welcher auf dem Abschlussbericht der Kommission zur Überarbeitung des Schuldrechts beruht,[153] heißt es entsprechend:

> „Die moderne Schuldrechtslehre unterscheidet zwischen Leistungs- und Schutzpflichten [...] Das allgemeine Schuldrecht erwähnt derzeit die Schutzpflichten nicht. [...] Sie gehören zum Kernbestand des deutschen Zivilrechts und müssen ihren Platz in der zentralen Kodifikation finden."[154]

Da die beiden Absätze des § 241 BGB demzufolge mit einer unterschiedlichen Intention geschaffen wurden – einerseits Verankerung des Naturalerfüllungsgrundsatzes, andererseits gesetzliche Anerkennung von Schutzpflichten –, lassen sich aus dem unterschiedlichen Wortlaut keine Schlüsse für die Frage der Klagbarkeit von Schutzpflichten ziehen. Wie sich außerdem aus § 242 BGB und vielen weiteren Vorschriften[155] ergibt, spricht das Gesetz auch an anderer Stelle von „verpflichten" bzw. „verpflichtet" und nicht von „fordern", um gewisse Inhalte von Pflichten aus dem Schuldverhältnis aufzuzeigen oder anzudeuten. Die Nicht-Einklagbarkeit der jeweiligen Pflicht folgt daraus hingegen nicht.[156] Auch das systematische Argument *Korchs* greift vor diesem Hintergrund zu kurz. Schutzpflichten wurden in einem eigenen Absatz gesondert erfasst, um klarzustellen, dass es sich dabei um einen gegenüber Leistungspflichten eigenständigen Pflicht-

153 Siehe zu § 241 Abs. 2 BGB insbesondere Bundesminister der Justiz (Hrsg.), Abschlußbericht der Kommission, 1992, S. 113 ff.

154 Fraktionsentwurf zum SchuldRModG, BT-Drucks. 14/6040 v. 14.05.2001, S. 125.

155 Siehe etwa § 433 Abs. 1 S. 1 BGB oder § 611 Abs. 1 BGB.

156 Zu § 242 BGB: Bei Inkrafttreten des BGB galt die Pflicht des Mieters zum sorgfältigen Umgang mit der Mietsachen als Treuepflicht im Sinne von § 242 BGB (Motive, Bd. 2, S. 198 zusammen mit S. 401, 430). Die Einklagbarkeit dieser Pflicht betrachtete man als Selbstverständlichkeit (Protokolle, BGB, Bd. 2, S. 187; bestätigt durch Regierungsentwurf eines Gesetzes zur Neugliederung, Vereinfachung und Reform des Mietrechts (Mietrechtsreformgesetz), BT-Drucks. 14/4553 v. 09.11.2000, S. 43). Siehe zur Einklagbarkeit von Treuepflichten auch *Siber*, in: Planck, BGB, 4. Aufl. (1914), Vor § 241 Abschn. III C 3 b; *Siber*, Rechtszwang, S. 87 f.; *H. Lehmann*, Unterlassungspflicht, S. 90 ff.

typ handelt.[157] Die Unklagbarkeit von Schutzpflichten ließe sich daraus nur ableiten, wenn Leistungspflichten der *einzige* einklagbare Pflichttyp wären. Aus § 241 Abs. 1 S. 1 BGB folgt aber nur, dass Leistungspflichten einklagbar sind, nicht, dass andere Pflichten nicht einklagbar sind.[158]

Damit kann die Unklagbarkeit von Schutzpflichten weder aus dem Wortlaut noch aus der Systematik von § 241 BGB abgeleitet werden.

b. Systematik des Leistungsstörungsrechts

In der Literatur wird die Unklagbarkeit von Schutzpflichten außerdem aus einer Zusammenschau einerseits von § 281 BGB bzw. § 323 BGB und andererseits von § 282 BGB bzw. § 324 BGB hergeleitet.[159] Das in § 281 Abs. 1 S. 1 BGB bzw. § 323 Abs. 1 BGB normierte Fristsetzungserfordernis, wodurch dem Schuldner eine weitere Gelegenheit zur Leistung eingeräumt wird, sei nur sinnvoll, wenn ein entsprechender selbständiger Anspruch bestehe.[160] Würden Schutzpflichten ebenfalls einen Anspruch gewähren, hätten sie als von § 281 BGB bzw. § 323 BGB miterfasst gelten können.[161]

157 Rechtshistorisch ist insoweit zwar fragwürdig, ob sich § 241 BGB als Anknüpfungspunkt für eine Gegenüberstellung von Leistungs- und Schutzpflichten gut eignete, da die Norm – wie im Text ausgeführt – nicht in erster Linie die Kategorie der Leistungspflichten, sondern den Grundsatz der Naturalerfüllung fixierte. Sowohl in der Literatur als auch im Rahmen des Gesetzgebungsverfahrens wurde alternativ vorgeschlagen, Schutzpflichten in § 242 BGB zu verorten (Stenographischer Bericht, 192. Sitzung, Plenarprotokoll 14/192 v. 11.10.2001, 18760; *Schnapp*, JZ 2001, 583, 584; *Zimmer*, NJW 2002, 1, 6). Dem Gesetzgeber erschien es aber offenbar sinnvoll, Schutzpflichten gleich am Anfang des bis 2002 allein auf Leistungspflichten zugeschnittenen allgemeinen Schuldrechts einen Platz zu geben (vgl. Fraktionsentwurf zum SchuldRModG, BT-Drucks. 14/6040 v. 14.05.2001, S. 125). Mit dem SchuldRModG hat sich folglich die Funktion von § 241 BGB geändert. Es geht nicht mehr nur darum, die Einklagbarkeit von Leistungspflichten festzuhalten, sondern es sollen auch die verschiedenen Pflichten angesprochen werden, die sich aus einem Schulverhältnis ergeben können. Dies kommt besonders deutlich in der neu eingefügten amtlichen Überschrift „Pflichten aus dem Schuldverhältnis" zum Ausdruck.

158 Einklagbare Pflichten, die sich wesentlich von Leistungspflichten unterscheiden, können zum Beispiel deliktische Pflichten sein – siehe dazu insbesondere unter 1. Teil C.I.1 (S. 51 ff.).

159 *Gröschler*, in: FS Konzen, 109, 113 f.; *Korch*, ZfPW 2020, 189, 203 f.

160 *Gröschler*, in: FS Konzen, 109, 114; ähnlich *Korch*, ZfPW 2020, 189, 203; siehe auch Fraktionsentwurf zum SchuldRModG, BT-Drucks. 14/6040 v. 14.05.2001, S. 141; *Grigoleit*, in: FS Canaris 2007, Bd. 1, 275, 289 ff.

161 *Korch*, ZfPW 2020, 189, 203 ff.

Indem der Gesetzgeber für sie aber mit § 282 BGB bzw. § 324 BGB eigenständige Regelungen schuf, habe er zum Ausdruck gebracht, dass ihnen kein Anspruch gegenüberstehe.[162]

Bei näherer Betrachtung der Gesetzgebungsmaterialien greift auch diese Argumentationsweise zu kurz. So findet sich in der Stellungnahme des Bundesrates zu §§ 281, 282 BGB der Vorschlag, den „Schadensersatz statt der Leistung in einer einheitlichen Vorschrift für beide Bereiche der Pflichtverletzung", also für die leistungsbezogenen und sonstigen Pflichtverletzungen, zu regeln.[163] Dem schloss sich die Bundesregierung in ihrer Gegenäußerung an: Beide Arten von Pflichten seien nicht immer leicht voneinander abgrenzbar. Auch bei Nebenpflichtverletzungen könne man „in nicht seltenen Fällen einen auf Unterlassung des pflichtwidrigen Verhaltens gerichteten Anspruch des Gläubigers gegen den Schuldner annehmen".[164] Neben das Fristsetzungserfordernis sollte für Schutzpflichtverletzungen das Erfordernis einer Abmahnung treten.[165] In einem sowohl für Leistungs- als auch für Schutzpflichten geltenden § 281 BGB sollte nach Abs. 2 ein Absatz mit folgendem Wortlaut eingefügt werden: „Kommt nach der Art der Pflichtverletzung eine Fristsetzung nicht in Betracht, so tritt an die Stelle einer erforderlichen Fristsetzung eine Abmahnung."[166] Der Vorschlag wurde auf Empfehlung des Rechtsausschusses lediglich aufgrund der Tatsache nicht übernommen, dass man das Abmahnungserfordernis als Pendant zur Fristsetzung für unzulänglich hielt. Es gebe Konstellationen, in denen die abgemahnte Pflichtverletzung trotz der Abmahnung so geringfügig sei, dass dem Gläubiger ein Festhalten am Vertrag zuzumuten und eine Liquidation eine nicht hinnehmbare Belastung des Schuldners wäre.[167] Dies gelte etwa für einen Maler, der als Gewohnheitsraucher in den Räumen des

162 *Korch*, ZfPW 2020, 189, 203 ff.; in diese Richtung auch *Gröschler*, in: FS Konzen, 109, 113 f.

163 Regierungsentwurf zum SchuldRModG, BT-Drucks. 14/6857 v. 31.08.2001, S. 13 (Anlage 2: Stellungnahme des Bundesrates).

164 Regierungsentwurf zum SchuldRModG, BT-Drucks. 14/6857 v. 31.08.2001, S. 50 (Anlage 3: Gegenäußerung der Bundesregierung).

165 Regierungsentwurf zum SchuldRModG, BT-Drucks. 14/6857 v. 31.08.2001, S. 50 (Anlage 3: Gegenäußerung der Bundesregierung).

166 Regierungsentwurf zum SchuldRModG, BT-Drucks. 14/6857 v. 31.08.2001, S. 50 (Anlage 3: Gegenäußerung der Bundesregierung).

167 Beschlussempfehlung und Bericht des Rechtsausschusses (6. Ausschuss) zum Fraktionsentwurf zum SchuldRModG, BT-Drucks. 14/7052 v. 09.10.2001, S. 186.

Bestellers raucht, obwohl er bereits abgemahnt wurde.[168] Umgekehrt ging man davon aus, dass eine Schutzpflichtverletzung so gravierend sein könne, dass schon ein einmaliger Verstoß das Festhalten am Vertrag unzumutbar werden lasse.[169] Insofern sollte es für den Anspruch auf Schadensersatz statt der Leistung wegen einer Schutzpflichtverletzung allein auf das Kriterium der *Unzumutbarkeit* ankommen, womit es dem Rechtsausschuss auch angebracht erschien, den Anspruch in einer eigenständigen Vorschrift neben § 281 BGB zu regeln.[170] Entsprechendes gilt nach dem Fraktionsentwurf für das Rücktrittsrecht.[171]

Die Erfassung von Leistungs- und Schutzpflichten in unterschiedlichen Vorschriften des Leistungsstörungsrechts ist somit der Eigenart beider Pflichttypen geschuldet.[172] Im einen Fall sollte ein Anspruch auf Schadensersatz statt der Leistung bzw. ein Rücktritt vom Vertrag von einer erfolglosen Fristsetzung abhängen, im anderen Fall von der Unzumutbarkeit der Leistung bzw. des Festhaltens am Vertrag. Für die Frage der Einklagbarkeit lässt sich daraus nichts ableiten.

c. § 311 Abs. 2 und Abs. 3 BGB

Korch entnimmt auch den Vorschriften der § 311 Abs. 2 und Abs. 3 BGB ein systematisches Argument gegen die Einklagbarkeit von Schutzpflichten. Da es im vorvertraglichen Bereich keine Leistungspflichten gebe, könnten die Vorschriften nur auf Pflichten verweisen, denen kein Anspruch gegenüberstehe.[173] Allerdings ist diese Folgerung nur schlüssig, wenn man davon ausgeht, dass Leistungspflichten die einzigen einklagbaren Pflichten sind, was hier gerade in Frage gestellt wird.[174] Ob die Einklagbarkeit von Schutzpflichten im vorvertraglichen Bereich und im Verhältnis zu Dritten sinnvoll

---

168 Beschlussempfehlung und Bericht des Rechtsausschusses (6. Ausschuss) zum Fraktionsentwurf zum SchuldRModG, BT-Drucks. 14/7052 v. 09.10.2001, S. 186.

169 Vgl. Fraktionsentwurf zum SchuldRModG, BT-Drucks. 14/6040 v. 14.05.2001, S. 142, siehe auch etwa *Riehm*, in: BeckOGK, BGB, Stand: 01.08.2023, § 282 Rn. 61.

170 Vgl. Beschlussempfehlung und Bericht des Rechtsausschusses (6. Ausschuss) zum Fraktionsentwurf zum SchuldRModG, BT-Drucks. 14/7052 v. 09.10.2001, S. 186.

171 Fraktionsentwurf zum SchuldRModG, BT-Drucks. 14/6040 v. 14.05.2001, S. 183.

172 Vgl. Fraktionsentwurf zum SchuldRModG, BT-Drucks. 14/6040 v. 14.05.2001, S. 142.

173 *Korch*, ZfPW 2020, 189, 205.

174 Dazu auch oben unter 1. Teil B.III.1.a (S. 38 ff.).

ist, muss noch geklärt werden.[175] Aus der Systematik von § 311 Abs. 2 und Abs. 3 BGB lässt sich die Unklagbarkeit aber jedenfalls nicht ableiten.

d. Zwischenergebnis

Insgesamt lässt sich festhalten, dass sich die Unklagbarkeit von Schutzpflichten nicht aus dem SchuldRModG und den dazugehörigen Materialien ergibt.

2. Klagbarkeit von Schutzpflichten nach dem SchuldRModG?

Nachfolgend wird untersucht, ob sich aus den begutachteten Quellen das Gegenteil ergibt, ob sich der Gesetzgeber also zugunsten der Klagbarkeit von Schutzpflichten positioniert hat.

a. Der Begriff „verpflichten"

Harm Peter Westermann leitet eine solche Positionierung aus dem Begriff „verpflichten" in § 241 Abs. 2 BGB her.[176] Wie auch die amtliche Überschrift von § 241 BGB klarstellt, handelt es sich bei Schutzpflichten um *Pflichten* aus dem Schuldverhältnis. Dies würde dann auf deren Einklagbarkeit schließen lassen, wenn Pflichten per Definition einklagbar wären.

Der Pflichtbegriff ist im BGB nicht näher definiert.[177] Nach allgemeiner Meinung steht er für ein rechtsverbindliches „Sollen"[178]. Die Verfasser des BGB von 1900 waren mehrheitlich der Ansicht, dass von einem Schuldverhältnis und einer Verbindlichkeit nur gesprochen werden dürfe, wenn die Schuld einklagbar ist.[179] In § 762 Abs. 1 S. 1 BGB (Spiel- und Wettver-

---

175 Näher dazu unter 1. Teil D.II.2.d.cc (S. 154 ff.).

176 *Westermann*, in: Erman, BGB, 15. Aufl. (2017), § 241 Rn. 13; ebenso *Martens*, in: Erman, BGB, § 241 Rn. 21; tendenziell auch *Kähler*, NJW 2020, 113, 114 f.

177 *Siber*, Rechtszwang, S. 68; *Schnapp*, JZ 2001, 583.

178 *Larenz*, Lehrbuch des Schuldrechts AT, Bd. 1, 14. Aufl. (1987), § 2 II (S. 15), § 2 IV (S. 24); *G. Schulze*, Naturalobligation, S. 287; *Riehm*, in: FS Canaris 2017, 345, 352; *Ernst*, in: MüKo, BGB, Einl. Schuldrecht Rn. 34; so auch schon *Siber*, in: Planck, BGB, 4. Aufl. (1914), Vor § 241 Abschn. III A 1; *O. Schreiber*, Schuld und Haftung, Bd. 1, S. 20.

179 *Jakobs/Schubert*, Beratung des BGB, Recht der Schuldverhältnisse I, S. 46, 41.

träge) sowie § 656 Abs. 1 S. 1 BGB (Heiratsvermittlung) – jeweils sollte gerade keine Möglichkeit zur Erzwingung der Leistung bestehen – wurde deshalb ausdrücklich klargestellt, dass eine Verbindlichkeit nicht begründet wird.[180] Andererseits hatte die Vorkommission den noch weiterreichenden Vorschlag, „Verbindlichkeiten, deren Erfüllung nicht mit gerichtlicher Klage erzwungen werden kann", „in dem Civilgesetzbuche nicht anzuerkennen"[181], abgelehnt. Vielmehr wurde im Rahmen der Kommissionssitzung vom 3.10.1877 folgende Aussage zu Protokoll genommen:

> „das Gesetzbuch wird Bestimmungen enthalten, welche ergeben, daß einer Obligation nur die Klagbarkeit, nicht aber auch die übrigen Wirkungen und Eigenschaften der Obligation entzogen oder vorenthalten sind".[182]

Die Beschlüsse der Vorkommission wurden durch die 1. Kommission bestätigt.[183] Auch eine unklagbare „Obligation" konnte den „Schuldner" also rechtlich binden. Die klageweise Durchsetzbarkeit bedeutete lediglich das kritische Maß an Gebunden- oder Gehaltensein, das Verbindlichkeiten von sonstigen „schuldartigen Verhältnisse[n]"[184] unterschied.[185]

Die hier durchschimmernde terminologische Unsicherheit[186] des Gesetzgebers im Umgang mit unklagbaren Pflichten zeigt sich noch deutlicher in den Gesetzgebungsmaterialien zu § 1297 Abs. 1 BGB a. F.[187]. Der erste Entwurf der Vorschrift hatte den Wortlaut: „Durch das Verlöbniß wird eine Verbindlichkeit der Verlobten zur Schließung der Ehe nicht begründet."[188] Die Endfassung lautete dagegen: „Aus einem Verlöbnisse kann nicht auf Eingehung der Ehe geklagt werden."[189] Zuvor war noch die Formulierung

180 *Jakobs/Schubert*, Beratung des BGB, Recht der Schuldverhältnisse III, S. 9, 440 ff.; dazu auch *G. Schulze*, Naturalobligation, S. 173 f.

181 *Jakobs/Schubert*, Beratung des BGB, Recht der Schuldverhältnisse I, S. 45.

182 *Jakobs/Schubert*, Beratung des BGB, Recht der Schuldverhältnisse I, S. 45.

183 *Jakobs/Schubert*, Beratung des BGB, Recht der Schuldverhältnisse I, S. 41; dazu auch *Riehm*, in: FS Canaris 2017, 345, 348.

184 *Jakobs/Schubert*, Beratung des BGB, Recht der Schuldverhältnisse I, S. 46.

185 Vgl. *Jakobs/Schubert*, Beratung des BGB, Recht der Schuldverhältnisse I, S. 46.

186 So auch *G. Schulze*, Naturalobligation, S. 167.

187 Die einzige Anpassung seit Schaffung des BGB erfolgte durch das Gesetz zur Bereinigung des Rechts der Lebenspartner vom 20.11.2015 und war lediglich redaktioneller Art; vgl. Regierungsentwurf eines Gesetzes zur Bereinigung des Rechts der Lebenspartner, BR-Drucks. 159/15 v. 29.05.2015, S. 23.

188 *Jakobs/Schubert*, Beratung des BGB, Familienrecht I, S. 10.

189 *Jakobs/Schubert*, Beratung des BGB, Familienrecht I, S. 20.

„Das Verlöbniß begründet die Verpflichtung zur Eheschließung; diese Verpflichtung ist jedoch nicht klagbar." abgelehnt worden.[190] Offenbar ging der Gesetzgeber von einer rechtlichen Bindung der Verlobten aus, wusste das Verhältnis aber angesichts der fehlenden Klagbarkeit nicht zu bezeichnen. Er überließ die Frage schließlich der Wissenschaft.[191]

Die Antwort in der Rechtsprechung und Literatur lautet heute überwiegend: Das Verlöbnis ist ein Vertrag; den Verlobten obliegt die unklagbare *Pflicht* zur Eingehung der Ehe.[192]

Im Rahmen der Schuldrechtsmodernisierung von 2002 – also gleichzeitig mit der Schaffung von § 241 Abs. 2 BGB – wurde die amtliche Überschrift des vormals 17. und heute 19. Titels des zweiten Buches von „Spiel. Wette" zu „Unvollkommene Verbindlichkeiten"[193] geändert und damit die Leitlinie der Verfasser des BGB von 1900 aufgegeben, wonach die Begriffe „natürliche (uneigentliche, unvollkommene) Verbindlichkeit oder Obligation" gerade vermieden werden sollten[194]. Über die näheren Motive für die Gesetzesänderung findet sich in den Gesetzgebungsmaterialien zum SchuldRModG nichts. Es zeigt sich darin jedenfalls ein im Vergleich zur Zeit der Schaffung des BGB gelockertes Sprachverständnis.[195]

Wie wenig aussagekräftig der Pflichtbegriff in Bezug auf die Frage der Klagbarkeit seit Schaffung des BGB geworden ist, zeigt sich schließlich mit Blick auf die Entwicklungsgeschichte von Schutzpflichten. Sie wurden von *Kreß* als *unklagbare Pflichten* konzipiert und von einem großen Teil der

190 *Jakobs/Schubert*, Beratung des BGB, Familienrecht I, S. 19.

191 *Jakobs/Schubert*, Beratung des BGB, Familienrecht I, S. 20; zu alledem auch *G. Schulze*, Naturalobligation, S. 175.

192 BGH, Urteil v. 21.11.1958 – IV ZR 107/58, BGHZ 28, 375, 378; BGH, Urteil v. 28.02.1996 – XII ZR 181/93, BGHZ 132, 105, 109 f.; für ein Vertragsverhältnis schon RG, Urteil v. 21.09.1905 – IV 140/05, RGZ 61, 267, 271; für einen Vertrag, aber gegen eine Rechtspflicht jedoch RG, Urteil v. 19.09.1912 – IV 115/12, RGZ 80, 88, 90; RG, Urteil v. 08.01.1920 – IV 327/19, RGZ 98, 13, 14; in der Literatur eine Rechtspflicht bejahend *Beitzke*, in: FS Ficker, 78 ff.; *G. Schulze*, Naturalobligation, S. 525 f.; *Coester-Waltjen*, Familienrecht, § 8 Rn. 21; *Kaiser*, in: Kaiser/Schnitzler/Friederici/Schilling, BGB, § 1297 Rn. 13; *Budzikiewicz*, in: Jauernig, BGB, § 1297 Rn. 1; *Siede*, in: Grüneberg, Vor § 1297 Rn. 3; *Haertlein*, in: BeckOGK, BGB, Stand: 01.01.2024, § 762 Rn. 24; eine Rechtspflicht ablehnend *Canaris*, AcP 165 (1965), 1, 4; *A. Roth*, in: MüKo, BGB, § 1297 Rn. 17; *Hahn*, in: BeckOK, BGB, § 1297 Vor Rn. 1, Rn. 6; *Wellenhofer*, in: BeckOGK, BGB, Stand: 01.01.2024, § 1297 Rn. 16.

193 Dazu *Haertlein*, in: BeckOGK, BGB, Stand: 01.01.2024, § 762 Rn. 10.

194 *Jakobs/Schubert*, Beratung des BGB, Recht der Schuldverhältnisse I, S. 46.

195 Vgl. auch *Schönenberg-Wessel*, in: Staudinger, Neubearbeit. 2021, Vorbemerkungen zu §§ 762–764 Rn. 3a; *Haertlein*, in: BeckOGK, BGB, Stand: 01.01.2024, § 762 Rn. 10.

Lehre als solche angenommen.[196] Zugleich findet sich im Fraktionsentwurf zum SchuldRModG in der Begründung zu § 241 Abs. 2 BGB die folgende Aussage:

> „Die [...] Lehre von den Schutzpflichten hat sich allgemein durchgesetzt. Daran soll nichts geändert werden. Dieses geltende Recht soll [...] auch im Gesetzestext klargestellt werden."[197]

Es würde einer höchst subtilen, fast irreführenden Regelungstechnik entsprechen, wenn sich der Gesetzgeber allein durch den Begriff „verpflichten" gegen die klassische Konzeption von Schutzpflichten positionieren wollte. Zwar gab es zur Zeit der Schuldrechtsmodernisierung bereits eine starke Strömung in der Literatur, die sich für die Klagbarkeit von Schutzpflichten aussprach.[198] Die „Lehre von den Schutzpflichten" war in diesem Punkt aber uneinheitlich und es bleibt insoweit unklar, was der Gesetzgeber nicht geändert wissen wollte.[199] Allein aus der Verwendung des Begriffs „verpflichten" in § 241 Abs. 2 BGB kann damit jedenfalls nicht gefolgert werden, dass Schutzpflichten einklagbar sein müssten.[200]

b. Ein Anspruch in Einzelfällen

Aus der bereits zitierten Stelle in den Materialien zum SchuldRModG, wonach auch bei Nebenpflichtverletzungen in nicht seltenen Fällen ein auf Unterlassung des pflichtwidrigen Verhaltens gerichteter Anspruch bestehen könne,[201] lässt sich zwar ableiten, dass der Gesetzgeber einen Anspruch auf Beachtung von Schutzpflichten zumindest in Einzelfällen für möglich

196 Siehe oben unter 1. Teil B.II (S. 33 ff.) mit A.II (S. 22 ff.).

197 Fraktionsentwurf zum SchuldRModG, BT-Drucks. 14/6040 v. 14.05.2001, S. 125; dazu auch *Toussaint*, in: jurisPK, BGB, § 241 Rn. 40.

198 Siehe S. 23.

199 Vgl. auch *Olzen*, in: Staudinger, Neubearbeit. 2019, § 241 Rn. 558.

200 Allgemein ist die Rechtslehre des 20. Jahrhunderts weitgehend dazu übergegangen, die Einklagbarkeit vom Begriff der bürgerlich-rechtlichen Pflicht zu isolieren: *Leonhard*, Schuldrecht AT, Bd. 1, § 8 (S. 16); *Reimer Schmidt*, Obliegenheiten, S. 314; *Stech*, ZZP 77 (1964), 161, 164; *Larenz*, Lehrbuch des Schuldrechts AT, Bd. 1, 14. Aufl. (1987), § 2 IV (S. 20 f.); *G. Wagner*, Prozeßverträge, S. 397 ff., 413 f.; *G. Schulze*, Naturalobligation, S. 192; *Weller*, Vertragstreue, S. 263 f.; *Brox/Walker*, BGB AT, § 28 Rn. 8; vgl. auch BVerfG, Beschluss v. 25.10.1988 – 2 BvR 745/88, BVerfGE 79, 69, 76.

201 Regierungsentwurf zum SchuldRModG, BT-Drucks. 14/6857 v. 31.08.2001, S. 50 (Anlage 3: Gegenäußerung der Bundesregierung).

hielt. Dies wird auch durch den Umstand bestätigt, dass er die einklagbare Pflicht des Dienstherrn, für den Schutz des Lebens und der Gesundheit des Dienstverpflichteten zu sorgen (§ 618 Abs. 1 BGB),[202] als Schutzpflicht begreift.[203] Allerdings bleibt unklar, woraus sich ein solcher Anspruch ergeben soll. Nach dem Fraktionsentwurf gilt § 241 Abs. 1 BGB gerade nicht für Schutzpflichten, sondern beschränkt sich „ganz auf die Leistungspflichten".[204] In der Begründung zu § 282 BGB findet sich ferner die Feststellung, es gehe bei der durch § 282 BGB in Bezug genommenen Pflichtverletzung nicht um die „Verletzung eines Anspruchs auf eine Leistung".[205] Schutzpflichten werden insoweit klar von Leistungspflichten abgegrenzt. Zwar stellt der Gesetzgeber zur Abgrenzung nicht auf die Klagbarkeit, sondern allein auf das betroffene Interesse, also das Leistungs- bzw. Schutzinteresse ab.[206] Insoweit ist aber zumindest zweifelhaft, ob der für Leistungspflichten entwickelte und gerade in § 241 Abs. 1 BGB verankerte Grundsatz der Naturalerfüllung auf Schutzpflichten übertragbar ist.

c. Zwischenergebnis

In den Gesetzgebungsmaterialien finden sich demnach zwar Hinweise dafür, dass der Gesetzgeber einen Anspruch auf Beachtung von Schutzpflichten in Einzelfällen für möglich hält. Woraus sich ein solcher Anspruch ergibt und in welchen Fällen er besteht, bleibt aber unklar.

3. Zwischenergebnis im Hinblick auf die Position des Gesetzgebers

Insgesamt entsteht der Eindruck, dass sich der Gesetzgeber mit der Einklagbarkeit von Schutzpflichten nicht näher auseinandergesetzt hat. Eine eindeutige Positionierung dafür oder dagegen lässt sich jedenfalls weder dem SchuldRModG selbst noch den dazugehörigen Materialien entnehmen.[207]

---

202 Zur weitgehend anerkannten Klagbarkeit der Pflichten aus § 618 BGB siehe nur *Oetker*, in: Staudinger, Neubearbeit. 2022, § 618 Rn. 18, 248.

203 Fraktionsentwurf zum SchuldRModG, BT-Drucks. 14/6040 v. 14.05.2001, S. 125.

204 Fraktionsentwurf zum SchuldRModG, BT-Drucks. 14/6040 v. 14.05.2001, S. 125.

205 Fraktionsentwurf zum SchuldRModG, BT-Drucks. 14/6040 v. 14.05.2001, S. 141.

206 Fraktionsentwurf zum SchuldRModG, BT-Drucks. 14/6040 v. 14.05.2001, S. 125.

207 Ebenso OLG Saarbrücken, Urteil v. 13.06.2012 – 1 U 357/11-107, NZBau 2012, 654, 655; *Haas/Medicus/Rolland/C. Schäfer/Wendtland*, Das neue Schuldrecht, Kap. 3

IV. Ergebnis

Schutzpflichten wurden erst im Laufe des 20. Jahrhunderts als eigenständige Pflichtenkategorie anerkannt. Da die Zivilrechtstradition zu Beginn des 20. Jahrhunderts noch stark durch die Lehre vom Erfolgsunrecht geprägt war und das allgemeine Schuldrecht mit Blick auf Leistungspflichten geschaffen wurde, bereitete die Einordnung dieser neuen Verhaltenspflichten Schwierigkeiten. Unter anderem die Frage der Einklagbarkeit wurde zu einem Streitpunkt. Der „Vater" der heutigen Schutzpflichtenlehre, *Hugo Kreß*, legte Schutzpflichten zwar das Merkmal der Unklagbarkeit in die Wiege. Spätestens seit der Kritik durch *Stürner* von 1976[208] ist dieses Merkmal aber umstritten.[209] Auch im SchuldRModG hat es keinen Niederschlag gefunden, sodass Schutzpflichten jedenfalls *nicht* „per definitionem"[210] unklagbar sind. Die Diskussion ist vielmehr offen und bis heute nicht entschieden. Der Gesetzgeber scheint davon auszugehen, dass Schutzpflichten im Einzelfall einklagbar sind, lässt aber offen, woraus sich ein entsprechender Anspruch ergibt. Diese Ausgangssituation gibt Anlass zu der Suche nach einer tauglichen Rechtsgrundlage.

C. Rechtsgrundlage

In der Literatur wird für die Einklagbarkeit von Schutzpflichten mehrheitlich auf den Grundsatz der Naturalerfüllung abgestellt;[211] teilweise werden die

---

Rn. 201; *Hofmann*, Unterlassungsanspruch, S. 396; *Olzen*, in: Staudinger, Neubearbeit. 2019, § 241 Rn. 558.

208 Siehe dazu S. 23.

209 Zwar hatten zuvor schon *Lenzen* (*Lenzen*, NJW 1967, 1260 f.), und *Müller* (*G. Müller*, Leistungsbegriff, S. 104), für die Einklagbarkeit von Schutzpflichten plädiert. Die neuere Literatur bezieht sich insoweit aber überwiegend auf *Stürner*; siehe beispielhaft *Larenz*, Lehrbuch des Schuldrechts AT, Bd. 1, 14. Aufl. (1987), § 2 I (S. 12 mit Fn. 8).

210 Dazu oben unter 1. Teil B.II (S. 36).

211 Vgl. *Lenzen*, NJW 1967, 1260, 1261; *R. Stürner*, JZ 1976, 384, 389; *Motzer*, JZ 1983, 884, 886 ff.; *I. Neumann*, Leistungsbezogene Verhaltenspflichten, S. 71 ff., 108 f.; *Bodewig*, JURA 2005, 505, 512; *Grigoleit*, in: FS Canaris 2007, Bd. 1, 275, 290; *Bachmann/Schirmer*, in: FS Canaris 2017, 371, 394; *Westermann*, in: Erman, BGB, 15. Aufl. (2017), § 241 Rn. 8, 13; *Leuering*, in: FS Bergmann, 457, 467 f.; *Martens*, in: Erman, BGB, § 241 Rn. 21; *Kähler*, NJW 2020, 113, 114 f., 216; *Kramme*, in: Prütting/Wegen/Weinreich, BGB, § 241 Rn. 24.

Grundsätze des negatorischen Rechtsschutzes herangezogen[212].[213] Die Rechtsprechung greift überwiegend auf die positive Vertragsverletzung bzw. auf § 280 Abs. 1 BGB zurück.[214] Insgesamt wird der Frage nach der richtigen Rechtsgrundlage wenig Aufmerksamkeit geschenkt. Vielmehr wird vom Ergebnis her gedacht und problematisiert, ob die Einklagbarkeit von Schutzpflichten zu einem angemessenen Ausgleich der betroffenen Interessen führt.[215] Passt die Rechtsgrundlage eines Klagerechts allerdings nicht zu der durchzusetzenden Pflicht, droht ein Verstoß gegen den Vorbehalt des Gesetzes nach Art. 20 Abs. 3 GG.[216] Schon deshalb muss die Rechtsgrundlage genau bestimmt werden. Außerdem wirkt sich die Herleitung eines Anspruchs darauf aus, welche Regeln des allgemeinen Schuldrechts auf den Anspruch Anwendung finden (dazu der zweite Teil dieser Arbeit). Im Folgenden werden deshalb die in Betracht kommenden Rechtsgrundlagen näher untersucht; zunächst der Grundsatz der Naturalerfüllung (dazu unter I.), anschließend die Regeln des repressiven Rechtsschutzes (dazu unter II.) und zuletzt die Regeln des negatorischen Rechtsschutzes (dazu unter III.).

---

212 *Picker*, AcP 183 (1983), 369, 513 f.; *Picker*, in: FS Bydlinski, 269, 315; *Kahl*, in: Jahrbuch Junger Zivilrechtswissenschaftler 1994, 205, 215 ff.; *J. Schmidt*, in: Staudinger, 13. Bearbeit. 1995, Einleit. zu §§ 241 ff. Rn. 326, 330 ff.; *Fritzsche*, Unterlassungsanspruch, S. 42 f., 733 ff.; *Schur*, Leistung und Sorgfalt, S. 116 f.; *Katzenstein*, Haftungsbeschränkungen, S. 190 ff.; *Wendelstein*, Pflicht, S. 236 ff. mit S. 92 ff.; aus der Rechtsprechung auch OLG Saarbrücken, Urteil v. 13.06.2012 – 1 U 357/11-107, NZBau 2012, 654, 655.

213 Siehe zur Unterscheidung der beiden Ansätze auch *Schur*, Leistung und Sorgfalt, S. 116 ff. Teilweise verschwimmen die Ansichten, da einige derjenigen, die auf den Grundsatz der Naturalerfüllung abstellen, ergänzend auf die Regeln des negatorischen Rechtsschutzes zurückgreifen (siehe etwa *R. Stürner*, JZ 1976, 384, 385) und diejenigen, die auf den negatorischen Rechtsschutz abstellen, von einem allgemeinen Prinzip der vorbeugenden Durchsetzbarkeit bzw. Einklagbarkeit zugewiesener Rechte ausgehen. Wie sich noch zeigen wird, ist beides verfehlt (siehe insbesondere unter 1. Teil C.I.1 (S. 51 ff.), C.I.3 (S. 90 f.).

214 Siehe insbesondere BGH, Urteil v. 12.01.1995 – III ZR 136/93, NJW 1995, 1284, 1285 (positive Vertragsverletzung); BGH, Urteil v. 05.06.2012 – X ZR 161/11, NZBau 2012, 652, 653 (Rn. 15); OLG Jena, Urteil v. 08.12.2008 – 9 U 431/08, VergabeR 2009, 524, 527; KG, Urteil v. 07.01.2020 – 9 U 79/19, NZBau 2020, 680, 681 (Rn. 6); dazu auch schon oben unter 1. Teil A.III (S. 25 ff.).

215 Siehe insbesondere unter 1. Teil A.III (S. 25 ff.).

216 Vgl. BVerfG, Beschluss v. 12.11.1997 – 1 BvR 479/92 und 307/94, BVerfGE 96, 375, 394: „Der Richter darf sich […] nicht dem vom Gesetzgeber festgelegten Sinn und Zweck des Gesetzes entziehen. Seine Aufgabe beschränkt sich darauf, diesen […] möglichst zuverlässig zur Geltung zu bringen."; dazu auch *Grzeszick*, in: Maunz/Dürig/Herzog/Scholz/Herdegen/Klein, GG, 102. EL Aug. 2023, Art. 20 Abschn. VI. Rn. 90, 148.

I. Der Grundsatz der Naturalerfüllung

Als sich die Verfasser des BGB von 1900 zum Naturalerfüllungsgrundsatz bekannten, hatten sie ausschließlich Leistungspflichten vor Augen.[217] Zugleich verstanden sie die Einklagbarkeit einer Pflicht als allgemeingültiges Prinzip.[218] Ein Teil der Literatur wendet dieses Prinzip auf die später als eigenständige Pflichten anerkannten Schutzpflichten an.[219] *Bachmann* und *Schirmer* sprechen in diesem Sinne von einem „Erfüllungsanspruch aus Schutzpflichten"[220]. Die Schaffung des § 241 Abs. 2 BGB steht dem nicht entgegen. Zwar grenzt der Gesetzgeber hier Schutzpflichten klar von Leistungspflichten ab.[221] Allerdings stellt er zur Abgrenzung nicht auf die Klagbarkeit, sondern allein auf das betroffene Interesse ab.[222] Möglicherweise finden sich aber in einem anderen Kontext Hinweise, die gegen eine Ausdehnung des Naturalerfüllungsgrundsatzes auf Schutzpflichten sprechen. Im Folgenden werden insoweit deliktische Pflichten näher in den Blick genom-

---

217 Dazu oben unter 1. Teil B.I. (S. 28 ff.).

218 Siehe oben unter 1. Teil B.I (S. 28 ff.) und B.III.2.a (S. 43 ff.).

219 Siehe die Verweise in Fn. 211.

220 *Bachmann/Schirmer*, in: FS Canaris 2017, 371, siehe auch etwa *R. Stürner*, JZ 1976, 384, 385; *Kramme*, in: Prütting/Wegen/Weinreich, BGB, § 241 Rn. 24.

221 Dazu oben unter 1. Teil B.III.1.a (S. 38 ff.), B.III.2.b. (S. 46 f.). In der Literatur gab es vereinzelte Vorstöße, den Leistungsbegriff großzügiger zu interpretieren und unter anderem auch Schutzpflichten darunter zu fassen (*Himmelschein*, AcP 135 (1932), 255, 281 ff.; *Himmelschein*, AcP 158 (1959/1960), 273, 284 ff.; *Wicher*, AcP 158 (1959/1960), 297, 299 f.; *Wollschläger*, Unmöglichkeitslehre, S. 179 f., 188; *Motzer*, JZ 1983, 884; *I. Neumann*, Leistungsbezogene Verhaltenspflichten, S. 45 ff.; *Fikentscher*, Schuldrecht, 9. Aufl. (1997), Rn. 31, 398; *Emmerich*, Leistungsstörungen, § 20 Rn. 3). Jedenfalls mit dem SchuldRModG und der darin zum Ausdruck kommenden Unterscheidung zwischen Leistungs- und Schutzpflichten hat sich dieser Ansatz aber erledigt (*Faenger*, Leistungsunabhängige Nebenpflichten, S. 27). Gegen ein weites Verständnis des Leistungsbegriffs spricht auch der gegenständliche Unmöglichkeitsbegriff des BGB, wonach die *Leistung* nicht schon bei einem Verstoß gegen einzelne Verhaltenspflichten des Schuldners unmöglich wird, sondern erst, wenn der vertraglich geschuldete Erfolg oder das vertraglich geschuldete Verhalten nicht bewirkt werden kann (siehe zum alten Schuldrecht *H. Lehmann*, Unterlassungspflicht, S. 58; *Krückmann*, AcP 101 (1907), 1, 190 f.; *Staub*, p. V. V., S. 8 ff.; *Heinrich Stoll*, AcP 136 (1932), 257, 274 ff.; *Jakobs*, Unmöglichkeit und Nichterfüllung, S. 24 ff.; *Larenz*, Lehrbuch des Schuldrechts AT, Bd. 1, 14. Aufl. (1987), § 2 I (S. 11 Fn. 7a); *Gernhuber*, Das Schuldverhältnis, § 2 III 3 c (S. 17); *Würthwein*, Schadensersatzpflicht, S. 134; *U. Huber*, Leistungsstörungen, Bd. 1, § 3 II 3 c (S. 85 ff.); zum neuen Schuldrecht (auch mit Blick auf das alte) siehe nur Fraktionsentwurf zum SchuldRModG, BT-Drucks. 14/6040 v. 14.05.2001, S. 84, 137 f.).

222 Dazu oben unter 1. Teil B.III.2.b (S. 46 f.).

men. Denn zum einen hat sich der Gesetzgeber – anders als zur Einklagbarkeit von Schutzpflichten – zur Einklagbarkeit von deliktischen Pflichten eindeutig positioniert (dazu unter 1.). Zum anderen weisen Schutzpflichten gewisse Ähnlichkeiten zu deliktischen Plichten auf, die eine entsprechende Handhabung der Klagbarkeit rechtfertigen könnten (dazu unter 2.).

1. Anwendbarkeit des Naturalerfüllungsgrundsatzes auf deliktische Pflichten?

Deliktische Verhaltenspflichten werden auch Verkehrspflichten genannt.[223] Anhand ihrer wird bestimmt, ob ein Verhalten, das fremde Rechte oder Rechtsgüter verletzt, im Grundsatz „widerrechtlich" bzw. rechtswidrig im Sinne von § 823 Abs. 1 BGB ist.[224] Auf Verkehrspflichten wird typischerweise bei mittelbaren Beeinträchtigungen und Beeinträchtigungen durch Unterlassen abgestellt.[225] Bei unmittelbaren Rechtsgutsverletzungen indiziert bereits die Rechtsgutsverletzung die Rechtswidrigkeit, sodass es auf Verkehrspflichten praktisch nicht ankommt.[226] Möchte man aber die Pflicht, fremde Rechtsgüter nicht unmittelbar zu beeinträchtigen, kategorisieren, handelt es sich ebenfalls um eine Verkehrspflicht, da auch sie – der zuvor genannten Definition entsprechend – bestimmt, wann ein fremdschädigendes Verhalten im Grundsatz rechtswidrig ist.[227]

223 Siehe schon RG, Urteil v. 19.09.1921 – VI 191/21, RGZ 102, 372, 375; deutlich auch BGH, Urteil v. 27.01.1987 – VI ZR 114/86, NJW 1987, 2671, 2672; zum Begriff der Verkehrspflichten und zu den ihm unterfallenden Verkehrs*sicherungs*pflichten siehe *von Bar*, JuS 1988, 169 f.; *G. Wagner*, in: MüKo, BGB, § 823 Rn. 482.

224 Umfassend dazu *Wilhelmi*, Risikoschutz, S. 141 ff.

225 Grundlegend RG, Urteil v. 30.10.1902 – VI 208/02, RGZ 52, 373, 379; siehe darüber hinaus *von Caemmerer*, in: FS 100 Jahre DJT, Bd. 2, 49, 131 f.; *von Caemmerer*, Karlsruher Forum 1961 (Beiheft VersR), 19 f.; *Larenz*, in: FS Dölle, Bd. 1, 169, 193 ff.; *Hans Stoll*, AcP 162 (1963), 203, 206, 229; *U. Huber*, in: FS E. R. Huber, 253, 274 ff.; *Mertens*, VersR 1980, 397 ff.; *von Bar*, JuS 1988, 169, 170; *Deutsch*, Haftungsrecht, Rn. 237; *J. Prütting/Scholl*, Schuldrechtsklausur II, Fall 2 Rn. 5; *Förster*, in: BeckOK, BGB, § 823 Rn. 296.

226 BGH, Beschluss v. 04.03.1957 – GSZ 1/56, BGHZ 24, 21, 24 f.; siehe auch die Verweise in Fn. 225.

227 Vgl. *Larenz/Canaris*, Lehrbuch des Schuldrechts, Bd. 2.2, § 75 II 3 b (S. 366), die insoweit von einer „Erfolgsvermeidungspflicht" sprechen. Da auch bei unmittelbaren Beeinträchtigungen nicht immer klar ist, ob das Verhalten rechtswidrig ist (*Gerhard Wagner* nennt das Beispiel eines strauchelnden Jägers, bei dem sich ein Schuss löst, wodurch ein anderer Jäger verletzt wird), stellen einige Autoren mit guten

Auf den ersten Blick erscheint es möglich, den Grundsatz der Naturalerfüllung auf deliktische Pflichten anzuwenden. Das zeigt die Argumentation, mit der das Reichsgericht Ende des 19. und Anfang des 20. Jahrhunderts den quasinegatorischen Unterlassungsanspruch[228] herleitete[229]: Verpflichte ein bestimmtes Verhalten zu Schadensersatz nach deliktsrechtlichen Regelungen, folge daraus notwendig die Verpflichtung zur Unterlassung dieses Verhaltens, und zwar nicht nur gegenüber der öffentlichen Ordnung, sondern konkret gegenüber dem Rechtsgutsinhaber.[230] Wenn letzterem damit ein Anspruch auf Unterlassung des Delikts zustehe, müsse dieser „auf dem auch sonst für bürgerliche Rechtsansprüche vom Gesetze gegebenen Wege" durchsetzbar sein.[231] Die Einklagbarkeit deliktischer Pflichten schien sich somit direkt auf den in § 241 Abs. 1 S. 1 BGB verankerten Grundsatz der Naturalerfüllung zurückführen zu lassen.

Bei genauer Betrachtung der Regelungstechnik des BGB sowie der einschlägigen Gesetzgebungsmaterialien, drängt sich allerdings ein anderes Ergebnis auf. Die Verfasser des BGB von 1900 hielten eine analoge Anwendung der Vorschriften über den vorbeugenden Eigentumsschutz zwar „in weitem Umfange" für möglich.[232] Allerdings heißt es in den Motiven zum Entwurf des BGB:

> „Allgemeine Grundsätze, welche für die Geltendmachung eines jeden absoluten Rechtes passen, lassen sich nicht aufstellen, weil die Verschiedenheit des Inhalts der absoluten Rechte auf die Frage, wann eine Verletzung des Rechtes vorliegt, und auf den Inhalt der aus der Verletzung sich entwickelnden Ansprüche von Einfluß ist."[233]

Gründen immer auf eine Verkehrspflichtverletzung ab: *G. Wagner*, in: MüKo, BGB, § 823 Rn. 21 f.; *Wilhelmi*, Risikoschutz, S. 112 ff., 141 ff.; *Looschelders*, Schuldrecht BT, § 59 Rn. 4 f.; dagegen aber *von Bar*, Verkehrspflichten, S. 82.

228 Zu der Entstehung dieses Begriffs siehe *Hohloch*, Die negatorischen Ansprüche, S. 44 f.

229 RG, Urteil v. 06.03.1890 – II 11/90, RGZ 25, 347 f.; RG, Urteil v. 08.01.1897 – II 263/96, RGZ 38, 379, 382 f.; RG, Urteil v. 11.04.1901 – VI 443/00, RGZ 48, 114, 118 ff.; dazu auch *Funcke*, Die sogenannte actio quasinegatoria, S. 145 ff.

230 RG, Urteil v. 06.03.1890 – II 11/90, RGZ 25, 347 f.

231 RG, Urteil v. 06.03.1890 – II 11/90, RGZ 25, 347, 348.

232 Motive, Bd. 3, S. 392.

233 Motive, Bd. 3, S. 392 (ähnlich S. 398 f.); dazu auch *Hohloch*, Die negatorischen Ansprüche, S. 40, 26 ff., wonach der BGB-Gesetzgeber insoweit an die Pandektenwissenschaft und die Partikulargesetzbücher des 19. Jahrhunderts anknüpfte.

Die Befugnis zur klageweisen Durchsetzung deliktischer Pflichten wird dementsprechend im BGB „im Einzelfall besonders verliehen“[234] – etwa in § 1004 BGB, § 862 BGB, § 12 BGB oder § 908 BGB. Mit einem allgemeinen Prinzip wie dem Naturalerfüllungsgrundsatz lässt sie sich nicht begründen.[235] Dies bestätigt auch die Rechtsprechung, die schon bald nach Inkrafttreten des BGB dazu überging, den quasinegatorischen Beseitigungs- und Unterlassungsanspruch rechtsfortbildend auf eine Analogie zu §§ 12, 862, 1004 BGB zu stützen.[236]

Schutzpflichten setzen zwar anders als deliktische Pflichten das Bestehen eines Schuldverhältnisses voraus. Nach *Christian von Bar* sind Schutzpflichten und deliktische Pflichten im Hinblick auf ihre Struktur und Zielsetzung aber „vollkommen identisch“[237]. Bestätigt sich dieses Urteil und nimmt man die aufgezeigte Systematik des BGB im Hinblick auf die Einklagbarkeit deliktischer Pflichten ernst, liegt es nahe, dass der Grundsatz der Naturalerfüllung auch auf Schutzpflichten keine Anwendung findet.

2. Abgleich von Schutzpflichten und deliktischen Pflichten

Um zu klären, ob deliktische Pflichten und Schutzpflichten ihrem Wesen nach übereinstimmen und ob sich daraus ergibt, dass sie – zumindest im

---

234 *H. Lehmann*, Unterlassungspflicht, S. 119; siehe auch *Münzberg*, JZ 1967, 689, 692, wonach die Erzwingbarkeit deliktischer Pflichten die „Ausnahme“ darstellt; ähnlich *Kreß*, Lehrbuch des Allgemeinen Schuldrechts, § 1 Abschn. 3 a (S. 6); *Hohloch*, Die negatorischen Ansprüche, S. 40, 147; *von Bar*, in: 25 Jahre Karlsruher Forum (Beilage VersR 1983), 80; *K. Mayer*, DB 1985, 319, 320.

235 *H. Lehmann*, Unterlassungspflicht, S. 119 f.; *F. Baur*, JZ 1966, 381, 382; *R. Stürner*, JZ 1976, 384, 385; *von Bar*, in: 25 Jahre Karlsruher Forum (Beilage VersR 1983), 80; *Hofmann*, Unterlassungsanspruch, S. 150 ff., 211 ff., 313 ff.; nach a. A. folgt aus der Anerkennung einer Rechtsposition automatisch die vorbeugende Durchsetzbarkeit: OLG Düsseldorf, Urteil v. 13.01.2010 – I-27 U 1/09, NZBau 2010, 328, 329 f.; *Picker*, AcP 176 (1976), 28, 50; *Picker*, in: FS Lange, 625, 664, 684 ff.; *Picker*, in: FS Gernhuber, 315, 340; *Picker*, in: FS Bydlinski, 269, 317; *Kahl*, in: Jahrbuch Junger Zivilrechtswissenschaftler 1994, 205, 213 ff.; *Katzenstein*, Haftungsbeschränkungen, S. 190 f.; *Lobinger*, ZfA 2004, 101, 122; *Lobinger*, in: FS Richardi, 657, 663; *Wendelstein*, Pflicht, S. 92 ff., 259; vgl. auch *Lenzen*, NJW 1967, 1261; *Fritzsche*, Unterlassungsanspruch, S. 42 f., 733 ff.

236 Anklänge schon bei RG, Urteil v. 11.04.1901 – VI 443/00, RGZ 48, 114, 120; deutlich dann RG, Urteil v. 05.01.1905 – VI 38/04, RGZ 60, 6, 7; aus der neueren Rechtsprechung etwa BGH, Urteil v. 26.02.1993 – V ZR 74/92, BGHZ 122, 1; siehe dazu auch *Funcke*, Die sogenannte actio quasinegatoria, S. 148 ff.

237 *von Bar*, Verkehrspflichten, S. 312.

Hinblick auf die Einklagbarkeit – entsprechend zu behandeln sind, müssen die folgenden zwei Fragen beantwortet werden: 1. Welche Merkmale zeichnen deliktische Pflichten aus? 2. Weisen Schutzpflichten dieselben Merkmale auf wie deliktische Pflichten, sodass eine entsprechende Handhabung der Einklagbarkeit gerechtfertigt ist?

a. Merkmale von deliktischen Pflichten

aa. Jedermannspflichten

Deliktische Pflichten werden auch als Jedermannspflichten beschrieben.[238] Damit soll hervorgehoben werden, dass sie jedermann treffen und somit – anders als Leistungs- und auch als Schutzpflichten – keine Sonderverbindung voraussetzen. Ein Klagerecht – etwa aus § 1004 Abs. 1 BGB – steht einer deliktischen Pflicht allerdings nur gegenüber, wenn eine konkrete Person aus der Allgemeinheit herausgehoben ist. Es geht insoweit nicht mehr um *„allgemeine Rechtsachtungspflichten"*[239] eines „jeden gegenüber jedem"[240], sondern um „einzelne Pflichten, die in einer bestimmten Situa-

238 *Kamp*, Funktion und Grenzen, S. 19 ff.; vgl. auch Beschlussempfehlung und Bericht des Rechtsausschusses (6. Ausschuss) zum Fraktionsentwurf zum SchuldRModG, BT-Drucks. 14/7052 v. 09.10.2001, S. 182. Häufig wird auch umgekehrt von gegenüber jedermann wirkenden *Rechten* gesprochen (*Siber*, in: Planck, BGB, 4. Aufl. (1914), Vor § 241 Abschn. II 1; *Krebs*, Sonderverbindung, S. 561 f.; *Toussaint*, in: jurisPK, BGB, § 241 Rn. 41). Jeweils wird das gleiche zum Ausdruck gebracht: Das Recht, das gegenüber jedermann geschützt ist, kann jedermann zu dessen Schutz verpflichten.

239 *Hofmann*, Unterlassungsanspruch, S. 364 [Hervorhebung im Original].

240 *Münzberg*, JZ 1967, 689, 693 (mit Fn. 41); grundsätzlich kritisch zu einer solchen „allgemeinen Rechtspflicht" *Heinze*, Rechtsnachfolge, S. 42, 46, 47 (mit Fn. 200); ebenso *R. Bruns*, in: FS Nipperdey, Bd. 1, 3, 9, 20; *Münzberg*, JZ 1967, 689, 693; *Bucher*, AcP 186 (1986), 1, 12; *Funcke*, Die sogenannte actio quasinegatoria, S. 106 ff.; anders aber *H.-H. Thomas*, Unterlassungsklagen, S. 52, wonach die Pflicht, „bestimmte Beeinträchtigungen des fraglichen fremden Rechts zu unterlassen [...] von vorneherein und unabhängig von einer vorhergegangenen Beeinträchtigung" besteht; siehe auch *von Tuhr*, Der Allgemeine Teil des Deutschen Bürgerlichen Rechts, Bd. 1, § 4 IV (S. 102); *Enneccerus/Nipperdey*, AT des Bürgerlichen Rechts, 1. Halbbd., § 74 I (S. 443); *Zeuner*, in: FS Dölle, Bd. 1, 295, 306 f.; *Wüstenbecker*, JA 1984, 227; *Hofmann*, Unterlassungsanspruch, S. 377 ff.; zum Hintergrund der Unterscheidung zwischen allgemeinen und besonderen Pflichten *Dubischar*, Lehre vom subjektiven Privatrecht, S. 96 ff.

tion für individuelle Beteiligte aus konkreten Anlässen entstehen“[241]. Die *einklagbare* deliktische Pflicht ist also keine Pflicht gegenüber jedermann, sondern eine Pflicht nur gegenüber dem konkret gefährdeten Rechtsgutsinhaber. Im vorliegenden Kontext – es geht gerade um die Einklagbarkeit – kommt dem Jedermann-Merkmal damit keine Bedeutung zu.

bb. Unselbständige Pflichten[242]

Deliktische Pflichten bestehen nur zum Schutz *ex ante* zugewiesener, fremder Rechtspositionen.[243] Das bedeutet, dass sie keinem Selbstzweck dienen,

241 *Münzberg*, JZ 1967, 689, 693; daneben schon *Thon*, Rechtsnorm und Subjectives Recht, S. 156 ff.; *H. Lehmann*, Unterlassungspflicht, S. 109 f.; *von Tuhr*, Der Allgemeine Teil des Deutschen Bürgerlichen Rechts, Bd. 1, § 15 II (S. 243); ferner *Zeuner*, in: FS Dölle, Bd. 1, 295, 304; *F. Baur*, JZ 1966, 381, 383; *Wesel*, in: FS Lübtow, 787, 799 f.; *H.-H. Thomas*, Unterlassungsklagen, S. 72; *Heinze*, Rechtsnachfolge, S. 25 f., 42 f., 47; *Oppermann*, Unterlassungsanspruch, S. 116; *Fritzsche*, Unterlassungsanspruch, S. 118 f.; *Funcke*, Die sogenannte actio quasinegatoria, S. 107 ff.; siehe auch *Hofmann*, Unterlassungsanspruch, S. 363 ff., besonders deutlich S. 384: „Erst mit Blick auf einen bestimmten Lebenssachverhalt lässt sich sagen, welche *konkreten Rechtspflichten* den Anspruchsgegner treffen“ [Hervorhebung im Original]. A. A. offenbar *Esser/Weyers*, Schuldrecht, Bd. 2.2, § 62 IV (S. 264).

242 Die Bezeichnung ist hier untechnisch zu verstehen. Die Gegenüberstellung von „selbständigen“ und „unselbständigen“ Pflichten geht weit zurück (siehe dazu *Weilbauer*, Leistungspflichten nach Treu und Glauben, S. 4) und kann Unterschiedliches bedeuten, wobei sich die in der Literatur vertretenen Kategorisierungen häufig überschneiden: teilweise geht es um einklagbare und nicht einklagbare Pflichten (siehe etwa *Henckel*, AcP 174 (1974), 97, 112; *von Bar*, in: 25 Jahre Karlsruher Forum (Beilage VersR 1983), 80 ff.; *Kramer*, in: MüKo (1994), BGB, § 241 Rn. 14); teilweise soll die selbständige (Unterlassungs-)Pflicht eine Leistungspflicht sein, die unselbständige dagegen eine Leistungs*treue*pflicht, also die Pflicht, alles zu unterlassen, was dem Leistungserfolg zuwiderlaufen könnte (siehe etwa *Dorn*, in: HKK, BGB, § 241 Rn. 87 f.; *Bachmann*, in: MüKo, BGB, § 241 Rn. 25, 29; *Olzen*, in: Staudinger, Neubearbeit. 2019, § 241 Rn. 136; *Grüneberg*, in: Grüneberg, § 241 Rn. 4); teilweise – so auch hier – geht es allgemeiner um die Frage, ob Pflichten einem „Eigenzweck“ dienen oder nicht (siehe etwa *Enneccerus/H. Lehmann*, Recht der Schuldverhältnisse, § 4 I 1 (S. 21); *Hofmann*, Unterlassungsanspruch, S. 263; *Grüneberg*, in: Grüneberg, § 242 Rn. 25).

243 *von Bar*, Verkehrspflichten, S. 82; *Picker*, AcP 183 (1983), 369, 463 f.; *R. Krause*, in: Soergel, BGB, § 823 Anh II Rn. 1; *Wilhelmi*, Risikoschutz, S. 132 f., 151 f.; *G. Wagner*, in: MüKo, BGB, § 823 Rn. 482. Siehe auch *Picker*, in: FS Schilken, 85, 97 f., der Verkehrspflichten hier mit Schutzgesetzen im Sinne von § 823 Abs. 2 BGB vergleicht. Richtigerweise muss man insoweit aber unterscheiden zwischen Schutzgesetzen, die eine „neue materiale Rechtsposition“ begründen wie zum Beispiel eine Bauhöhen-

sondern der Sicherung einer Rechtsposition, die außerhalb ihrer selbst liegt – etwa der Gesundheit des Bedrohten.[244] Eine deliktische Streupflicht zum Beispiel kann es nur geben, solange durch das Nichtstreuen Rechtsgüter Dritter beeinträchtigt werden können. Auf einer Straße, die nicht genutzt wird, scheidet eine deliktische Pflicht zum Streuen[245] aus. Das Schicksal der geschützten Rechtspositionen ist dabei rechtlich unabhängig von etwaigen Verkehrspflichten. Verneint man eine deliktische Streupflicht, steht dem Bedrohten seine Gesundheit trotzdem zu. Er muss sich lediglich vor dem Risiko, auszurutschen, welches insoweit als allgemeines Lebensrisiko bewertet wird, selbst schützen.[246] Weil deliktische Pflichten demnach immer akzessorisch zu einer unabhängig von ihnen bestehenden Rechtsposition sind, lassen sie sich auch als unselbständige Pflichten beschreiben.

cc. Abgrenzung zu Leistungspflichten

Die Besonderheit des Merkmals der Unselbständigkeit zeigt sich in Abgrenzung zu den Leistungspflichten.[247] Letztere mögen einem bestimmten Interesse jenseits des – in der Regel vertraglich definierten – Leistungsinteresses dienen, ein solches ist aber nur ihr Motiv.[248] Eine *vertragliche* Streupflicht zum Beispiel ist nicht davon abhängig, dass Rechtsgüter des Gläubigers oder eines Dritten beschädigt werden können. Das Streuen ist um seiner selbst willen bzw. – im Rahmen von gegenseitigen Verträgen – für die Hingabe der Gegenleistung geschuldet. Die Leistungspflicht ist insofern die Passivseite zu einer selbständigen obligatorischen Rechtsposition – der

---

bestimmung, und solchen, die „bloße *unselbständige* Positionen“ [Hervorhebung im Original] vermitteln, indem sie Verhaltensregeln zum Schutz von bereits anerkannten Rechtspositionen aufstellen wie zum Beispiel bauordnungsrechtliche Normen zum Schutz des Eigentums und der Gesundheit der Nachbarn – so überzeugend *Picker*, in: FS Lange, 526, 680 ff. Verkehrspflichten sind nur mit letzteren vergleichbar; vgl. auch *U. Huber*, in: FS Wahl, 301 f.

244 Vgl. *Henckel*, AcP 174 (1974), 97, 127 f., 134; *Larenz*, AT des Bürgerlichen Rechts, 7. Aufl. (1989), § 14 I (S. 246 ff.).

245 Gemeint ist dabei die konkrete Verhaltenspflicht; zur Unterscheidung zwischen allgemeinen und konkreten Rechtspflichten siehe zuvor unter 1. Teil C.I.2.a.aa (S. 54 f.).

246 Vgl. *R. Krause*, in: Soergel, BGB, § 823 Anh II Rn. 15; *Wilhelmi*, Risikoschutz, S. 143, 152 f.

247 Vgl. *Henckel*, AcP 174 (1974), 97, 128.

248 Vgl. *Heinrich Stoll*, AcP 136 (1932), 257, 287 f.; *Grigoleit*, in: FS Canaris 2007, Bd. 1, 275, 276 f.; *Finkenauer*, in: MüKo, BGB, § 313 Rn. 254 ff.

Forderung des Gläubigers.[249] Leistungs- oder – wie *Stoll* sie auch nennt – „Erfüllungspflichten“ können ganz unterschiedliche Gestalt annehmen: neben „Hauptpflichten“ kann es sich auch um „vereinbarte und ergänzende Nebenpflichten“ handeln.[250] Jeweils geht es um die Verwirklichung des Obligationserfolgs, also des Zwecks des Schuldverhältnisses.[251]

Zwar werden auch gesetzliche Ansprüche wie etwa derjenige nach § 985 BGB als Ansprüche auf positive Leistung verstanden.[252] Dabei ist aber jeweils auf die funktionale Ausrichtung zu achten: Dient der Anspruch tatsächlich einem Selbstzweck oder handelt es sich nur um einen Rechtsbehelf zum Schutz fremder Rechtsgüter?[253] § 985 BGB schützt nur das Eigentum vor unrechtmäßigem Besitz, stellt nach hiesigem Verständnis also keinen Leistungs-, sondern einen bloßen Herausgabeanspruch zum Schutz des Eigentums dar.[254]

dd. Funktionale Beschränkung deliktischer Pflichten

Aus der Unselbständigkeit deliktischer Pflichten folgt, dass sie immer an den *status quo ante* anknüpfen. Sie schützen insoweit das Integritätsinteresse.[255] Leistungspflichten dagegen sind nicht in dieser Weise beschränkt. Die geschuldete Leistung kann zwar auf den Erhalt bestehender Rechtspositionen gerichtet sein: Denkbar ist eine vertragliche Pflicht, die körperliche Unversehrtheit des Gläubigers zu schützen.[256] Typischerweise ist die Leistung aber auf eine Veränderung der Rechts- und Güterlage gerichtet[257]:

---

249 Vgl. *R. Bruns*, in: FS Nipperdey, Bd. 1, 3, 19 f.

250 *Heinrich Stoll*, AcP 136 (1932), 257, 288; vgl. auch *Enneccerus/H. Lehmann*, Recht der Schuldverhältnisse, § 4 II 2 (S. 21); *Grigoleit*, in: FS Canaris 2007, Bd. 1, 275, 278 f.

251 *Heinrich Stoll*, AcP 136 (1932), 257, 287 f.; *Enneccerus/H. Lehmann*, Recht der Schuldverhältnisse, § 4 II 2 (S. 21); *Grigoleit*, in: FS Canaris 2007, Bd. 1, 275, 276 f.

252 *Henckel*, AcP 174 (1974), 97, 121.

253 Vgl. *Larenz*, AT des Bürgerlichen Rechts, 7. Aufl. (1989), § 14 I (S. 246 ff.).

254 Näher dazu unter 1. Teil C.I.2.b.cc (S. 64 ff.).

255 BGH, Urteil v. 16.12.2008 – VI ZR 170/07, NJW 2009, 1080, 1081 (Rn. 12); *von Bar*, Verkehrspflichten, S. 82; vgl. auch *Evans-von Krbek*, AcP 179 (1979), 85, 97; *Picker*, AcP 183 (1983), 369, 408; *R. Krause*, in: Soergel, BGB, § 823 Anh II Rn. 5.

256 Anders offenbar *Siber*, in: Planck, BGB, 4. Aufl. (1914), Vor § 241 Abschn. III B, § 241 Anm. 2; *Henckel*, AcP 174 (1974), 97, 123 ff.; richtig aber *Köhler*, AcP 190 (1990), 496, 520 f.

257 Fraktionsentwurf zum SchuldRModG, BT-Drucks. 14/6040 v. 14.05.2001, S. 125; BGH, Urteil v. 28.02.2018 – VIII ZR 157/17, BGHZ 218, 22, 29 (Rn. 20); BGH, Urteil

Der Verkäufer soll dem Käufer zum Beispiel Eigentum und Besitz an der Kaufsache verschaffen.

ee. Zwischenergebnis

Auf der Suche nach spezifischen Merkmalen von deliktischen Pflichten, zeigt sich, dass sich diese gerade in Abgrenzung zu Leistungspflichten zeigen. Deliktische Pflichten sind unselbständige Pflichten, Leistungspflichten hingegen selbständige Pflichten. Zu klären ist, wie Schutzpflichten im Hinblick auf dieses Unterscheidungsmerkmal zu verorten sind.

Bevor dieser Frage unter c. nachgegangen werden kann, bedarf es allerdings eines gedanklichen Zwischenschritts. Begreift man deliktische Pflichten als eine eigenständige Pflichtenkategorie neben Leistungspflichten, dann sind die auf Beachtung deliktischer Pflichten gerichteten negatorischen Ansprüche[258] – wie etwa der Beseitigungsanspruch aus § 1004 Abs. 1 S. 1 BGB[259] – keine *Leistungs*ansprüche.

Nach der Konzeption des BGB ist ein Anspruch aber grundsätzlich auf eine Leistung gerichtet. Dies ergibt sich bereits aus einer Zusammenschau von § 194 Abs. 1 BGB und § 214 Abs. 1 BGB. § 194 Abs. 1 BGB definiert den Anspruch als das „Recht, von einem anderen ein Tun oder Unterlassen zu verlangen", und unterwirft dieses Recht der Verjährung. § 214 Abs. 1 BGB wiederum zeigt die wichtigste Rechtsfolge der Verjährung auf, nämlich das Recht des Schuldners, „die *Leistung* zu verweigern"[260]. Der Anspruch im Sinne von § 194 Abs. 1 BGB und das in § 241 Abs. 1 S. 1 BGB verankerte Recht, eine Leistung zu fordern, sind damit weitegehend identisch.[261] Das entspricht auch der herrschenden Lehre.[262]

---

v. 27.06.2018 – XII ZR 79/17, NJW-RR 2018, 1103, 1104 (Rn. 18); *Thiele*, JZ 1967, 649, 650 (Fn. 18); *Grigoleit*, in: FS Canaris 2007, Bd. 1, 275, 276; *Weller*, Vertragstreue, S. 238.

258 Zu dieser Ausrichtung von negatorischen Ansprüchen *Henckel*, AcP 174 (1974), 97, 113 f.; *G. Wagner*, in: MüKo, BGB, § 823 Rn. 18.

259 Zur Einordnung der Störungsbeseitigungspflicht als deliktische Pflicht etwa *Henckel*, AcP 174 (1974), 97, 133; *H. Roth*, JuS 2001, 1161, 1163; *Gursky*, in: Staudinger, Neubearbeit. 2013, § 1004 Rn. 171; *Thole*, in: Staudinger, Neubearbeit. 2023, § 1004 Rn. 422.

260 Hervorhebung nicht im Original.

261 *Siber*, Rechtszwang, S. 89; dazu auch *Henckel*, AcP 174 (1974), 97, 141; *J. Schmidt*, in: FS Jahr, 401 f.

262 Näher dazu unter 1. Teil C.I.2.b.bb (S. 62 ff.).

An der hier vorgenommenen Unterscheidung zwischen Leistungspflichten und deliktischen Pflichten lässt sich insofern nur festhalten, wenn man sich von dem Anspruchsverständnis des BGB löst. Wie im folgenden Abschnitt erörtert wird, gibt es dafür durchschlagende Argumente.

b. Zwischenschritt: weg vom Anspruchsdenken hin zum Denken in Rechtspositionen und Rechtsbehelfen

Dem Anspruchsbegriff des BGB liegt die Systematisierung des Rechts nach Ansprüchen – das Anspruchsdenken[263] – zugrunde. Dieses wird nachfolgend mit Blick auf die Entstehungsgeschichte des BGB erläutert (dazu unter aa.), um anschließend die sich daraus ergebenden Probleme aufzuzeigen (dazu unter bb.). In einem dritten Schritt wird ein alternatives Ordnungsprinzip vorgestellt (dazu unter cc.).

aa. Anspruchsdenken

Schon im römischen Recht gab es – jedenfalls als Reflex der *actiones in rem* und *actiones in personam* – absolute und relative Rechte.[264] Absolute Rechte wie etwa das Eigentum erlaubten ihrem Inhaber, unbefugte Eingriffe auszuschließen.[265] Kraft der relativen Rechte, der *obligationes*, konnte der Berechtigte vom Verpflichteten eine Leistung fordern.[266] In der Zeit des Formularprozesses wurde jedoch nicht primär in den Kategorien der verschiedenen materiellen Rechte gedacht, sondern in jenen der *actiones*, das heißt der Handlungsmöglichkeiten des Klägers, sein Recht zum Gegenstand eines Rechtsstreits zu machen.[267] Im Mittelpunkt stand dabei die Frage, unter welchen Voraussetzungen für ein bestimmtes Begehren

263 Zu diesem Begriff siehe *Kaufmann*, JZ 1964, 482, 488.
264 *Kaser/Knütel/Lohsse*, Römisches Privatrecht, § 4 Rn. 5, 7; kritisch zu dieser bis heute geltenden Unterscheidung etwa *Dubischar*, Lehre vom subjektiven Privatrecht, S. 128 ff.; *Heinze*, Rechtsnachfolge, S. 23 ff.
265 *Kaser/Knütel/Lohsse*, Römisches Privatrecht, § 4 Rn. 8.
266 *Kaser/Knütel/Lohsse*, Römisches Privatrecht, § 4 Rn. 10.
267 *Kaufmann*, JZ 1964, 482, 483 f.; *Funcke*, Die sogenannte actio quasinegatoria, S. 33; *Kaser/Knütel/Lohsse*, Römisches Privatrecht, § 4 Rn. 5, 7.

eine Klage zur Verfügung stand.[268] Diese Betrachtungsweise wird als aktionenrechtliches Denken bezeichnet.[269] Ausgehend von der mittelalterlichen Renaissance des römischen Rechts wurde das aktionenrechtliche Denken auch in Deutschland zu einem wichtigen Ordnungsprinzip.[270]

Allerdings vollzog sich in der Neuzeit zunehmend eine Trennung von materiellem Recht und Prozessrecht.[271] Man betrachtete das Privatrecht nicht mehr als Gesamtheit der Möglichkeiten, Interessen klageweise geltend zu machen, sondern mit *Savigny* als Gesamtheit der „Beziehung[en] zwischen Person und Person", die „durch eine Rechtsregel bestimmt"[272] sind.[273] In das Zentrum dieser materiellrechtlichen Betrachtungsweise rückte *Bernhard Windscheid* den Anspruchsbegriff.[274] Als „Ausdruck für dasjenige", was „Einer von dem Anderen verlangen" kann, ordne der Anspruch die „Beziehungen zwischen Person und Person".[275] Die Weichen für die weitere Entwicklung des Bürgerlichen Rechts waren damit gestellt.[276]

Für *Windscheid* war die Obligation, das heißt das Forderungsrecht des Gläubigers, identisch mit dem Anspruch.[277] Hinsichtlich des absoluten Rechts, etwa des Eigentums, kam er zu dem Schluss, dem Eigentümer stehe ein allgemeiner Anspruch „gegen alle Mitmenschen auf thatsächliche Anerkennung der Macht des Berechtigten über die Sache" zu.[278] Die Klage

268 *Windscheid*, Actio, S. 3; *Funcke*, Die sogenannte actio quasinegatoria, S. 33; *Kaser/Knütel/Lohsse*, Römisches Privatrecht, § 4 Rn. 5.

269 *Kaufmann*, JZ 1964, 482 ff.; *Funcke*, Die sogenannte actio quasinegatoria, S. 33.

270 Eingehend *Kaufmann*, JZ 1964, 482, 484 ff.

271 *Kaufmann*, JZ 1964, S. 487 f.; *Funcke*, Die sogenannte actio quasinegatoria, S. 37 ff.

272 *von Savigny*, System, Bd. 1, § 52 (S. 333), der hier das Rechtsverhältnis definiert und unter § 9 (S. 22) das Privatrecht als „die Gesamtheit der Rechtsverhältnisse" beschreibt.

273 Motive, Bd. 1, S. 357; *Kaufmann*, JZ 1964, 482, 483; *Funcke*, Die sogenannte actio quasinegatoria, S. 38.

274 *Windscheid*, Actio, S. 5, 228 ff.; dazu auch *Kaufmann*, JZ 1964, 482, 488.

275 *Windscheid*, Actio, S. 5; vgl. auch das unmittelbar daran angelehnte Verständnis der Verfasser des BGB: Motive, Bd. 1, S. 291.

276 Zum erheblichen Einfluss *Windscheids* auf die Anspruchsdogmatik des BGB etwa *H. Lehmann*, Unterlassungspflicht, S. 81 f.; *Kaufmann*, JZ 1964, 482, 488; *Kollmann*, Begriffs- und Problemgeschichte, S. 607 ff.; *Funcke*, Die sogenannte actio quasinegatoria, S. 32, 42 ff.; zum Prinzip der Trennung von materiellem Recht und Prozessrecht im heutigen Zivilrecht *Henckel*, Prozessrecht und materielles Recht, S. 5; *H. Roth*, Einrede, S. 306 f.; *G. Wagner*, Prozeßverträge, S. 399, 401.

277 *Windscheid*, Actio, S. 5, 39; *Windscheid*, Lehrbuch des Pandektenrechts, Bd. 1, § 43 Abschn. 2 (S. 186 Anm. 6a); ebenso Motive, Bd. 1, S. 291.

278 *Windscheid*, Abwehr gegen Muther, S. 28, 37; später beschreibt er das dingliche Recht als eine „unbegrenzte Vielheit von Ansprüchen" (*Windscheid*, Lehrbuch des

spielte im materiellrechtlichen System *Windscheids* keine Rolle mehr. Sie war für ihn nur der „Schatten des Rechts“[279] und allein Frage der Prozessvorschriften.[280] Wie sich aus den Motiven zum Entwurf des BGB ergibt, sah der Gesetzgeber das jedoch anders[281]:

> „Der Begriff des subjektiven Privatrechts bedingt für das moderne Recht die gerichtliche Verfolgbarkeit. Die Klagbarkeit kann dem Anspruche fehlen, aber sie fehlt ihm nur, wenn sie ihm abgesprochen wird. Die *Klagbarkeit* der Rechte ist die selbstverständliche *Regel*.“[282]

Daran anschließend hat sich die Auffassung durchgesetzt, dass der Begriff des materiellrechtlichen Anspruchs die Klagbarkeit zumindest typischerweise impliziert.[283]

Pandektenrechts, Bd. 1, § 43 Abschn. 1 (S. 184)); dazu auch *Funcke*, Die sogenannte actio quasinegatoria, S. 43 f.; siehe ferner *J. Schmidt*, in: FS Jahr, 401, 405 f.

279 *Windscheid*, Actio, S. 229.

280 *Windscheid*, Abwehr gegen Muther, S. 26; auch heute noch sieht die herrschende Meinung in der Klagbarkeit (auch) eine Prozessvoraussetzung: BGH, Urteil v. 27.04.1970 – II ZR 12/69, NJW 1970, 1507; BGH, Urteil v. 17.02.1971 – VIII ZR 84/69, BGHZ 55, 334, 339; BGH, Urteil v. 23.11.1983 – VIII ZR 197/82, NJW 1984, 669; *G. Wagner*, Prozeßverträge, S. 413; *Rosenberg/K. H. Schwab/Gottwald*, Zivilprozessrecht, § 90 Rn. 22; *A. Roth*, in: MüKo, BGB, § 1297 Rn. 16; *Becker-Eberhard*, in: MüKo, ZPO, Vor § 253 Rn. 10.

281 *Funcke*, Die sogenannte actio quasinegatoria, S. 57 ff.

282 Motive, Bd. 1, S. 357 [Hervorhebungen im Original].

283 Aus der Rechtsprechung: BGH, Urteil v. 26.10.1989 – VII ZR 75/89, NJW 1990, 1231, 1232; BGH, Urteil v. 04.03.2004 – III ZR 124/03, NJW-RR 2004, 778, 780; aus der Literatur: *Hölder*, AcP 93 (1902), 1, 9; *Bolze*, Beiträge 1902, 753, 757; *Siber*, Rechtszwang, S. 70, 77 f.; *H. Lehmann*, Unterlassungspflicht, S. 70, 86 f.; *H. Lehmann*, BGB AT, § 13 I (S. 95); *Enneccerus/Nipperdey*, AT des Bürgerlichen Rechts, 2. Halbbd., § 222 II 5 (S. 1367); *H. Roth*, Einrede, S. 309; *Larenz*, Lehrbuch des Schuldrechts AT, Bd. 1, 14. Aufl. (1987), § 2 III (S. 19 f.); *Weller*, Vertragstreue, S. 233; *Unberath*, Vertragsverletzung, S. 168; *Funcke*, Die sogenannte actio quasinegatoria, S. 136 ff.; *Fikentscher/Heinemann*, Schuldrecht, Rn. 67; *Riehm*, in: FS Canaris 2017, 345, 359. Selbst bei *Windscheid* klingt diese Erkenntnis an (*Windscheid*, Lehrbuch des Pandektenrechts, Bd. 1, § 122 (S. 614 Anm. 5)). A. A. *Stech*, ZZP 77 (1964), 161 f., 163; *Gernhuber*, Das Schuldverhältnis, § 3 I 5 (S. 34 f.), § 4 I 5 (S. 69 f.); *G. Schulze*, Naturalobligation, S. 473. Teilweise wird das Klagerecht sogar vollständig aus dem materiellen Recht verbannt und rein prozessrechtlich verstanden – siehe insbesondere *G. Wagner*, Prozeßverträge, S. 400 ff. m. w. N. Nach hier befürworteter Auffassung kommt dem Klagerecht sowohl eine materiellrechtliche Dimension (integraler Bestandteil des Anspruchs) als auch eine prozessrechtliche zu; entsprechend auch BGH, Urteil v. 26.10.1994 – IV ZR 310/93, NJW-RR 1995, 290, 292; *H. Roth*, Einrede, S. 307 ff.; *Larenz*, AT des Bürgerlichen Rechts, 7. Aufl. (1989), § 14 I (S. 244 f.); *J. Schmidt*, in: Staudinger, 13. Bearbeit. 1995, Einleit. zu §§ 241 ff. Rn. 142.

Dem BGB liegt somit folgende Konzeption zugrunde: Das Bürgerliche Recht ist materielles Recht; in seinem Zentrum steht der Anspruch als – wie es in den Motiven zum BGB ausdrücklich heißt – „das Recht in seiner Richtung gegen eine bestimmte Person"[284]; der Anspruch ist typischerweise einklagbar.

bb. Problem des Anspruchsdenkens

Das entscheidende Problem bei einer Systematisierung des Bürgerlichen Rechts nach Ansprüchen besteht darin, dass das materielle Recht nicht vollkommen im Anspruch aufgeht. Für das *dingliche* Recht hat der Gesetzgeber dies selbst erkannt. So findet sich in den Motiven die Feststellung:

> „Das dingliche Recht erstreckt sich über den aus ihm erwachsenen dinglichen Anspruch hinaus, das Erlöschen des letzteren läßt das Recht selbst unberührt."[285]

Das *obligatorische* Recht ging in den Augen des Gesetzgebers zwar vollkommen im Anspruch auf.[286] Auch die herrschende Lehre sieht in der Forderung nur den Anspruch des Schuldrechts.[287] Bei dieser Betrachtungsweise lassen sich aber verschiedene Phänomene des Bürgerlichen Rechts nicht richtig erfassen[288]: Im Hinblick auf die Wirkung der Verjährung findet sich etwa in den Beratungen zum BGB die unklare Feststellung, dass

> „der durch die Verjährung aufgehobene Anspruch nicht dergestalt als gänzlich aufgehoben zu gelten habe, als wenn er durch Befriedigung des Berechtigten aufgehoben worden wäre, [...] die Verjährung bewirke allerdings eine vollständige Aufhebung des Anspruchs".[289]

---

284 Motive, Bd. 1, S. 291.

285 Motive, Bd. 1, S. 291.

286 Motive, Bd. 1, S. 291.

287 Siehe etwa *Siber*, Rechtszwang, S. 139; *Enneccerus/Nipperdey*, AT des Bürgerlichen Rechts, 2. Halbbd., § 222 II 2 (S. 1365); *H. Lehmann*, BGB AT, § 13 II 2 b (S. 98); *Gernhuber*, Das Schuldverhältnis, § 3 I 5 (S. 34 f.); *Larenz*, AT des Bürgerlichen Rechts, 7. Aufl. (1989), § 14 I (S. 243); *Hübner*, BGB AT, Rn. 420; *Weller*, Vertragstreue, S. 232, 410; *Medicus/Petersen*, BGB AT, § 11 Rn. 75; *Riehm*, in: FS Canaris 2017, 345, 352 (Fn. 44); *Medicus/S. Lorenz*, Schuldrecht AT, § 1 Rn. 9; *Olzen*, in: Staudinger, Neubearbeit. 2019, § 241 Rn. 113; *Brox/Walker*, BGB AT, § 30 Rn. 6; *Köhler*, BGB AT, § 18 Rn. 3; ähnlich zudem *Okuda*, AcP 164 (1964), 536, 541 f.

288 Vgl. auch *Thomale*, AcP 212 (2012), 920, 930 ff.

289 *Jakobs/Schubert*, Beratung des BGB, AT, 1. Teilbd., S. 1004.

Hier sollte zum Ausdruck kommen, dass das obligatorische Recht zwar fortbesteht[290], sich mit einem Anspruch aber nicht mehr durchsetzen lässt.[291] Auch ist anerkannt, dass die Durchsetzbarkeit einer Forderung durch Parteivereinbarung ausgeschlossen werden kann, ohne dadurch die Forderung bzw. die korrespondierende Verbindlichkeit selbst aufzugeben (Stillhalteabkommen).[292] Es gibt also Forderungen, die keine Ansprüche sind.[293] Außerdem lässt sich nur dann, wenn man zwischen Forderungen und Ansprüchen differenziert, erklären, dass einige Regelungen auf Forderungen anwendbar sind, nicht aber auf Ansprüche.[294] So ist zum Beispiel der Vindikations*anspruch* aus § 985 BGB keine abtretbare *Forderung* im Sinne von § 398 S. 1 BGB.[295] Überhaupt ist die Gleichsetzung von Forderung und einklagbarem Anspruch weitgehend fiktiv. Insofern ruft *Karl Larenz* zutreffend in Erinnerung: „Die meisten Forderungen werden freiwillig

---

290 Zum Fortbestand der Forderung siehe nur *Bach*, in: BeckOGK, BGB, Stand: 01.12.2023, § 214 Rn. 4 ff.

291 *J. Schmidt*, in: FS Jahr, 401, 415 f.; vgl. auch *Esser*, Grundbegriffe, § 77 (S. 160); *Wendelstein*, Pflicht, S. 83 f.

292 BGH, Urteil v. 14.06.1989 – IV a ZR 180/88, NJW-RR 1989, 1048, 1049; BGH, Urteil v. 10.10.1989 – VI ZR 78/89, BGHZ 109, 19, 29; BGH, Urteil v. 26.10.1994 – IV ZR 310/93, NJW-RR 1995, 290, 292; BGH, Urteil v. 21.12.2005 – VIII ZR 108/04, NJW-RR 2006, 632, 634 f.; OLG Celle, Urteil v. 31.07.1970 – 2 U 30/70, NJW 1971, 288, 289; *Reichel*, JherJb 59 (1911), 409, 445 ff.; *G. Schulze*, Naturalobligation, S. 487; *Riehm*, in: FS Canaris 2017, 345, 360; *Becker-Eberhard*, in: MüKo, ZPO, Vor § 253 Rn. 10.

293 Vgl. *Regelsberger*, Pandekten, Bd. 1, § 52 (S. 215); *Thomale*, AcP 212 (2012), 920, 930. Man könnte den Begriff „Anspruch“ zwar auch so definieren, dass er die gerichtliche Durchsetzbarkeit *nicht* miteinschließt. Dann müsste man aber den dinglichen Anspruch – etwa aus § 985 BGB – anders definieren, da dieser gerade auf die gerichtliche Durchsetzbarkeit ausgerichtet ist (siehe *Henckel*, AcP 174 (1974), 97, 141; *Wendelstein*, Pflicht, S. 79). Hier wird ein einheitliches Anspruchsverständnis befürwortet, wonach der Anspruch die gerichtliche Durchsetzbarkeit impliziert und von dem durchzusetzenden obligatorischen und dinglichen Recht zu unterscheiden ist (*J. Schmidt*, in: FS Jahr, 401, 415 ff.; *Wendelstein*, Pflicht, S. 80); näher dazu sogleich im Text.

294 *J. Schmidt*, in: FS Jahr, 401, 416; *Wendelstein*, Pflicht, S. 83.

295 Siehe nur *Thole*, in: Staudinger, Neubearbeit. 2023, § 985 Rn. 4. Die herrschende Meinung behilft sich mit einem gespaltenen Anspruchsbegriff und unterscheidet zwischen einem obligatorischen Anspruch, der mit der Forderung übereinstimmt, und einem dinglichen Anspruch, auf den die Regelungen der §§ 241 ff. BGB allenfalls entsprechend anwendbar sind (dazu *Henckel*, AcP 174 (1974), 97, 141; *Wendelstein*, Pflicht, S. 79).

erfüllt; die Klage ist nur ein letztes Mittel."[296] Das obligatorische Recht erstreckt sich damit wie das dingliche Recht über den aus ihm erwachsenden Anspruch hinaus.

Die Vorstellung, dass sich jedes Recht als einklagbarer Anspruch begreifen lässt und umgekehrt, geht somit an der Rechtswirklichkeit vorbei. Das Problem lässt sich allerdings auflösen, wenn man die Bedeutung des Anspruchsbegriffs einschränkt.

cc. Denken in Rechtspositionen und Rechtsbehelfen

Um den Anspruchsbegriff auf das Wesentliche zu reduzieren, ist eine differenzierende Betrachtung der Stellung des Gläubigers bzw. Rechtsgutsinhabers erforderlich. Insoweit lässt sich zwischen Rechtspositionen und Rechtsbehelfen unterscheiden.[297]

Dem Gläubiger einer Leistungspflicht kommt als Rechtsposition vor allem das Recht zu, die Leistung einzufordern.[298] Mit jeweils abweichender Akzentuierung wird sie auch als „Anrecht auf den Pflichtvorteil"[299], als

---

296 *Larenz*, AT des Bürgerlichen Rechts, 7. Aufl. (1989), § 13 I (S. 211); siehe auch *J. Schmidt*, in: FS Jahr, 401, 414 f.

297 *Rimmelspacher*, Materiellrechtlicher Anspruch, S. 48 ff., 168 f.; *H. Roth*, Einrede, S. 45 f.; *G. Schulze*, Naturalobligation, S. 463; *Thomale*, AcP 212 (2012), 920, 928 ff.; siehe auch *L. Raiser*, JZ 1961, 465, 466, der aber von „primären" und „sekundären" Rechten spricht; *Picker* spricht von „Substanzrechten" und „Schutzrechten" (*Picker*, in: FS Schilken, 85, 93); das „Substanzrecht" findet sich auch schon bei *R. Bruns*, in: FS Nipperdey, Bd. 1, 3, 5 ff. (mit Fn. 14); *Hofmann* verwendet die Begriffe „Stammrecht" und „Rechtsfolgenrecht" (*Hofmann*, Unterlassungsanspruch, S. 122 ff. (besonders S. 150, 155 ff.); vgl. auch die Ausführungen bei *von Jhering*, Geist des römischen Rechts, 3. Teil, 1. Abt., S. 327: „Zwei Momente sind es, die den Begriff des Rechts constituieren, ein substantielles, in dem der praktische Zweck desselben liegt, nämlich der Nutzen, Vorteil, Gewinn, der durch das Recht gewährleistet werden soll, und ein formales, welches sich zu jenem Zweck bloß als Mittel verhält, nämlich der Rechtsschutz, die Klage. Ersteres ist der Kern, letzteres die schützende Schale des Rechts"; dazu auch *Dubischar*, Lehre vom subjektiven Privatrecht, S. 137; *Heinze*, Rechtsnachfolge, S. 26.

298 *J. Schmidt*, in: FS Jahr, 401, 414 ff.; *J. Schmidt*, in: Staudinger, 13. Bearbeit. 1995, Einleit. zu §§ 241 ff. Rn. 118, 122 ff.; *G. Wagner*, Prozeßverträge, S. 398; *G. Schulze*, Naturalobligation, S. 462, 464; *Weller*, Vertragstreue, S. 228 ff.; *Hofmann*, Unterlassungsanspruch, S. 155 ff., 188 ff.

299 *Wieser*, JR 1967, 321, 322; für ihn richtet sich das Anrecht nur auf den Leistungserfolg als Pflichtvorteil, „nicht auf das Verhalten, durch das dieser Vorteil verschafft werden soll"; siehe auch *Siber*, Grundriß, Bd. 2, § 2 (S. 7), der die Forderung als

„Anwartschaft auf einen Wert"[300] oder als „Bekommensollen" in Bezug auf die Leistung[301] beschrieben.[302] Der Eigentümer findet seine Rechtsposition in § 903 S. 1 BGB fixiert: Er kann mit seiner Sache nach Belieben verfahren und andere von jeder Einwirkung ausschließen.[303] Übergreifend bezeichnet die Rechtsposition dasjenige, was die Rechtsordnung dem Gläubiger bzw. Rechtsgutsinhaber „zugewiesen"[304] hat.[305] Während absolute Rechtspositio-

---

„Anrecht des Gläubigers auf den Leistungserfolg" beschreibt; ganz ähnlich zudem *O. Schreiber*, Schuld und Haftung, Bd. 1, S. 47.

300 *Rimmelspacher*, Materiellrechtlicher Anspruch, S. 103; für ihn richtet sich die Rechtsstellung des Gläubigers nicht gegen einen „Verpflichteten als passives Subjekt", sondern sie bedeutet nur eine „konkrete Erwerbsaussicht, verbunden mit der Befugnis, den empfangenen Wert zu behalten, zu gebrauchen und zu verwerten".

301 *Gernhuber*, Das Schuldverhältnis, § 4 I 1 (S. 64); siehe auch *Larenz*, Lehrbuch des Schuldrechts AT, Bd. 1, 14. Aufl. (1987), § 2 II (S. 18 f.): die Forderung ist „das Recht des Gläubigers darauf, die Leistung von dem Schuldner zu bekommen und sie, wenn er sie erhalten hat, [...] auch zu behalten".

302 Für richtig wird hier Folgendes befunden: Zum einen bezieht sich das Anrecht des Gläubigers auf die „Leistung", wobei dem Leistungsbegriff sowohl ein Erfolgs- als auch Verhaltenselement innewohnt (grundlegend *Wieacker*, in: FS Nipperdey, Bd. 1, 783 ff.; siehe dazu auch *Larenz*, Lehrbuch des Schuldrechts AT, Bd. 1, 14. Aufl. (1987), § 2 I (S. 13)). Zum anderen setzt sich die Rechtsposition des Gläubigers aus verschiedenen Befugnissen zusammen, wobei unter anderem zwischen der Einforderungsbefugnis, der Verfügungsbefugnis und der Befugnis zum Behalten der empfangenen Leistung zu unterscheiden ist (überzeugend insoweit *G. Schulze*, Naturalobligation, 464 ff.; ähnlich, aber ohne die Kategorisierung nach Rechtspositionen und Rechtsbehelfen *J. Schmidt*, in: Staudinger, 13. Bearbeit. 1995, Einleit. zu §§ 241 ff. Rn. 118 ff.; allgemein zur Aufspaltung der Rechtsposition des Gläubigers in unterschiedliche Befugnisse auch *von Tuhr*, Der Allgemeine Teil des Deutschen Bürgerlichen Rechts, Bd. 1, § 1 IV (S. 61 ff.), § 6 II (S. 142 ff.); *L. Raiser*, JZ 1961, 465, 466 f.; *Henckel*, Parteilehre und Streitgegenstand, S. 256 ff.; *Henckel*, AcP 174 (1974), 97, 122 ff.; *Rimmelspacher*, Materiellrechtlicher Anspruch, S. 48 ff., 168 f.; *H. Roth*, Einrede, S. 45 f.; *G. Wagner*, Prozeßverträge, S. 398 f.; *Weller*, Vertragstreue, S. 226 ff.; *Funcke*, Die sogenannte actio quasinegatoria, S. 136; *Hofmann*, Unterlassungsanspruch, S. 122 ff.).

303 Siehe *Picker*, JZ 1987, 1041, 1044; *Picker*, in: FS Bydlinski, 269, 313; *Hofmann*, Unterlassungsanspruch, S. 390; *Wilhelm*, Sachenrecht, Rn. 65; vgl. auch *Henckel*, AcP 174 (1974), 97, 134; ähnlich zudem *Funcke*, Die sogenannte actio quasinegatoria, S. 139, 127, der die Reichweite der Rechtsposition Eigentum aber vor allem durch die zur Verfügung stehenden Rechtsbehelfe bestimmt sieht.

304 *L. Raiser*, JZ 1961, 465, 467.

305 *Rimmelspacher*, Materiellrechtlicher Anspruch, S. 105; *Wesel*, in: FS Lübtow, 787, 792; *Henckel*, AcP 174 (1974), 97, 134 ff.; *Larenz*, Lehrbuch des Schuldrechts AT, Bd. 1, 14. Aufl. (1987), § 2 II (S. 18 f.); vgl. auch *Larenz*, AT des Bürgerlichen Rechts, 7. Aufl. (1989), § 13 I (S. 211, 213); *Larenz/Canaris*, Lehrbuch des Schuldrechts, Bd. 2.2, § 69 I 1 c (S. 170 f.); *Picker*, in: FS Bydlinski, 269, 313 f.; *Picker*, in: FS

nen wie das Eigentum von jedermann zu achten sind, gelten die relativen *inter partes,* also zwischen den Beteiligten eines Schuldverhältnisses.[306] Absolut geschützte Rechtspositionen ergeben sich aus dem Gesetz, relative können insbesondere auch durch Vertrag begründet sein.[307] Der Vertrag schafft insofern zusätzlich zur allgemeinen, gesetzlichen Rechts- und Güterzuordnung eine „nur für die Parteien gültige Sachen- und Vermögensrechtsordnung"[308]. *Eduard Picker* nennt sie *lex contractus.*[309]

Medicus 2009, 311, 319 f.; *Picker*, in: FS Schilken, 85, 92 f.; *Funcke*, Die sogenannte actio quasinegatoria, S. 129; *Hofmann*, Unterlassungsanspruch, S. 150.

306 *Picker*, in: FS Flume, 649, 672 ff.; *Picker*, AcP 183 (1983), 369, 399 f., 507 f.; *Picker*, JZ 1987, 1041, 1044; *Picker*, in: FS Bydlinski, 269, 314 f.; *Picker*, in: FS Canaris 2007, Bd. 1, 1001, 1029; *Picker*, JZ 2010, 541, 547; *Picker*, JZ 2014, 431, 440; *Lobinger*, JuS 1993, 453, 456 f.; *Lobinger*, Rechtsgeschäftliche Verpflichtung, S. 90; *Lobinger*, Grenzen, S. 227 ff.; *Lobinger*, ZfA 2004, 101, 124 f.; *Gebauer*, JURA 1998, 128, 130; *Gebauer*, Naturalrestitution, S. 83; *Katzenstein*, Haftungsbeschränkungen, S. 142 f.; *Katzenstein*, JURA 2005, 217, 218 f.; *Braun*, AcP 205 (2005), 127, 133; *Hofmann*, AcP 213 (2013), 469, 489 f.; *Hofmann*, Unterlassungsanspruch, S. 390 ff.; *J. F. Hoffmann*, JURA 2014, 71, 74 f.; im Ansatz auch schon Protokolle, BGB, Bd. 2, S. 567 f., wonach der „Rechtskreis des Einzelnen [...] seine eigentlichen Vermögensrechte, dingliche wie obligatorische" umfasse; siehe zudem *Wilhelm*, Sachenrecht, Rn. 65, 75, der unter Rn. 79 ff. auch auf „Zwischenformen zwischen relativem und absolutem Recht" eingeht.

307 *Picker*, AcP 183 (1983), 369, 399 f., 507 f.; *Picker*, JZ 1987, 1041, 1044; *Picker*, in: FS Bydlinski, 269, 314 f.; *Hofmann*, Unterlassungsanspruch, S. 390 ff. Daneben können sich auch aus Verhaltensgeboten, wie sie das UWG oder Schutzgesetze im Sinne von § 823 Abs. 2 S. 1 BGB statuieren, Rechtspositionen ergeben; überzeugend insoweit *Picker*, AcP 178 (1978), 499, 502: „Die Statuierung von Verhaltensgeboten ist um nichts anders als die Formierung von subjektiven Rechten ein technisches Mittel, die geschützte Rechtssphäre des Einzelnen zu umgrenzen und damit den Handlungsspielraum anderer zu bestimmen"; siehe auch *Picker*, in: FS Lange, 625, 680, der hier richtigerweise noch weiter differenziert (näher dazu in Fn. 243); *Enneccerus/Nipperdey*, AT des Bürgerlichen Rechts, 1. Halbbd., § 72 I 3 a (S. 432); *J. Schmidt*, Aktionsberechtigung, S. 37 ff.; *Hofmann*, Unterlassungsanspruch, S. 200 ff. Die durch entsprechende Verhaltensgebote geschützte Rechtssphäre wird überwiegend nicht als *Ausschließlichkeitsrecht* bzw. also *absolut* geschützte Rechtsposition begriffen: BGH, Urteil v. 30.06.1961 – I ZR 39/60, BGHZ 35, 329, 333; *Fritzsche*, Unterlassungsanspruch, S. 211 ff.; *Hofmann*, Unterlassungsanspruch, S. 286.

308 *Picker*, JZ 1987, 1041, 1044; ebenso *Hofmann*, Unterlassungsanspruch, S. 390. Gegen diese Betrachtungsweise könnte sprechen, dass ein Eingriff in das relative Recht, also etwa eine Übertragung der Kaufsache an einen Dritten vor Auslieferung an den Käufer, keine Haftung nach § 812 Abs. 1 S. 1 Var. 2 BGB bzw. § 816 BGB auslöst. Allerdings liegt das nicht daran, dass das relative Recht keine eigenständige Rechtsposition ist, sondern daran, dass das Leistungsstörungsrecht für relative Rechte ein vorrangiges Haftungsregime bereitstellt. Der bereicherungsrechtliche Schutz des

Rechtsbehelfe dagegen stellen die „Hilfsmittel“[310] bzw. „Sanktionen“[311] zur Verwirklichung der durch Gesetz oder Vertrag zugewiesenen Rechte dar.[312] Zu den Rechtsbehelfen zum Schutz der Forderung als relativer Rechtsposition gehört insbesondere der Leistungs*anspruch*[313], der mittels Klage und Zwangsvollstreckung verfolgt werden kann.[314] Weitere Rechtsbehelfe sind die Aufrechnung im Sinne der §§ 387 ff. BGB und die Selbsthilfe nach § 229 BGB.[315] Rechtsbehelfe zum Schutz des Eigentums sind insbesondere der Herausgabeanspruch nach § 985 BGB und der Beseitigungs- und Unterlassungsanspruch nach § 1004 Abs. 1 BGB.[316] Sowohl die relativen als

---

Leistungsrechts ist etwa in § 285 BGB niedergelegt; so überzeugend *J. F. Hoffmann*, JURA 2014, 71, 74 f.; näher dazu auch unter 2. Teil G.IV (S. 240 f.).

309 *Picker*, AcP 183 (1983), 369, 399; siehe zu diesem Begriff auch *W. Flume*, AT des Bürgerlichen Rechts, Bd. 2, § 32 Abschn. 2 (S. 602).

310 *Rimmelspacher*, Materiellrechtlicher Anspruch, S. 107; vgl. auch *L. Raiser*, JZ 1961, 465, 466.

311 *J. Schmidt*, in: FS Jahr, 401, 412.

312 *Rimmelspacher*, Materiellrechtlicher Anspruch, S. 107 f., 168 f.; *Henckel*, AcP 174 (1974), 97, 141 f.; *Picker*, AcP 183 (1983), 369, 513; *Picker*, in: FS Schilken, 85, 92 f.; *Larenz*, AT des Bürgerlichen Rechts, 7. Aufl. (1989), § 13 I (S. 211); *J. Schmidt*, in: FS Jahr, 401, 412 ff.; *G. Schulze*, Naturalobligation, S. 474 f.; *Thomale*, AcP 212 (2012), 920, 928 f.; *Riehm*, in: FS Canaris 2017, 345, 352, 354; *Hofmann*, Unterlassungsanspruch, S. 150, 155.

313 Hier wird zwischen der „Forderung“ als Rechtsposition und dem „Anspruch“ als Rechtsbehelf zur Durchsetzung der Forderung unterschieden; ebenso etwa *Esser*, Grundbegriffe, § 77 (S. 162); *Regelsberger*, Pandekten, Bd. 1, § 52 (S. 214 f.); *R. Bruns*, in: FS Nipperdey, Bd. 1, 3, 19; *J. Schmidt*, in: FS Jahr, 401, 415; *J. Schmidt*, in: Staudinger, 13. Bearbeit. 1995, Einleit. zu §§ 241 ff. Rn. 125; *Funcke*, Die sogenannte actio quasinegatoria, S. 139; *Thomale*, AcP 212 (2012), 920, 928 ff.; *Hofmann*, Unterlassungsanspruch, S. 156 ff. Alternativ kann man den hier angesprochenen Rechtsbehelf auch lediglich als „Klagerecht“ bezeichnen und auf diese Weise vom Anspruchsbegriff lösen. Dann müsste der Anspruchsbegriff aber im Schuld- und im Sachenrecht unterschiedlich definiert werden, was hier abgelehnt wird – dazu schon Fn. 293.

314 Mit jeweils unterschiedlichen Nuancen *R. Bruns*, in: FS Nipperdey, Bd. 1, 3, 19; *Rimmelspacher*, Materiellrechtlicher Anspruch, S. 113 ff.; *H. Roth*, Einrede, S. 45; *I. Neumann*, Leistungsbezogene Verhaltenspflichten, S. 43; *G. Wagner*, Prozeßverträge, S. 398; *G. Schulze*, Naturalobligation, S. 464 f.; *Weller*, Vertragstreue, S. 230; *Riehm*, in: FS Canaris 2017, 345, 356 ff.; *Hofmann*, Unterlassungsanspruch, S. 155 ff.

315 *Rimmelspacher*, Materiellrechtlicher Anspruch, S. 115 f.; *H. Roth*, Einrede, S. 46; *G. Wagner*, Prozeßverträge, S. 398 f.; *G. Schulze*, Naturalobligation, S. 465; *Weller*, Vertragstreue, S. 230; *Riehm*, in: FS Canaris 2017, 345, 355 f.

316 Ebenso *Funcke*, Die sogenannte actio quasinegatoria, S. 127; *Hofmann*, Unterlassungsanspruch, S. 182 f.; vgl. auch *J. Schmidt*, in: FS Jahr, 401, 415.

auch die absoluten Rechtspositionen werden zudem weithin durch Schadensersatz- und Bereicherungsansprüche geschützt.[317]

Das Recht, etwa im Sinne einer Forderung oder einer Eigentumsposition, ist somit vom Rechtsbehelf, etwa im Sinne eines einklagbaren Anspruchs auf Leistung oder Herausgabe, zu unterscheiden. Rechtspositionen konstituieren die Rechts- und Güterzuordnung, Rechtsbehelfe dienen dem Schutz bzw. der Durchsetzung dieser Zuordnung.[318] Materielle Rechte können auf unterschiedliche Weise durchgesetzt werden und gehen gerade nicht in einem einzelnen Rechtsbehelf auf.[319] Die Rechtsbehelfe des Gläubigers bzw. Rechtsgutsinhabers stellen zugleich das Äquivalent zur Haftung des Verpflichteten dar, wobei der Begriff „Haftung" den Rechtszwang zur Durchsetzung einer Pflicht beschreibt[320].[321] Eine Haftung ohne Pflicht ist insofern begrifflich ausgeschlossen.[322] Genauso kann es keine Rechtsbehelfe ohne zu schützende Rechtsposition geben.[323] Alle zivilrechtlichen Zwangsmittel knüpfen vielmehr an eine bestehende oder frühere Güterlage

317 *Picker*, in: FS Bydlinski, 269, 310 ff., spricht von der „Dreiheit der Haftungssysteme", wobei der negatorische Schutz funktional auf „Rechtsverwirklichung", der deliktische auf „Wiedergutmachung" und der bereicherungsrechtliche auf „Abschöpfung" gerichtet ist; genauso *Picker*, in: FS Medicus 2009, 311, 319 f.; *Picker*, in: FS Schilken, 84, 92 f.; zuvor auch schon *Picker*, AcP 183 (1983), 369, 511 ff.; *Picker*, JZ 1987, 1041, 1056; *Picker*, in: FS Lange, 625, 684 ff.; ihm folgend etwa *Gebauer*, Naturalrestitution, S. 84; *Katzenstein*, Haftungsbeschränkungen, S. 143 ff.; *Lobinger*, JuS 1993, 453, 456 f.; *Lobinger*, Grenzen, S. 227 f.; *J. F. Hoffmann*, ZGE 2014, 335, 337; siehe auch *Wilhelm*, Sachenrecht, Rn. 66 ff., 75, der unter Rn. 69 ff. noch weiter differenziert; im Ansatz zudem schon Motive, Bd. 3, S. 392: „In den einzelnen absoluten Rechten gründen sich Ansprüche, deren Inhalt sich abweichend von den Vorschriften über Delikte und über ungerechtfertigte Bereicherung bestimmt […]."

318 Ähnlich *Hofmann*, Unterlassungsanspruch, S. 150: „Die ‚güterzuordnenden Rechtspositionen als Schutzgut' und die entsprechenden ‚Schutzrechte' sind kategorial voneinander zu unterscheiden."; siehe auch *Picker*, in: FS Schilken, 85, 93 f.

319 Vgl. *R. Stürner*, JZ 1976, 384, 385; *Hofmann*, Unterlassungsanspruch, S. 150 ff. (besonders 154), 211 ff.; grundlegend auch *Reichel*, JherJb 59 (1911), 409, 412 ff.

320 *Gernhuber*, Das Schuldverhältnis, § 4 I 2 (S. 64 ff.), der hier auch auf andere Verwendungen des Haftungsbegriffs eingeht; siehe ferner *Riehm*, in: FS Canaris 2017, 345, 349; *Olzen*, in: Staudinger, Neubearbeit. 2019, Einleitung zu §§ 241 ff. Rn. 239 f.; *Ernst*, in: MüKo, BGB, Einl. Schuldrecht Rn. 33.

321 *Kreß*, Lehrbuch des Allgemeinen Schuldrechts, § 22 III 2 A a (S. 539 f.).

322 *Gernhuber*, Das Schuldverhältnis, § 4 VI 1 (S. 87 f.).

323 *Picker*, in: FS Bydlinski, 269, 275; *Picker*, in: FS Schilken, 85, 93 f.; *Katzenstein*, Haftungsbeschränkungen, S. 142; *Wilhelmi*, Risikoschutz, S. 132 f.; *Hofmann*, Unterlassungsanspruch, S. 150, 173 ff.; *Wilhelm*, Sachenrecht, Rn. 66a; a. A. *Thomale*, AcP 212 (2012), 920, 929 f., der aber nur Beispiele nennt, in denen der Rechtsgutsinhaber und der Inhaber der Rechtsbehelfe personenverschieden sind.

an, die nicht durch sie bedingt ist, das heißt außerhalb ihrer selbst liegt[324]. Die Rechtsposition muss dabei nicht zwingend demjenigen zustehen, der zur Geltendmachung des Rechtsbehelfs berechtigt ist. Ein Beispiel ist die *actio pro socio*, wonach ein Gesellschafter gegenüber Mitgesellschaftern die Rechte der Gesellschaft geltend machen, insbesondere im eigenen Namen einklagen kann.[325] Umgekehrt ist eine Pflicht ohne Haftung sowie eine Rechtsposition ohne Rechtsbehelf nicht ausgeschlossen. Rechtszwang ist keine Bedingung des Rechts.[326] Aus der Anerkennung bestimmter Rechtspositionen und Pflichten durch das Gesetz können damit keine zwingenden Schlüsse für die geltenden Rechtsbehelfe gezogen werden.[327]

Legt man die aufgezeigte Betrachtungsweise zugrunde, so ergibt sich ein reduzierter Anspruchsbegriff. Der Anspruch beinhaltet weder das Recht zur Leistung noch das Eigentumsrecht oder irgendeine andere Rechtsposition. Er beschränkt sich auf das Recht, die Beachtung der Rechtsposition verlangen und klageweise durchsetzen zu können. Er ist das materiellrechtliche Spiegelbild des Klagerechts und erinnert insofern an die *actio* des römischen Rechts.[328] Bei diesem Anspruchsverständnis hat die Legaldefinition in § 194 Abs. 1 BGB für sich genommen Bestand. Aus § 214 BGB darf aber

---

324 *Henckel*, AcP 174 (1974), 97, 134; siehe auch *I. Neumann*, Leistungsbezogene Verhaltenspflichten, S. 43; *Picker*, in: FS Schilken, 85, 93 f.; *Hofmann*, Unterlassungsanspruch, S. 150.

325 Vgl. *Thomale*, AcP 212 (2012), 920, 929; *Hofmann*, Unterlassungsanspruch, S. 167 f.; allgemein zur *actio pro socio C. Schäfer*, in: MüKo, BGB, § 705 Rn. 264 ff.

326 *Klingmüller*, Natürliche Verbindlichkeiten, S. 215; *von Tuhr*, Der Allgemeine Teil des Deutschen Bürgerlichen Rechts, Bd. 1, S. 127; *Enneccerus/Nipperdey*, AT des Bürgerlichen Rechts, 1. Halbbd., § 31 II (S. 203 f.); *von Gierke*, Recht und Sittlichkeit, S. 12 ff.; *Henkel*, Einführung in die Rechtsphilosophie, S. 121, 267; *Larenz*, AT des Bürgerlichen Rechts, 7. Aufl. (1989), § 2 II (S. 36 f.), § 13 I (S. 211) (ganz anders ders. aber in Lehrbuch des Schuldrechts AT, Bd. 1, § 2 IV (S. 20 f.)); *Gernhuber*, Das Schuldverhältnis, § 4 I 5 (S. 67 f.); *J. Schmidt*, in: FS Jahr, 401, 414 f.; *W. Roth*, Faktische Eingriffe, S. 181; *Avenarius*, JR 1996, 492, 494, 496; *W. Kersting*, Recht, Gerechtigkeit und demokratische Tugend, S. 30; *Looschelders*, Mitverantwortlichkeit des Geschädigten, S. 225 f.; *G. Schulze*, Naturalobligation, S. 405 ff.; *G. Schulze*, JuS 2011, 193, 194; *Riehm*, in: FS Canaris 2017, 345, 352; a. A. *Kelsen*, Reine Rechtslehre, S. 45 ff.; *Funcke*, Die sogenannte actio quasinegatoria, S. 112, 118, 136; *Engisch*, Einführung in das juristische Denken, S. 41; aus dem älteren Schrifttum auch *von Jhering*, Zweck im Recht, Bd. 1, 6.-8. Aufl. (1923), S. 196, 249; *Siber*, Rechtszwang, S. 68; *Siber*, in: Planck, BGB, 4. Aufl. (1914), Vor § 241 Abschn. III C 3; *Krückmann*, JherJb 57 (1910), 1, 20 ff., 25 ff.; *Strohal*, Schuldpflicht und Haftung, S. 17; *Leonhard*, Schuldrecht AT, Bd. 1, § 8 (S. 15 ff.).

327 Vgl. *Hofmann*, Unterlassungsanspruch, S. 211 f., 222 f., 363.

328 Vgl. *J. Schmidt*, in: FS Jahr, 401, 417.

nicht mehr der Schluss gezogen werden, der Anspruch sei grundsätzlich auf eine Leistung gerichtet. Er dient nämlich nicht nur der Durchsetzung von Leistungsrechten, sondern auch von anderen Rechtspositionen. So gewährt zum Beispiel § 1004 Abs. 1 S. 1 BGB keinen *Leistungs*anspruch,[329] sondern einen Anspruch zur Durchsetzung des Eigentumsrechts. Folglich handelt es sich bei negatorischen Klagen streng genommen auch nicht um „Leistungs"-Klagen.[330] Hier gilt es aber, dem Irrtum vorzubeugen, dass die ZPO für negatorische Ansprüche eine eigenständige Rechtsschutzform vorsieht, sodass man sich mit dieser letztlich unpräzisen Terminologie abfinden sollte.[331]

Ist ein Anspruch nicht zwingend auf eine Leistung gerichtet, handelt es sich bei einer Pflicht, der ein Anspruch gegenübersteht, auch nicht zwingend um eine Leistungspflicht. Nur weil also der negatorische Rechtsschutz Ansprüche zur Durchsetzung deliktischer Pflichten vorsieht, bedeutet das im Ergebnis nicht, dass sich an der hier befürworteten, kategorischen Unterscheidung zwischen deliktischen Pflichten und Leistungspflichten nicht festhalten ließe.

c. Die Verortung von Schutzpflichten

aa. Ausgangspunkt

Die vorausgehenden Abschnitte haben Folgendes ergeben: Nach dem Naturalerfüllungsgrundsatz sind Leistungspflichten im Sinne des § 241

329 Ebenso *Picker*, Der negatorische Beseitigungsanspruch, S. 158 f.; *Picker*, in: FS Bydlinski, 269, 278 f., 302 ff.; *Katzenstein*, AcP 206 (2006), 96, 102; *Katzenstein*, JZ 2010, 633, 635; *Korth*, ZJS 2008, 647, 653 f.; *Wilhelm*, Sachenrecht, Rn. 1186; a. A. BGH, Urteil v. 30.05.2008 – V ZR 184/07, NJW 2008, 3122, 3123 (Rn. 17); BGH, Urteil v. 18.07.2008 – V ZR 171/07, NJW 2008, 3123, 3124 f. (Rn. 18 f.); BGH, Urteil v. 04.12.2015 – V ZR 202/14, BGHZ 208, 133, 137 f. (Rn. 10 f.); *J. Baur/R. Stürner*, Sachenrecht, § 12 Rn. 21; *M. Stürner*, in: FS v. Brünneck, 360, 369 ff.; *Riehm*, Grundsatz der Naturalerfüllung, S. 418 ff.; *Riehm*, in: BeckOGK, BGB, Stand: 01.08.2023, § 280 Rn. 67.

330 *Zeuner*, in: FS Dölle, Bd. 1, 295, 308.

331 *Zeuner*, in: FS Dölle, Bd. 1, 295, 308, schlägt als Alternative die rein prozessuale Bezeichnung „Verurteilungsklage" vor. Früher wurde die Unterlassungsklage dagegen als rein prozessuales Rechtsschutzmittel verstanden – ausführlich dazu *Fritzsche*, Unterlassungsanspruch, S. 114 ff.

Abs. 1 BGB regelmäßig einklagbar.[332] Auf deliktische Pflichten findet der Grundsatz keine Anwendung; vielmehr wird die Einklagbarkeit deliktischer Pflichten im Gesetz gesondert angeordnet.[333] Zwischen Leistungspflichten und deliktischen Pflichten besteht zugleich ein kategorischer Unterschied: bei ersteren handelt es sich um selbständige, bei letzteren um unselbständige Pflichten. Legt man ein reduziertes Anspruchsverständnis[334] zugrunde, hat diese Unterscheidung auch für *einklagbare* deliktische Pflichten Bestand, das heißt, deliktische Pflichten werden nicht automatisch zu Leistungspflichten, nur weil man ihnen einen Anspruch gegenüberstellt. Weder dem Gesetz noch den Gesetzgebungsmaterialien lässt sich unmittelbar entnehmen, ob Schutzpflichten einklagbar sind.[335] Würden aber Schutzpflichten eine Verwandtschaft zu Leistungspflichten oder zu deliktischen Pflichten aufweisen, läge eine entsprechende Handhabung der klageweisen Durchsetzbarkeit nahe.

Damit eröffnen sich zwei Möglichkeiten: Entweder das Recht des Schutzgläubigers auf Rücksichtnahme stellt ein eigenständiges Forderungsrecht dar, wobei der Schutz der in § 241 Abs. 2 BGB aufgezählten Rechtspositionen nur dessen Motiv bildet. Die Rücksichtnahme- bzw. Schutzpflicht wäre dann die Passivseite zu diesem Forderungsrecht. Sie wäre mit einer Leistungspflicht verwandt und der Grundsatz der Naturalerfüllung könnte zur Anwendung kommen.

Oder aber Schutzpflichten schützen nur Rechte, die außerhalb ihrer selbst liegen, das heißt, den Schutzpflichten stünde kein eigenständiges Forderungsrecht gegenüber, sondern sie wären abhängig von den in § 241 Abs. 2 BGB aufgezählten Rechtspositionen. Es würde sich bei Schutzpflichten insofern um unselbständige Pflichten handeln, womit es näher läge, ihre Einklagbarkeit nicht auf den Naturalerfüllungsgrundsatz, sondern parallel zu den deliktischen Pflichten auf eine analoge Anwendung von §§ 12, 862, 1004 BGB zu stützen.

bb. Das Rücksichtnahmerecht als eigenständige Rechtsposition

Für die erste Alternative lassen sich mehrere Gesichtspunkte anführen.

---

332 Siehe oben unter 1. Teil B.I (S. 28 ff.).
333 Siehe oben unter 1. Teil C.I.1 (S. 51 ff.).
334 Dazu unter 1.Teil C.I.2.b.cc (S. 64 ff.).
335 Siehe oben unter 1. Teil B.III (S. 37 ff.).

(1) Besondere Rücksicht

Zunächst finden sich – wie in der Einleitung schon angedeutet – einige Formulierungen in den Gesetzgebungsmaterialien zu § 241 Abs. 2 BGB, die darauf hindeuten, dass Schutzpflichten von deliktischen Pflichten abzugrenzen und als selbstständige Pflichten einzuordnen sind.

Der Fraktionsentwurf zu § 241 Abs. 2 BGB sah vor, jeden Teil zu „besonderer Rücksicht" zu verpflichten.[336] Dadurch sollte gerade „eine Abgrenzung zu den allgemeinen Verkehrs(sicherungs)pflichten angedeutet werden".[337] Wie die folgende Passage zeigt, hatten die Urheber des Fraktionsentwurfs dabei nicht nur den Schutzgegenstand, also die Einbeziehung des Vermögensschutzes im Sinn, sondern auch das jeweils geschuldete Verhalten:

> „Hinsichtlich der *Intensität* gehen diese Schutzpflichten über die allgemeinen deliktischen Verhaltenspflichten hinaus. Sie verpflichten die Beteiligten zu einem *gesteigerten Schutz* der Rechtsgüter des jeweils anderen."[338]

Der Begriff „besondere" wurde auf die Empfehlung des Rechtsausschusses[339] hin zwar gestrichen. Damit sollte aber nicht die „Abgrenzung von den allgemeinen, jedermann treffenden Rücksichtnahmepflichten"[340] relativiert, sondern lediglich dem Missverständnis vorgebeugt werden, dass im Rahmen eines Schuldverhältnisses zwischen Pflichten zu „einfacher" Rücksicht und Pflichten zu „besonderer" Rücksicht differenziert werden müsse.[341] In den Materialien zum SchuldRModG wird also im Hinblick auf den Pflichtinhalt zwischen Schutzpflichten und deliktischen Pflichten unterschieden. Da Schutzpflichten dem Berechtigten danach eine Position einräumen sollen, die ihm ohne die jeweilige Pflicht nicht zusteht – nämlich das Recht auf „besondere Rücksicht" –, schützen sie nicht nur die *ex*

---

336 Fraktionsentwurf zum SchuldRModG, BT-Drucks. 14/6040 v. 14.05.2001, S. 6.

337 Fraktionsentwurf zum SchuldRModG, BT-Drucks. 14/6040 v. 14.05.2001, S. 125; dazu auch *Bachmann*, in: MüKo, BGB, § 241 Rn. 58.

338 Fraktionsentwurf zum SchuldRModG, BT-Drucks. 14/6040 v. 14.05.2001, S. 125 [Hervorhebungen nicht im Original].

339 Beschlussempfehlung und Bericht des Rechtsausschusses (6. Ausschuss) zum Fraktionsentwurf zum SchuldRModG, BT-Drucks. 14/7052 v. 09.10.2001, S. 182.

340 Beschlussempfehlung und Bericht des Rechtsausschusses (6. Ausschuss) zum Fraktionsentwurf zum SchuldRModG, BT-Drucks. 14/7052 v. 09.10.2001, S. 182.

341 Beschlussempfehlung und Bericht des Rechtsausschusses (6. Ausschuss) zum Fraktionsentwurf zum SchuldRModG, BT-Drucks. 14/7052 v. 09.10.2001, S. 182.

ante zugewiesenen Rechtspositionen, sondern stellen eine selbstständige Rechtsposition dar. Bei diesem Verständnis weisen sie eine Parallele zu Leistungspflichten auf, was dafür spricht, den Grundsatz der Naturalerfüllung zur Anwendung kommen zu lassen.

(2) Herleitung von Schutzpflichten anhand von Pflichtverstärkungsfaktoren

Weiter sprechen die gängigen Ansätze zur Herleitung von Schutzpflichten für die Annahme eines eigenständigen Rücksichtnahmerechts.[342] Sie alle gehen von „Pflichtverstärkungsfaktoren" aus,[343] das heißt, sie bemühen den rechtsgeschäftlichen Kontakt[344], die besonderen tatsächlichen Einwirkungsmöglichkeiten[345] oder das gegenseitige Vertrauen[346],[347] um eine Verstärkung der Rücksichtnahmepflichten im Rahmen einer Sonderbeziehung

342 Auch der Gesetzgeber nimmt auf sie Bezug, ohne sich insoweit jedoch festzulegen: Fraktionsentwurf zum SchuldRModG, BT-Drucks. 14/6040 v. 14.05.2001, S. 126.

343 Kritisch dazu *Picker*, AcP 183 (1983), 369, 430; *Picker*, JZ 1987, 1041, 1043. Der Begriff „Pflicht-Verstärkungsfaktor" taucht bereits bei *Frotz*, Verkehrsschutz, S. 66, auf.

344 RG, Urteil v. 07.12.1911 – VI 240/11, RGZ 78, 239, 240; *von Jhering*, JherJb 4 (1861), 1, 41 ff.; *H. Lehmann*, AcP 96 (1905), 60, 67 f.; *Staub*, p. V. V., S. 6; *R. Raiser*, AcP 127 (1927), 1, 24 f.; *Kreß*, Lehrbuch des Allgemeinen Schuldrechts, § 1 Abschn. 2 b (S. 5), § 23 Abschn. 1 c (S. 580); *Himmelschein*, AcP 135 (1932), 255, 286; *Evans-von Krbek*, AcP 179 (1979), 85, 97 ff.; *Möschel*, AcP 186 (1986), 187, 224 ff.; *Horn*, JuS 1995, 377, 379.

345 *Heinrich Stoll*, AcP 136 (1932), 257, 287 ff., 298 ff.; *Heinrich Stoll*, Leistungsstörungen, S. 27; *Erman*, AcP 139 (1934), 273, 320 f.; *Thiele*, JZ 1967, 649, 652 ff.; *Jakobs*, Unmöglichkeit und Nichterfüllung, S. 39 f.; *Frotz*, Verkehrsschutz, S. 66; *Mertens*, AcP 178 (1978), 227, 249; *Bydlinski*, System, S. 210 f.; *Teichmann*, in: Soergel, BGB, § 242 Rn. 178; *Westermann*, in: Erman, BGB, 15. Aufl. (2017), § 241 Rn. 11; *Sutschet*, in: BeckOK, BGB, § 241 Rn. 90; *R. Schulze*, in: HK, BGB, § 241 Rn. 4.

346 *Ballerstedt*, AcP 151 (1951), 501, 506 ff.; *Canaris*, JZ 1965, 475, 478; *Canaris*, Vertrauenshaftung, S. 539 f.; *Canaris*, in: FS Larenz 1983, 27, 105 ff.; *U. Müller*, NJW 1969, 2169 (Fn. 11); *W. Lorenz*, in: FS Larenz 1973, 575, 618 f.; *Bohrer*, Haftung des Dispositionsgaranten, S. 78 ff., 267 ff.; *M. Lehmann*, NJW 1981, 1233, 1239; *Frost*, Schutzpflichten, S. 82 ff.

347 Oft wird dabei auf die gesteigerten Einwirkungsmöglichkeiten und das Vertrauen gemeinsam abgestellt: *Herholz*, AcP 130 (1929), 257, 294 f.; *Heinrich Stoll*, AcP 136 (1932), 257, 298; *Heinrich Stoll*, Leistungsstörungen, S. 27; *Canaris*, JZ 1965, 475, 476; *H.-J. Hoffmann*, AcP 167 (1967), 394, 400; *Hans Stoll*, in: FS von Hippel, 517, 526; *Gerhardt*, JuS 1970, 597, 598; *Rolf Weber*, in: FS Giger, 735, 743; *Grigoleit*, in: FS Canaris 2007, Bd. 1, 275, 283. Siehe zu allen vorgenannten und weiteren Herleitungsansätzen auch *Picker*, AcP 183 (1983), 369, 385 ff., 410 ff.; *Krebs*, Sonderverbindung, S. 35 ff.

gegenüber denjenigen außerhalb einer solchen zu rechtfertigen.[348] Es handle sich bei Schutzpflichten um „besondere Rechtspflichten gegenüber der Person und dem Vermögen des Gegners“[349], die als „Kehrseite oder Ergänzung des positiven Zieles der Obligation“[350] entstehen.[351] Nach diesen Herleitungsansätzen bedeuten Schutzpflichten also wiederum eine Verstärkung der Rechtsposition des Berechtigten.[352] Sie müssten insoweit von den unselbständigen deliktischen Pflichten, welche nur die bereits bestehenden Rechtpositionen schützen, abgegrenzt werden.

(3) Gleichsetzung von Schutz- und Treuepflichten

Vielfach werden den Rücksichtnahmepflichten im Sinne von § 241 Abs. 2 BGB auch zumindest nichtleistungsbezogene Treue- bzw. Loyalitätspflichten zugerechnet.[353] Nach *Larenz* dienen solche Pflichten der

> „Erhaltung des für die Durchführung eines länger währenden Schuldverhältnisses, besonders eines Arbeits- oder Gesellschaftsverhältnisses, unentbehrlichen Vertrauensverhältnisses“.[354]

---

348 Kritisch dazu *Picker*, AcP 183 (1983), 369, 389; *Picker*, JZ 1987, 1041, 1043.

349 *Heinrich Stoll*, AcP 136 (1932), 257, 298.

350 *Heinrich Stoll*, AcP 136 (1932), 257, 299.

351 *Heinrich Stoll*, AcP 136 (1932), 257, 288 f., 298 f.; *Himmelschein*, AcP 135 (1932), 255, 288; dazu auch *Picker*, AcP 183 (1983), 369, 389.

352 Siehe auch RG, Urteil v. 13.10.1916 – III 145/16, RGZ 88, 433, 435; RG, Urteil v. 06.02.1917 – III 306/16, RGZ 89, 384, 385; *Faenger*, Leistungsunabhängige Nebenpflichten, S. 45 ff., 211 f.

353 BAG, Urteil v. 20.09.2006 – 10 AZR 439/05, BAGE 119, 294, 297 (Rn. 16); BAG, Urteil v. 24.03.2010 – 10 AZR 66/09, BAGE 134, 43, 45 (Rn. 15); *Olzen*, in: Staudinger, Neubearbeit. 2019, § 241 Rn. 514; *Bachmann*, in: MüKo, BGB, § 241 Rn. 66, 70; *Sutschet*, in: BeckOK, BGB, § 241 Rn. 42. Kategorisch unterschieden wird dagegen häufig zwischen *leistungsbezogenen* Nebenpflichten und Schutzpflichten: *Canaris*, JZ 1965, 475, 477; *Emmerich*, Leistungsstörungen, § 22 Rn. 18 f.; *Grigoleit*, in: FS Canaris 2007, Bd. 1, 275, 278 ff.

354 *Larenz*, Lehrbuch des Schuldrechts AT, Bd. 1, 14. Aufl. (1987), § 2 I (S. 10); vgl. auch OLG Hamburg, Urteil v. 03.12.1954 – 1 U 150/54, MDR 1955, 289; *Krebs*, Sonderverbindung, S. 446; *Olzen*, in: Staudinger, Neubearbeit. 2019, § 241 Rn. 515.

Regelmäßig erfolgt eine nähere Bestimmung nach Fallgruppen.[355] Eine dieser Fallgruppen sind Wettbewerbsverbote.[356] So ist einem Arbeitnehmer für die Dauer des Arbeitsverhältnisses jede Tätigkeit verboten, die für den Arbeitgeber Konkurrenz bedeutet.[357] Da ein solches Wettbewerbsverbot Chancen betrifft, die niemandem zugewiesen sind, vielmehr „im freien und fairen Wettbewerb noch jedermann offen"[358] stehen,[359] schützt es nicht etwas dem Arbeitgeber bereits Zugewiesenes, sondern erweitert seinen Rechtskreis. Es handelt sich damit nicht um eine unselbständige, sondern um eine selbständige Pflicht.[360] Man könnte einwenden, es werde das *ex ante* bestehende Interesse des Arbeitgebers geschützt, seinen „Geschäftsbereich voll und ohne Gefahr der nachteiligen, zweifelhaften oder zwielichtigen Beeinflussung durch den Arbeitnehmer"[361] auszuüben. Ein bloßes Interesse ist aber nicht etwas dem Inhaber von der Rechtsordnung Zugewiesenes.[362] So ist etwa das Interesse des Arbeitgebers, auch nach Beendigung des Arbeitsverhältnisses der Konkurrenz des Arbeitnehmers nicht ausgesetzt zu sein, keine abwehrfähige Position.[363] Zu einer zugewiesenen Rechtsposition wird ein „rechtlich indifferente[s] tatsächliche[s]"[364] Interesse erst, wenn es im Rahmen eines Schuldverhältnisses nach Treu und

355 *Krebs*, Sonderverbindung, S. 447 ff.; *Bachmann*, in: MüKo, BGB, § 241 Rn. 129 ff.; *Olzen*, in: Staudinger, Neubearbeit. 2019, § 241 Rn. 517 ff.

356 *Krebs*, Sonderverbindung, S. 461 f.; *Bachmann*, in: MüKo, BGB, § 241 Rn. 142; *Olzen*, in: Staudinger, Neubearbeit. 2019, § 241 Rn. 520.

357 BAG, Urteil v. 16.06.1976 – 3 AZR 73/75, NJW 1977, 646; BAG, Urteil v. 16.08.1990 – 2 AZR 113/90, NZA 1991, 141, 142; BAG, Urteil v. 20.09.2006 – 10 AZR 439/05, BAGE 119, 294, 297 (Rn. 16); *Bachmann*, in: MüKo, BGB, § 241 Rn. 142; teilweise einschränkend BAG, Urteil v. 24.03.2010 – 10 AZR 66/09, BAGE 134, 43, 46 f. (Rn. 16 f.).

358 *M. Schwab*, in: MüKo, BGB, § 812 Rn. 301.

359 Vgl. *S. Lorenz*, in: Staudinger, Neubearbeit. 2007, Vorbem zu §§ 812 ff. Rn. 71; *M. Schwab*, in: MüKo, BGB, § 812 Rn. 301; *Wendehorst*, in: BeckOK, BGB, § 812 Rn. 129; *Sprau*, in: Grüneberg, § 812 Rn. 40, 94; siehe auch *Köhler*, in: FS Lorenz, 167, 174 ff.

360 Vgl. entsprechend zu *leistungsbezogenen* Treuepflichten bzw. „Nebenleistungspflichten" *Emmerich*, in: Grundlagen, 279, 304 f.: durch sie solle der Gläubiger „etwas bekommen […], was er noch nicht hat" (S. 304); sie ergäben sich meistens „erst von Fall zu Fall aus der allgemeinen Verpflichtung des Schuldners, seine Leistung so zu bewirken, wie es Treu und Glauben mit Rücksicht auf die Verkehrssitte erfordern (§ 242)" (S. 305).

361 So das BAG, Urteil v. 16.08.1990 – 2 AZR 113/90, NZA 1991, 141, 142.

362 Vgl. auch *Picker*, in: FS Lange, 625, 680.

363 BAG, Urteil v. 19.05.1998 – 9 AZR 394/97, BB 1999, 212, 213.

364 *Picker*, in: FS Lange, 625, 680.

Glauben als solche zuerkannt wird. Die Pflicht, Wettbewerb zu unterlassen, ist dann die Passivseite zu dieser *neuen* Rechtsposition und keine Pflicht zum Schutz einer schon bestehenden.[365]

Der Umstand, dass die Rechtsprechung und Teile der Literatur Treue- und Schutzpflichten für Variationen desselben Pflichttyps halten, nämlich für Pflichten im Sinne von § 241 Abs. 2 BGB, deutet also darauf hin, dass Schutzpflichten den Leistungspflichten näherstehen[366], was wiederum dafür spricht, sie im Hinblick auf die Einklagbarkeit wie Leistungspflichten und nicht wie deliktische Verkehrspflichten zu behandeln.

cc. Die Rücksichtnahmepflicht als unselbständige Pflicht

Die entscheidenden Argumente sprechen allerdings für ein anderes Verständnis: zum einen die gesetzgeberische Unterscheidung zwischen Schutz- und Leistungspflichten anhand des betroffenen Interesses (dazu unter (1)) und zum anderen der Gleichlauf von Schutz- und Verkehrspflichten im Hinblick auf die deliktisch geschützten Rechtsgüter (dazu unter (2)).

(1) Unterscheidung zwischen Schutz- und Leistungspflichten anhand des betroffenen Interesses

Im Fraktionsentwurf zum SchuldRModG erfolgt eine kategorische Unterscheidung zwischen Leistungs- und Schutzpflichten anhand des betroffenen Interesses[367]:

> „Davon zielen die Leistungspflichten regelmäßig auf eine Veränderung der Güterlage des Gläubigers ab. Dagegen sollen die Schutzpflichten nur die gegenwärtige Güterlage jedes an dem Schuldverhältnis Beteiligten vor Beeinträchtigungen bewahren.“[368]

365 Vgl. *Picker*, AcP 183 (1983), 369, 401.

366 Vgl. *J. Schmidt*, in: Staudinger, 13. Bearbeit. 1995, Einleit. zu §§ 241 ff. Rn. 329; *Emmerich*, in: Grundlagen, 279, 304 f., 306.

367 Fraktionsentwurf zum SchuldRModG, BT-Drucks. 14/6040 v. 14.05.2001, S. 125.

368 Fraktionsentwurf zum SchuldRModG, BT-Drucks. 14/6040 v. 14.05.2001, S. 125.

Es geht bei Schutzpflichten also allein um den Erhalt des *status quo ante* – um den Schutz des Integritätsinteresses.[369] Diese Ausrichtung spiegelt sich auch im Wortlaut von § 241 Abs. 2 BGB wider: „*Rücksicht* auf die Rechte, Rechtsgüter und Interessen des anderen Teils"[370]. Treffend beschreibt *Volker Emmerich* die Ausrichtung von Schutzpflichten wie folgt:

> „durch ihre Erfüllung soll dem Gläubiger anders als durch die Haupt- und Nebenleistungspflichten nichts verschafft werden, was er noch nicht hat; vielmehr soll er durch sie gerade in dem, was er schon besitzt, nämlich in seinen Gütern wie Gesundheit und Vermögen, geschützt werden".[371]

Wenn Schutzpflichten damit den Rechtskreis des Berechtigten nicht erweitern, sondern immer an eine schon bestehende Güterlage anknüpfen, dienen sie dem Schutz von Rechtspositionen, die außerhalb ihrer selbst liegen. Es handelt sich um unselbständige Pflichten und somit ihrem Wesen nach um deliktische Verkehrspflichten und nicht um Leistungspflichten.

Zwei Aspekte könnten jedoch trotz der deutlichen Worte im Fraktionsentwurf gegen eine strenge Ausrichtung von Schutzpflichten auf den Schutz des Integritätsinteresses sprechen: zum einen die Widersprüchlichkeit der gesetzgeberischen Konzeption (dazu im Folgenden unter i.), zum anderen etwaige Abgrenzungsschwierigkeiten (dazu unter ii.):

(i) Widersprüchlichkeit der gesetzgeberischen Konzeption

Wie bereits dargelegt, geht der Gesetzgeber davon aus, dass eine Schutzpflicht dem Betroffenen ein Recht auf *besondere* Rücksicht vermittelt.[372] Gleichzeitig nimmt er an, dass Schutzpflichten nur die gegenwärtige Güter-

---

369 So auch die ganz herrschende Meinung in Rechtsprechung und Literatur: BGH, Urteil v. 28.02.2018 – VIII ZR 157/17, BGHZ 218, 22, 29 (Rn. 20); BGH, Urteil v. 27.06.2018 – XII ZR 79/17, NJW-RR 2018, 1103, 1104 (Rn. 18); *S. Lorenz/Riehm*, Lehrbuch zum neuen Schuldrecht, Rn. 354; *Olzen*, in: Staudinger, Neubearbeit. 2019, § 241 Rn. 153, 161; *Thiele*, JZ 1967, 649, 650; *Grigoleit*, in: FS Canaris 2007, Bd. 1, 275, 277; *Lüsing*, Die Pflichten, S. 87 ff.; zu den historischen Wurzeln bei *Kreß* und *Stoll* siehe oben unter 1. Teil B.II. (S. 33 ff.).

370 Hervorhebung nicht im Original.

371 *Emmerich*, in: Grundlagen, 279, 306; vgl. auch *Picker*, AcP 183 (1983), 369, 403; *Canaris*, in: FS Larenz 1983, 27, 90.

372 Siehe oben unter 1. Teil C.I.2.c.bb(1) (S. 72 f.).

lage des Betroffenen bewahren. Diese Konzepte widersprechen einander.[373] Denn wann immer dem Berechtigten durch eine Pflicht etwas zugewiesen wird, was ihm sonst nicht zusteht – also etwa ein Recht auf besondere Rücksicht –, geht es nicht nur um eine Bewahrung der Güterlage *ex ante*, sondern um eine Erweiterung seines Rechtskreises.

Dieselbe Widersprüchlichkeit entsteht durch den Umstand, dass § 241 Abs. 2 BGB auch zur Rücksicht auf die „Interessen des anderen Teils" verpflichtet. Während der Entwurf der Schuldrechtskommission zu § 241 Abs. 2 BGB nur „Rechte und Rechtsgüter" als Schutzgegenstand vorsah,[374] nahm der Fraktionsentwurf auf Vorschlag von *Canaris* auch „Interessen" mit auf.[375] Als Beispiel für ein solches Interesse wird im Fraktionsentwurf die Entscheidungsfreiheit genannt.[376] Dahinter stand die Überlegung, dass es für eine Schutzpflichtverletzung nicht auf die Rechtsprechung zu vorvertraglichen Aufklärungspflichten ankommen sollte, wonach der Schutz vor einem unliebsamen Vertrag von einem dadurch bedingten Vermögensschaden abhängt[377].[378] Die Entscheidungsfreiheit ist für sich genommen aber keine eingrenzbare, zugewiesene Rechtsposition. Grundsätzlich ist es Sache einer jeden Vertragspartei, sich die entscheidungsrelevanten Informationen selbst zu beschaffen.[379] Ob eine Aufklärungspflicht besteht, hängt davon ab, ob Aufklärung nach Treu und Glauben unter Berücksichtigung der Verkehrsanschauung im Einzelfall erwartet werden darf.[380] Inhalt und Umfang der Pflicht richtet sich nach den konkreten Umständen, insbesondere den Gefahren, die dem Vertragspartner aus dem jeweiligen Vertrag typischer-

---

373 Dazu auch schon in der Einleitung.

374 Bundesminister der Justiz (Hrsg.), Abschlußbericht der Kommission, 1992, S. 113.

375 Fraktionsentwurf zum SchuldRModG, BT-Drucks. 14/6040 v. 14.05.2001, S. 126; *Canaris*, JZ 2001, 499, 519 (mit Fn. 182).

376 Fraktionsentwurf zum SchuldRModG, BT-Drucks. 14/6040 v. 14.05.2001, S. 126.

377 BGH, Urteil v. 26.09.1997 – V ZR 29/96, NJW 1998, 302, 304; BGH, Urteil v. 19.12.1997 – V ZR 112/96, NJW 1998, 898; BGH, Urteil v. 18.09.2001 – X ZR 107/00, NJW-RR 2002, 308, 310; dazu auch *Fehling/Faust/Rönnau*, JuS 2006, 18, 22.

378 *Canaris*, JZ 2001, 499, 519 (mit Fn. 182).

379 RG, Urteil v. 07.07.1925 – II 494/24, RGZ 111, 233, 234; BGH, Urteil v. 12.11.1969 – I ZR 93/67, NJW 1970, 653, 655; *Faust/Grigoleit*, in: Revision, 193, 196; *Faust*, in: Revision, 201, 206; *Emmerich*, in: MüKo, BGB, § 311 Rn. 66; *Sutschet*, in: BeckOK, BGB, § 311 Rn. 76.

380 RG, Urteil v. 07.07.1925 – II 494/24, RGZ 111, 233, 234; BGH, Urteil v. 12.11.1969 – I ZR 93/67, NJW 1970, 653, 655; BGH, Urteil v. 24.05.1993 – II ZR 136/92, NJW 1993, 2107.

weise drohen.[381] Es wird insofern nicht die Entscheidungsfreiheit als *ex ante* zugewiesene und von der jeweiligen Aufklärungspflicht unabhängige Rechtsposition geschützt; durch die Aufklärungspflicht wird vielmehr das schützenswerte Interesse des Betroffenen erst fixiert und sein Rechtskreis insoweit erweitert. Bezieht man solche Aufklärungspflichten in den Kanon von Schutzpflichten mit ein – so der Fraktionsentwurf –, widerspricht das der Definition von Schutzpflichten als bloße Erhaltungspflichten.[382] Der Gesetzgeber hat hier wohl darüber hinweggesehen, dass ein bloßes Interesse für sich genommen noch keine zugewiesene Rechtsposition darstellt.

Es gibt zwei Wege, den aufgezeigten Widerspruch aufzulösen. Der erste Weg besteht darin, die Abgrenzung von Leistungs- und Schutzpflichten anhand des betroffenen Interesses aufzugeben, um so auch Pflichten unter § 241 Abs. 2 BGB fassen zu können, die den Rechtskreis des Betroffenen erweitern. In diesem Fall müsste geklärt werden, wonach Leistungs- und Schutzpflichten abzugrenzen sind. Die Abgrenzbarkeit beider Pflichttypen ist schon mit Blick auf die Systematik des Leistungsstörungsrechts geboten, die mit § 241 Abs. 1 BGB i. V. m §§ 281, 323 BGB und § 241 Abs. 2 BGB i. V. m §§ 282, 324 BGB jeweils unterschiedliche Regelungen für Leistungs- und Schutzpflichten vorsieht.

Tatsächlich wurden in der Literatur verschiedene Abgrenzungskriterien vorgeschlagen, die nicht an das betroffene Interesse anknüpfen. Wie sich nachfolgend aber zeigen wird, weisen alle diese Vorschläge erhebliche Schwächen auf.

381 BGH, Urteil v. 08.06.1978 – III ZR 136/76, BGHZ 72, 92; BGH, Urteil v. 24.05.1993 – II ZR 136/92, NJW 1993, 2107.

382 Vgl. *Teichmann*, BB 2001, 1485, 1492: „Da aber § 241 Abs. 2 RegE sehr weit gefasst ist und nicht nur zur Rücksichtnahme auf Rechte und Rechtsgüter, sondern auch auf die ‚Interessen' des anderen Teils verpflichtet, ist auch dessen Interesse am künftigen Vertrag, i. Ü. die Entscheidungsfreiheit geschützt; die Bestimmung geht damit über eine reine Schutzpflichtnormierung hinaus."; siehe daneben das Zugeständnis bei *Gröschler*, in: FS Konzen, 109, 114, wonach „der Wortlaut der Vorschrift (‚Rücksicht auf die Rechte, Rechtsgüter und Interessen des anderen Teils') über das bloße Erhaltungsinteresse hinausweisen könnte"; auch die folgenden Autoren gehen davon aus, dass es sich bei Informations- und Beratungspflichten nicht eigentlich um Rücksichts- bzw. Schutzpflichten handelt: *Köndgen*, in: Schuldrechtsreform, 231, 242; *Fleischer*, in: Schuldrechtsreform, 243, 252; *U. Huber*, in: Zivilrechtswissenschaft und Schuldrechtsreform, 31, 159; *Zimmer*, NJW 2002, 1, 7, 12; a. A. *C. Kersting*, Die Dritthaftung, S. 344.

Marc-Philippe Weller schlägt vor, auf den „Zeitpunkt der *konkreten* Pflichtfixierung“[383] abzustellen[384]: Sei die Pflicht bereits bei Vertragsschluss in konkreter Form fixiert, handle es sich um eine Leistungspflicht; konkretisiere sie sich erst später, also während der Vertragsdurchführung, handle es sich um eine Schutzpflicht.[385] Gegen eine Abgrenzung anhand des Konkretisierungszeitpunktes spricht allerdings, dass sich nach den §§ 242 ff. BGB auch die vertraglich vereinbarte Leistungspflicht erst nachträglich konkretisieren kann. So hat derjenige, der eine nur der Gattung nach bestimmte Sache schuldet, gemäß § 243 Abs. 1 BGB zunächst eine Sache von mittlerer Art und Güte zu leisten. Sobald er aber während der Vertragsausführung das zur Leistung einer solchen Sache seinerseits Erforderliche getan hat, beschränkt sich das Schuldverhältnis nach § 243 Abs. 2 BGB auf diese Sache. Die Konkretisierung der Leistungspflicht tritt hier dementsprechend erst später ein. Eine Abgrenzung allein anhand des Konkretisierungszeitpunktes lässt sich mit dem Gesetz insoweit nicht vereinbaren.[386]

Korch dagegen stellt auf das Merkmal der Klagbarkeit ab: Einklagbare Pflichten seien grundsätzlich Leistungspflichten, nicht einklagbare Pflichten dagegen Schutzpflichten.[387] Gegen diesen Ansatz spricht schon, dass sie die in § 241 BGB und im Leistungsstörungsrecht angelegte Trennung zwischen Leistungs- und Schutzpflichten untergräbt. Geht man nämlich – wie in dieser Arbeit – davon aus, dass Schutzpflichten grundsätzlich einklagbar sind[388], wären alle Schutzpflichten tatsächlich Leistungspflichten, sodass § 241 Abs. 2 BGB und die daran anknüpfenden Vorschriften leerliefen.[389] Außerdem wird im Fraktionsentwurf zum SchuldRModG die *klagbare* Pflicht des Arbeitgebers nach § 618 Abs. 1 BGB, den Arbeitnehmer vor Gefahren für sein Leben und seine Gesundheit zu schützen, ausdrücklich als Schutzpflicht und damit als Gegenstand insbesondere von § 282 BGB

383 Hervorhebung im Original.

384 *Weller*, Vertragstreue, S. 256; ähnlich *Hassemer*, Heteronomie, S. 45.

385 *Weller*, Vertragstreue, S. 256.

386 Gegen eine Abgrenzung anhand des Konkretisierungszeitpunktes auch *Medicus*, in: FS Canaris 2007, Bd. 1, 835, 840; *Korch*, ZfPW 2020, 189, 200; *Kamp*, Funktion und Grenzen, S. 37 f.; *Olzen*, in: Staudinger, Neubearbeit. 2019, § 241 Rn. 160.

387 *Korch*, ZfPW 2020, 189 ff.

388 Ausführlich dazu unter 1. Teil D (S. 116 ff.).

389 Vgl. *Bachmann*, in: MüKo, BGB, § 241 Rn. 71; im Ansatz auch *Madaus*, JURA 2004, 289, 290; *Medicus*, in: FS Canaris 2007, Bd. 1, 836, 839.

eingeordnet.[390] Auch eine Abgrenzung von Leistungs- und Schutzpflichten anhand der Klagbarkeit scheidet deshalb aus.[391]

Florian Kamp wiederum möchte Leistungs- und Schutzpflichten anhand der Rechtsfolgen auseinanderhalten.[392] Wenn das Fristsetzungserfordernis im Rahmen von § 281 BGB bzw. § 323 BGB „wie ein Fremdkörper" wirke oder „eine Fristsetzung mit Blick auf die in Rede stehende Pflichtverletzung nicht in Betracht komme", handle es sich um eine Schutz-, ansonsten um eine Leistungspflicht.[393] Das entscheidende Argument gegen *Kamps* Vorschlag besteht darin, dass die Frage, ob eine Rechtsfolge „passt" oder nicht, in erster Linie vom Gesetzgeber und nicht vom Rechtsanwender zu beantworten ist. Der Gesetzgeber hat in den Gesetzgebungsmaterialien zum SchuldRModG und durch den Wortlaut von § 241 BGB klargestellt, dass es insofern auf das betroffene Interesse ankommt.[394] Ob sich das Fristsetzungserfordernis in §§ 281, 323 BGB wie ein Fremdkörper anfühlt, hängt im Übrigen davon ab, wie man die jeweilige Pflicht, gegen die verstoßen wurde, im Vorhinein eingeordnet hat. Verstößt etwa der Mieter gegen die Pflicht zum vertragsgemäßen Gebrauch der Mietsache (vgl. § 541 BGB), ist nicht aus sich heraus ersichtlich, warum ihm der Vermieter nicht eine Frist zur Beseitigung der Beeinträchtigung setzen muss, sondern direkt Schadensersatz verlangen kann. Diese Rechtsfolge ergibt sich vielmehr aus der Einordnung der betroffenen Pflicht als Schutzpflicht.[395] Obwohl die gesetzlich vorgesehenen Rechtsfolgen in Zweifelsfällen eine Hilfestellung bei der Zuordnung von Pflichten bieten können,[396] stellen sie für sich genommen kein taugliches Abgrenzungskriterium dar.

---

390 Zum Schutzpflichtcharakter: Fraktionsentwurf zum SchuldRModG, BT-Drucks. 14/6040 v. 14.05.2001, S. 125; zur Anwendbarkeit von § 282 BGB: *Weidenkaff*, in: Grüneberg, § 618 Rn. 6, 8; abweichend *Korch*, ZfPW 2020, 189, 201 f.

391 So im Ergebnis auch *Madaus*, JURA 2004, 289, 290 f.; *Medicus*, in: FS Canaris 2007, Bd. 1, 835, 839; *Grigoleit*, in: FS Canaris 2007, Bd. 1, 275, 292; *Weller*, Vertragstreue, S. 255; *Olzen*, in: Staudinger, Neubearbeit. 2019, § 241 Rn. 159; *Bachmann*, in: MüKo, BGB, § 241 Rn. 71; *Kamp*, Funktion und Grenzen, S. 34 f.

392 *Kamp*, Funktion und Grenzen, S. 38 ff.; in diese Richtung auch *Binder*, AcP 211 (2011), 587, 603 f.; *Bachmann*, in: MüKo, BGB, § 241 Rn. 72 f.

393 *Kamp*, Funktion und Grenzen, S. 39 f.

394 Siehe oben unter 1. Teil C.I.2.c.cc(1) (S. 76 f.).

395 BGH, Urteil v. 28.02.2018 – VIII ZR 157/17, BGHZ 218, 22, 29 ff. (Rn. 20 ff.); BGH, Urteil v. 27.06.2018 – XII ZR 79/17, NJW-RR 2018, 1103, 1104 (Rn. 18 ff.).; a. A. *Gröschler*, in: FS Konzen, 109, 117; *Krebs*, in: Dauner-Lieb/Langen, BGB, § 241 Rn. 48.

396 Insoweit überzeugend *Bachmann*, in: MüKo, BGB, § 241 Rn. 72 f.

Für die vom Gesetzgeber zugrunde gelegte Abgrenzung von Leistungs- und Schutzpflichten anhand des betroffenen Interesses gibt es demnach bislang keine überzeugende Alternative.

Vorzugswürdig erscheint daher ein anderer Weg, um der Widersprüchlichkeit im Fraktionsentwurf zu begegnen. Pflichten, die sich nicht aus einer ausdrücklichen, vertraglichen Vereinbarung ergeben und den Rechtskreis des Betroffenen vergrößern, werden nicht als Schutzpflichten im Sinne von § 241 Abs. 2 BGB, sondern als *davon zu unterscheidende* Treuepflichten im Sinne von § 242 BGB eingeordnet.[397] Zwar hat der Gesetzgeber eine solche Differenzierung nicht vorgesehen und geht deshalb – wie sich gezeigt hat – davon aus, dass auch vorvertragliche Aufklärungspflichten zum Schutz der Entscheidungsfreiheit unter § 241 Abs. 2 BGB fallen.[398] Dem lässt sich allerdings wie folgt Rechnung tragen: Das durch die Treuepflicht fixierte Interesse – also etwa das Interesse an einer konkreten vorvertraglichen Information – wird als Interesse im Sinne von § 241 Abs. 2 BGB eingeordnet. Durch die Herleitung der Schutzwürdigkeit eines Interesses aus dem Grundsatz von Treu und Glauben nach § 242 BGB – also durch die Herleitung einer bestimmten Treuepflicht – wird insoweit ein rechtlich indifferentes tatsächliches Interesse[399] zu einer zugewiesenen Rechtsposition erhoben.[400] Zu deren Schutz kann dem anderen Teil des Schuldverhältnisses dann wiederum eine Schutzpflicht obliegen.[401] Die Schutzpflicht ist der Treuepflicht insofern – zumindest gedanklich – nachgelagert, sodass sich der Rechtskreis des Berechtigten durch die Schutzpflicht selbst nicht erweitert. Auf diese Weise kann eine stringente Abgrenzung von Schutz- und Leistungspflichten beibehalten und gleichzeitig dem Willen des Ge-

397 Für die Abgrenzung beider Pflichtkategorien etwa *Weilbauer*, Leistungspflichten nach Treu und Glauben, S. 4 ff.; *Krebs*, Sonderverbindung, S. 468 f.; *Krebs*, in: Dauner-Lieb/Langen, BGB, § 241 Rn. 19, 51; zur Gegenansicht siehe Fn. 353.

398 Siehe auch etwa *Bachmann*, in: MüKo, BGB, § 241 Rn. 58.

399 Siehe S. 75.

400 Zum Rückgriff auf § 242 BGB zur Bestimmung des Schutzgegenstands von Pflichten im Sinne von § 241 Abs. 2 BGB siehe *Sutschet*, in: BeckOK, BGB, § 241 Rn. 42: Ihm zufolge ließen sich „Nebenpflichten" zwar aus § 241 Abs. 2 BGB herleiten, „sodass es – entgegen dem früheren Recht – eines Rückgriffs auf § 242 BGB" nicht mehr bedürfe, allerdings sei „bei der näheren Ausgestaltung der Nebenpflicht [...] wie sonst auch der Grundsatz von Treu und Glauben zu beachten". Er spricht insoweit plausibel von der „Ergänzungsfunktion des § 242". Siehe daneben auch *Teichmann*, BB 2001, 1485, 1492.

401 Vgl. auch *Weller*, Vertragstreue, S. 309.

setzgebers Rechnung getragen werden, demzufolge auch bloße „Interessen" zum Gegenstand von Schutzpflichten zählen.

Die Widersprüchlichkeit der gesetzgeberischen Konzeption lässt sich demnach auflösen, ohne dass dabei die Abgrenzung von Leistungs- und Schutzpflichten anhand des Leistungs- bzw. Schutzinteresses aufgegeben werden muss.

(ii) Abgrenzungsschwierigkeiten

Der Abgrenzung anhand des betroffenen Interesses werden in der Literatur außerdem Abgrenzungsschwierigkeiten entgegengehalten.[402]

Zunächst lasse sich nicht überzeugend zwischen Schutzpflichten und „Leistungspflichten mit Schutzfunktion"[403], wie zum Beispiel der Pflicht eines Personenschützers[404], abgrenzen.[405] Diesem Einwand lässt sich tatsächlich nur begegnen, wenn man zur Abgrenzung von Leistungs- und Schutzpflichten den Gegenstand des Vertrags mit einbezieht: Um eine Leistungspflicht mit Schutzfunktion handelt es sich, wenn diese Gegenstand eines Vertrags ist.[406] Ein Personenschützer zum Beispiel hat sich dem Gläubiger gegenüber explizit zum Personenschutz verpflichtet. Zwar ist der Personenschützer dem Gläubiger auch schon im vorvertraglichen Bereich zum Schutz verpflichtet. Diese Pflicht ergibt sich aber nicht aus einer vertraglichen Vereinbarung, sondern aus der Vertragsanbahnung und stellt insofern eine Schutzpflicht dar. In allen Fällen, in denen der Schutz einer

402 *Hassemer*, Heteronomie, S. 44 f.; *Weller*, Vertragstreue, S. 256; *Korch*, ZfPW 2020, 189, 198 ff.; *Krebs*, in: Dauner-Lieb/Langen, BGB, § 241 Rn. 48; auch im Fraktionsentwurf wird darauf hingewiesen, dass zwischen den Leistungs- und den Schutzpflichten nicht überall eine klare Grenze verlaufe: Fraktionsentwurf zum SchuldRModG, BT-Drucks. 14/6040 v. 14.05.2001, S. 125.

403 *Gröschler*, in: FS Konzen, 109, 117.

404 Ein weiteres Beispiel ist ein Selbstsperre-Vertrag zwischen einem Spieler und einer Spielbank, wonach dem Spieler auf eigenen Wunsch der Zutritt zu der Spielbank gesperrt wird – siehe etwa BGH, Urteil v. 20.10.2011 – III ZR 251/10, BGHZ 191, 205.

405 *Korch*, ZfPW 2020, 189, 199 f., 201; vgl. auch *Krebs*, in: Dauner-Lieb/Langen, BGB, § 241 Rn. 48.

406 Vgl. auch *Larenz*, Lehrbuch des Schuldrechts AT, Bd. 1, 14. Aufl. (1987), § 2 I (S. 12); *Köhler*, AcP 190 (1990), 496, 503; *Weller*, Vertragstreue, S. 257; *Kamp*, Funktion und Grenzen, S. 45; zur Bedeutung des Vertrags für die Bestimmung der Leistungspflicht siehe zudem *Grigoleit*, in: FS Canaris 2007, Bd. 1, 275, 276: „Leistungspflichten [werden] stets durch das Schuldverhältnis selbst, also namentlich durch den Vertrag festgelegt."

schon bestehenden, zugewiesenen Rechtsposition *nicht* Gegenstand eines Vertrags ist, handelt es sich dementsprechend um eine Schutzpflicht.

Schwierigkeiten soll darüber hinaus die Abgrenzung zwischen Leistungspflichten und *leistungsbezogenen* Schutzpflichten bereiten.[407] Ist ein Schuldner zu einer Leistung verpflichtet, treffen ihn sogenannte „Leistungstreuepflichten".[408] Er muss alles unterlassen, was den Vertragszweck bzw. Leistungserfolg gefährden oder beeinträchtigen könnte.[409] Dem Verkäufer einer Sache obliegen beispielsweise die Leistungstreuepflichten, die Sache nicht unwiederbringlich an einen Dritten zu übertragen[410] und sie bis zur Auslieferung vor irreversiblen Schäden zu bewahren[411]. Die Bezeichnung als „Leistungstreuepflicht" ist weitgehend etabliert.[412] Nach der bereits herausgearbeiteten Unterscheidung handelt es sich aber um einfache Schutzpflichten: Sie konstituieren nicht eine selbständige relative Rechtsposition, sondern schützen nur eine schon Bestehende, nämlich das Forderungs- bzw. Leistungsrecht, welches als zugewiesene, relative Rechtsposition selbst Gegenstand von Pflichten nach § 241 Abs. 2 BGB ist.[413] So wird durch die

---

407 *Weller*, Vertragstreue, S. 256.

408 BGH, Urteil v. 19.10.1977 – VIII ZR 42/76, NJW 1978, 260; BGH, Urteil v. 20.06.1989 – KZR 13/88, NJW-RR 1989, 1393, 1395; *Köhler*, AcP 190 (1990), 496, 504; *Sutschet*, in: BeckOK, BGB, § 241 Rn. 46; *Grüneberg*, in: Grüneberg, § 242 Rn. 27.

409 BGH, Urteil v. 19.10.1977 – VIII ZR 42/76, NJW 1978, 260; so auch schon RG, Beschluss v. 24.01.1910 – I 188/08, RGZ 72, 393, 394; RG, Urteil v. 22.05.1931 – II 402/30, RGZ 133, 51, 62.

410 Siehe zu diesem oft besprochenen Fall nur *Fritzsche*, Unterlassungsanspruch, S. 77.

411 Zu denken ist hier beispielsweise an ein Reitpferd, welches bis zu Auslieferung ausreichend ernährt werden muss (*R. Stürner*, JZ 1976, 384, 390 f.).

412 Siehe die Verweise in Fn. 408. Zuweilen wird auch der Begriff „leistungssichernde Nebenpflichten" verwendet; so etwa *Bachmann*, in: MüKo, BGB, § 241 Rn. 69.

413 *Teichmann*, BB 2001, 1485, 1491 f.; *Ehmann/Sutschet*, Modernisiertes Schuldrecht, S. 69 ff.; *Emmerich*, Leistungsstörungen, § 22 Rn. 2, 6; *Weller*, Vertragstreue, S. 244 ff.; *Medicus/S. Lorenz*, Schuldrecht AT, § 39 Rn. 7; *Sutschet*, in: BeckOK, BGB, § 241 Rn. 42, 46; *Bachmann*, in: MüKo, BGB, § 241 Rn. 66, 69 ff.; vgl. zur Zeit vor der Schuldrechtsreform auch *Larenz*, Lehrbuch des Schuldrechts AT, Bd. 1, 14. Aufl. (1987), § 2 I (S. 10, 12); *Rust*, MDR 1998, 947, 948 ff.; *Sutschet*, Schutzanspruch, S. 58 ff. Gegen die hier befürwortete Kategorisierung wird eingewendet (so etwa *Gröschler*, in: FS Konzen, 109, 115; *C. Kersting*, Die Dritthaftung, S. 342; *Kamp*, Funktion und Grenzen, S. 51), dass in den Materialien zum SchuldRModG im Hinblick auf § 282 BGB von *nicht leistungsbezogenen* Nebenpflichten bzw. Schutzpflichten gesprochen wird (siehe Fraktionsentwurf zum SchuldRModG, BT-Drucks. 14/6040 v. 14.05.2001, S. 138, 141; Regierungsentwurf zum SchuldRModG, BT-Drucks. 14/6857 v. 31.08.2001, S. 50; Beschlussempfehlung und Bericht des Rechtsausschusses (6. Ausschuss) zum Fraktionsentwurf zum SchuldRModG, BT-Drucks. 14/7052 v. 09.10.2001, S. 186). Allerdings sollte diese Begriffswahl in Anbetracht

Pflicht des Verkäufers, die Sache nicht unwiederbringlich an einen Dritten zu übertragen, nur das schon bestehende Leistungsrecht des Käufers geschützt. Der Rechtskreis des Käufers wird nicht zusätzlich erweitert.

Auch eine Abgrenzung zwischen Leistungspflichten und leistungsbezogenen Schutzpflichten ist möglich, wenn man wiederum den Vertragsgegenstand miteinbezieht: Um eine Leistungspflicht handelt es sich, wenn sie sich aus dem Vertrag ergibt.[414] Im obigen Beispiel ist die sich aus dem

---

der bereits aufgezeigten Inkonsistenz der gesetzgeberischen Konzeption (siehe unter 1. Teil C.I.2.c.cc(1)(i) (S. 77 ff.)) nicht überbewertet werden (so auch *Weller*, Vertragstreue, S. 245; *Bachmann*, in: MüKo, BGB, § 241 Rn. 70 mit Fn. 179). Unter den weit gefassten Wortlaut von § 241 Abs. 2 BGB lässt sich jedenfalls auch das Leistungsrecht bzw. das Leistungsinteresse subsumieren (*Teichmann*, BB 2001, 1485, 1492; *Binder*, AcP 211 (2011), 587, 605). Die Gegenmeinung ordnet Leistungstreuepflichten als Leistungspflichten im Sinne von § 241 Abs. 1 BGB ein (*I. Neumann*, Leistungsbezogene Verhaltenspflichten, S. 107 f.; *Madaus*, JURA 2004, 289, 291; *Grigoleit*, in: FS Canaris 2007, Bd. 1, 275, 279 f.; *Binder*, AcP 211 (2011), 587, 605; *Kamp*, Funktion und Grenzen, S. 49 ff.; *Krebs*, in: Dauner-Lieb/Langen, BGB, § 241 Rn. 48; *Olzen*, in: Staudinger, Neubearbeit. 2019, § 241 Rn. 274 f.; tendenziell auch *Lüsing*, Die Pflichten, S. 76 f.). Das lässt sich aber nicht überzeugend mit dem Leistungsstörungsrecht in Einklang bringen. Die Rechtsfolgen der § 281 Abs. 1, 4 BGB, § 323 Abs. 1 BGB – also ein Übergang zum Schadensersatz statt der Leistung oder ein Rücktritt vom Vertrag – passen nur auf die vertraglich vereinbarte Leistungspflicht, nicht auf etwaige Verhaltenspflichten zum Schutz des Leistungsinteresses. Für letztere besteht insbesondere kein eigenständiges Wertinteresse, das „statt der Leistung" verlangt werden könnte (vgl. *Bachmann*, in: MüKo, BGB, § 241 Rn. 70; näher dazu unter 2. Teil G.I.3 (S. 236)). Die Annahme einer *eigenständigen Leistungspflicht* neben der vertraglich vereinbarten Leistungspflicht ist insofern abwegig. Andererseits sollte auch nicht von einer *Gesamtleistungspflicht* ausgegangen werden, welche die eigentliche Leistungspflicht (zum Beispiel Übergabe und Übereignung der Kaufsache) und die leistungsbezogenen Verhaltenspflichten (zum Beispiel Nichtübereignung der Kaufsache an Dritte) in sich zusammenfasst (in diese Richtung aber *H. Lehmann*, Unterlassungspflicht, S. 166 ff.; *Kamp*, Funktion und Grenzen, S. 50; dazu auch schon Fn. 221). Es kann nämlich sinnvoll sein, an die Leistungspflicht und die sie begleitenden Leistungstreuepflichten eigenständige Haftungsfolgen zu knüpfen. Zwar wird bei Verletzung einer Leistungstreuepflicht ein eigenständiger Schadensersatzanspruch (etwa nach §§ 280 Abs. 1, 241 Abs. 2 BGB) regelmäßig ausscheiden, weil durch die Pflichtverletzung das Leistungsinteresse tangiert ist und insoweit die Regeln der §§ 281, 283 BGB vorrangig sind (vgl. Fraktionsentwurf zum SchuldRModG, BT-Drucks. 14/6040 v. 14.05.2001, S. 141: bei Auswirkung der Schutzpflichtverletzung auf das Leistungsinteresse sei § 281 BGB einschlägig). Wie noch zu zeigen sein wird, ist aber unter bestimmten Umständen ein eigenständiges Klagerecht als Haftungsfolge sinnvoll (siehe unter 1. Teil C.III.3.b (S. 101 ff.).

414 *Bachmann*, in: MüKo, BGB, § 241 Rn. 71; im Ansatz richtig insoweit auch *Weller*, Vertragstreue, S. 257; vgl. außerdem *Larenz*, Lehrbuch des Schuldrechts AT, Bd. 1, 14. Aufl. (1987), § 2 I (S. 7); *Grigoleit*, in: FS Canaris 2007, Bd. 1, 275, 276.

Vertrag ergebende Pflicht, die Kaufsache zu übergeben und zu übereignen, eine Leistungspflicht und nicht umgekehrt eine Schutzpflicht, gerichtet auf Unterlassung der Nichtleistung.[415] Die weiteren Verhaltenspflichten dagegen, die sich nicht aus dem Vertrag ergeben und den Rechtskreis des Berechtigten nicht erweitern, sondern nur das schon bestehende Leistungsrecht schützen, also etwa die Pflicht, die Kaufsache bis zur Auslieferung vor irreversiblen Schäden zu bewahren, stellen Schutzpflichten dar.[416]

Eine Abgrenzung von Leistungs- und Schutzpflichten anhand des betroffenen Interesses kommt folglich nicht ohne ein zusätzliches Kriterium, nämlich den Gegenstand des Vertrags aus. In Zweifelsfällen können außerdem die gesetzlich vorgesehenen Rechtsfolgen Orientierung bieten.[417] Das stellt aber die Gültigkeit der einzelnen Kriterien nicht in Frage. Wie schon *Medicus* feststellte,

> „gibt es keine Eigenart der Schutzpflichten, die nicht auch bei Leistungspflichten vorkommen kann. Doch ist ein Zusammenspiel aller dieser Eigenarten bei einer einzigen Leistungspflicht eher unwahrscheinlich. Daher darf man wohl von einem Typ der Schutzpflicht sprechen [...]."[418]

(iii) Zwischenergebnis

Der Gesetzgeber unterscheidet Leistungs- und Schutzpflichten anhand des betroffenen Interesses. Diesem Abgrenzungskriterium stehen im Ergebnis keine durchschlagenden Argumente entgegen. Wendet man es konsequent an, handelt es sich bei Schutzpflichten wie bei deliktischen Pflichten um unselbständige Pflichten, was eine entsprechende Handhabung der Einklagbarkeit nahelegt.

---

415 Vgl. auch *Köpcke*, Typen der positiven Vertragsverletzung, S. 79 ff.

416 Zu unterscheiden hiervon sind solche Pflichten, die sich zwar nicht unmittelbar aus dem Vertrag ergeben, die aber das Leistungsinteresse des Berechtigten konstituieren bzw. konkretisieren und seinen Rechtskreis insoweit erweitern. Nach dem hier zugrunde gelegten Verständnis handelt es sich um Treuepflichten. In der Literatur werden sie auch als „Nebenleistungspflichten" bezeichnet (siehe Fn. 360). Hierzu gehört etwa die Pflicht des Verkäufers nach § 436 Abs. 1 BGB, Erschließungs- und sonstige Anliegerbeiträge zu tragen. Ein weiteres Beispiel ist die Pflicht, eine Bedienungsanleitung zur Verfügung zu stellen, welche sich je nach Schuldverhältnis aus § 242 BGB ergeben kann. Siehe insofern auch die Differenzierung bei *R. Stürner*, JZ 1976, 384, 388, 390.

417 Dazu S. 81.

418 *Medicus*, in: FS Canaris 2007, Bd. 1, 825, 840 f.; vgl. auch *Dorn*, in: HKK, BGB, § 241 Rn. 85 a. E.; *Bachmann*, in: MüKo, BGB, § 241 Rn. 71.

(2) Keine Pflichtverstärkung in der Rechtspraxis

Sowohl die gängigen Ansätze zur Herleitung von Schutzpflichten als auch der Fraktionsentwurf gehen davon aus, es bestehe ein qualitativer Unterschied zwischen Schutz- und Verkehrspflichten. Schutzpflichten seien insofern die intensiveren bzw. stärkeren Pflichten.[419] In der Rechtspraxis findet diese Vorstellung allerdings keine Bestätigung.[420] Nach dem BGH „entsprechen“ vertragliche Schutzpflichten, die darauf abzielen, eine Verletzung zu vermeiden und dadurch das Integritätsinteresse zu erhalten, „inhaltlich den Verkehrssicherungspflichten, sodass die dazu entwickelten Grundsätze anwendbar sind“.[421] Danach ist

> „derjenige, der eine Gefahrenlage – gleich welcher Art – schafft, grundsätzlich verpflichtet, die notwendigen und zumutbaren Vorkehrungen zu treffen, um eine Schädigung anderer möglichst zu verhindern. Die rechtlich gebotene Verkehrssicherung umfasst diejenigen Maßnahmen, die ein umsichtiger und verständiger, in vernünftigen Grenzen vorsichtiger Mensch für notwendig und ausreichend hält, um andere vor Schäden zu bewahren.“[422]

---

419 Dazu oben unter 1. Teil C.I.2.c.bb(1) (S. 72 f.) und C.I.2.c.bb(2) (S. 73 f.).

420 Ebenso *Gerecke*, Rechtsgüterschutz, S. 218 ff.; *Kamp*, Funktion und Grenzen, S. 109 ff.

421 BGH, Urteil v. 09.09.2008 – VI ZR 279/06, VersR 2008, 1551 (Rn. 9); siehe auch BGH, Urteil v. 28.04.2005 – III ZR 399/04, BGHZ 163, 53, 55; BGH, Urteil v. 24.01.2013 – VII ZR 98/12, VersR 2013, 729, 730 (Rn. 15); BGH, Urteil v. 14.03.2013 – III ZR 296/11, BGHZ 196, 340, 348 (Rn. 25); BGH, Urteil v. 19.07.2018 – VII ZR 251/17, NJW 2018, 2956 (Rn. 12); BGH, Urteil v. 22.08.2019 – III ZR 113/18, BGHZ 223, 95, 98 (Rn. 12); BGH, Urteil v. 14.01.2021 – III ZR 168/19, NJW 2021, 1463, 1464 (Rn. 12); BGH, Urteil v. 19.01.2021 – VI ZR 188/17, NJW 2021, 1818, 1820 (Rn. 24); BGH, Urteil v. 25.10.2022 – VI ZR 1283/20, NJW-RR 2023, 95 (Rn. 10); aus der oberinstanzlichen Rechtsprechung siehe OLG Düsseldorf, Hinweisbeschluss v. 17.02.2012 – 24 U 217/11, NZM 2012, 533; OLG Hamm, Urteil v. 29.08.2012 – I-12 U 52/12, NJW-RR 2013, 397; OLG Hamm, Urteil v. 01.02.2013 – 7 U 22/12, MDR 2013, 715; OLG Hamm, Beschluss v. 13.04.2016 – 11 U 127/15, VersR 2016, 1328, 1330; OLG München, Urteil v. 03.02.2009 – 5 U 5270/08, VersR 2009, 648; OLG München, Urteil v. 18.03.2015 – 20 U 3360/14, juris, Rn. 43; OLG Karlsruhe, Beschluss v. 01.06.2017 – 9 U 194/15, VersR 2018, 244.

422 So die ständige Rechtsprechung – siehe exemplarisch BGH, Urteil v. 09.09.2008 – VI ZR 279/06, VersR 2008, 1551 (Rn. 10).

Je größer die Gefahr und die Wahrscheinlichkeit ihrer Verwirklichung sind, um so intensivere Vermeidungsmaßnahmen sind geboten.[423] Da es „bei zunehmend engerer Beziehung zunehmend schneller zu schadensstiftenden [...] Berührungen kommt", ist der Sorgfaltsmaßstab im Rahmen von Sonderverbindungen tendenziell erhöht.[424] Ausschlaggebend sind insofern jedoch allein die tatsächlichen Umstände. Mit einer Verstärkung des materiellen Rechts hat dies nichts zu tun.[425] Entsprechend formulierte das Reichsgericht in seiner Linoleumrollen-Entscheidung:

> „in der Rechtsprechung des Reichsgerichts ist [...] anerkannt, daß sich aus einem Vertrags- oder Schuldverhältnis Sorgfaltspflichten für Leben und Eigentum des Gegners ergeben können, die mit der *rechtlichen* Natur des Verhältnisses im engeren Sinne nichts zu tun haben, jedoch aus seiner *tatsächlichen* Gestaltung notwendig folgen".[426]

Im Ergebnis kommt es somit im Hinblick auf die von § 823 Abs. 1 BGB geschützten Rechtsgüter zu einem Gleichlauf von Schutzpflichten und deliktischen Verkehrspflichten. Der Maßstab der Pflicht- bzw. Rechtswidrigkeit eines schädigenden Verhaltens ist derselbe.[427] Unterschiede ergeben sich nur im Hinblick auf die Haftungsfolgen einer Pflichtverletzung, also

---

423 Speziell zu Verkehrspflichten: BGH, Urteil v. 31.10.2006 – VI ZR 223/05, VersR 2007, 72 (Rn. 11); auch insoweit unterscheidet der BGH aber nicht zwischen Schutz- und Verkehrspflichten: BGH, Urteil v. 19.07.2018 – VII ZR 251/17, NJW 2018, 2956, 2967 (Rn. 18); BGH, Urteil v. 14.01.2021 – III ZR 168/19, NJW 2021, 1463, 1465 (Rn. 15), 1465 (Rn. 24).

424 *Picker*, AcP 183 (1983), 369, 417; *Picker*, JZ 1987, 1041, 1045.

425 Siehe auch *U. Huber*, AcP 177 (1977), 281, 321, der auf die Fälle einer Bergsteiger-Seilschaft und Segler-Crew hinweist und damit zeigt, dass es auch in Jedermannbeziehungen aufgrund der tatsächlichen Umstände zu einer Haftungsverstärkung kommen kann; so auch *Mertens*, AcP 178 (1978), 227, 249; *Katzenstein*, Haftungsbeschränkungen, S. 188 f.; *Kamp*, Funktion und Grenzen, S. 119 ff.

426 RG, Urteil v. 07.12.1911 – VI 240/11, RGZ 78, 239, 240 [Hervorhebungen nicht im Original].

427 Zur entsprechenden Rechtsprechung siehe Fn. 421; aus der Literatur: *U. Huber*, AcP 177 (1977), 281, 318 ff.; *U. Huber*, in: FS Caemmerer, 837, 865 f.; *U. Huber*, in: Gutachten und Vorschläge zur Überarbeitung des Schuldrechts, Bd. 1, 647, 737 f.; *von Bar*, Verkehrspflichten, S. 312 f.; *von Bar*, JuS 1982, 637, 644; *Picker*, AcP 183 (1983), 359, 418; *Picker*, JZ 1987, 1041, 1054; *Katzenstein*, Haftungsbeschränkungen, S. 186 ff.; *Gerecke*, Rechtsgüterschutz, S. 218 ff.; *G. Wagner*, in: MüKo, BGB, Vor § 823 Rn. 96 f.; § 823 Rn. 60, 499; *Kamp*, Funktion und Grenzen, S. 109 ff.

insbesondere im Hinblick auf die Gehilfenhaftung, die sich im Schuldrecht nach § 278 BGB, im Deliktsrecht nach § 831 BGB richtet.[428]

Geht man insofern davon aus, dass Schutzpflichten keinen besonderen Schutz vermitteln, stellt sich die folgende Anschlussfrage: Woraus ergibt sich der Schutz des Vermögens und der relativen Rechtspositionen, der in Sonderverbindungen hinzukommt? Die Schuldrechtsmodernisierung von 2002 bietet insoweit eine Chance, weil sie den Schutz dieser Rechtspositionen gesetzlich fixiert hat.[429] Der Vermögensschutz in Sonderverbindungen muss insoweit nicht länger aus „besondere[n] Rechtspflichten gegenüber der Person und dem Vermögen des Gegners"[430] hergeleitet werden; vielmehr können Schutzpflichten umgekehrt aus dem in § 241 Abs. 2 BGB vorgesehenen Schutz des Vermögens[431] hergeleitet werden. Genauso stellt sich das Verhältnis zwischen deliktischen Verkehrspflichten und den in § 823 Abs. 1 BGB genannten Rechtsgütern dar. Auch hier wird nicht etwa der Schutz des Eigentums erst aus potenziellen Verkehrspflichten hergeleitet. Er ergibt sich unmittelbar aus dem Gesetz. Insofern wird der Rechtskreis des Betroffenen weder durch Verkehrs- noch durch Schutzpflichten vergrößert. Durch sie wird lediglich bestimmt, wann eine Gefährdung bzw. Beeinträchtigung des schon bestehenden Rechtskreises haftungsbegründend ist.

---

428 Vgl. *U. Huber*, AcP 177 (1977), 281, 318, 320; *U. Huber*, in: FS Caemmerer, 837, 865; *Dauner-Lieb*, in: Zivilrechtswissenschaft und Schuldrechtsreform, 305, 310; *Riehm*, in: BeckOGK, BGB, Stand: 01.08.2023, § 280 Rn. 173. Die Beweislastumkehr nach § 280 Abs. 1 S. 2 BGB läuft im Hinblick auf Schutzpflichten dagegen weitgehend leer, weil sie sich nur auf das Verschulden (nicht auf die Pflichtverletzung) bezieht und die Tatsachen, aus denen die objektive Sorgfaltswidrigkeit (als Voraussetzung des Verschuldens) hergeleitet wird, auch für die Begründung einer Schutzpflichtverletzung maßgeblich sind – siehe nur *Grigoleit*, in: FS Canaris 2007, Bd. 1, 275, 286 f. Das war auch dem Gesetzgeber bewusst, der sich insoweit aber wie im Rahmen der deliktischen Haftung auf richterliche Beweiserleichterungen verließ (Fraktionsentwurf zum SchuldRModG, BT-Drucks. 14/6040 v. 14.05.2001, S. 136).

429 Vgl. auch *Bachmann/Schirmer*, in: FS Canaris 2017, 371, 393 f.

430 *Heinrich Stoll*, AcP 136 (1932), 257, 298; dazu schon oben unter 1. Teil C.I.2.c.bb(2) (S. 73 f.).

431 Zur Begründung des (mittlerweile gesetzlich vorgesehenen) Vermögensschutzes in Sonderverbindungen etwa *Picker*, AcP 183 (1983), 369, 470 ff.; *Picker*, JZ 1987, 1041, 1052 ff.; *Krebs*, Sonderverbindung, S. 486. Im Grundsatz geht es darum, das gesellschaftliche und wirtschaftliche Leben nicht übermäßig durch unvorhersehbare Haftungsrisiken zu lähmen und die Haftung für reine Vermögensschäden deshalb auf den überschaubaren Bereich der Sonderverbindung zu beschränken.

dd. Zwischenergebnis

Im Ergebnis weisen Schutzpflichten dieselben Eigenschaften auf wie deliktische Verkehrspflichten.[432] Es handelt sich jeweils um unselbständige Pflichten, die anders als Leistungspflichten keinen Selbstzweck erfüllen,[433] sondern dem Schutz von Rechtspositionen dienen, die außerhalb ihrer selbst liegen.

3. Zwischenergebnis im Hinblick auf die Anwendbarkeit des Naturalerfüllungsgrundsatzes

Bei Schutzpflichten handelt es sich um Pflichten aus dem Schuldverhältnis. Daraus folgt allerdings nicht, dass sie nach dem Naturalerfüllungsgrundsatz oder gar dem Justizgewährungsanspruch einklagbar sein müssten. Die oft gegenteiligen Darstellungen in der Literatur[434] sind Ausfluss des Anspruchsdenkens: Es wird nicht streng genug zwischen dem Recht als Rechtsposition und dem klagbaren Anspruch als nur einem von verschiedenen möglichen Rechtsbehelfen unterschieden.[435] Wären alle Rechte bzw. die sie schützenden Verhaltenspflichten grundsätzlich im Wege der Klage durchsetzbar, müsste das gerade auch für die deliktisch geschützten absolu-

---

432 Siehe schon die Verweise in Fn. 421 und 427; vgl. zudem *Jakobs*, Unmöglichkeit und Nichterfüllung, S. 40 (mit Fn. 69); *Larenz*, in: FS Ballerstedt, 397, 402; *R. Stürner*, JZ 1976, 484, 385; *Hans Stoll*, AcP 176 (1976), 145, 151 (mit Fn. 21 a. E.); *Kreuzer*, JZ 1976, 776, 780; *Hohloch*, JuS 1977, 302, 305 f.; *Mertens*, AcP 178 (1978), 227, 237; *Gottwald*, JuS 1982, 877, 878; *Canaris*, in: FS Larenz 1983, 27, 90; *M. Müller/Hempel*, AcP 205 (2005), 246, 248 f.; *Fikentscher/Heinemann*, Schuldrecht, Rn. 514; *Riehm*, in: BeckOGK, BGB, Stand: 01.08.2023, § 280 Rn. 173; *Sutschet*, in: BeckOK, BGB, § 241 Rn. 92; *Sprau*, in: Grüneberg, § 823 Rn. 49; abweichend dagegen *Frost*, Schutzpflichten, S. 92 f.; *Motzer*, JZ 1983, 884, 886 ff.

433 So auch *Enneccerus/H. Lehmann*, Recht der Schuldverhältnisse, § 4 II 2 (S. 21).

434 Vgl. *Motzer*, JZ 1983, 884, 886 ff.; *Grigoleit*, in: FS Canaris 2007, Bd. 1, 275, 292; *Westermann*, in: Erman, BGB, 15. Aufl. (2017), § 241 Rn. 8, 13; *Martens*, in: Erman, BGB, § 241 Rn. 21; *Kähler*, NJW 2020, 113, 115; ähnlich, aber stärker auf die hinter den Pflichten stehenden Rechte bzw. Rechtspositionen abstellend *Lenzen*, NJW 1967, 1260, 1261; *R. Stürner*, JZ 1976, 384, 393; *Gernhuber*, Das Schuldverhältnis, S. 25; *Fritzsche*, Unterlassungsanspruch, S. 42 f.; *Bachmann/Schirmer*, in: FS Canaris 2017, 371, 394; *Leuering*, in: FS Bergmann, 457, 467 f.

435 Besonders deutlich wird dies bei *Lenzen*, NJW 1967, 1260, 1261; *Fritzsche*, Unterlassungsanspruch, S. 42 f.; überzeugend dagegen die Darstellung bei *Hofmann*, Unterlassungsanspruch, S. 307 mit 313 ff.

ten Rechte gelten, was aber der bewusst gewählten Regelungstechnik des Gesetzgebers widerspräche: Nur Leistungsrechte – Forderungen – und die korrespondierenden Leistungspflichten sind nach dem Grundsatz der Naturalerfüllung einklagbar; für andere Rechte ist die klageweise Durchsetzbarkeit explizit angeordnet.[436] Da Schutzpflichten sich als unselbständige Pflichten maßgeblich von Leistungspflichten unterscheiden und insofern deliktischen Pflichten entsprechen, ist der Grundsatz der Naturalerfüllung auf sie nicht anwendbar.

Ergibt sich die Einklagbarkeit von Schutzpflichten allerdings nicht aus einem übergeordneten Grundsatz, muss eine spezielle Anspruchsgrundlage gefunden werden. Nachfolgend werden insofern die weiteren in der Rechtsprechung und Literatur vorgeschlagenen Rechtsgrundlagen auf ihre Tauglichkeit hin überprüft.

II. § 280 Abs. 1 BGB

Im Hinblick auf das zuvor Gesagte ist es grundsätzlich zu würdigen, dass die Rechtsprechung mit der positiven Forderungsverletzung bzw. – nach der Schuldrechtsreform – mit § 280 Abs. 1 BGB einen anderen Anknüpfungspunkt als den Naturalerfüllungsgrundsatz für die Einklagbarkeit von Schutzpflichten wählt.[437] Allerdings kann auch die Heranziehung von Schadensersatzregelungen nicht vollends überzeugen:

Der Schadensersatzanspruch nach § 280 Abs. 1 BGB setzt neben der Pflichtverletzung einen Schaden voraus. Die Rechtsprechung stellt – insoweit noch plausibel – auf eine *andauernde* Rechtsverletzung ab.[438] In dem in der Einleitung geschilderten Facebook-Fall[439] bestand die andauernde Rechtsverletzung zum Beispiel darin, dass der Beitrag der Nutzerin nach wie vor gelöscht war.[440] Diese Konstellation unterscheidet sich jedoch grundlegend von derjenigen, in der die Rechtsverletzung – also zum Beispiel die vertragswidrige Löschung eines Nutzerbeitrags – noch bevorsteht,

436 Siehe unter 1. Teil C.I.1 (S. 51 ff.).

437 Siehe unter 1. Teil A.III (S. 25 ff.).

438 BGH, Urteil v. 12.01.1995 – III ZR 136/93, NJW 1995, 1284, 1285; BGH, Urteil v. 11.09.2008 – I ZR 74/06, BGHZ 178, 63, 68 f. (Rn. 17); BGH, Urteil v. 05.06.2012 – X ZR 161/11, NZBau 2012, 652, 653 (Rn. 15); OLG Jena, Urteil v. 08.12.2008 – 9 U 431/08, VergabeR 2009, 524, 527.

439 S. 15 f.

440 BGH, Urteil v. 29.07.2021 – III ZR 179/20, BGHZ 230, 347, 388 (Rn. 102).

sodass es an dem für § 280 Abs. 1 BGB erforderlichen Schaden gerade fehlt.[441] Wie bereits dargelegt, lässt der BGH insofern zwar eine Erstbegehungs- bzw. Wiederholungsgefahr ausreichen.[442] Wird allerdings schon die Rechtsguts*gefährdung* als Schaden eingeordnet, wird die im Gesetz – etwa in §§ 823, 1004 BGB – klar angelegte Grenze zwischen repressivem und präventivem Rechtsschutz unterwandert.[443]

Auf der Grundlage von Schadensersatzregelungen sind also nur solche Schutzpflichten einklagbar, die auf die Beseitigung einer schon eingetretenen Einbuße gerichtet sind. Gefahren dagegen, die sich noch nicht realisiert haben, lassen sich über § 280 Abs. 1 BGB nicht vorbeugend abwehren. Würde man die Einklagbarkeit von Schutzpflichten allerdings auf diese Weise beschränken[444], liefe das dem Sinn und Zweck von Schutzpflichten zuwider, die bestehende Güterlage umfassend vor drohenden Beeinträchtigungen zu bewahren[445]. Die Regeln des repressiven Rechtsschutzes bieten demnach zumindest keine hinreichende Rechtsgrundlage für die Einklagbarkeit von Schutzpflichten.[446]

Damit kommen nur noch die Regeln des vorbeugenden Rechtsschutzes als Anknüpfungspunkt für einen Anspruch auf Beachtung von Schutzpflichten in Betracht.

---

441 Deutlich insofern BGH, Urteil v. 05.06.2012 – X ZR 161/11, NZBau 2012, 652, 653 (Rn. 15).

442 BGH, Urteil v. 29.07.2021 – III ZR 179/20, BGHZ 230, 347, 388 (Rn. 103); BGH, Urteil v. 29.07.2021 – III ZR 192/20, ZUM-RD 2021, 612, 627 (Rn. 115); OLG Dresden, Beschluss v. 04.10.2021 – 4 W 625/21, ZUM-RD 2022, 76.

443 *Rettenbeck*, Rückrufpflicht, S. 122; *Foerste*, in: Produkthaftungshandbuch, § 39 Rn. 2; *Lüftenegger*, Rückrufpflicht, S. 199, 205; a. A. LG Hamburg, Urteil v. 21.07.1992 – 403 O 128/91, VersR 1994, 299; *J. Hager*, VersR 1984, 799, 802; *Schwenzer*, JZ 1987, 1059, 1060; offen gelassen in BGH, Urteil v. 16.12.2008 – VI ZR 170/07, NJW 2009, 1080, 1083 (Rn. 23). Zu unterscheiden hiervon ist die Frage, ob die konkrete Rechtsgutsgefährdung ein „zum Ersatz verpflichtende[r] Umstand" im Sinne von § 249 Abs. 1 BGB ist und ob die Kosten, die mit der Abwendung der Gefahr verbunden sind, als ersatzfähiger Schaden beurteilt werden können (entsprechende Differenzierung bei BGH, Urteil v. 16.12.2008 – VI ZR 170/07, NJW 2009, 1080, 1083 (Rn. 23 f.); näher dazu unter 2.Teil G.I.1.a (S. 227 ff.).

444 In diese Richtung BGH, Urteil v. 05.06.2012 – X ZR 161/11, NZBau 2012, 652, 653 (Rn. 15).

445 Zu dieser Ausrichtung von Schutzpflichten siehe oben unter 1. Teil C.I.2.c.cc(1) (S. 76 f.).

446 Vgl. auch *Hohloch*, Die negatorischen Ansprüche, S. 147; *Fritzsche*, Unterlassungsanspruch, S. 74 f. (widersprüchlich dazu aber S. 99); *Hofmann*, Unterlassungsanspruch, S. 275 f., 396 f.; *Kähler*, NJW 2020, 113, 114.

III. Der negatorische Beseitigungs- und Unterlassungsanspruch

Im Folgenden wird zunächst das Wesen des negatorischen Rechtsschutzes umrissen (dazu unter 1.). Anschließend wird die Reichweite der gesetzlichen Regelungen des negatorischen Rechtsschutzes aufgezeigt (dazu unter 2.). Sodann wird untersucht, welche Regelungslücken die Rechtsprechung bereits geschlossen hat und welche Lücken noch verbleiben (dazu unter 3.). Zuletzt wird dargelegt, warum ein mit Schutzpflichten korrespondierendes Klagerecht nur die logische Weiterentwicklung der geltenden Rechtsprechung zum quasinegatorischen Rechtsschutz ist und weshalb auch die Natur und der Inhalt von Schutzpflichten einer solchen Weiterentwicklung nicht entgegensteht (dazu unter 4.).

1. Grundkonstellationen des negatorischen Rechtsschutzes

Es gibt zwei Fallkonstellationen negatorischen Rechtsschutzes: Entweder die Beeinträchtigung steht bevor oder sie ist schon eingetreten und dauert noch an.[447] Im ersten Fall bezweckt der negatorische Rechtsschutz die Abwehr des erstmaligen oder wiederholten Eintritts der Beeinträchtigung und wird insoweit als Unterlassungsanspruch bezeichnet.[448] Im zweiten Fall soll er als Beseitigungsanspruch die Fortdauer einer schon eingetretenen Beeinträchtigung abwehren bzw. „eine stetig sich erneuernde Quelle der Beeinträchtigung“[449] beseitigen.[450] Im einen wie im anderen Fall ist der Bezugspunkt des Rechtsschutzes eine drohende bzw. zukünftige Beeinträchtigung – sei es weil sie noch andauert –, nicht dagegen eine vergangene bzw. abgeschlossene.[451] Der Beseitigungsanspruch ist auf ein positives

447 *Henckel*, AcP 174 (1974), 97 ff.; *Wilhelmi*, Risikoschutz, S. 57 ff.

448 *Henckel*, AcP 174 (1974), 97 ff.; *Wilhelmi*, Risikoschutz, S. 57 ff.

449 RG, Urteil v. 05.01.1943 – VI (VI) 99/42, RGZ 170, 317, 320.

450 Siehe wiederum *Henckel*, AcP 174 (1974), 97 ff.; *Wilhelmi*, Risikoschutz, S. 57 ff.; zu alledem auch Motive, Bd. 3, S. 424 ff.; *Münch*, in: Soergel, BGB, § 1004 Rn. 75; *Medicus/S. Lorenz*, Schuldrecht II, § 87 (insbesondere Rn. 10); *Herrler*, in: Grüneberg, § 1004 Rn. 27 ff.

451 *Picker*, Der negatorische Beseitigungsanspruch, S. 82, 171; *Münch*, in: Soergel, BGB, § 1004 Rn. 75; *Wilhelmi*, Risikoschutz, S. 57 ff.; vgl. auch Motive, Bd. 3, S. 393; *Jakobs/Schubert*, Beratung des BGB, Sachenrecht I, S. 852; *Herrler*, in: Grüneberg, § 1004 Rn. 28; zumindest irreführend insofern die Darstellung bei *Larenz/Canaris*, Lehrbuch des Schuldrechts, Bd. 2.2, § 87 I 1 (S. 704).

Tun, nämlich die Beseitigung der fortdauernden Störung, gerichtet.[452] Der Unterlassungsanspruch kann sowohl auf ein schlichtes Unterlassen, also die Nicht-Vornahme einer unmittelbaren Beeinträchtigung abzielen, als auch auf ein positives Tun, nämlich die Beseitigung einer zurechenbaren Beeinträchtigungsgefahr, etwa durch einen einsturzgefährdeten Baum[453].[454]

2. Gesetzliche Regeln

Die „Grundnorm" des vorbeugenden Rechtsschutzes ist § 1004 BGB.[455] Sie betrifft ausweislich des Wortlauts Fälle, in denen das Eigentum in anderer Weise als durch Entziehung oder Vorenthaltung des Besitzes beeinträchtigt zu werden droht. Idealtypisch bildet § 1004 Abs. 1 S. 1 BGB den Beseitigungs- und § 1004 Abs. 1 S. 2 BGB den Unterlassungsanspruch ab.[456] Nach gefestigter Rechtsprechung und Lehre reicht für den Unterlassungsanspruch über den Wortlaut („weitere Beeinträchtigungen") hinaus auch die Erstbegehungsgefahr.[457]

---

452 *Wilhelmi*, Risikoschutz, S. 58 f.; vgl. auch *Jakobs/Schubert*, Beratung des BGB, Sachenrecht I, S. 852; abweichend dagegen *Picker*, Der negatorische Beseitigungsanspruch, S. 82 f., sowie *Henckel*, AcP 174 (1974), 97, 101, denen zufolge auch der Beseitigungsanspruch – etwa im Fall der Anmaßung eines Wegerechts – auf ein Unterlassen gerichtet sein kann; allerdings ist nicht klar, wie eine einmal eingetretene Anmaßung durch bloßes Nichtstun behoben werden soll.

453 Angelehnt an BGH, Urteil v. 12.12.2003 – V ZR 98/03, NJW 2004, 1035, 1036.

454 *Picker*, Der negatorische Beseitigungsanspruch, S. 82; *Henckel*, AcP 174 (1974), 97, 101; *Wilhelmi*, Risikoschutz, S. 71 f.; *Herrler*, in: Grüneberg, § 1004 Rn. 33; zum Anspruch auf positives Tun zudem RG, Beschluss v. 08.02.1905 – V 36/05, RGZ 60, 120 f.; RG, Urteil v. 13.11.1935 – V 99/35, RGZ 149, 205, 210; BGH, Urteil v. 02.03.1984 – V ZR 54/83, BGHZ 90, 255, 265 f.; BGH, Urteil v. 12.12.2003 – V ZR 98/03, NJW 2004, 1035, 1037; BGH, Urteil v. 12.06.2015 – V ZR 168/14, NJW-RR 2016, 24, 26 (Rn. 27); BGH, Urteil v. 09.05.2019 – III ZR 388/17, NJW-RR 2019, 1035 (Rn. 13); siehe auch *Jauernig*, NJW 1973, 1671, unter Bezugnahme auf OLG Stuttgart, Urteil v. 15.02.1973 – 10 U 106/72, NJW 1973, 908; kritisch dagegen *Fritzsche*, Unterlassungsanspruch, S. 203 ff.

455 *G. Wagner*, in: MüKo, BGB, Vor § 823 Rn. 40.

456 Vgl. *Henckel*, AcP 174 (1974), 97 ff.; *Wilhelmi*, Risikoschutz, S. 57 ff.

457 RG, Urteil v. 17.02.1921 – VI 473/20, RGZ 101, 335, 340; BGH, Urteil v. 19.06.1951 – I ZR 77/50, BGHZ 2, 394, 395 f.; BGH, Urteil v. 17.09.2004 – V ZR 230/03, BGHZ 160, 232, 236; *Münzberg*, JZ 1967, 689 f.; *Wilhelmi*, Risikoschutz, S. 293; *Herrler*, in: Grüneberg, § 1004 Rn. 32. In Vorschriften wie § 14 Abs. 5 S. 2 MarkenG oder § 97 Abs. 1 S. 2 UrhG hat auch der Gesetzgeber diesen Anwendungsfall des negatorischen Rechtsschutzes bestätigt.

Die Regeln des vorbeugenden Rechtsschutzes beschränken sich im Wesentlichen auf die Bereiche des Sachenrechts (Beispiele sind § 1004 BGB, § 985 BGB, § 862 BGB, § 908 BGB), des Namensrechts (§ 12 BGB), Immaterialgüterrechts (§ 97 Abs. 1 UrhG, § 14 Abs. 5 MarkenG, § 24 Abs. 1 GebrMG) und des Wettbewerbsrechts (§ 8 Abs. 1 UWG, § 33 Abs. 1, 2 GWB).[458] Das gesetzliche „Netz negatorischen Rechtsschutzes" enthält damit

> „neben vielen kleineren zwei großflächige Lücken [...], nämlich den Schutz von Persönlichkeitsgütern jenseits des Namensrechts (§ 12) sowie von Vermögensinteressen außerhalb von Wettbewerbsverhältnissen".[459]

Zur Ausfüllung dieser Lücken hat die Rechtsprechung das System des negatorischen Rechtsschutzes fortgebildet.[460] Wie weit die Rechtsfortbildung reicht und welche Konsequenzen sich daraus ergeben, wird nachfolgend untersucht.

3. Die *actio quasi negatoria* und die verbleibenden Schutzlücken

Schon im Jahr 1905 formulierte das Reichsgericht zur Weiterentwicklung der gesetzlichen Regeln des negatorischen Rechtsschutzes die folgende allgemeine Regel:

> „Jeder auch nur objektiv widerrechtliche Eingriff in ein vom Gesetz geschütztes Recht berechtigt zu einer Klage auf Unterlassung, wenn weitere Eingriffe zu befürchten sind"[461].

458 Eine Übersicht findet sich bei *G. Wagner*, in: MüKo, BGB, Vor § 823 Rn. 39; *Ebbing*, in: Erman, BGB, § 1004 Rn. 4 ff.; vgl. auch die unkonventionelleren Beispiele – etwa aus dem Vollstreckungsrecht – bei *Henckel*, AcP 174 (1974), S. 108 ff.

459 *G. Wagner*, in: MüKo, BGB, Vor § 823 Rn. 41.

460 Näher dazu im folgenden Abschnitt (1. Teil C.III.3 (S. 95 ff.)); allgemein zur richterlichen Rechtsfortbildung als anerkannte Methode zur Ausfüllung von Gesetzeslücken *Larenz/Canaris*, Methodenlehre, 1995, S. 187 ff.

461 RG, Urteil v. 05.01.1905 – VI 38/04, RGZ 60, 6, 7; dazu auch *Hohloch*, Die negatorischen Ansprüche, S. 44 f.; *Raff*, in: MüKo, BGB, § 1004 Rn. 40.

Zugleich stützte das Reichsgericht die von ihm so bezeichnete „actio quasi negatoria“[462] nicht mehr unmittelbar auf deliktsrechtliche Tatbestände,[463] sondern auf eine analoge Anwendung der §§ 12, 862, 1004 BGB.[464] Den Tatbestand der Kreditgefährdung gemäß § 824 BGB zog es in der Entscheidung nur heran, um die Betroffenheit eines rechtlich geschützten Rechtsguts darzulegen.[465] Etwas später setzte sich dann auch die quasinegatorische Beseitigungsklage durch.[466] Das Reichsgericht befand,

> „daß es die Gerechtigkeit erfordert, einen Anspruch auf Beseitigung widerrechtlicher, wenn auch nicht verschuldeter Beeinträchtigung dann zu gewähren, wenn diese noch fortdauert“[467].

Bis heute hat sich an der dogmatischen Herleitung von gesetzlich nicht geregelten Unterlassungs- und Beseitigungsansprüchen nicht mehr viel geändert.[468] In der Theorie ist vorbeugender Rechtsschutz damit „in weitestem Umfange“ gegeben.[469] Es braucht nur eine rechtlich geschützte Position und einen andauernden oder drohenden widerrechtlichen Eingriff in diese.

Allerdings hat die Rechtsprechung den zu Beginn des 20. Jahrhunderts proklamierten negatorischen Rundumschutz in der Praxis bislang nicht bestätigt.[470] Die Judikatur zur *actio quasi negatoria* betrifft nämlich vor

---

462 RG, Urteil v. 05.01.1905 – VI 38/04, RGZ 60, 6, 7; dazu wiederum *Hohloch*, Die negatorischen Ansprüche, S. 44 f. Die Ausdrücke „actio quasi negatoria“ bzw. „quasinegatorischer Anspruch“ haben sich als Bezeichnungen für gesetzlich nicht geregelte Abwehransprüche weitgehend etabliert; vgl. *Fritzsche*, in: BeckOK, BGB, § 1004 Rn. 4; *Raff*, in: MüKo, BGB, § 1004 Rn. 14.

463 So noch RG, Urteil v. 11.04.1901 – VI 443/00, RGZ 48, 114, 118.

464 RG, Urteil v. 05.01.1905 – VI 38/04, RGZ 60, 6, 7; dazu auch *Hohloch*, Die negatorischen Ansprüche, S. 43 ff.

465 RG, Urteil v. 05.01.1905 – VI 38/04, RGZ 60, 6, 8.

466 RG, Urteil v. 05.06.1935 – II 332/34, RGZ 148, 114, 123; dazu auch *Hohloch*, Die negatorischen Ansprüche, S. 47 ff.; *G. Wagner*, in: MüKo, BGB, Vor § 823 Rn. 41.

467 RG, Urteil v. 06.03.1940 – VI 176/39, RGZ 163, 210, 214.

468 *Hohloch*, Die negatorischen Ansprüche, S. 45, 49; vgl. auch *G. Wagner*, in: MüKo, BGB, Vor § 823 Rn. 41; aus der neueren Rechtsprechung etwa BGH, Urteil v. 08.06.1989 – I ZR 135/87, BGHZ 107, 384, 385 ff.; BGH, Urteil v. 26.02.1993 – V ZR 74/92, BGHZ 122, 1, 2 ff.; BGH, Urteil v. 17.07.2008 – I ZR 219/05, NJW 2008, 3565, 3566 (Rn. 13).

469 *Hohloch*, Die negatorischen Ansprüche, S. 49; vgl. auch *von Bar*, in: 25 Jahre Karlsruher Forum (Beilage VersR 1983), 80, 82; *Raff*, in: MüKo, BGB, § 1004 Rn. 40.

470 *Hohloch*, Die negatorischen Ansprüche, S. 49 f., 126 ff.; vgl. zudem RG, Urteil v. 28.09.1911 – VI 407/10, RGZ 77, 217, 222; *von Bar*, in: 25 Jahre Karlsruher Forum (Beilage VersR 1983), 80, 82.

allem Rechte und Interessen, die den Schutz des Deliktsrechts genießen.[471] Ganz überwiegend geht es dabei um die Abschirmung des Persönlichkeitsrechts und der Unternehmenssphäre.[472] Es kommen damit insbesondere zwei Bereiche in Betracht, die noch nicht abgedeckt sind: das reine Vermögen und relative Rechtspositionen. Insofern könnte der Anerkennung eines Anspruchs auf Beachtung von Schutzpflichten eigenständige Bedeutung zukommen.

a. Das reine Vermögen[473]

Die Eingrenzung der Rechtsposition des reinen Vermögens ist keine leichte Aufgabe.[474] Es ist aber eine Aufgabe, die etwa das Schadensrecht, das Bereicherungsrecht und das Vermögensstrafrecht seit jeher beschäftigt.[475] Vermögensbestandteile sind danach beispielsweise rechtliche Anwartschaften[476], Ansprüche[477], erwerbswirtschaftliche Nutzungsmöglichkeiten[478] oder die Freiheit von Verbindlichkeiten[479]. Nicht dem Vermögen zugehörig sind dagegen zum Beispiel allgemeine Erwerbs- und Gewinn-

471 RG, Urteil v. 28.09.1911 – VI 407/10, RGZ 77, 217, 219; BGH, Urteil v. 13.03.1998 – V ZR 190-97, NJW 1998, 2058, 2059; *Larenz/Canaris*, Lehrbuch des Schuldrechts, Bd. 2.2, § 86 I 1 a (S. 673 f.); *Wilhelmi*, Risikoschutz, S. 45; *Münch*, in: Soergel, BGB, § 1004 Rn. 112; *Thole*, in: Staudinger, Neubearbeit. 2023, § 1004 Rn. 7; *G. Wagner*, in: MüKo, BGB, Vor § 823 Rn. 42; *Fritzsche*, in: BeckOK, BGB, § 1004 Rn. 4.

472 *Hohloch*, Die negatorischen Ansprüche, S. 49; *von Bar*, in: 25 Jahre Karlsruher Forum (Beilage VersR 1983), 80, 82; *Fritzsche*, in: BeckOK, BGB, § 1004 Rn. 4.

473 Siehe zu diesem Begriff *Faust*, AcP 210 (2010), 555 ff.

474 Vgl. OLG Karlsruhe, Urteil v. 10.03.1999 – 6 U 149/98, NJW-RR 2000, 1005, 1006; *J. W. Flume*, in: BeckOK, BGB, § 249 Rn. 62.

475 Zum Schadensrecht vgl. etwa *Oetker*, in: MüKo, BGB, § 249 Rn. 24 ff.; zum Bereicherungsrecht *M. Schwab*, in: MüKo, BGB, § 812 Rn. 301, 367; zum Strafrecht *Kindhäuser/Hoven*, in: Kindhäuser/Neumann/Paeffgen/Saliger, StGB, § 263 Rn. 226 ff.

476 *Oetker*, in: MüKo, BGB, § 249 Rn. 28, unter anderem unter Verweis auf BGH, Beschluss v. 25.07.1998 – V ZB 7/98, BGHZ 139, 259, 263 f.; siehe auch OLG Frankfurt am Main, Urteil v. 20.02.1997 – 1 U 135/95, NVwZ 1998, 437.

477 Vgl. etwa BGH, Urteil v. 16.06.2005 – IX ZR 27/04, BGHZ 163, 223, 226 f.; siehe auch unter 1.Teil C.III.3.b (S. 101).

478 BGH, Beschluss v. 09.07.1986 – GSZ 1/86, BGHZ 98, 212, 217 ff.

479 Siehe nur BGH, Urteil v. 29.06.1972 – II ZR 123/71, BGHZ 59, 148, 150; *Oetker*, in: MüKo, BGB, § 249 Rn. 29.

chancen[480] oder eigenwirtschaftliche Nutzungsmöglichkeiten, die nicht von zentraler Bedeutung für die eigene Lebenshaltung sind[481].

Mit den Tatbeständen der § 823 Abs. 2 BGB, § 824 BGB, § 826 BGB, § 839 BGB und § 839a BGB sowie mit der Schöpfung der Rechtsposition des eingerichteten und ausgeübten Gewerbebetriebs vermitteln zwar schon das Deliktsrecht und die daran anknüpfende *actio quasi negatoria* einen weitreichenden negatorischen Schutz des Vermögens.[482] Zudem gibt es in der BGH-Rechtsprechung eine Tendenz, Schutzlücken über § 826 BGB zu schließen.[483] Die Möglichkeit, an deliktsrechtliche Tatbestände anzuknüpfen, ist aber begrenzt. Der deutsche Gesetzgeber hat sich – wie auch der BGH nicht verkennt – im Grundsatz gegen einen umfassenden Vermögensschutz durch das Deliktsrecht entschieden.[484] Welche Schutzlücken insofern verbleiben, illustrieren die folgenden Fälle:

In einem BGH-Fall von 1962[485] gab die Beklagte wahre Informationen über ihren Vertragspartner, den Kläger, an eine Kreditbehörde weiter, die dem Kläger daraufhin ein schon bewilligtes, aber noch nicht ausgezahltes Darlehen kündigte. Der Beklagten ging es allein darum, drohenden Schaden von ihr selbst abzuwenden. Da dem Kläger mit dem Darlehensverlust

480 OLG Karlsruhe, Urteil v. 10.03.1999 – 6 U 149/98, NJW-RR 2000, 1005, 1006; *M. Schwab*, in: MüKo, BGB, § 812 Rn. 301; *Wendehorst*, in: BeckOK, BGB, § 812 Rn. 130; *Oetker*, in: MüKo, BGB, § 249 Rn. 28.

481 BGH, Beschluss v. 09.07.1986 – GSZ 1/86, BGHZ 98, 212, 216 f., 220.

482 Zur Reichweite des deliktischen Vermögensschutzes etwa RG, Urteil v. 20.03.1919 – VI 370/18, RGZ 95, 95, 173, 174; *Faust*, AcP 210 (2010), 555, 557; *Bachmann/Schirmer*, in: FS Canaris 2017, 371, 377, 379; *G. Wagner*, in: MüKo, BGB, Vor § 823 Rn. 41 f.; *Kamp*, Funktion und Grenzen, S. 95 ff.

483 Siehe beispielhaft BGH, Urteil v. 09.03.2010 – XI ZR 93/09, BGHZ 184, 365, 378 f. (Rn. 43), wonach im Rahmen der Informationshaftung von einem leichtfertigen Verhalten auf Vorsatz geschlossen werden kann; dazu auch *Bachmann*, in: Bachmann/Casper/Schäfer/Veil, Steuerungsfunktionen des Haftungsrechts, 93, 128 ff., 131 f.; *Faust*, AcP 210 (2010), 555, 560; *Kamp*, Funktion und Grenzen, S. 107.

484 RG, Urteil v. 20.03.1919 – VI 370/18, RGZ 95, 173, 174; BGH, Urteil v. 04.02.1964 – VI ZR 25/63, BGHZ 41, 123, 126 f.; BGH, Urteil v. 15.11.1982 – II ZR 206/81, BGHZ 86, 152, 155; BGH, Urteil v. 05.02.1992 – IV ZR 94/91, NJW 1992, 1511, 1512; *Krebs*, Sonderverbindung, S. 486; *G. Wagner*, in: MüKo, BGB, § 823 Rn. 473, 481; *Spindler*, in: BeckOGK, BGB, Stand: 01.12.2023, § 823 Rn. 8; *Förster*, in: BeckOK, BGB, § 823 Rn. 3; siehe speziell zur Informationshaftung im Rahmen von § 826 BGB auch BGH, Urteil v. 28.06.2016 – VI ZR 536/15, NJW 2017, 250, 251 (Rn. 16); *Bachmann*, in: Bachmann/Casper/Schäfer/Veil, Steuerungsfunktionen des Haftungsrechts, 93, 99, 131 f.; *Kamp*, Funktion und Grenzen, S. 107, 109.

485 BGH, Urteil v. 03.10.1962 – VIII ZR 34/62, NJW 1962, 2198. Der teilweise komplexe Sachverhalt wird hier vereinfacht dargestellt.

jedoch ein unverhältnismäßig hoher Schaden drohte, sah der BGH in der Informationsweitergabe eine Sorgfaltspflichtverletzung und hielt einen Schadensersatzanspruch aus positiver Vertragsverletzung für möglich. Das Deliktsrecht fand hier keine Anwendung: Eine unwahre Tatsachenbehauptung im Sinne von § 824 BGB lag nicht vor. Auch eine vorsätzliche sittenwidrige Schädigung nach § 826 BGB lag fern, weil die Kündigung des Kredits durch die Kreditbehörde nicht das Ziel der Beklagten war und bei sachgemäßer Prüfung des Sachverhalts durch die Behörde auch nicht hätte erfolgen müssen. Damit fehlte auch die Unmittelbarkeit bzw. Betriebsbezogenheit, welche die Rechtsprechung für einen Eingriff in den eingerichteten und ausgeübten Gewerbebetrieb als sonstiges Recht im Sinne von § 823 Abs. 1 BGB voraussetzt.[486] Wäre die Weitergabe der Informationen im Vorhinein erkennbar gewesen, hätte der Kläger sie folglich nur verhindern können, wenn die betroffene Schutzpflicht einklagbar gewesen wäre.[487]

Eine weitere BGH-Entscheidung, welche die Grenze des deliktischen Vermögensschutzes aufzeigt, betraf den folgenden Sachverhalt[488] (im Folgenden auch „Schweinemast-Fall"): Die Klägerin, ein landwirtschaftlicher Betrieb, und die Beklagte, ein Schlachthof, standen in einem Dauerschuldverhältnis, in dessen Rahmen die Klägerin Schweine bis zur Schlachtreife mästete und an die Beklagte verkaufte. Vereinbart war, dass bestimmte öffentlich-rechtliche Beiträge, die die Beklagte pro Schwein abführen musste, vom Kaufpreis abgezogen wurden. Als erhebliche Zweifel an der Rechtmäßigkeit der Beitragsbescheide aufkamen, forderte die Klägerin die Beklagte auf, jeweils Widerspruch gegen die Bescheide einzulegen. Dem kam die Beklagte nicht nach, was der BGH als Verletzung einer Schutzpflicht im Sinne von § 241 Abs. 2 BGB wertete. Deliktische Relevanz hatte der Sachverhalt mangels einer vorsätzlichen sittenwidrigen Schädigung oder eines betriebsbezogenen Eingriffs nicht. Um die Einlegung der Widersprüche zu

---

486 Nach der Rechtsprechung des BGH sind nur solche Eingriffe deliktsrechtlich relevant, „die gegen den Betrieb als solchen gerichtet, also betriebsbezogen sind und nicht vom Gewerbebetrieb ohne weiteres ablösbare Rechte oder Rechtgüter betreffen" – BGH, Urteil v. 09.12.1958 – VI ZR 199/57, BGHZ 29, 65, 74; siehe auch *Fehling/Faust/Rönnau*, JuS 2006, 18, 21; *Förster*, in: BeckOK, BGB, § 823 Rn. 183 ff.

487 Siehe auch *R. Stürner*, JZ 1976, 384, 387; *Bachmann/Schirmer*, in: FS Canaris 2017, 371, 379.

488 BGH, Urteil v. 14.03.2012 – VIII ZR 220/11, NJW 2012, 2184. Es erfolgt wiederum eine vereinfachte Darstellung des Sachverhalts.

erzwingen, hätte die sich aus dem Schuldverhältnis ergebende Schutzpflicht einklagbar sein müssen.[489]

Besonders plastisch ist schließlich das folgende Beispiel aus der Literatur[490]: Die Angestellten eines Unternehmers erleiden bei der Auslieferung von Waren an einen Kunden regelmäßig einen Schaden, weil der Kunde die gebotenen Sicherheitsstandards nicht einhält. Wegen des damit verbundenen Personalausfalls kann der Unternehmer seine sonstigen Aufträge nicht bzw. nur unter Einsatz zusätzlicher Arbeitskräfte bedienen, wodurch ihm ein Reputations- und Vermögensverlust entsteht. Andererseits möchte der Unternehmer auf den lukrativen Dauerliefervertrag mit dem Kunden nicht verzichten, sodass ihm nur ein Recht zur Durchsetzung der gebotenen Sicherheitsstandards auf dem Gelände des Kunden weiterhilft. Bei den mittelbaren Beeinträchtigungen des Vermögens durch den verursachten Personalausfall handelt es sich allerdings weder um einen betriebsbezogenen Eingriff in das Recht am eingerichteten und ausgeübten Gewerbebetrieb noch um eine vorsätzliche sittenwidrige Schädigung. Die *actio quasi negatoria*, die nach der Rechtsprechung auf deliktisch geschützte Rechte beschränkt ist, hilft dem Unternehmer deshalb nicht weiter. Nur ein Anspruch auf Beachtung von Schutzpflichte kann Abhilfe schaffen.

Die größte Lücke des deliktischen Vermögensschutzes liegt demnach im Bereich der fahrlässigen und mittelbaren Beeinträchtigungen.[491] In Sonderverbindungen – gerade in solchen, die auf Dauer angelegt sind, wie bei Dauerliefer- oder Gesellschaftsverträgen – kann es verstärkt zu solchen Beeinträchtigungen kommen, weil die Vermögenspositionen der Beteiligten des Schuldverhältnisses dem Zugriff des jeweils anderen Teils in besonderer Weise ausgesetzt sind. Der Einklagbarkeit von Schutzpflichten käme hier ein „echter Mehrwert“[492] zu.[493]

489 Siehe neben den beschriebenen Konstellationen auch BGH, Urteil v. 19.07.2012 – III ZR 71/12, NJW 2012, 2878, 2879 f. (Rn. 18 ff.): Hinweispflicht des Mobilfunkanbieters, wenn ein ungewöhnliches Nutzungsverhalten des Kunden zu einer Kostenexplosion führt.

490 Vgl. *Bachmann/Schirmer*, in: FS Canaris 2017, 371, 380 f.

491 *Bachmann*, in: Bachmann/Casper/Schäfer/Veil, Steuerungsfunktionen des Haftungsrechts, 93, 99; *Bachmann/Schirmer*, in: FS Canaris 2017, 371, 377 ff.; vgl. zudem *G. Wagner*, in: MüKo, BGB, Vor § 823 Rn. 14; § 823 Rn. 473 f., 481.

492 *Bachmann/Schirmer*, in: FS Canaris 2017, 371, 377.

493 Vgl. auch *Kamp*, Funktion und Grenzen, S. 109.

b. Relative Rechtspositionen

Relative Rechtspositionen, insbesondere Forderungen, unterfallen im Grundsatz bislang weder dem deliktischen noch dem quasinegatorischen Rechtsschutz.[494]

Forderungen sind zwar häufig Teil des reinen Vermögens.[495] Dies folgt schon aus dem Umstand, dass Forderungen meistens erfüllt werden, die Erfüllung also wahrscheinlich ist.[496] Es gibt allerdings verschiedene Gründe, relative Rechtspositionen hier neben dem reinen Vermögen gesondert in den Blick zu nehmen: Zunächst gibt es Fälle, in denen der Leistung kein materielles, sondern nur ein immaterielles Interesse zukommt. Darüber hinaus hat der Gesetzgeber Forderungen – anders als andere Bestandteile des reinen Vermögens – in den §§ 241 ff. BGB umfassend geregelt. Es muss insofern überprüft werden, ob relative Rechtspositionen durch den Naturalerfüllungsanspruch nach § 241 Abs. 1 S. 1 BGB bereits umfassend geschützt sind oder ob sich auch insofern Schutzlücken auftun, die ein gesondertes, mit Schutzpflichten[497] korrespondierendes Klagerecht erforderlich machen.

Bereits im Jahr 1910 haben die Vereinigten Zivilsenate des Reichsgerichts festgestellt, dass

> „unser Recht bei den auf ein Tun gerichteten Schuldverbindlichkeiten keinen klagbaren und nach § 890 ZPO vollstreckbaren Anspruch auf ein Unterlassen des mit der Verpflichtung zum Tun Unvereinbaren"

kenne.[498] Sie verneinten damit die zwischen dem ersten und dritten Zivilsenat streitige Frage, ob

> „dem Prinzipal gegen den Handlungsgehilfen, der den übernommenen Dienst nicht antritt oder vor Ablauf der Dienstzeit verläßt, kraft Gesetzes

---

494 *Fehling/Faust/Rönnau*, JuS 2006, 18, 20 f.; *Thole*, in: Staudinger, Neubearbeit. 2023, § 1004 Rn. 10; siehe andererseits aber die wenigen Entscheidungen zur Einklagbarkeit von Schutzpflichten – dazu schon oben unter 1. Teil A.III (S. 25 ff.) und auch sogleich im Text.

495 *Picker*, JZ 1987, 1041, 1044; *Kegel*, Vertrag, S. 98; *J. F. Hoffmann*, JURA 2014, 71, 74 f.

496 *Kegel*, Vertrag, S. 98, der hier auch auf § 252 BGB verweist, wonach entgangener Gewinn einen Schaden darstellt und ein Gewinn als entgangen gilt, wenn er mit Wahrscheinlichkeit erwartet werden konnte.

497 Zur Einordnung von leistungsbezogenen Schutzpflichten als Schutzpflichten siehe S. 84 f. mit Fn. 413.

498 RG, Beschluss v. 24.01.1910 – I 188/08, RGZ 72, 393, 394; bestätigt durch RG, Urteil v. 22.05.1931 – II 402/30, RGZ 133, 51, 62.

> ein klagbarer Rechtsanspruch dahin zu[steht], daß er in der Zeit, während welcher er sich vom Dienste fernhält, nicht irgendeinem anderen Prinzipale Dienste leiste".[499]

In dieselbe Richtung geht eine in diesem Zusammenhang häufig zitierte Entscheidung des OLG Frankfurt von 1984 (im Folgenden auch „Gasbezugsfall").[500] In dem zugrunde liegenden Fall hatte sich die Beklagte verpflichtet, ihren gesamten Bedarf an Flüssiggas für acht Jahre von der Klägerin zu beziehen. Als die Beklagte nach einem Jahr den Bezugsvertrag mit der Klägerin kündigte und mit einem Wettbewerber einen neuen abschloss, wurde ihr auf Antrag der Klägerin erstinstanzlich untersagt, ihren Flüssiggasbedarf während der Laufzeit des Vertrags mit der Klägerin über einen anderen Lieferanten zu decken. Das OLG Frankfurt hob die Entscheidung des Landgerichts auf. Die Klägerin habe nur einen Anspruch darauf, dass die Beklagte das Flüssiggas abnehme. Gesonderte, vom Recht auf die positive Leistung trennbare Unterlassungsansprüche stünden ihr nicht zu und könnten demgemäß auch nicht selbständig gerichtlich geltend gemacht werden.[501] Diese Einschätzung ist auch in der älteren Literatur vorherrschend.[502] Gerade in der neueren Literatur wird dagegen ein differenzierender Ansatz vorgeschlagen.[503]

Hier geht es zunächst nur um die Frage, ob eine Schutz- bzw. Regelungslücke besteht, welche sich durch die gesonderte Einklagbarkeit von Schutzpflichten schließen lässt.[504] Ob ein entsprechendes Klagerecht systemwidrig wäre, wird später entschieden.[505] Mit dem klagbaren Erfüllungsanspruch

---

499 RG, Beschluss v. 24.01.1910 – I 188/08, RGZ 72, 393.

500 OLG Frankfurt am Main, Urteil v. 26.06.1984 – 8 U 15/84, JZ 1984, 337.

501 OLG Frankfurt am Main, Urteil v. 26.06.1984 – 8 U 15/84, JZ 1984, 337.

502 *Siber*, Rechtszwang, S. 86 f.; *H. Lehmann*, Unterlassungspflicht, S. 90 f.; *Enneccerus/H. Lehmann*, Recht der Schuldverhältnisse, § 4 II 2 (S. 20 f.), § 252 IV (S. 1013 f.); *Larenz*, Lehrbuch des Schuldrechts AT, Bd. 1, 14. Aufl. (1987), § 2 I (S. 9 f. mit Fn. 3a); *Böttcher*, in: Erman, BGB, § 242 Rn. 81.

503 Jeweils mit unterschiedlichen Nuancen: *Lenzen*, NJW 1967, 1260 f.; *R. Stürner*, JZ 1976, 384, 390 f.; *Konzen*, Leistungspflichten, S. 90; *Teichmann*, in: Soergel, BGB, § 242 Rn. 173 ff.; *Köhler*, AcP 190 (1990), 496, 504 ff.; *Raab*, Negatorischer Rechtsschutz, S. 155 ff.; *Fritzsche*, Unterlassungsanspruch, S. 75 ff.; *Bodewig*, JURA 2005, 505, 512; *Herresthal*, in: GS Unberath, 179, 209 f.; *Bachmann*, in: MüKo, BGB, § 241 Rn. 77 ff.; *Grüneberg*, in: Grüneberg, § 242 Rn. 25.

504 Auch die Vereinigten Zivilsenate des Reichsgerichts hatten ausdrücklich nur eine gesetzliche Herleitung ausgeschlossen: RG, Beschluss v. 24.01.1910 – I 188/08, RGZ 72, 393, 394.

505 Siehe unter 1. Teil C.III.4.b (S. 112 ff.).

und den ihn sichernden Mitteln des einstweiligen Rechtsschutzes stehen bereits effektive Rechtsbehelfe zum Schutz von Leistungsrechten zur Verfügung. Finden sie Anwendung, besteht weder eine Schutz- noch eine Regelungslücke.[506] Droht etwa der Verkäufer einer unvertretbaren Sache, diese an einen Dritten zu übereignen, kann der Gläubiger sein Leistungsrecht durch ein Veräußerungsverbot nach § 938 Abs. 2 ZPO sichern.[507] Eines zusätzlichen Unterlassungsanspruchs bedarf es nicht.[508] Das gleiche muss für den Fall gelten, der den Vereinigten Zivilsenaten des Reichsgerichts vorlag. Wenn der Dienstverpflichtete seinen Dienst nicht antritt, kann der Dienstberechtigte auf Erfüllung der Dienstverpflichtung klagen. Für einen klagbaren Anspruch auf Unterlassung der Erbringung von Diensten gegenüber Dritten besteht insofern kein Rechtsschutzbedürfnis.[509]

Es gibt aber Fälle, in denen ein titulierbarer Leistungsanspruch als Rechtsbehelf zur Durchsetzung des Leistungsinteresses nicht zur Verfügung steht.[510] Ist die Klägerin im Gasbezugsfall nicht in der Lage, den Bedarf der Abnehmerin zu beziffern, kann die Abnahmeleistung nicht zum Gegenstand eines vollstreckbaren Titels gemacht werden.[511] Ein klagbarer Leistungsanspruch und eine ihn sichernde einstweilige Verfügung scheiden

---

506 *Lenzen*, NJW 1967, 1280, 1261; *R. Stürner*, JZ 1976, 384, 390 f.; *Konzen*, Leistungspflichten, S. 90; *Köhler*, AcP 190 (1990), 496, 506; *Fritzsche*, Unterlassungsanspruch, S. 76 ff.; *Teichmann*, in: Soergel, BGB, § 242 Rn. 174; *Hofmann*, Unterlassungsanspruch, S. 222; vgl. auch *Henckel*, AcP 174 (1974), 97, 121; *Grigoleit*, in: FS Canaris 2007, Bd. 1, 275, 290 f.; einen Vorrang des einstweiligen Rechtsschutzes ablehnend *Picker*, in: FS Flume, 649, 672 f. (dort auch Fn. 56); *Picker*, in: FS Bydlinski, 269, 315 f.; *I. Neumann*, Leistungsbezogene Verhaltenspflichten, S. 140 ff.; *Kramer*, in: MüKo (1994), BGB, § 241 Rn. 340; *Kahl*, in: Jahrbuch Junger Zivilrechtswissenschaftler 1994, 205, 208 ff.; *Weller*, Vertragstreue, S. 269 (Fn. 395); *Kähler*, NJW 2020, 113, 115; vgl. auch *Bachmann*, in: MüKo, BGB, § 241 Rn. 82.

507 Vgl. etwa BGH, Urteil v. 07.06.1990 – IX ZR 237/89, BGHZ 111, 364 f.; OLG Frankfurt am Main, Beschluss v. 02.01.1990 – 22 W 57/89, NJW-RR 1990, 639 f.; *Drescher*, in: MüKo, ZPO, § 935 Rn. 7, § 938 Rn. 36.

508 Vgl. *Lenzen*, NJW 1967, 1280, 1281; *R. Stürner*, JZ 1976, 384, 390 f.; *Konzen*, Leistungspflichten, S. 90; *Köhler*, AcP 190 (1990), 496, 506; *Teichmann*, in: Soergel, BGB, § 242 Rn. 174.

509 So schon RG, Beschluss v. 24.01.1910 – I 188/08, RGZ 72, 393, 394; siehe auch *Köhler*, AcP 190 (1990), 496, 505.

510 Vgl. auch *Lenzen*, NJW 1967, 1260, 1261; *R. Stürner*, JZ 1976, 384, 391; *Köhler*, AcP 190 (1990), 496, 506 ff.; *Teichmann*, in: Soergel, BGB, § 242 Rn. 175; *Fritzsche*, Unterlassungsanspruch, S. 79 ff.

511 *Köhler*, AcP 190 (1990), 496, 506; vgl. auch OLG Frankfurt am Main, Urteil v. 26.06.1984 – 8 U 15/84, JZ 1984, 337, 338; differenzierend *Fritzsche*, Unterlassungsanspruch, S. 80.

deshalb aus.[512] Der Klägerin hilft hier nur ein klagbarer Anspruch gegen die Abnehmerin auf Unterlassung des Gasbezugs von Dritten. Entsprechendes gilt in den in der Einleitung angesprochenen Fällen zur Löschung von Inhalten auf einer sozialen Internetplattform.[513] Ein Leistungsanspruch auf uneingeschränkte Bereitstellung der Plattformdienste wäre zu unbestimmt, um ihn klageweise geltend zu machen.[514] Die Nutzerin will speziell gegen die Löschung eines bestimmten Beitrags und gegen die zukünftige Löschung bei erneuter Einstellung des Beitrags vorgehen. Wie auch der BGH erkennt, hilft ihr insoweit nur ein vorbeugender Unterlassungsanspruch.

Eine Regelungslücke besteht außerdem im Hinblick auf Treuepflichten, die sich nicht unmittelbar auf die Leistung beziehen. Beispiele sind etwa Wettbewerbsverbote oder vorvertragliche Aufklärungspflichten.[515] Es wurde bereits herausgearbeitet, dass sich durch die Herleitung einer solchen Treuepflicht aus § 242 BGB ein rechtlich indifferentes tatsächliches Interesse zu einer geschützten relativen Rechtsposition erheben lässt.[516] Zugleich wurde dargelegt, dass der Gesetzgeber nicht näher zwischen nichtleistungsbezogenen Treuepflichten und Schutzpflichten unterscheidet, sie vielmehr jeweils als von § 241 Abs. 2 BGB und den daran anknüpfenden Vorschriften wie § 311 Abs. 2 BGB erfasst sieht.[517] Sollen nichtleistungsbezogene Treuepflichten dementsprechend den für Schutzpflichten vorgesehenen Haftungsfolgen unterfallen, ist es nur konsequent, ihre vorbeugende Durchsetzbarkeit auf ein mit Schutzpflichten korrespondierendes Klagerecht zu stützen.

Dies wird auch durch die vergaberechtliche Rechtsprechung bestätigt: Soll einem Bieter unter Verstoß gegen die Verfahrensregeln der VOB/A[518] ein Zuschlag erteilt werden, kann ein Mitbieter den Zuschlag nach §§ 311 Abs. 2, 241 Abs. 2 BGB – gegebenenfalls i. V. m. § 280 Abs. 1 BGB oder

---

512 Vgl. *Köhler*, AcP 190 (1990), 496, 506; zur Sicherungsfunktion der einstweiligen Verfügung siehe nur *Drescher*, in: MüKo, ZPO, § 935 Rn. 2, 6.

513 Siehe S. 15 f.

514 Vgl. *Bodewig*, JURA 2005, 505, 512: „Eine Verurteilung etwa mit dem Tenor, ‚alles zu unterlassen, was den Leistungserfolg gefährdet', wäre nicht vollstreckbar, weil einzelne Verletzungshandlungen nicht mit Sicherheit konkretisiert werden können."

515 Siehe oben unter 1. Teil C.I.2.c.bb(3) (S. 74 ff.), C.I.2.c.cc(1)(i) (S. 77 ff.).

516 S. 82 f.

517 S. 78 f.

518 Vergabe- und Vertragsordnung für Bauleistungen - Teil A. Es handelt sich hierbei um verwaltungsinterne Regelungen über Verfahren und Kriterien der Vergabe; siehe OLG Saarbrücken, Urteil v. 13.06.2012 – 1 U 357/11-107, NZBau 2012, 654, 655.

§ 1004 BGB – untersagen (im Folgenden auch „Vergaberechtsfälle").[519] Im Einzelnen greifen dabei die folgenden Erwägungen: Durch eine Ausschreibung kommt ein vorvertragliches Schuldverhältnis zwischen dem Auftraggeber und den Bietern zustande.[520] Sind die Regeln der VOB/A einbezogen, handelt es sich dabei um vorvertragliche Pflichten, die ein faires Verfahren sichern sollen.[521] Da die geschützte Rechtsposition des Bieters im Vergabeverfahren durch diese Pflichten erst ausgestaltet bzw. konstituiert wird,[522] handelt es sich nach der hier vertretenen Ansicht um Treue- und nicht um Schutzpflichten.[523] Auf die einmal nach Treu und Glauben bzw. nach der VOB/A definierte Rechtsposition des Bieters können sich dann allerdings Schutzpflichten beziehen.[524] Soll unter Verstoß gegen die Regeln der VOB/A ein Zuschlag an einen anderen Bieter erteilt werden, handelt es sich dementsprechend um eine Schutzpflichtverletzung, die sich durch ein korrespondierendes Klagerecht abwenden ließe.

Insgesamt ergibt sich im Hinblick auf relative Rechtspositionen damit folgendes Bild: Sofern es sich um Leistungsrechte handelt, die mittels eines Leistungsanspruchs und des daran anknüpfenden einstweiligen Rechtsschutzes durchgesetzt werden können, besteht keine Regelungslücke. Etwas anderes gilt nur, wenn ein Leistungsanspruch ausnahmsweise nicht zur Verfügung steht, etwa weil er sich nicht hinreichend konkretisieren lässt. Relative Rechtspositionen, die aus nichtleistungsbezogenen Treuepflichten hergeleitet werden, unterfallen nach der Konzeption des Gesetzgebers den Haftungsfolgen für Schutzpflichten, sodass auch insofern ein Leistungsan-

---

519 BGH, Urteil v. 05.06.2012 – X ZR 161/11, NZBau 2012, 652, 653 (Rn. 14 f.); OLG Jena, Urteil v. 08.12.2008 – 9 U 431/08, VergabeR 2009, 524, 527; OLG Düsseldorf, Urteil v. 13.01.2010 – I-27 U 1/09, NZBau 2010, 328, 329; OLG Saarbrücken, Urteil v. 13.06.2012 – 1 U 357/11-107, NZBau 2012, 654; KG, Urteil v. 07.01.2020 – 9 U 79/19, NZBau 2020, 680, 681 (Rn. 6).

520 OLG Düsseldorf, Urteil v. 13.01.2010 – I-27 U 1/09, NZBau 2010, 328, 329.

521 BGH, Urteil v. 09.06.2011 – X ZR 143/10, BGHZ 190, 89, 94 f. (Rn. 15); OLG Saarbrücken, Urteil v. 13.06.2012 – 1 U 357/11-107, NZBau 2012, 654. Es handelt sich nicht um Schutzgesetze im Sinne von § 823 Abs. 2 BGB; siehe OLG Jena, Urteil v. 08.12.2008 – 9 U 431/08, VergabeR 2009, 524, 526 f.

522 Vgl. OLG Saarbrücken, Urteil v. 13.06.2012 – 1 U 357/11-107, NZBau 2012, 654, 655: „subjektives Recht eines jeden Mitbewerbers auf Beachtung" der Regelungen der VOB/A.

523 Siehe S. 82 f. Die einschlägige Rechtsprechung stellt ausdrücklich auf das Vertrauensverhältnis zwischen dem Bieter und dem Auftraggeber ab: BGH, Urteil v. 09.06.2011 – X ZR 143/10, BGHZ 190, 89, 94 f. (Rn. 15); OLG Saarbrücken, Urteil v. 13.06.2012 – 1 U 357/11-107, NZBau 2012, 654, 655.

524 Siehe S. 82 f.

spruch ausscheidet. Ebenso wie im Hinblick auf das reine Vermögen tun sich damit auch speziell im Hinblick auf relative Rechtspositionen Schutzlücken auf, die sich nur durch ein gesondertes, mit Schutzpflichten korrespondierendes Klagerecht schließen lassen.

4. Logische Weiterentwicklung des quasinegatorischen Rechtsschutzes

In Jedermannsbeziehungen erstreckt sich der repressive Rechtsschutz auf diejenigen Rechtspositionen, die in den §§ 823 ff. BGB erfasst sind. Nach der gefestigten Rechtsprechung zum quasinegatorischen Beseitigungs- und Unterlassungsanspruch sind alle diese Rechtspositionen auch vorbeugend gegen Beeinträchtigungen geschützt.[525] Bei den korrespondierenden Beseitigungs- und Unterlassungspflichten handelt es sich insofern um einklagbare, deliktische Pflichten.[526] Im Rahmen von Schuldverhältnissen sind zusätzlich zu den deliktisch geschützten Rechtspositionen das reine Vermögen und relative Rechtspositionen geschützt.[527] Die zu ihrem Schutz dienenden Schutzpflichten entsprechen ihrem Wesen nach deliktischen Pflichten.[528] Der vorbeugende Schutz dieser Rechtspositionen in Sonderverbindungen bzw. die Einklagbarkeit der korrespondierenden Schutzpflichten stellt folglich nichts anderes dar als die logische Weiterentwicklung der *actio quasi negatoria* in „Gesamtanalogie“[529] zu den §§ 12, 862, 1004 BGB.[530]

---

525 Siehe oben unter 1. Teil C.III.3 (S. 95 ff.).

526 Ebenso *Henckel*, AcP 174 (1974), 97, 114: „Die Ausdehnung des vorbeugenden Rechtsschutzes bedeutet nichts anderes, als daß unselbständige Pflichten zu selbständigen, d. h. vorbeugend einklagbaren, erhoben werden.“

527 Siehe auch *Picker*, JZ 1987, 1041, 1056; wonach „im Verhältnis der Parteien einer Schuldrechtsbeziehung die Unterscheidung zwischen ‚absoluten‘ und ‚relativen‘ Rechtspositionen keine Bedeutung besitzt“.

528 Siehe oben unter 1. Teil C.I.2.c.cc (S. 76 ff.).

529 *Larenz/Canaris*, Methodenlehre, 1995, S. 204; nicht von einer „Gesamtanalogie“, sondern – ohne wesentlichen Unterschied – von einer „Rechtsanalogie“ sprechen die Folgenden: *Enneccerus/Nipperdey*, AT des Bürgerlichen Rechts, 1. Halbbd., § 58 II 1 b (S. 340) ; *Engisch*, Einführung in das juristische Denken, S. 209 f.

530 Im Ansatz richtig insoweit der dogmatische Zugriff bei *Picker*, AcP 183 (1983), 369, 513 f.; *Picker*, in: FS Bydlinski, 269, 315; *Kahl*, in: Jahrbuch Junger Zivilrechtswissenschaftler 1994, 205, 215 ff.; *J. Schmidt*, in: Staudinger, 13. Bearbeit. 1995, Einleit. zu §§ 241 ff. Rn. 326, 330 ff.; *Fritzsche*, Unterlassungsanspruch, S. 42 f., 733 ff.; *Schur*, Leistung und Sorgfalt, S. 116 f.; *Katzenstein*, Haftungsbeschränkungen, S. 190 ff.; *Wendelstein*, Pflicht, S. 236 ff., 259. Die Vorgenannten gehen aber insofern zu weit,

Mit dieser Herleitung erledigen sich auch die in der Literatur vorgebrachten Argumente, wonach schon die Natur von Schutzpflichten einem korrespondierenden Klagerecht entgegensteht (dazu unter a.). Außerdem erübrigt sich die oben besprochene Einschätzung des OLG Frankfurt, wonach die Einklagbarkeit von Leistungstreuepflichten systemwidrig sei[531] (dazu unter b.).

a. Die Natur von Schutzpflichten

Wird die Natur von Schutzpflichten als Argument gegen ein korrespondierendes Klagerecht angeführt, geht es vor allem um drei Eigenschaften: die Ausrichtung auf das negative Interesse, die Situationsabhängigkeit und die fehlende Erfüllbarkeit.

aa. Das negative Interesse

Leistungspflichten zielen typischerweise auf etwas Positives,[532] nämlich auf eine Veränderung der Güter- bzw. Ressourcenlage als *status ad quem*[533].[534] Schutzpflichten dagegen dienen dem Integritätsinteresse. Es geht um die Erhaltung bzw. um die Nicht-Veränderung des *status quo ante*.[535] Daraus

als sie die Einklagbarkeit – sei es auf der materiellrechtlichen Grundlage eines negatorischen Unterlassungsanspruchs – unmittelbar aus der Anerkennung einer Rechtsposition folgern und sich damit vom Gesetz bzw. von den Voraussetzungen einer Analogie lösen (dazu auch S. 52 f., 90 f., 114 f.). Nicht weit genug geht demgegenüber die Feststellung, dass „man Schutzpflichten nicht grundsätzlich anders behandeln [sollte] als die rechtsähnlichen deliktischen Verhaltenspflichten" – so aber *R. Stürner*, JZ 1976, 384, 385; ähnlich *Kuhlmann*, Leistungspflichten und Schutzpflichten, S. 129; *Kramme*, in: Prütting/Wegen/Weinreich, BGB, § 241 Rn. 24; *Bachmann/Schirmer*, in: FS Canaris 2017, 371, 395. Die zuletzt Genannten sehen in der Ähnlichkeit zwischen Schutzpflichten und deliktischen Pflichten ein Argument für die Anwendbarkeit des Grundsatzes der Naturalerfüllung. Letzterer ist aber weder auf deliktische Pflichten noch auf Schutzpflichten anwendbar (siehe oben unter 1. Teil C.I.3 (S. 90 f.)).

531 OLG Frankfurt am Main, Urteil v. 26.06.1984 – 8 U 15/84, JZ 1984, 337 f.

532 *Heinrich Stoll*, AcP 136 (1932), 257, 287 f.; *Grigoleit*, in: FS Canaris 2007, Bd. 1, 275, 277.

533 *Thiele*, JZ 1967, 649, 650 (Fn. 18); *Grigoleit*, in: FS Canaris 2007, Bd. 1, 275, 276; *Weller*, Vertragstreue, S. 238.

534 Siehe auch oben unter 1. Teil C.I.2.a.cc (S. 56 f.).

535 Siehe oben unter 1. Teil C.I.2.c.cc(1) (S. 76 f.).

folgern einige Autoren, dass letzteren ein eigenes, primäres Ziel fehle.[536] Das Interesse am Schutz der Integrität sei nur ein allgemeines bzw. selbstverständliches, das einen vertraglichen Erfüllungsanspruch nicht zu rechtfertigen vermag.[537]

Dieses Argument verliert seine Bedeutung, wenn man die Einklagbarkeit von Schutzpflichten nicht auf einen Naturalerfüllungsanspruch, sondern auf eine Analogie zu den Regeln des vorbeugenden Rechtsschutzes stützt. Letztere geben dem Betroffenen einen einklagbaren Anspruch, obwohl sie grundsätzlich ein negatives Interesse verfolgen.[538] Der Umstand, dass den Schutzpflichten der Selbstzweck fehlt, steht ihrer Einklagbarkeit also nicht entgegen.

bb. Die Situationsabhängigkeit

Schutzpflichten werden typischerweise nicht vereinbart, sondern ergeben sich aus dem in § 241 Abs. 2 BGB normierten Gebot zur gegenseitigen Rücksichtnahme.[539] Welche Pflichten im Einzelnen daraus erwachsen, lässt sich im Vorhinein regelmäßig nicht bestimmen, sondern hängt von den tatsächlichen und rechtlichen Gegebenheiten des weiteren Geschehensverlaufs ab.[540] Schutzpflichten sind insoweit situationsabhängig.[541] Sie unterscheiden sich darin von Leistungspflichten, welche *Hans-Christoph Grigo-*

536 *Enneccerus/H. Lehmann*, Recht der Schuldverhältnisse, § 4 II 2 (S. 21); vgl. zudem *Esser/E. Schmidt*, Schuldrecht, Bd. 1.1, § 6 IV (S. 109); *Krebs*, Sonderverbindung, S. 547 f.; *Toussaint*, in: jurisPK, BGB, § 241 Rn. 46; *Grüneberg*, in: Grüneberg, § 242 Rn. 25; dazu auch *Olzen*, in: Staudinger, Neubearbeit. 2019, § 241 Rn. 555.

537 *von Bar*, AcP 179 (1979), 452, 464; vgl. auch *Kreß*, Lehrbuch des Allgemeinen Schuldrechts, § 1 Abschn. 3 a (S. 5 f.); *Ehmann/Sutschet*, Modernisiertes Schuldrecht, § 4 II 2 d (S. 72 f).

538 Vgl. auch *R. Stürner*, JZ 1976, 384, 385 f.; *Motzer*, JZ 1983, 884, 887; *Esser/E. Schmidt*, Schuldrecht, Bd. 1.1, § 6 IV (S. 110); *Kuhlmann*, Leistungspflichten und Schutzpflichten, S. 129.

539 *Grigoleit*, in: FS Canaris 2007, Bd. 1, 275, 277 f., 281 f.; *Bachmann/Schirmer*, in: FS Canaris 2017, 371, 373, 396.

540 Fraktionsentwurf zum SchuldRModG, BT-Drucks. 14/6040 v. 14.05.2001, S. 126; BGH, Urteil v. 25.10.2022 – VI ZR 1283/20, NJW-RR 2023, 95, 96 (Rn. 12); *Canaris*, JZ 1965, 475, 478 f. (Fn. 24); *Esser/E. Schmidt*, Schuldrecht, Bd. 1.1, § 6 IV (S. 109); *Kuhlmann*, Leistungspflichten und Schutzpflichten, S. 132, 134; *Grigoleit*, in: FS Canaris 2007, Bd. 1, 275, 277 f.; *Weller*, Vertragstreue, S. 257; *Bachmann/Schirmer*, in: FS Canaris 2017, 371, 373, 396; *Mansel*, in: Jauernig, BGB, § 241 Rn. 10.

541 *Medicus*, in: FS Canaris 2007, Bd. 1, 835, 840.

leit als „konkret-absolut" beschreibt.[542] Leistungspflichten sind typischerweise „konkret", weil die Parteien sie derart vereinbaren. Der Schuldner möchte von vornherein wissen, wozu er sich verpflichtet, und der Gläubiger, wofür er die Gegenleistung hingibt.[543] Zugleich sind Leistungspflichten „absolut", weil die weitere Entwicklung des Vertragsverhältnisses den einmal definierten Leistungsgegenstand nur in Ausnahmefällen[544] berührt.[545]

Befürworter des unklagbaren Schutzanspruchs greifen diese Charakterzüge auf. Ihnen zufolge bekunden die Vertragspartner kein ausreichendes Interesse an der vorbeugenden Durchsetzbarkeit von Pflichten, die sie nicht durch ausdrückliche Vereinbarung fixieren.[546] Außerdem folgern sie aus der Situationsabhängigkeit der Schutzpflicht, dass einem durchsetzbaren Anspruch faktisch keine wesentliche Bedeutung zukommen kann[547]: Der Gegenstand der Schutzpflicht sei regelmäßig erst bestimmbar, wenn die Schutzpflicht bereits verletzt ist, womit aber zugleich das Interesse an ihrer Einklagbarkeit entfalle.[548]

Wird die Einklagbarkeit von Schutzpflichten aus den Regeln des negatorischen Rechtsschutzes hergeleitet, offenbart sich die Schwäche dieses Argumentationsansatzes. Da Beeinträchtigungen bestehender Rechtspositionen vielfältig und unvorhersehbar sind, ist auch das zu ihrer Abwehr gebotene Verhalten unvorhersehbar. Negatorischer Rechtsschutz bezieht sich damit typischerweise auf Pflichten, die sich im Vorhinein nicht genau bestimmen lassen. Aus dem allgemeinen Schädigungsverbot können bei

---

542 *Grigoleit*, in: FS Canaris 2007, Bd. 1, 275, 276 ff., 303, der zu Recht auch auf mögliche Abweichungen zu dieser „idealtypischen Pflichtstruktur" hinweist; vgl. auch *Weller*, Vertragstreue, S. 256 f.; *Bachmann*, in: MüKo, BGB, § 241 Rn. 71.

543 *Grigoleit*, in: FS Canaris 2007, Bd. 1, 275, 276 f.; vgl. auch *Hassemer*, Heteronomie, S. 45 f.

544 Beispiele für solche Ausnahmefälle sind etwa die Störung der Geschäftsgrundlage nach § 313 BGB, der Ausschluss der Leistungspflicht nach § 275 BGB oder die Umwandlung des Leistungsanspruchs in einen Nacherfüllungsanspruch nach § 439 BGB; vgl. *Grigoleit*, in: FS Canaris 2007, Bd. 1, 275, 277.

545 *Grigoleit*, in: FS Canaris 2007, Bd. 1, 275, 276 f.

546 So besonders deutlich *von Bar*, AcP 179 (1979), 452, 464; siehe auch *Kreß*, Lehrbuch des Allgemeinen Schuldrechts, § 23 Absch. 3 b (S. 594); *Thiele*, JZ 1967, 649, 650 f.; *Esser/E. Schmidt*, Schuldrecht, Bd. 1.1, § 6 IV (S. 109); *Larenz*, Lehrbuch des Schuldrechts AT, Bd. 1, 14. Aufl. (1987), § 2 I (S. 12).

547 *Kuhlmann*, Leistungspflichten und Schutzpflichten, S. 132, 134; vgl. auch *Grigoleit*, in: FS Canaris 2007, Bd. 1, 275, 289 f., 303.

548 *Esser/E. Schmidt*, Schuldrecht, Bd. 1.1, § 6 IV (S. 110); *Kuhlmann*, Leistungspflichten und Schutzpflichten, S. 134; *Grigoleit*, in: FS Canaris 2007, Bd. 1, 275, 289 f.; siehe auch *Frost*, Schutzpflichten, S. 154.

einer Verdichtung der Gefahr allerdings konkrete und insofern einklagbare Pflichten erwachsen.[549] Es wurde außerdem bereits auf verschiedene Konstellationen hingewiesen, in denen es auf die Einklagbarkeit von Schutzpflichten praktisch ankommt.[550] Die Leistungsklage ist dabei zwar aufgrund der regelmäßig langen Prozessdauer ein stumpfes Schwert.[551] Ihr ist mit dem einstweiligen Rechtsschutz jedoch ein effektives Prozessmittel an die Seite gestellt.[552] Schließlich ist zu berücksichtigen, dass auch gewöhnliche Klagen auf Erfüllung einer Forderung im Sinne von § 241 Abs. 1 BGB in der Praxis selten sind; häufiger sind Schadensersatzprozesse.[553] Das hat den klagbaren Leistungsanspruch aber nicht entbehrlich werden lassen.[554] Mit der Anerkennung eines Klagerechts wird nicht zuletzt die Bereitschaft des Verantwortlichen gesteigert, etwaige Streitigkeiten außergerichtlich zu lösen.[555]

Die Situationsabhängigkeit von Schutzpflichten steht der Einklagbarkeit somit nicht prinzipiell entgegen.[556] Dass es tatsächlich nur selten zu Unterlassungsklagen kommen wird, entzieht darüber hinaus einem anderen Argument gegen den Anspruch auf Beachtung von Schutzpflichten die

549 *R. Stürner*, JZ 1976, 384, 386; *Motzer*, JZ 1983, 884, 886; siehe auch oben unter 1. Teil C.I.2.a.aa (S. 54 f.).

550 Siehe die Einleitung sowie unter 1. Teil C.III.3 (S. 95 ff.).

551 Vgl. *Zweigert/Kötz*, Rechtsvergleichung, S. 482; *Riehm*, Grundsatz der Naturalerfüllung, S. 59 f., 65 f.; *Bachmann/Schirmer*, in: FS Canaris 2017, 371, 383.

552 In der Rechtsprechung zu einklagbaren Schutzpflichten geht es ganz überwiegend um einstweiligen Rechtsschutz – siehe beispielhaft OLG Düsseldorf, Urteil v. 13.01.2010 – I-27 U 1/09, NZBau 2010, 328; OLG Saarbrücken, Urteil v. 13.06.2012 – 1 U 357/11-107, NZBau 2012, 654; siehe auch *Esser/E. Schmidt*, Schuldrecht, Bd. 1.1, § 6 IV (S. 110 Fn. 62). Allgemein zur Häufigkeit von Anträgen auf einstweilige Verfügung in Unterlassungsstreitigkeiten *Fritzsche*, Unterlassungsanspruch, S. 607; *Thole*, in: Staudinger, Neubearbeit. 2023, § 1004 Rn. 620; *Raff*, in: MüKo, BGB, § 1004 Rn. 329.

553 *Zweigert/Kötz*, Rechtsvergleichung, S. 482; *Lando/Rose*, IRLE 24 (2004), 473, 479.

554 Vgl. *Riehm*, Grundsatz der Naturalerfüllung, S. 59 f.; *Bachmann/Schirmer*, in: FS Canaris 2017, 371, 383; a. A. etwa *Lando/Rose*, IRLE 24 (2004), 473 ff.

555 *Bachmann/Schirmer*, in: FS Canaris 2017, 371, 383.

556 Ebenso OLG Düsseldorf, Urteil v. 13.01.2010 – I-27 U 1/09, NZBau 2010, 328, 330 f.; *R. Stürner*, JZ 1976, 384, 386; *Köhler*, AcP 190 (1990), 496, 509 f.; *J. Schmidt*, in: Staudinger, 13. Bearbeit. 1995, Einleit. zu §§ 241 ff. Rn. 334; *Fritzsche*, Unterlassungsanspruch, S. 71 ff.; *Katzenstein*, Haftungsbeschränkungen, S. 191 f.; *Herresthal*, in: GS Unberath, 179, 210; *Bachmann/Schirmer*, in: FS Canaris 2017, 371, 395 ff.; *Bachmann*, in: MüKo, BGB, § 241 Rn. 81 f.

Grundlage: Ein „Eldorado für Querulanten“[557] oder eine „Friedhofsordnung“[558] ist insofern kaum zu befürchten.[559]

cc. Keine Erfüllbarkeit

Weiter wird der Einklagbarkeit von Schutzpflichten entgegengehalten, dass Schutzpflichten keine Leistung zum Gegenstand hätten.[560] Es fehle damit der Anknüpfungspunkt für eine Erfüllung im Sinne von § 362 Abs. 1 BGB.[561] Schutzpflichten könnten nicht „erfüllt“, sondern nur „beachtet oder verletzt werden“[562]. Ein auf Erfüllung gerichteter Anspruch sei damit hinfällig.[563]

Auf die Frage, ob die Beachtung von Schutzpflichten eine Erfüllung im Sinne von § 362 Abs. 1 BGB ist,[564] kommt es allerdings nicht an. Wird eine solche Erfüllungswirkung verneint,[565] muss das auch für die wesensgleichen deliktischen Pflichten gelten, deren Einklagbarkeit aber durch Normen wie § 1004 BGB gesetzlich anerkannt ist.[566] Die *Nicht-Erfüllbarkeit* einer Pflicht macht sie insofern nicht zu einer *nicht-einklagbaren* Pflicht. Die gegenteilige Ansicht beruht auf der Vorstellung, dass ein Anspruch grundsätzlich auf eine Leistung und damit auf Erfüllung gerichtet sein

557 *Kähler*, NJW 2020, 113.

558 *Enneccerus/Nipperdey*, AT des Bürgerlichen Rechts, 2. Halbbd., § 209 IV B 2 a (S. 1294 mit Fn. 71); aufgegriffen bei *Bachmann/Schirmer*, in: FS Canaris 2017, 371, 397.

559 Sich im Ergebnis ebenfalls gegen diesen Einwand aussprechend *Bachmann/Schirmer*, in: FS Canaris 2017, 371, 397 f.; *Kähler*, NJW 2020, 113 ff.

560 *Evans-von Krbek*, AcP 179 (1979), 85, 102 f. (mit Fn. 90); im Ansatz auch *Esser/E. Schmidt*, Schuldrecht, Bd. 1.1, § 6 IV (S. 109).

561 *Evans-von Krbek*, AcP 179 (1979), 85, 102 f. (mit Fn. 90); insofern übereinstimmend *Larenz*, Lehrbuch des Schuldrechts AT, Bd. 1, 14. Aufl. (1987), § 2 I (S. 13); *Henckel*, AcP 174 (1974), 97, 123 ff.

562 *Wassermeyer*, Der prima facie Beweis, S. 90; *Hans Stoll*, in: FS von Hippel, 517, 528; siehe auch *Evans-von Krbek*, AcP 179 (1979), 85, 102 f.; *Larenz*, Lehrbuch des Schuldrechts AT, Bd. 1, 14. Aufl. (1987), § 2 I (S. 13); *Ehmann/Sutschet*, Modernisiertes Schuldrecht, § 4 III 2 d (S. 73); *Fetzer*, in: MüKo, BGB, Vor § 362 Rn. 1; *Looschelders*, in: BeckOGK, BGB, Stand: 01.01.2024, § 362 Rn. 6.

563 Siehe die Verweise in Fn. 560.

564 Dafür: *E. Wolf*, AcP 153 (1954), 97, 113; *Motzer*, JZ 1983, 884, 887 f.; *Fikentscher*, Schuldrecht, 9. Aufl. (1997), Rn. 31; *Medicus*, in: FS Canaris 2007, Bd. 1, 835, 852; *Kamp*, Funktion und Grenzen, S. 149 ff.; zur Gegenmeinung siehe Fn. 562.

565 Näher dazu unter 2. Teil I (S. 245 f.).

566 Im Ansatz ähnlich *Gernhuber*, Das Schuldverhältnis, § 2 IV 3 (S. 25).

muss.[567] Wie bereits dargelegt, wird hier jedoch ein reduzierter Anspruchsbegriff befürwortet.[568] Der Anspruch muss gerade nicht auf eine Leistung gerichtet sein und setzt damit auch nicht voraus, dass die durchzusetzende Pflicht im Sinne von § 362 Abs. 1 BGB *erfüllbar* ist.

dd. Zwischenergebnis

Die Natur von Schutzpflichten steht einem korrespondierenden Klagerecht folglich nicht entgegen, sofern man ein solches Klagerecht als Weiterentwicklung des (quasi-)negatorischen Rechtsschutzes versteht. Wie sich nachfolgend zeigen wird, ist daneben auch der vorbeugende Schutz des Leistungsrechts nicht systemwidrig.

b. Vorbeugender Schutz des Leistungsrechts nicht systemwidrig

Forderungsrechte sind eigenständige Rechtspositionen.[569] Es handelt sich zwar nicht – wie das OLG Frankfurt richtigerweise in Erinnerung ruft – um Rechtspositionen, die wie absolute Rechte gegenüber jedermann geschützt sind.[570] Jedenfalls sind sie aber gegenüber dem Schuldner geschützt (*lex contractus*).[571] Das Gesetz hält neben dem klagbaren Leistungsanspruch auch andere Rechtsbehelfe zu ihrem Schutz bereit. Zum Beispiel schirmen der Arrest nach § 916 ZPO sowie die einstweilige Verfügung nach § 935 ZPO Geld- und sonstige Forderungen gegen Gefahren ab, die mit der zeitlichen Dauer eines gerichtlichen Verfahrens verbunden sind.[572] Die Vollstreckungsabwehrklage nach § 767 ZPO und die Drittwiderspruchsklage nach § 771 ZPO bieten Schutz gegen zwangsvollstreckungsrechtliche Eingriffe – auch in relative Rechte –, sofern eine materielle Einwendung oder ein Interventionsrecht besteht.[573] Zur Abwendung einer Gefahr, „wonach die Verwirklichung des Anspruchs vereitelt oder wesentlich erschwert werde", sieht § 229 BGB ein Selbsthilferecht vor. Ein Anspruch auf Unterlas-

567 Näher zu diesem Anspruchsverständnis oben unter 1. Teil C.I.2.b.aa (S. 59 ff.).
568 Siehe unter 1. Teil C.I.2.b.cc (S. 64 ff.).
569 Siehe unter 1. Teil C.I.2.b.cc (S. 64 ff.).
570 OLG Frankfurt am Main, Urteil v. 26.06.1984 – 8 U 15/84, JZ 1984, 337.
571 Siehe S. 66.
572 *Henckel*, AcP 174 (1974), 97, 106; *Drescher*, in: MüKo, ZPO, Vor § 916 Rn. 1.
573 Ebenso *Henckel*, AcP 174 (1974), 97, 108 f.

sung von Beeinträchtigungen des Leistungsinteresses ist vor diesem Hintergrund keineswegs systemwidrig.

Etwas anderes folgt auch nicht aus der Feststellung des OLG Frankfurt, es wäre unsinnig, wenn ein Schuldner von zwei Gläubigern derselben Leistung auf Unterlassung der Leistung an den jeweils anderen Gläubiger verklagt werden könnte.[574] Ein Schuldner kann nämlich ebenso von zwei Gläubigern auf Erfüllung verklagt werden.[575] Aus den erwirkten Titeln dürfen die Gläubiger dann im „Wettlauf" die Zwangsvollstreckung betreiben.[576] Auch sieht die ZPO mit § 938 Abs. 2 die Möglichkeit vor, gegenüber demjenigen, der die Übertragung einer bestimmten Sache schuldet, ein Veräußerungsverbot zu erwirken,[577] was theoretisch entweder zu einem „Wettlauf" um die erste Verfügung[578] oder zu einem „rechtlichen Patt" führt[579]. Problemträchtig werden Doppelverpflichtungen damit nicht erst durch die Anerkennung eines eigenständigen Unterlassungsanspruchs.[580]

Entgegen der Ansicht des OLG Frankfurt kann ein eigenständiger Unterlassungsanspruch auch nicht allein deshalb versagt werden, weil er nicht ausdrücklich durch die Parteien vereinbart wurde.[581] Aus der Nichtvereinbarung einer bestimmten Haftungsfolge, die sich aus dem Gesetz oder aus einer analogen Anwendung des Gesetzes herleiten lässt, kann auch sonst nicht auf einen konkludenten Ausschluss dieser Haftungsfolge geschlossen werden. Müsste man alle Haftungsfolgen ausdrücklich vereinbaren, käme es nie auf das gesetzliche Haftungsrecht an. Folglich ist es der *Haftpflichtige*, der unter Verweis auf *speziellere* gesetzliche Wertungen[582] oder den

574 Zu alledem OLG Frankfurt am Main, Urteil v. 26.06.1984 – 8 U 15/84, JZ 1984, 337.

575 *Köhler*, AcP 190 (1990), 496, 505.

576 *Fritzsche*, Unterlassungsanspruch, S. 77 f. (dort auch Fn. 145); *Riehm*, Grundsatz der Naturalerfüllung, S. 62 f.

577 *Kohler*, JZ 1983, 586, 587; *Fritzsche*, Unterlassungsanspruch, S. 77 f. (mit Fn. 145).

578 So *Kohler*, JZ 1983, 586, 591; ihm folgend die herrschende Meinung: BGH, Urteil v. 14.06.2007 – IX ZR 219/05, BGHZ 172, 360, 365 (Rn. 12); *Foerste*, AcP 193 (1993), 274, 277; *Fritzsche*, Unterlassungsanspruch, S. 77 f.; *Ellenberger*, in: Grüneberg, § 136 Rn. 4; teilweise abweichend *Weiland*, Sicherung, S. 149 f.

579 So noch *Wieling*, JZ 1982, 839, 842, mit der Folge, dass eine entsprechende Verfügung von vornherein unzulässig ist und es dem Schuldner überlassen bleibt, an wen er leistet; im Ergebnis ebenso OLG Frankfurt am Main, Beschluss v. 28.08.1996 – 17 W 22/96, NJW-RR 1997, 77; OLG Brandenburg, Beschluss v. 06.08.1997 – 3 U 72/97, MDR 1998, 98.

580 *Köhler*, AcP 190 (1990), 496, 505.

581 OLG Frankfurt am Main, Urteil v. 26.06.1984 – 8 U 15/84, JZ 1984, 337 f.

582 Vgl. *Köhler*, AcP 190 (1990), 496, 507.

entgegenstehenden Willen beider Parteien begründen muss, warum seine Haftung ausnahmsweise ausgeschlossen sein soll.[583]

Nach alledem lässt sich die *actio quasi negatoria* innerhalb von Schuldrechtsbeziehungen auch auf Leistungsrechte erstrecken.[584]

5. Zwischenergebnis

Da Schutzpflichten ihrem Wesen nach deliktische Pflichten sind, folgt ihre vorbeugende Durchsetzbarkeit denselben Regeln. Es ist der nächste Schritt zur Vervollständigung des bereits stark durch die Rechtsprechung geprägten Systems des negatorischen Rechtsschutzes, die *actio quasi negatoria* innerhalb von Schuldverhältnissen nicht nur auf die deliktisch geschützten Rechtsgüter, sondern auch auf die speziell durch § 241 Abs. 2 BGB geschützten Rechtspositionen zu erstrecken. Weder die Natur von Schutzpflichten noch die Eigenart der durch sie geschützten Rechtspositionen steht dieser Vorgehensweise entgegen.

IV. Ergebnis und Vorbehalt

Damit ist eine Rechtsgrundlage für die Einklagbarkeit von Schutzpflichten gefunden. Sie ergibt sich aus den Vorschriften des negatorischen Rechtsschutzes. Geht es um den Schutz der darin genannten Rechtsgüter – also etwa um den Schutz des Eigentums (§ 1004 BGB) – können die gesetzlichen Regeln direkt angewendet werden. Geht es um den Schutz sonstiger Rechtsgüter, bedarf es einer Analogie zu den §§ 12, 862, 1004 BGB. Im Rahmen von Sonderverbindungen lässt sich auf diese Weise ein vorbeugender Schutz des reinen Vermögens herleiten. Auch relative Rechte können Gegenstand eines eigenständigen quasinegatorischen Anspruchs sein, sofern sich neben dem Leistungsanspruch und dem einstweiligen Rechtsschutz Schutzlücken ergeben.

583 Vgl. auch BGH, Urteil v. 09.11.1979 – I ZR 24/78, NJW 1980, 1843.

584 Gegen eine Beschränkung des negatorischen Rechtsschutzes auf absolute Rechte auch etwa *Henckel*, AcP 174 (1974), 97, 114; *Kahl*, in: Jahrbuch Junger Zivilrechtswissenschaftler 1994, 205, 215 f.; *Fritzsche*, Unterlassungsanspruch, S. 42; *Picker*, in: FS Bydlinski, 269, 314 ff.; *Hofmann*, Unterlassungsanspruch, S. 390 ff.; siehe auch Fn. 530.

Allerdings steht eine Ausdehnung des negatorischen Schutzes unter dem Vorbehalt der Vereinbarkeit mit den involvierten Interessen. Der Gesetzgeber hat zwar eine analoge Anwendung der gesetzlichen Regeln des vorbeugenden Eigentumsschutzes in weitem Umfang für zulässig erklärt.[585] Er hat zugleich aber darauf hingewiesen, dass sich allgemeine Grundsätze insoweit nicht aufstellen lassen.[586] Soll demnach eine Rechtsfortbildung stattfinden, darf man sich die erforderliche Interessenabwägung[587] nicht – wie teilweise vertreten – unter Hinweis auf einen vermeintlichen „dogmatische[n] Automatismus“[588] sparen.[589] Dabei stehen sich vor allem das Rechtsgüterschutzinteresse des Schutzberechtigten und die Handlungsfreiheit des Schutzverpflichteten (Art. 2 Abs. 1 GG) gegenüber.[590] Eine detaillierte Herleitung der *actio quasi negatoria* würde insoweit zwar in Anbetracht der gefestigten Rechtsprechung und Lehre keinen Mehrwert bringen. Speziell im Hinblick auf die Einklagbarkeit von Schutzpflichten werden

---

585 Siehe S. 52.

586 Siehe S. 52 f.

587 Allgemein zur Interessenabwägung als Voraussetzung einer Analogie: BGH, Urteil v. 10.12.2014 – VIII ZR 9/14, BGH 2014, 2261, 2262 (Rn. 11); BGH, Beschluss v. 29.09.2015 – II ZB 23/14, BGHZ 207, 114, 123 (Rn. 23); BGH, Urteil v. 08.01.2019 – II ZR 364/18, BGHZ 220, 354, 361 (Rn. 14). Nach *Larenz/Canaris*, Methodenlehre, 1995, S. 204 f., ist auch bei einer „Gesamtanalogie“ wie der vorliegenden immer wieder sorgfältig zu prüfen, wie weit die zu übertragende *ratio legis* verallgemeinerungsfähig ist und ob nicht die Besonderheiten bestimmter Fallgruppen eine abweichende Bewertung rechtfertigen.

588 *Hofmann*, Unterlassungsanspruch, S. 313 (er sieht einen solchen Automatismus ebenfalls kritisch).

589 So aber besonders deutlich *Kahl*, in: Jahrbuch Junger Zivilrechtswissenschaftler 1994, 205, 217; *Katzenstein*, Haftungsbeschränkungen, S. 190 ff.; siehe dazu auch oben Fn. 213 und 235; dagegen für das Erfordernis einer Interessenabwägung – teilweise auch mit ähnlicher Begründung wie hier – *F. Baur*, JZ 1966, 381, 382; *Münzberg*, JZ 1967, 689, 692 f.; im Ansatz auch schon *Münzberg*, Verhalten und Erfolg, S. 387 (mit Fn. 793); ferner *Henckel*, AcP 174 (1974), 97, 112 (mit Fn. 28), 114; *R. Stürner*, JZ 1976, 384, 385; *Hohloch*, Die negatorischen Ansprüche, S. 147; *von Bar*, in: 25 Jahre Karlsruher Forum (Beilage VersR 1983), 80, 80, 82, 84; *Köhler*, AcP 190 (1990), 496, 509; *Koch*, Unterlassungsansprüche, S. 37, 40; *Krebs*, Sonderverbindung, S. 449 ff.; *Wilhelmi*, Risikoschutz, S. 21; *Hofmann*, Unterlassungsanspruch, S. 220, 222, 313 ff., 396 f.

590 So im Hinblick auf die Einklagbarkeit von Schutzpflichten *R. Stürner*, JZ 1976, 384, 386 ff.; vgl. auch *Korch*, ZfPW 2020, 189, 208; allgemein zum „Spannungsverhältnis zwischen Güterschutz und Handlungsfreiheit“ *Larenz/Canaris*, Lehrbuch des Schuldrechts, Bd. 2.2, § 75 I 1 (S. 350); siehe auch *Teichmann*, JA 1979, 293; *Steffen*, VersR 1980, 409 ff.; *Picker*, AcP 183 (1983), 369, 472; *Möllers*, Rechtsgüterschutz, S. 113; *Medicus*, JURA 1996, 561; *Spickhoff*, in: Soergel, BGB, Vor § 823 Rn. 29; *J. Hager*, in: Staudinger, Neubearbeit. 2017, Vorbemerkung zu §§ 823 ff. Rn. 12.

in der Literatur aber zahlreiche Einwände erhoben, denen im folgenden Abschnitt schrittweise nachgegangen wird.

D. Interessenausgleich

Die Einwände, die gegen die Einklagbarkeit von Schutzpflichten erhoben werden, lassen sich in zwei Kategorien einteilen. Zum einen handelt es sich um prinzipielle Einwände, welche die rechtpolitische Sinnhaftigkeit klagbarer Schutzpflichten überhaupt in Frage stellen (dazu unter I.). Zum anderen handelt es sich um Vorbehalte, also um besondere Voraussetzungen, an die der Anspruch auf Beachtung von Schutzpflichten geknüpft wird (dazu unter II.). Übergeordnet geht es um die Suche nach einem angemessenen Interessenausgleich, wobei sich insbesondere der Rechtsgüterschutz und die Handlungsfreiheit gegenüberstehen.[591]

I. Prinzipielle Einwände

Kann der Schutzpflichtige nicht nur repressiv auf Schadensersatz, sondern auch präventiv auf Beachtung der Schutzpflicht in Anspruch genommen werden, bedeutet dies eine Erweiterung des Rechtsgüterschutzes auf Kosten der Handlungsfreiheit, weil dem Schutzpflichtigen durch die Titulierung und vollstreckungsrechtliche Durchsetzung des vorbeugenden Anspruchs[592] die Möglichkeit genommen oder zumindest erschwert wird, sich gegen die Beachtung der Schutzpflicht zu entscheiden.[593] In der Literatur finden sich verschiedene Argumentationsansätze, wonach diese Verschiebung prinzipiell abzulehnen ist: Es wird geltend gemacht, dass das gefährdende Verhalten des Verantwortlichen an sich erlaubt ist (dazu unter 1.), dass der Schutzberechtigte durch die repressive Haftung ausreichend geschützt wird (dazu unter 2.), dass eine Haftungserweiterung zu Effizienzverlusten führt (dazu unter 3.) sowie dass das vertrauensvolle Miteinander in Sonderbeziehungen gefährdet wird (dazu unter 4.).

591 Siehe Fn. 590.
592 Näher dazu 1. Teil D.I.2.b.bb (S. 129 f.).
593 *Wilhelmi*, Risikoschutz, S. 301.

1. Schutzpflichtverletzung erlaubt

a. Standpunkt

Im Rahmen der Ausführungen zur Entwicklungsgeschichte von Schutzpflichten wurde festgestellt, dass die Schutzpflicht nach der Erfolgsunrechtslehre des 19. Jahrhunderts keine eigenständige Pflicht, sondern ein Verschuldens- bzw. Zurechnungsmaßstab war.[594] Das haftungsbegründende Unrecht wurde allein aus der Verletzung des Rechtsguts bzw. der Obligation hergeleitet.[595] Man könnte sich insofern auch heute noch auf den Standpunkt stellen, dass § 241 Abs. 2 BGB keine rechtsverbindliche Pflicht statuiert, deren Verletzung Unrecht bedeutet, sondern lediglich einen Zurechnungsmaßstab bereithält, der für die Ersatzverpflichtung nach §§ 280 Abs. 1, 241 Abs. 2 BGB maßgeblich ist[596].[597]

In diese Richtung gehen die Beobachtungen von *Erich Steffen*. Ihm zufolge begreift die Rechtsprechung Verkehrspflichten[598] weniger als durchsetzbare Verbote und mehr als eine „Zuweisung von Schadenslasten".[599] Der Richter, der im Rahmen eines Schadensersatzprozesses von bestimmten Verkehrspflichten ausgehe, wisse, dass seine Verhaltensanweisungen nicht beachtet würden und nicht beachtet werden könnten, weil er die Sicherheitsstandards normativ höher ansetze, als er es tun würde, wenn er es mit Erfüllungsansprüchen zu tun hätte.[600] Es gehe ihm nicht um eine Anklage

594 Siehe oben unter 1. Teil B.I (S. 28 ff.).
595 Siehe oben unter 1. Teil B.I (S. 28 ff.).
596 *Siber* sprach im Hinblick auf Verkehrspflichten von einer „Rechtsbedingung für den Eintritt der Ersatzverpflichtung" (*Siber*, Rechtszwang, S. 180); siehe auch *Reimer Schmidt*, Obliegenheiten, S. 79.
597 Entsprechend zu Verkehrspflichten *Jansen*, AcP 202 (2002), 517, 533 ff., 544 ff.; *Jansen*, Struktur, S. 614 ff.
598 Da Schutz- und Verkehrspflichten sich wesensmäßig entsprechen, sind *Steffens* Beobachtungen auf Schutzpflichten übertragbar.
599 *Steffen*, VersR 1980, 409, 410; so auch *Jansen*, Struktur, S. 617.
600 *Steffen*, VersR 1980, 409, 410; diese Beobachtung wird durch die verbreitete Literaturmeinung gestützt, wonach deliktische Verkehrspflichten nicht nur die objektiv im Verkehr erforderliche Sorgfalt, sondern ein „Höchstmaß an äußerer Sorgfalt" abverlangen sollen: *Münzberg*, Verhalten und Erfolg, S. 348 ff.; *Deutsch*, Fahrlässigkeit, S. 171; *Deutsch*, Haftungsrecht, Rn. 237, 385; *von Bar*, Verkehrspflichten, S. 175; *Baums*, in: FS Lukes, 623, 633 f.; *Kleindiek*, Deliktshaftung, S. 33 f.; *J. Hager*, in: Staudinger, Neubearbeit. 2017, § 823 Rn. A 6; a. A. *Enneccerus/Nipperdey*, AT des Bürgerlichen Rechts, 2. Halbbd., § 209 IV B 2 b (S. 1294 ff.); *U. Huber*, in: FS E. R. Huber, 253, 268, 278 ff.; *U. Huber*, in: FS Wahl, 301 ff.; *Schröder*, AcP 179 (1979),

des Verantwortlichen wegen eines unrechtmäßigen Verhaltens, sondern allein darum, bestimmte unerwünschte Folgen im sozialen Umgang durch eine Schadensersatzhaftung auszugleichen.[601] Dabei tendiere der Richter dazu, dem Bestandsinteresse besonderes Gewicht beizumessen, weil ihm dieses durch den eingetretenen Schaden unmittelbar vor Augen geführt werde, wohingegen die Handlungsfreiheit des Schädigers „körperloser, weniger dicht, der Vergangenheit zugehörig" erscheine.[602]

Ein anschauliches Beispiel für die von *Steffen* beschriebene Vorgehensweise bietet eine Entscheidung des OLG Düsseldorf aus dem Jahr 1975.[603] Das Gericht bejahte die Haftung einer Mieterin für Wasserschäden in einer Nachbarwohnung, die dadurch entstanden waren, dass zuvor die Schläuche einer laufenden und nur für kurze Zeit unbeaufsichtigten Waschmaschine geplatzt waren. Der Senat führte aus, dass das Platzen eines Waschmaschinenschlauchs eine „nicht entfernt liegende Schadensmöglichkeit" sei, durch die ein „sehr hoher Fremdschaden eintreten kann". Den Gefahren, die mit dem Betreiben einer Waschmaschine verbunden seien, müsse durch geeignete und zumutbare Maßnahmen entgegengewirkt werden. In einer Etagenwohnung müsse eine laufende Waschmaschine beaufsichtigt werden, so dass „dann, wenn Wasser aus der Maschine austritt oder der Zuleitungsschlauch platzt oder abgleitet, der weitere Wasseraustritt alsbald verhindert wird". Andererseits erkannte das Gericht, dass „die Aufstellung und Benutzung der modernen Wasch- und Spülmaschinen im Grundsatz als im Wesentlichen gefahrlos angesehen werden kann". Tatsächlich ging es also darum, Schadensrisiken zuzuweisen. Dies wird auch durch die Feststellung des Gerichts offenbart, „daß es dem Eigentümer des Gebäudes und den anderen Mietern nicht zuzumuten ist, diesen Schaden selbst zu tragen oder sich gegen solche Schäden in jedem Falle zu versichern". Wenn

567, 589; *Brüggemeier*, Deliktsrecht, Rn. 113; *von Bar*, JuS 1988, 169, 173; *Wiethölter*, Rechtfertigungsgrund, S. 21 f., 33, 42, 52 f.; *R. Krause*, in: Soergel, BGB, § 823 Anh II Rn. 17; *Medicus/Petersen*, Bürgerliches Recht, Rn. 659; *G. Wagner*, in: MüKo, BGB, § 823 Rn. 34 ff., 495 ff.; die zuletzt genannten Autoren werden durch die Rechtsprechung gestützt: BGH, Urteil v. 06.06.1978 – VI ZR 156/76, NJW 1978, 1576; BGH, Urteil v. 18.10.1983 – VI ZR 146/82, NJW 1984, 233, 234; BGH, Urteil v. 13.12.1994 – VI ZR 283/93, NJW 1995, 1150 f.; BGH, Urteil v. 23.10.1984 – VI ZR 85/83, NJW 1985, 620; BGH, Urteil v. 02.03.2010 – VI ZR 223/09, NJW 2010, 1976 (Rn. 6); OLG Hamm, Urteil v. 13.07.2001 – 9 U 141/00, NJW-RR 2002, 90, 91.

601 *Steffen*, VersR 1980, 409, 410; vgl. auch Motive, Bd. 2, S. 17 f.; BGH, Urteil – IX ZR 149/91, BGHZ 118, 312, 344; *Förster*, in: BeckOK, BGB, § 823 Rn. 12.

602 *Steffen*, VersR 1980, 409, 410.

603 OLG Düsseldorf, Urteil v. 23.07.1974 – 4 U 20/74, NJW 1975, 171.

das Gericht hierbei ausdrücklich darauf hinwies, dass es sich „einer Gefährdungshaftung nähert", verschleierte es nur, dass es die Grenze dazu bereits überschritten hatte.

Weil eine derartige Überhöhung der gebotenen Sicherheitsstandards in der Rechtsprechung vermehrt vorgekommen ist,[604] hat sich die Literaturmeinung herausgebildet, dass die Abgrenzung zwischen einer Haftung für erlaubtes Verhalten (Gefährdungshaftung) und einer Haftung für unerlaubtes Verhalten (Unrechtshaftung) hinfällig geworden sei.[605] Anstatt im letzteren Fall fiktive Verhaltenspflichten zu konstruieren, sei es konsequenter, das Rechtswidrigkeitsurteil im Rahmen der Schadensersatzhaftung allein auf die Rechtsverletzung zu stützen.[606]

Im weiteren Sinne geht es hier also um den Konflikt zwischen der Erfolgs- und Verhaltensunrechtslehre.[607] Stützt man die Haftung im Rahmen von §§ 280 Abs. 1, 241 Abs. 2 BGB allein auf die zurechenbare Schädigung als Erfolg, ließe sich das davor liegende, schutzpflichtwidrige Verhalten als erlaubt begreifen. In diesem Fall wäre auch ein mit Schutzpflichten korrespondierendes Klagerecht verfehlt, weil dadurch das schutzpflichtwidrige, aber erlaubte Verhalten unterbunden werden könnte.

b. Würdigung

Die besseren Argumente sprechen dafür, Schutzpflichten nicht bloß als Verschuldens- bzw. Zurechnungsmaßstab zu verstehen, sondern als rechtliche Ge- bzw. Verbote, deren Missachtung Unrecht bedeutet.

Zunächst deutet der Wortlaut von § 241 Abs. 2 BGB in diese Richtung. Hiernach kann das Schuldverhältnis die Beteiligten zur Rücksicht *verpflichten*. In Kontrast dazu steht der Wortlaut von § 276 BGB. Nach § 276 Abs. 1 S. 1 BGB hat der Schuldner Vorsatz und Fahrlässigkeit *zu vertreten*, wenn eine strengere oder mildere Haftung weder bestimmt noch aus den Umständen zu entnehmen ist, und nach § 276 Abs. 2 BGB *handelt fahrläs-*

---

604 Eine umfassende Sichtung der Entscheidungen, die für und die gegen einen fließenden Übergang zwischen Unrechts- und Gefährdungshaftung sprechen, findet sich bei *Blaschczok*, Gefährdungshaftung, S. 93 ff.; siehe außerdem *Esser*, JZ 1953, 129, 131 f.; *Larenz/Canaris*, Lehrbuch des Schuldrechts, Bd. 2.2, § 76 III 7 b (S. 428).

605 *von Bar*, Verkehrspflichten, S. 128 ff.; *Jansen*, AcP 202 (2002), 517 ff.; *Jansen*, Struktur, S. 614 ff.

606 *Jansen*, AcP 202 (2002), 517, 553 f.

607 Vgl. *R. Krause*, in: Soergel, BGB, § 823 Anh II Rn. 11.

sig, wer die im Verkehr erforderliche Sorgfalt außer Acht lässt. Während in § 241 Abs. 2 BGB demnach – zumindest generalklauselartig – Pflichten statuiert werden, wird in § 276 BGB nur ein Verschuldens- bzw. Zurechnungsmaßstab beschrieben.[608] Der Begriff *Rücksicht* in § 241 Abs. 2 BGB lässt außerdem darauf schließen, dass nur ein schützendes *Verhalten* geschuldet ist und nicht die Abwendung einer Beeinträchtigung als *Erfolg*.[609] Dieser Befund findet auch in der Gesetzessystematik eine Stütze: Aus der amtlichen Überschrift von § 280 BGB „Schadensersatz wegen Pflichtverletzung" folgt, dass primärer Haftungsgrund für den dort normierten Schadensersatzanspruch eine Pflichtverletzung und nicht der Eintritt eines Schadens ist.[610] Nach dem Gesetzeswortlaut und der Systematik ist die Haftung für Schutzpflichtverletzungen damit eine Haftung für verbotenes Verhalten, also für Verhaltensunrecht.[611]

Dieses Ergebnis entspricht auch der übergeordneten „Ordnungsaufgabe"[612] des Privatrechts, Freiheitssphären gegeneinander abzugrenzen.[613] Wegweisend definierte *Kant* das Recht als

608 Zu § 276 BGB: *Würthwein*, Schadensersatzpflicht, S. 261, 263.

609 Im Ergebnis ebenso etwa *Looschelders*, in: FS Canaris 2017, 403, 409; *Kamp*, Funktion und Grenzen, S. 67; *Schwarze*, in: Staudinger, Neubearbeit. 2019, § 280 Rn. F 38; zur Zeit vor dem SchuldRModG auch *Larenz*, Lehrbuch des Schuldrechts AT, Bd. 1, 14. Aufl. (1987), § 2 I (S. 13).

610 Zur Pflichtverletzung als zentraler Anknüpfungspunkt des Leistungsstörungsrechts seit dem SchuldRModG siehe Fraktionsentwurf zum SchuldRModG, BT-Drucks. 14/6040 v. 14.05.2001, S. 92; *Faust*, in: FS Canaris 2007, Bd. 1, 219.

611 Allgemein zu den Verschiebungen vom Erfolgs- zum Verhaltensunrecht *Leser*, AcP 183 (1983), 568, 579 ff.; *Bucher*, AcP 186 (1986), 1, 4 ff.

612 *Steffen*, in: RGRK, BGB, Vor § 823 Rn. 6.

613 Zu dieser Ordnungsaufgabe: Protokolle, BGB, Bd. 2, S. 567 f.; *Teichmann*, JA 1979, 293; *Picker*, AcP 183 (1983), 369, 472; *Steffen*, in: RGRK, BGB, Vor § 823 Rn. 6 f.; *Hans Stoll*, Haftungsfolgen, S. 83; *Wilhelmi*, Risikoschutz, S. 13 f.; vgl. zudem *Larenz/Canaris*, Lehrbuch des Schuldrechts, Bd. 2.2, § 75 I 1 (S. 350); *Möllers*, Rechtsgüterschutz, S. 113; *Medicus*, JURA 1996, 561; *Looschelders*, Mitverantwortlichkeit des Geschädigten, S. 116 f.; *Esser/Weyers*, Schuldrecht, Bd. 2.2, § 53 2 b, 3 (S. 132 ff.); *Kühl*, in: Handbuch Ethik, 486, 487; *Spickhoff*, in: Soergel, BGB, Vor § 823 Rn. 29; *J. Hager*, in: Staudinger, Neubearbeit. 2017, Vorbemerkung zu §§ 823 ff. Rn. 12; kritisch dagegen *Bucher*, AcP 186 (1986), 4, 11 ff.; *Funcke*, Die sogenannte actio quasinegatoria, S. 112.

„Inbegriff der Bedingungen, unter denen die Willkür des einen mit der Willkür des anderen nach einem allgemeinen Gesetze der Freiheit zusammen vereinigt werden kann".[614]

Die zentralen Instrumente des Bürgerlichen Rechts, diesen Ausgleich herzustellen, sind das subjektive Recht[615] und das Haftungsrecht[616]: Dem einzelnen Rechtssubjekt werden Rechtspositionen zugewiesen und verschiedene Instrumente zu deren Schutz an die Seite gestellt.[617] Das haftungsbewehrte subjektive Recht bedeutet dabei nicht nur eine Anerkennung der Freiheit des Berechtigten, sondern auch eine Beschränkung der Freiheit desjenigen, dessen Verhalten potenziell mit dem subjektiven Recht kollidiert.[618] Sanktioniert die Rechtsordnung die Beeinträchtigung eines subjektiven Rechts mit einem Schadensersatzanspruch, liegt darin die konkrete Grenzziehung zwischen der Freiheit des Verantwortlichen und der des Betroffenen.[619] Das beeinträchtigende und damit grenzüberschreitende Verhalten muss als verboten gelten.[620] Sähe man das Verhalten dagegen nur als haftungsauslösend, aber erlaubt an, gäbe man die Freiheit, die in den betroffenen Rechtspositionen verkörpert ist, wieder preis. Die Verkehrsteilnehmer dürften zwar auf Kompensation hoffen, wären ansonsten aber der Willkür der anderen Verkehrsteilnehmer unbeschränkt ausgesetzt.[621] Nur

---

614 *Kant*, Metaphysik der Sitten, S. 34 f.; zur Bedeutung der Ethik und Rechtsphilosophie *Kants* für das geltende Recht *Larenz/Canaris*, Lehrbuch des Schuldrechts, Bd. 2.2, § 75 I 1 (S. 350); *Hattenhauer*, Grundbegriffe, S. 117; *Jaun*, Sorgfaltspflichtverletzungen, S. 148 ff.; *Wilhelmi*, Risikoschutz, S. 13; *Wendelstein*, Pflicht, S. 21 f.

615 *Wilhelmi*, Risikoschutz, S. 20; *Wendelstein*, Pflicht, S. 31 ff.; vgl. auch *Zöllner*, AcP 188 (1988), 85, 95; *Medicus/Petersen*, BGB AT, § 11 Rn. 72; *Neuner*, BGB AT, § 10 Rn. 5 ff.; näher und auch kritisch zum Begriff des subjektiven Rechts *Dubischar*, Lehre vom subjektiven Privatrecht, S. 128 ff.; *Hofmann*, Unterlassungsanspruch, S. 175 ff.

616 Siehe die Verweise in Fn. 613.

617 Dazu oben unter 1. Teil C.I.2.b.cc (S. 64 ff.).

618 *Bydlinski*, System, S. 137 f.; *Wilhelmi*, Risikoschutz, S. 14, 20; vgl. auch *Widmer*, in: Grundstrukturen, S. 147, 175 f.; *Neuner*, BGB AT, § 10 Rn. 5, 9.

619 Es handelt sich hierbei um eine Grenzziehung im konkreten Einzelfall und nicht „in abstracto' (d. h. ohne Bezugnahme auf bestimmte Streitlagen)" (*Bucher*, AcP 186 (1986), 1, 12).

620 Vgl. auch OLG Düsseldorf, Urteil v. 13.01.2010 – I-27 U 1/09, NZBau 2010, 328, 329; *Henckel*, AcP 174 (1974), 97, 113 f.; *Picker*, AcP 176 (1976), 28, 50 f.; *Bachmann/Schirmer*, in: FS Canaris 2017, 371, 394.

621 Vgl. *Picker*, in: FS Lange, 625, 664; *Korth*, ZJS 2008, 647, 658.

als echte Ge- bzw. Verbote werden Schutz- und Verkehrspflichten somit ihrer Ordnungsaufgabe gerecht.[622]

Einen Sonderfall bildet die Gefährdungshaftung. Hier duldet der Gesetzgeber ein besonders gefährliches Verhalten und die damit einhergehenden Rechtsgutsverletzungen und begegnet ihnen lediglich mit einer Schadensersatzhaftung. Allerdings wird die Gefährdungshaftung nach dem gefährdungsrechtlichen Enumerationsprinzip in einzelnen Tatbeständen explizit angeordnet und stellt insofern die Ausnahme dar.[623] Daraus muss gefolgert werden, dass die Haftpflicht im Übrigen ein verbotenes Verhalten voraussetzt (sogenannte „Zweispurigkeit" des Haftpflichtrechts).[624] Diese Grundsatzentscheidung des Gesetzgebers darf weder dadurch unterwandert werden, dass allgemein auf eine unerlaubte und damit rechtswidrige Handlung verzichtet wird, noch dadurch, dass eine Schadensersatzhaftung auf Verhaltensgebote gestützt wird, die dem Verantwortlichen tatsächlich gar nicht abverlangt werden.[625] Der Richter mag zwar durch die *Ex-post*-Betrachtung in Schadensersatzprozessen zu überhöhten Sicherheitsanforderungen tendieren. Das rechtfertigt aber keine Gefährdungshaftung *contra legem*. Vielmehr hat der Richter die Aufgabe, etwaigen Rückschaufehlern aktiv entgegenzuwirken, indem er sich fragt, ob das haftungsbegründende Verhalten tatsächlich verboten werden kann und soll.[626]

Im Ergebnis führt also die Anerkennung einer negatorischen Haftung in Bezug auf Schutzpflichtverletzungen nicht zum Verbot eines an sich erlaub-

---

622 Vgl. auch *R. Krause*, in: Soergel, BGB, § 823 Anh II Rn. 12; *Mertens*, VersR 1980, 397, 405; *Leser*, AcP 183 (1983), 568, 579 ff., 583.

623 *Larenz/Canaris*, Lehrbuch des Schuldrechts, Bd. 2.2, § 85 III 1 b (S. 666); *Knoche*, in: FS Canaris 2007, Bd. 1, 571, 581.

624 *Esser*, JZ 1953, 129.

625 So auch *Esser*, JZ 1953, 129 ff.; *Mertens*, VersR 1980, 397, 405; *R. Krause*, in: Soergel, BGB, § 823 Anh II Rn. 12; *Larenz/Canaris*, Lehrbuch des Schuldrechts, Bd. 2.2, § 76 III 7 b, c (S. 427 ff.). Eine Parallele findet diese Diskussion im Sachenrecht, wo der BGH über § 906 Abs. 2 S. 2 BGB analog eine verkappte Gefährdungshaftung eingeführt hat (siehe etwa BGH, Urteil v. 11.06.1999 – V ZR 377/98, BGHZ 142, 66, 67 f.; BGH, Urteil v. 30.05.2003 – V ZR 37/02, BGHZ 155, 99, 101 f.; BGH, Urteil v. 01.02.2008 – V ZR 47/07, NJW 2008, 992, 993 (Rn. 6 ff.); BGH, Urteil v. 01.04.2011 – V ZR 193/10, NJW-RR 2011, 739 (Rn. 5 ff.); BGH, Urteil v. 09.02.2018 – V ZR 311/16, NJW 2018, 1542, 1543 (Rn. 4 ff.)); zur entsprechenden Kritik aus der Literatur *Larenz/Canaris*, Lehrbuch des Schuldrechts, Bd. 2.2, § 85 III 1 b (S. 666); *Knoche*, in: FS Canaris 2007, Bd. 1, 571, 581; *Ringshandl*, JZ 2018, 682, 683; *Wilhelm*, Sachenrecht, Rn. 1175; *H. Roth*, in: Staudinger, Neubearbeit. 2020, § 906 Rn. 69.

626 So auch *Marburger*, AcP 192 (1992), 1, 16; *Larenz/Canaris*, Lehrbuch des Schuldrechts, Bd. 2.2, § 76 III 7 b, c (S. 427 ff.); *R. Krause*, in: Soergel, BGB, § 823 Anh II Rn. 12; *Spindler*, Unternehmensorganisationspflichten, S. 774.

ten Verhaltens, sondern allein zur Unterbindung eines sowieso verbotenen Verhaltens.

2. Ausreichender Schutz durch Schadensersatzansprüche

Der zweite prinzipielle Einwand besagt, dass das Rechtsschutzbedürfnis für ein mit Schutzpflichten korrespondierendes Klagerecht fehle, weil schon das Schadensersatzrecht zu einem hinreichenden Interessenausgleich führe.[627] Gerade Beeinträchtigungen des reinen Vermögens könnten durch die nachträgliche Leistung von Schadensersatz vollständig kompensiert werden.[628] Zudem käme einer potenziellen Schadensersatzpflicht auch abschreckend präventive Wirkung zu.[629]

Auch dieser Einwand muss überwunden werden, wenn – wie in dieser Arbeit – ein mit Schutzpflichten korrespondierendes Klagerecht auf eine analoge Anwendung der §§ 12, 862, 1004 BGB gestützt werden soll. Denn eine rechtsfortbildende Ausweitung des negatorischen Rechtsschutzes ist nur möglich, wenn der repressive Rechtschutz Defizite bzw. Lücken aufweist (dazu unter a.) und sich diese Lücken durch einen vorbeugenden Beseitigungs- bzw. Unterlassungsanspruch schließen bzw. verkleinern lassen (dazu unter b.). Ist beides der Fall, liegt insoweit das notwendige Rechtsschutzbedürfnis für einen Anspruch auf Beachtung von Schutzpflichten vor.

a. Defizite des repressiven Rechtsschutzes

aa. Grenzen der Naturalrestitution

Kommt es durch eine Schutzpflichtverletzung zu einer Beeinträchtigung, steht dem Betroffenen regelmäßig eine Schadensersatzhaftung aus §§ 280

627 Siehe insbesondere *Kreß*, Lehrbuch des Allgemeinen Schuldrechts, § 1 Abschn. 3 a (S. 5 f.), § 23 Abschn. 3 (S. 593); in diese Richtung auch *Krebs*, Sonderverbindung, S. 549 ff.; *Kuhlmann*, Leistungspflichten und Schutzpflichten, S. 134.

628 Vgl. *Krebs*, Sonderverbindung, S. 551; *Kuhlmann*, Leistungspflichten und Schutzpflichten, S. 134; in diese Richtung auch *R. Stürner*, JZ 1976, 384, 386 f.

629 *Kreß*, Lehrbuch des Allgemeinen Schuldrechts, § 1 Abschn. 3 a (S. 5 f.), § 23 Abschn. 3 (S. 593); vgl. auch *Krebs*, Sonderverbindung, S. 549 ff.; *Kuhlmann*, Leistungspflichten und Schutzpflichten, S. 128.

Abs. 1, 241 Abs. 2 BGB zu. Zwar setzt ein Schadensersatzanspruch – anders als der Abwehranspruch – neben der Schutzpflichtverletzung auch Verschulden voraus.[630] Allerdings gilt im Rahmen von § 276 Abs. 2 BGB ein objektiver Sorgfaltsmaßstab.[631] Pflichtverletzung und Verschulden werden also regelmäßig zusammenfallen.[632] Das bedeutet zugleich, dass dem Schutzberechtigten, dem die vorbeugende Abwendung einer schadensträchtigen Schutzpflichtverletzung versagt wird, regelmäßig zumindest ein Schadensersatzanspruch zusteht.[633] Im Schadensrecht gilt dabei der Vorrang der Naturalrestitution.[634] Gemäß § 249 Abs. 1 BGB ist der Zustand

630 Zur Verschuldensunabhängigkeit des negatorischen Rechtsschutzes siehe nur BGH, Urteil v. 08.03.1990 – III ZR 81/88, BGHZ 110, 313, 317; *Henckel*, AcP 174 (1974), 97, 117; *Fritzsche*, in: BeckOK, BGB, § 1004 Rn. 60.

631 Zum objektiven Sorgfaltsmaßstab im Rahmen von § 276 Abs. 2 BGB siehe nur BGH, Urteil v. 17.03.1981 – VI ZR 191/79, BGHZ 80, 186, 193; BGH, Urteil v. 31.05.1994 – VI ZR 233/93, NJW 1994, 2232, 2233; *Grundmann*, in: MüKo, BGB, § 276 Rn. 54 f.; *S. Lorenz*, in: BeckOK, BGB, § 276 Rn. 20 ff.; abweichend dagegen *von Caemmerer*, in: FS 100 Jahre DJT, Bd. 2, 49, 132 (Rn. 345); *Würthwein*, Schadensersatzpflicht, S. 261. Eine gewisse Subjektivierung dieses Maßstabs erfolgt zwar durch die gängige Unterscheidung zwischen „äußerer" und „innerer" Sorgfalt. Die Rechtsprechung sieht aber die „innere" Sorgfaltswidrigkeit – bezogen auf die innerliche Erkenn- und Vermeidbarkeit des Verstoßes gegen die äußerlich gebotene Sorgfalt – durch die „äußere" Sorgfaltswidrigkeit indiziert und lehnt sie nur ausnahmsweise auf der Ebene des Verschuldens ab: BGH, Urteil v. 17.03.1981 – VI ZR 191/79, BGHZ 80, 186, 199; BGH, Urteil v. 23.10.1984 – VI ZR 85/83, NJW 1985, 620, 621; BGH, Urteil v. 20.11.1984 – VI ZR 169/83, NJW 1985, 1958 f.; BGH, Urteil v. 31.05.1994 – VI ZR 233/93, NJW 1994, 2232, 2233; grundlegend für die Systematisierung nach „äußerer" und „innerer" Sorgfalt *von Jhering*, Schuldmoment, S. 21; *Binding*, Schuld, S. 143 ff.; *Engisch*, Vorsatz und Fahrlässigkeit, S. 266 ff.; siehe aus der zivilrechtlichen Literatur zudem *U. Huber*, in: FS E. R. Huber, 253, 265 ff.; *Deutsch*, Haftungsrecht, Rn. 385 ff.; *von Bar*, JuS 1988, 169, 173; *R. Krause*, in: Soergel, BGB, § 823 Anh II Rn. 17; *Medicus/Petersen*, Bürgerliches Recht, Rn. 659; ähnlich auch *Wilhelmi*, Risikoschutz, S. 314 ff.; *Wilhelmi*, in: Erman, BGB, § 823 Rn. 9. Nach a. A. lassen sich „innere" und „äußere" Sorgfalt nicht sinnvoll trennen, womit die Prüfungsebene des Verschuldens ihre Bedeutung verliert; siehe *Wiethölter*, Rechtfertigungsgrund, S. 21 f., 33, 42, 52 f.; *Brüggemeier*, Deliktsrecht, Rn. 113; *Brüggemeier*, Prinzipien, S. 74 ff.; *Brüggemeier*, Haftungsrecht, S. 59 f.; *G. Wagner*, in: MüKo, BGB, § 823 Rn. 34 ff., 495 ff.; im Ansatz auch *Stathopoulos*, in: FS Larenz 1983, 631, 634 ff.

632 Aus diesem Grund läuft auch die Beweislastumkehr des § 280 Abs. 1 S. 2 BGB weitgehend leer – siehe dazu schon Fn. 428.

633 Ob im Fall der Schuldunfähigkeit entsprechend § 827 f. BGB ein negatorischer Anspruch möglich ist und es deshalb zu einem Auseinanderfallen von präventivem und repressivem Rechtsschutz kommt, ist umstritten; näher dazu unter 2. Teil E (S. 219 ff.).

634 Siehe nur BGH, Urteil v. 25.10.1996 – V ZR 158/95, NJW 1997, 520, 521; *Oetker*, in: MüKo, BGB, § 249 Rn. 320.

herzustellen, der bestehen würde, wenn der zum Ersatz verpflichtende Umstand, also die schadensträchtige Schutzpflichtverletzung, nicht eingetreten wäre. Damit dient nicht nur der vorbeugende, sondern auch der repressive Rechtsschutz dem Interesse am unbeeinträchtigten Rechtsgüterstand.[635] Im einen Fall soll die Beeinträchtigung abgewendet, im anderen ungeschehen gemacht werden.[636] Im Hinblick auf Beeinträchtigungen des Vermögens kommt hinzu, dass sich diese besonders einfach – nämlich durch Geldleistung – kompensieren lassen. Der Betroffene ist also nicht nur durch einen etwaigen negatorischen, sondern bereits durch den gesetzlich vorgesehenen repressiven Rechtsschutz weitreichend geschützt.

Allerdings besteht die Gefahr der nicht vollständigen Herstellbarkeit des „hypothetischen Rechtsgüterstands“[637].[638] Das gilt auch für Beeinträchtigungen des reinen Vermögens. Zum einen trägt der Geschädigte das Risiko der Insolvenz des Schädigers.[639] Kann von letzterem Restitution nicht erlangt werden, steht dem Vermögensverlust des Schutzberechtigten kein gleichwertiger Schadensersatzanspruch gegenüber. Zum anderen entfallen die Handlungsmöglichkeiten, die an das „Haben“ von reinem Vermögen gekoppelt sind,[640] bis zur Restitution. Sind diese Handlungsmöglichkeiten nicht in Geld messbar, scheidet häufig sowohl eine Herstellung in Natur (§ 249 Abs. 1 BGB) als auch eine Entschädigung in Geld (§ 253 Abs. 1 BGB) aus.[641] Kann der Betroffene etwa seine Schulden gegenüber Drittgläubigern vorübergehend nicht bedienen, kann er die Verpflichtung zum Ersatz eines Verzugsschadens zwar abwälzen. Der erlittene Vertrauensverlust gegenüber den Gläubigern wird als immaterieller Schaden aber weder restituierbar

---

635 *Steiner*, Schadensverhütung, S. 8; *Riehm*, Grundsatz der Naturalerfüllung, S. 54 ff.; vgl. auch *Steffen*, in: RGRK, BGB, Vor § 823 Rn. 6.

636 *Henckel*, AcP 174 (1974), 97 ff.; zum Schadensersatzanspruch auch *Oetker*, in: MüKo, BGB, § 249 Rn. 18 f., 323.

637 *Oetker*, in: MüKo, BGB, § 249 Rn. 19.

638 *Kötz*, AcP 174 (1974), 145, 149; *Steiner*, Schadensverhütung, S. 8.

639 Siehe auch *Lenzen*, NJW 1967, 1260, 1261; *Bachmann/Schirmer*, in: FS Canaris 2017, 371, 378; *Riehm*, Grundsatz der Naturalerfüllung, S. 59.

640 Vgl. BGH, Urteil v. 16.07.2013 – VI ZR 442/12, BGHZ 198, 50, 58 (Rn. 20): „Dabei ist zu berücksichtigen, dass Wesen und Bedeutung des Vermögens sich nicht in dessen Bestand – dem „Haben“ – erschöpfen, sondern dass sie auch die im Vermögen verkörperten Möglichkeiten für den Vermögensträger umfassen, es zur Verwirklichung seiner Ziele zu nutzen.“

641 Vgl. *Weller*, Vertragstreue, S. 326, 328 f.

noch kompensierbar sein.[642] Möglicherweise droht dem Betroffenen sogar ein nicht umkehrbares Insolvenzverfahren.

Ein anschauliches Beispiel bietet hier der Fall Kirch/Deutsche Bank AG und Breuer[643].[644] Die Deutsche Bank und die Kirch-Mediengruppe standen in einem vertraglichen Darlehensverhältnis. Der Vorstandsvorsitzende der Deutschen Bank, Rolf Breuer, äußerte in einem Interview Zweifel an der Kreditwürdigkeit der Kirch-Gruppe, was dazu beitrug, dass Kreditverhandlungen der Mediengruppe mit verschiedenen Banken und der Verkauf eines Tochterunternehmens scheiterten.[645] Die Kirch-Gruppe war nicht mehr in der Lage, das zur Abwendung ihrer Liquiditätskrise erforderliche Kapital aufzubringen, und musste schließlich Insolvenzantrag stellen. Der BGH bewertete das Verhalten des Vorstandsvorsitzenden der Deutschen Bank als Schutzpflichtverletzung und bejahte eine Haftung nach § 280 Abs. 1 BGB.[646] Das kam zwar den Insolvenzgläubigern zugute, die Zerschlagung des Unternehmens war aber nicht mehr umkehrbar. Es zeigt sich also, dass mit einer vermögensbeeinträchtigenden Schutzpflichtverletzung ein doppeltes Insolvenzrisiko[647] einhergeht – nicht nur hinsichtlich des Vermögens des Schadensersatzpflichtigen, auch hinsichtlich des Vermögens des Schadensersatzberechtigten.

Der Vermögensschaden, der durch eine Schutzpflichtverletzung verursacht wird, kann darüber hinaus dazu führen, dass der Betroffene rein ideelle Projekte nicht verwirklichen kann – etwa die geplante Weltreise oder das gemeinnützige Konzert. Auch hierfür wird er keine Kompensation verlangen können, weil es sich um nicht ersatzfähige immaterielle Schäden im Sinne von § 253 Abs. 1 BGB handelt.[648]

Die Schutzwirkung der auf Naturalrestitution ausgerichteten Schadensersatzhaftung ist demnach begrenzt. Das gilt auch für Schädigungen des reinen Vermögens.

---

642 Vgl. *Weller*, Vertragstreue, S. 327.
643 BGH, Urteil v. 24.01.2006 – XI ZR 384/03, BGHZ 166, 84.
644 So auch *Bachmann/Schirmer*, in: FS Canaris 2017, 371, 378 f.
645 BGH, Urteil v. 24.01.2006 – XI ZR 384/03, NJW 2006, 830, 831, 833 (Rn. 30) – insofern nur teilweise abgedruckt in BGHZ 166, 84.
646 BGH, Urteil v. 24.01.2006 – XI ZR 384/03, BGHZ 166, 84, 90 (Rn. 25).
647 So überzeugend *Bachmann/Schirmer*, in: FS Canaris 2017, 371, 378.
648 Vgl. *Weller*, Vertragstreue, S. 326.

bb. Grenzen der Präventivwirkung der Schadensersatzhaftung

Zur Schadensverhütung trägt zwar auch die Abschreckungswirkung der drohenden Schadensersatzhaftung bei. Allerdings ist die Drohwirkung gering, wenn der Verantwortliche die Unrechtmäßigkeit seines Verhaltens nicht erkennt oder unberechtigterweise darauf hofft, der Schaden werde ausbleiben.[649] Häufig wird der Schutzpflichtige nicht wissen, dass er gegen eine Schutzpflicht verstößt: Entweder er erkennt schon nicht die von ihm bzw. seinem Verhalten ausgehende Gefährdung bzw. Beeinträchtigung der Rechtsgüter des Schutzberechtigten oder er erkennt zwar das Beeinträchtigungspotenzial seines Verhaltens, bewertet es aber nicht als rechtswidrig, sondern als Teil des allgemeinen Lebensrisikos.

Im Hinblick auf Schutzpflichten liegt eine solche Fehleinschätzung besonders nahe, weil diese – anders als Leistungspflichten – nicht von vornherein durch den Vertragsschluss festgelegt sind, sondern sich aus den konkreten Umständen des Einzelfalls ergeben.[650] Sowohl die Bewertung der Gefährlichkeit dieser Umstände als auch die Beurteilung, wer die aus ihnen erwachsende Gefahr zu tragen hat, bergen Potenzial für Meinungsverschiedenheiten und Fehleinschätzungen.[651] Steht dem Schutzberechtigten lediglich ein Schadensersatzanspruch als Rechtsbehelf zur Verfügung, kann er die (drohende) Schutzpflichtverletzung nicht zum Gegenstand einer Feststellungsklage machen, sofern daraus mangels Verletzung einer geschützten Rechtsposition ein Schadensersatzanspruch noch nicht einmal dem Grunde nach entstanden ist.[652] Die rechtskräftige Feststellung von Vorfragen oder Elementen eines Rechtsverhältnisses ist nach allgemeiner Rechtsüberzeugung nicht durchzusetzen.[653] Der Betroffene müsste also sehenden Auges die Realisierung der Gefahr ertragen, ohne zumindest im

---

649 Vgl. auch Motive, Bd. 3, S. 327, wonach ein rechtsverletzendes Verhalten durch den Verantwortlichen „gerade wegen seines guten Glaubens" erwartet werden kann.

650 Siehe oben unter 1. Teil C.III.4.a.bb (S. 108 ff.).

651 Siehe auch *Krebs*, Sonderverbindung, S. 550, wonach im Hinblick auf Schutzpflichten „Klagen gerade in solchen Fällen drohen, in denen Existenz und Umfang der Schutzpflicht unklar sind".

652 Vgl. *Riehm*, Grundsatz der Naturalerfüllung, S. 59; *Becker-Eberhard*, in: MüKo, ZPO, § 256 Rn. 14, 22.

653 BGH, Urteil v. 03.05.1977 – VI ZR 36/74, BGHZ 68, 331, 332.

einstweiligen Verfahren gerichtlich feststellen lassen zu können, dass eine rechtswidrige Rechtsverletzung droht.[654]

Selbst wenn der Verantwortliche erkennt, dass ihn eine Schutzpflicht trifft, kann ihn die Präventivwirkung der Schadensersatzhaftung nicht erreichen, wenn für ihn die mit der Schutzpflichtverletzung einhergehenden Vorteile größer sind als die mit der Schadensersatzhaftung verbundenen Nachteile. Dies kann unter anderem deshalb der Fall sein, weil er – wie oben dargelegt – für einige der verursachten Nachteile nicht haftbar gemacht werden kann.

Sowohl gegenüber dem unbewusst agierenden als auch gegenüber dem bewusst agierenden Schutzpflichtigen ist die Drohwirkung der zivilrechtlichen Schadensersatzhaftung somit begrenzt.[655]

cc. Zwischenergebnis

Es hat sich gezeigt, dass der repressive Rechtsschutz sowohl im Hinblick auf die Naturalrestitution als auch im Hinblick auf eine etwaige Präventivwirkung defizitär ist.[656] Zu klären bleibt, inwieweit der negatorische Rechtsschutz die erörterten Defizite ausgleichen kann.

---

654 Vgl. auch *R. Stürner*, JZ 1976, 384, 387; *Esser/E. Schmidt*, Schuldrecht, Bd. 1.1, § 6 IV (S. 110); *Bachmann/Schirmer*, in: FS Canaris 2017, 371, 394; *Kähler*, NJW 2020, 213, 216.

655 Kritisch zur präventiven Wirkung der Schadensersatzhaftung als Argument gegen vorbeugenden Rechtsschutz auch Protokolle, BGB, Bd. 3, S. 161 f.; *R. Stürner*, JZ 1976, 384, 387; *Wendelstein*, Pflicht, S. 244 ff.; vgl. zudem *Riehm*, in: FS Canaris 2017, 345, 356.

656 Auch ein etwaiger öffentlich-rechtlicher Schutz durch das Straf- oder Gefahrenabwehrrecht steht dem Bedürfnis nach *negatorischem* Zivilrechtsschutz nicht entgegen – so die herrschende Meinung seit RG, Urteil v. 15.02.1927 – II 317/26, RGZ 116, 151, 152 ff.; RG, Urteil v. 24.05.1937 – VI 379/36, RGZ 155, 92, 94; aus der Literatur etwa *Münch*, in: Soergel, BGB, § 1004 Rn. 210; *Köhler*, AcP 190 (1990), 496, 520; *Funcke*, Die sogenannte actio quasinegatoria, S. 111 ff.; stellvertretend für die früher entgegengesetzte Rechtsprechung RG, Urteil v. 15.03.1913 – VI 315/12, RGZ 82, 59, 64; aus der Literatur: *Siber*, Rechtszwang, S. 100 f.; *Henckel*, AcP 174 (1974), 97, 118; *Hohloch*, Die negatorischen Ansprüche, S. 133 ff.; siehe auch eine im Gesetzgebungsverfahren zu § 908 BGB geäußerte Mindermeinung: Protokolle, BGB, Bd. 3, S. 161.

b. Befriedigung des verbleibenden Rechtsschutzinteresses durch einen Anspruch auf Beachtung von Schutzpflichten?

Die Vorteile des negatorischen Rechtsschutzes gegenüber dem repressiven hängen mit seiner Funktionsweise zusammen. Letztere lässt sich aufteilen in eine Warn- und eine Vollstreckungsfunktion.[657]

aa. Warnfunktion

Nur wenn der Betroffene einen vorbeugenden Anspruch auf Beachtung von Schutzpflichten hat, liegt bereits vor der Beeinträchtigung seiner Rechtsgüter ein Rechtsverhältnis vor, auf dessen Grundlage er die Gerichte anrufen und so den Schutzpflichtigen warnen kann.[658] Letzterem wird dabei nicht nur vor Augen geführt, dass er durch sein Verhalten gegen geltendes Recht verstößt, sondern mittelbar auch, dass ihm bei Eintritt der Rechtsverletzung eine Schadensersatzhaftung droht.

Die Warnfunktion des negatorischen Rechtsschutzes kann also dazu führen, dass derjenige, der sich irrtümlicherweise im Recht fühlt, von der Schutzpflichtverletzung Abstand nimmt. Hierin liegt eine relevante Verbesserung der Position des Schutzberechtigten.

bb. Vollstreckungsfunktion

Gegenüber demjenigen, der weiß, dass er pflichtwidrig handelt, aber darauf hofft, dass die Rechtsverletzung ausbleibt, oder die Rechtsverletzung sogar in Kauf nimmt, entfaltet die Warnfunktion des negatorischen Rechtsschutzes keine Wirkung. Mit dem im Rahmen eines ordentlichen oder einstweiligen Verfahrens erwirkten Titel kann der Betroffene seinen Abwehranspruch aber vollstreckungsrechtlich durchsetzen.[659]

Es wurde dargelegt, dass negatorischer Rechtsschutz immer entweder die Beseitigung einer andauernden Beeinträchtigung durch aktives Tun

657 *Henckel*, AcP 174 (1974), 97, 114 ff.; *Hohloch*, Die negatorischen Ansprüche, S. 133 ff.
658 Vgl. *Henckel*, AcP 174 (1974), 97, 114; *Riehm*, Grundsatz der Naturalerfüllung, S. 59.
659 *Henckel*, AcP 174 (1974), 97, 115 ff.; zur Vollstreckung aus einer einstweiligen Verfügung auch BGH, Urteil v. 22.10.1992 – IX ZR 36/92, BGHZ 120, 73, 77 f.; *H. Mayer*, in: BeckOK, ZPO, § 936 Rn. 15, § 928 Rn. 1.

oder die Unterlassung einer bevorstehenden Beeinträchtigung durch passives Unterlassen oder ebenfalls durch aktives Tun zum Gegenstand hat.[660] Ob ein Titel auf Unterlassen oder auf aktives Tun gerichtet ist, muss durch Auslegung des Titels ermittelt werden.[661] Ist er auf eine vertretbare Handlung gerichtet, erfolgt die Vollstreckung nach § 887 Abs. 1 ZPO.[662] Danach kann der Gläubiger ermächtigt werden, auf Kosten des Schuldners die vertretbare Handlung vornehmen zu lassen. In diesem Fall kann die Schutzmaßnahme also auch gegen den Willen des Verpflichteten durchgesetzt werden.[663] Ist der Titel auf eine unvertretbare Handlung oder auf ein Unterlassen gerichtet, bestimmt sich die Vollstreckung nach § 888 ZPO bzw. § 890 ZPO.[664] Der Verpflichtete kann zur gebotenen Handlung bzw. Unterlassung durch ein Zwangs- bzw. Ordnungsgeld oder – subsidiär – durch Zwangs- bzw. Ordnungshaft angehalten werden.[665] Obwohl der Schutzpflichtige hier somit zur Beachtung der Schutzpflicht nicht gezwungen werden kann, werden ihm erhebliche Anreize dazu gesetzt[666]: Zum einen wird der Hoffnung, die Rechtsverletzung und die damit verbundene Schadensersatzhaftung werde ausbleiben, die Gewissheit gegenübergestellt, dass schon die Pflichtverletzung ein Zwangs- bzw. Ordnungsgeld nach sich zieht. Zum anderen ändert sich das Verhältnis von Nutzen zu Kosten einer vorsätzlichen Rechtsverletzung, weil nicht nur die Schadensersatzhaftung, sondern auch das jeweilige Zwangs- bzw. Ordnungsgeld einzupreisen ist.

---

660 Siehe unter 1. Teil C.III.1 (S. 93 f.).

661 Nach BGH, Beschluss v. 11.10.2017 – I ZB 96/16, NJW 2018, 1317, 1318 (Rn. 18), ist dabei vom Tenor der zu vollstreckenden Entscheidung auszugehen; erforderlichenfalls seien ergänzend die Entscheidungsgründe sowie gegebenenfalls die Antrags- oder Klagebegründung und der Parteivortrag heranzuziehen; siehe auch *Gruber*, in: MüKo, ZPO, § 890 Rn. 5.

662 *Henckel*, AcP 174 (1974), 97, 116; *Köhler*, AcP 190 (1990), 496, 514.

663 *M. Stürner*, in: BeckOK, ZPO, § 887 Rn. 7.

664 *Henckel*, AcP 174 (1974), 97, 116; *Köhler*, AcP 190 (1990), 496, 514. Ergeben sich aus einem Unterlassungstitel Handlungspflichten, wird teilweise das Wahlrecht angenommen, nach § 890 ZPO oder nach §§ 887 f. ZPO zu vollstrecken – siehe etwa *M. Stürner*, in: BeckOK, ZPO, § 890 Rn. 8 m. w. N.; dagegen aber etwa *Gruber*, in: MüKo, ZPO, § 890 Rn. 5 m. w. N.

665 Siehe nur *Gruber*, in: MüKo, ZPO, § 888 Rn. 27, § 890 Rn. 34.

666 BGH, Urteil v. 22.10.1992 – IX ZR 36/92, BGHZ 120, 73, 78; *Henckel*, AcP 174 (1974), 97, 116 f.; *Hossenfelder*, Pflichten von Internetnutzern, S. 279.

Auch gegenüber dem zur Pflichtverletzung Entschlossenen führt der negatorische Rechtsschutz somit zu einer Verbesserung der Position des Schutzberechtigten.[667]

c. Zwischenergebnis

Die repressive Haftung des Schutzverpflichteten weist erhebliche Defizite auf. Insbesondere besteht die Gefahr der Insolvenz sowohl des Schädigers als auch des Geschädigten. Ein Anspruch auf Beachtung von Schutzpflichten kann hier Abhilfe schaffen, da er die Wahrscheinlichkeit des Ausbleibens einer (weiteren) Beeinträchtigung erhöht. Der Schutzpflichtige wird durch einen Richter gewarnt und zugleich werden über das Vollstreckungsrecht zumindest Anreize geschaffen, die Schutzpflicht zu beachten. Das alte Rechtssprichwort, wonach Schadensverhütung besser ist als Schadensvergütung[668], gilt insoweit auch für das durch Schutzpflichten geschützte, reine Vermögen. Ob dieses Sprichwort im Hinblick auf Schutzpflichten auch bei Einbeziehung der ökonomischen Analyse des Rechts bestehen kann, wird im folgenden Abschnitt überprüft.

3. Kostenvorteile der Nichterzwingbarkeit von Schutzpflichten

Eine effiziente Ressourcenallokation und gesamtgesellschaftliche Wohlfahrtsmaximierung sind nach der normativen[669] ökonomischen Analyse des Rechts[670] zentrale Maßgaben für die Anwendung und Gestaltung des

667 Vgl. auch BGH, Urteil v. 09.11.1979 – I ZR 24/78, NJW 1980, 1843; *Grosch*, Rechtswandel, S. 123 (mit Fn. 503); *Hofmann*, Unterlassungsanspruch, S. 404.

668 *Kötz*, AcP 174 (1974), 145; siehe auch Protokolle, BGB, Bd. 3, S. 162; *Eltzbacher*, Unterlassungsklage, S. 100 f.; *von Bar*, in: 25 Jahre Karlsruher Forum (Beilage VersR 1983), 80; *Hohloch*, Die negatorischen Ansprüche, S. 155; *J. Hager*, VersR 1984, 799, 802; *Kötz/H.-B. Schäfer*, AcP 189 (1989), 501, 502; *Larenz/Canaris*, Lehrbuch des Schuldrechts, Bd. 2.2, § 87 I 1 (S. 704); *Bodewig*, JURA 2005, 505, 512.

669 Davon zu unterscheiden ist die positive oder deskriptive ökonomische Analyse des Rechts, die der Rechtspraxis keine Vorgaben macht, sondern lediglich ein wertungsneutrales Analysewerkzeug darstellt; näher zu dieser Unterscheidung *Riehm*, Grundsatz der Naturalerfüllung, S. 150 ff.; *Faust*, in: The Oxford Handbook of Comparative Law, 826, 828 ff.

670 Zur ökonomischen Analyse des Rechts aus der deutschen Literatur etwa *Schulz*, VersR 1984, 608, 613 ff.; *Adams*, Ökonomische Analyse, S. 17 ff., 42, 44, 165 ff.; *Kötz*,

Rechts.[671] Speziell das Haftungsrecht wird als Steuerungsinstrument verstanden: Es soll Anreize zu einem Verhalten schaffen, dessen Nutzen größer ist als die Summe aller anfallenden Kosten.[672]

Unter diesem Blickwinkel könnte der Einklagbarkeit von Schutzpflichten entgegenstehen, dass eine reine Schadensersatzhaftung Kostenvorteile bedeutet. Nach *Krebs* entscheidet sich der Schutzpflichtige regelmäßig nur dann bewusst für die Verletzung einer Schutzpflicht, wenn der Aufwand zu deren Einhaltung größer ist als der Schaden in Folge der Verletzung.[673] Einzupreisen sei dabei auch die Wahrscheinlichkeit, dass der Schaden ausbleibe.[674] Diese Überlegung erinnert stark an die aus dem anglo-amerikanischen Raum stammende Theorie des effizienten Vertragsbruchs.[675] Unter der Voraussetzung, dass eine vertragsbrüchige Partei zum Ersatz des Nichterfüllungsschadens verpflichtet ist, besagt sie, dass sich die Parteien nur dann für den Vertragsbruch entscheiden, wenn das Interesse *beider* Parteien an der Durchführung des Vertrags geringer ist als dasjenige an sei-

---

in: FS Steindorff, 644, 646 ff.; *Kötz/H.-B. Schäfer*, JZ 1992, 355 f.; *H.-B. Schäfer/Ott*, Ökonomische Analyse, S. XI ff.; *Kötz/G. Wagner*, Deliktsrecht, Kap. 4 Rn. 4 ff.; aus der amerikanischen Literatur insbesondere *Calabresi*, Cost of Accidents, S. 311 ff.; *Posner*, J. Leg. Stud. 1 (1972), 29 ff.; *Brown*, J. Leg. Stud. 2 (1973), 323 ff.; *Shavell*, Accident Law, S. 291 ff.; grundlegend auch *Coase*, JLE 3 (1960), 1 ff.; kritisch zur normativen Analyse des Rechts etwa *Blaschczok*, Gefährdungshaftung, S. 243 ff., 278; *Larenz/Canaris*, Lehrbuch des Schuldrechts, Bd. 2.2, § 76 III 4 h (S. 417); *Taupitz*, AcP 196 (1996), 114, 165 ff.; *Deckert*, JA 1996, 712, 717; *R. Krause*, in: Soergel, BGB, § 823 Anh II Rn. 34; *Wilhelmi*, Risikoschutz, S. 23 ff.; *J. Hager*, in: Staudinger, Neubearbeit. 2017, Vorbemerkung zu §§ 823 ff. Rn. 15 ff.; *Oetker*, in: MüKo, BGB, § 249 Rn. 13.

671 *Kötz*, in: FS Steindorff, 644, 646; *Taupitz*, AcP 196 (1996), 114, 137 ff.; *Deckert*, JA 1996, 712, 713; *Wilhelmi*, Risikoschutz, S. 23; *Riehm*, Grundsatz der Naturalerfüllung, S. 151 ff.; *G. Wagner*, in: MüKo, BGB, Vor § 823 Rn. 64; *H.-B. Schäfer/Ott*, Ökonomische Analyse, S. XI, 14 ff.; *Kötz/G. Wagner*, Deliktsrecht, Kap. 4 Rn. 7; *Faust*, in: The Oxford Handbook of Comparative Law, 826, 830 f.

672 *G. Wagner*, in: MüKo, BGB, Vor § 823 Rn. 65; vgl. auch *Kötz*, in: FS Steindorff, 644, 646 ff.; *Kötz/H.-B. Schäfer*, JZ 1992, 355; *Deckert*, JA 1996, 712, 713 f.; *R. Krause*, in: Soergel, BGB, § 823 Anh II Rn. 34; *Wilhelmi*, Risikoschutz, S. 23.

673 *Krebs*, Sonderverbindung, S. 550; vgl. auch *Sutschet*, in: BeckOK, BGB, § 241 Rn. 91.

674 *Krebs*, Sonderverbindung, S. 550.

675 Eine übersichtliche Darstellung der Theorie des effizienten Vertragsbruchs findet sich bei *Faust*, Die Vorhersehbarkeit des Schadens, S. 315 ff.; befürwortet wird die Theorie etwa bei *Lando/Rose*, IRLE 24 (2004), 473, 486; differenzierend *Kronman*, U. C. L. Rev. 45 (1978), 351, 369; *Shavell*, T. L. Rev. 84 (2006), 831, 832 ff.; *Maultzsch*, AcP 207 (2007), 530 ff.; kritisch etwa *Schwartz*, Yale L. J. 89 (1979), 271, 305; *Ulen*, M. L. Rev. 83 (1984), 341, 401 f.; *Friedmann*, J. Leg. Stud. 18 (1989), 1 ff.; *Eisenberg*, Cal. L. Rev. 93 (2005), 975, 1018 f.; *Weller*, Vertragstreue, S. 366 ff.

nem vorzeitigen Abbruch – wenn also der Nichterfüllungsschaden geringer ist als der Erfüllungsaufwand.[676] Vertragliche Erfüllungsansprüche seien insofern verfehlt, weil sie die Möglichkeit zum effizienten Vertragsbruch und die damit verbundene Nutzenmaximierung verhindern.[677]

Ob sich aus diesen Erwägungen ergibt, dass die Anerkennung klagbarer Schutzpflichten rechtspolitisch verfehlt ist, muss allerdings bezweifelt werden.

Zunächst gibt es nicht nur Fälle, in denen sich der Schutzpflichtige bewusst für die Verletzung der Schutzpflicht entscheidet. Im vorherigen Abschnitt wurde vielmehr auf das Risiko hingewiesen, dass er sich irrtümlicherweise im Recht fühlt. Erkennt der Schutzpflichtige die Schutzpflichtverletzung nicht, kann er auch deren Kosten und Nutzen nicht gegeneinander abwägen. Wie bereits dargelegt, kommt dem Klagerecht des Schutzberechtigten insoweit eine Warnfunktion zu. Dabei ergibt sich auch ein Unterschied zur Theorie des effizienten Vertragsbruchs. Die Leistungspflicht ist anders als die Schutzpflicht von vornherein festgelegt, sodass der Schuldner regelmäßig im Klaren darüber ist, wann er den Vertrag bricht und deshalb einer Schadensersatzpflicht ausgesetzt sein wird.

Darüber hinaus ist ein Recht zum effizienten Vertragsbruch im BGB nicht angelegt. So darf der Schuldner die Leistung nach § 275 Abs. 2 BGB nicht schon bei Unwirtschaftlichkeit verweigern, also wenn der Leistungsaufwand das Leistungsinteresse übersteigt.[678] Vielmehr muss ein grobes Missverhältnis vorliegen. Die Beweislast obliegt dem Schuldner. Unterhalb dieser erhöhten Schwelle hat der Gläubiger einen Erfüllungsanspruch.[679]

Auch jenseits von Leistungsrechten lässt das deutsche Zivilrecht nur wenig Raum für eine effiziente Rechtsverletzung.[680] So fragen etwa § 903 S. 1 BGB und § 1004 Abs. 1 BGB nicht nach Kostenvorteilen des repressiven Rechtsschutzes gegenüber dem präventiven.[681] In den Vorschrif-

676 Dazu *Faust*, Die Vorhersehbarkeit des Schadens, S. 315 f.

677 Siehe dazu und auch zur Gegenmeinung *Faust*, Die Vorhersehbarkeit des Schadens, S. 315 f.

678 *Faust*, in: Schuldrechtsmodernisierung, Kap. 2 Rn. 53; *Ernst*, in: MüKo, BGB, § 275 Rn. 103 f.

679 Näher zum Bekenntnis des deutschen Zivilrechts zum Grundsatz der Naturalerfüllung siehe oben unter 1. Teil B.I (S. 28 ff.).

680 Siehe auch den rechtsvergleichenden Überblick bei *Kötz*, AcP 174 (1974), 145 ff.

681 Zum Vorrang gesetzlicher Wertungen vor ökonomischen *Taupitz*, AcP 196 (1996), 114, 149 ff.; *Wilhelmi*, Risikoschutz, S. 26 ff.; vgl. zudem *Esser/Weyers*, Schuldrecht, Bd. 2.2, § 53 2 b (S. 132), 4 b (S. 138 f.).

ten kommt vielmehr ein gesetzliches Ordnungsprinzip zum Ausdruck,[682] wonach der Eigentümer im Grundsatz jede Fremdeinwirkung auf seine Sache ausschließen kann[683]. Das reine Vermögen und relative Rechtspositionen sind zwar – anders als das Eigentum – keine absolut geschützten Rechte. Mit § 241 Abs. 2 BGB hat der Gesetzgeber sie im Rahmen von Sonderverbindungen aber als entsprechend schutzwürdig eingestuft.[684] Lehnte man im Hinblick auf Schutzpflichten ein Klagerecht allein unter Effizienzgesichtspunkten ab, setzte man sich zumindest in Widerspruch zum sonstigen Ansatz des deutschen Haftungsrechts.[685]

Ferner gibt es wesentliche Aspekte, die dagegen sprechen, dem Schutzpflichtigen die Beurteilung zu überlassen, ob die Verletzung einer Schutzpflicht den größeren gesamtgesellschaftlichen Nutzen bedeutet. Zum einen wird er sich von solchen Schäden nicht motivieren lassen, für die er nicht aufkommen muss oder kann.[686] Auf die Defizite der Haftung aus §§ 280 Abs. 1, 241 Abs. 2 BGB wurde bereits hingewiesen.[687] Zum anderen wird dem Schutzpflichtigen regelmäßig eine sichere Entscheidungsgrundlage fehlen, weil er Schwierigkeiten haben wird, den zu erwartenden Schaden zu bemessen oder einzuschätzen.[688] Vor allem, wenn es um das Interesse an der wirtschaftlichen Verwendung bestimmter Rechtspositionen sowie um immaterielle Interessen geht, kann es zu Bewertungsschwierigkeiten kommen.[689] Der Schutzberechtigte kann dem Schutzpflichtigen insoweit

682 Vgl. *Picker*, in: FS Lange, 625, 692.

683 Dazu auch *Fehling/Faust/Rönnau*, JuS 2006, 18, 20.

684 Vgl. *Picker*, JZ 1987, 1041, 1056.

685 Deutlich insoweit OLG Düsseldorf, Urteil v. 13.01.2010 – I-27 U 1/09, NZBau 2010, 328, 239: „Ein Grundsatz ‚dulde und liquidiere' besteht im deutschen Recht bei rechtswidrigen Handlungen nicht."; ebenso OLG Saarbrücken, Urteil v. 13.06.2012 – 1 U 357/11-107, NZBau 2012, 654, 655; *Kramme*, in: Prütting/Wegen/Weinreich, BGB, § 241 Rn. 24; vgl. auch Protokolle, BGB, Bd. 3, S. 162; *Steffen*, VersR 1980, 409, 411; *Riehm*, Grundsatz der Naturalerfüllung, S. 56.

686 Vgl. *Riehm*, Grundsatz der Naturalerfüllung, S. 203.

687 Siehe oben unter 1. Teil D.I.2.a (S. 123 ff.).

688 Vgl. *Lenzen*, NJW 1967, 1260, 1261; *Kötz*, AcP 174 (1974), 145, 149; *Steiner*, Schadensverhütung, S. 8 ff.; *Weller*, Vertragstreue, S. 324, 329; *Riehm*, Grundsatz der Naturalerfüllung, S. 60 f., 203 f.; *Wendelstein*, Pflicht, S. 244 ff.

689 Vgl. *Riehm*, Grundsatz der Naturalerfüllung, S. 60 f., 45 f.; daneben auch *Köhler*, AcP 190 (1990), 496, 507: Im Gasbezugsfall (dazu oben auf S. 102) könne die Schadensbemessung problematisch sein, wenn die Beklagte einwendet, sie habe die Zukäufe von Dritten nur aufgrund des niedrigeren Preises getätigt; von der Klägerin hätte sie die zusätzliche Menge Gas nicht bezogen. Zur schlechten monetären Messbarkeit immaterieller Güter siehe auch *Larenz/Canaris*, Lehrbuch des Schuldrechts,

zwar Informationen zukommen lassen. Allerdings wird der Rechtsgutsinhaber oft selbst Probleme haben, die Auswirkungen der Schutzpflichtverletzung im Vorhinein abzusehen. Insoweit liegt die Situation wiederum anders als beim effizienten Vertragsbruch. Bei einer Leistungspflichtverletzung lässt sich der drohende Schaden tendenziell leichter bestimmen. Über den Wert und auch die Verwendung der Leistung wird nämlich schon im Rahmen des Vertragsschlusses weitgehend Klarheit bestanden haben.[690] Bei Verletzung einer sich erst aus der konkreten Situation ergebenden Schutzpflicht[691] dagegen kann es besondere Probleme bereiten, im Vorhinein abzusehen, welcher Schaden sich im Einzelnen daraus ergeben wird.

Ein Beispiel bietet erneut der Fall Kirch/Deutsche Bank AG und Breuer.[692] Es war wohl für keinen der Beteiligten konkret absehbar, welche Auswirkungen die Interviewaussage des Vorstandsvorsitzenden der Deutschen Bank haben würde. Selbst nach der Schutzpflichtverletzung ließ sich der Schaden nicht genau bestimmen, weshalb es in dem Verfahren zunächst nur um einen Antrag auf Feststellung der Schadensersatzhaftung dem Grunde nach ging.[693] Die Deutsche Bank zahlte schließlich in einem Vergleich über 900 Millionen Euro an die Kirch-Erben.[694] Rückblickend war es in diesem Fall besonders problematisch, allein dem Schutzpflichtigen die Beurteilung zu überlassen, ob die Schutzpflichtverletzung einen Wohlfahrtsgewinn bedeutete. Der Nachteil, der damit verbunden war, die kreditgefährdenden Aussagen zu unterlassen, war minimal; die Kosten dagegen, die mit den Aussagen einhergingen, waren enorm. Weil aber für Rolf Breuer die volkwirtschaftlichen Konsequenzen seines Verhaltens nicht konkret absehbar waren, sah er wohl keinen Grund, auf die problematischen Aussagen zu verzichten.

Die Möglichkeit zur vorbeugenden Einklagbarkeit von Schutzpflichten bietet hier ein Korrektiv. Die Partei, deren Rechtsgüter gefährdet sind, wird

---

Bd. 2.2, § 76 III 4 h (S. 417); *R. Krause*, in: Soergel, BGB, § 823 Anh II Rn. 34; *Wilhelmi*, Risikoschutz, S. 26.

690 Dazu auch oben unter 1. Teil C.III.4.a.bb (S. 108 ff.); zu den auch hier entstehenden Fehlanreizen durch das Problem der Schadensermittlung aber *Riehm*, Grundsatz der Naturalerfüllung, S. 203 ff. mit S. 43 ff.

691 Zur Situationsabhängigkeit von Schutzpflichten siehe unter 1. Teil C.III.4.a.bb (S. 108 ff.).

692 S. 126.

693 BGH, Urteil v. 24.01.2006 – XI ZR 384/03, BGHZ 166, 84, 86 (Rn. 1).

694 Manager Magazin vom 31.03.2016, abrufbar unter https://www.manager-magazin.de/unternehmen/personalien/deutsche-bank-millionen-vergleich-mit-ex-chef-rolf-breuer-a-1084800.html (zuletzt aufgerufen am 12.03.2024).

im Zweifel gegen das gefährliche Verhalten vorgehen (zumindest im Rahmen eines einstweiligen Verfahrens), auch wenn sie den zu erwartenden Schaden nicht genau abschätzen kann. Der Richter wird dann im Hinblick auf die Frage, ob eine Schutzpflichtverletzung vorliegt, den Nutzen und die Kosten der jeweiligen Schutzmaßnahme gegeneinander abwägen und dabei auch immaterielle Interessen miteinbeziehen.[695] Bejaht er als neutrale Instanz eine Schutzpflicht, besteht eine hinreichende Wahrscheinlichkeit dahingehend, dass ihre Verletzung der Wohlfahrtsmaximierung widerspricht und deshalb unterbleiben muss.

Auch wenn man von etwaigen Informationsdefiziten absieht, kommt die ökonomische Analyse des Rechts regelmäßig zu dem Ergebnis, dass die Schadensverhütung effizienter ist als die Schadensvergütung.[696] Zwar wird betont, dass der Primärrechtsschutz nicht vorbehaltslos gewährleistet sein darf.[697] Ein solcher Vorbehalt ist im deutschen Recht aber einerseits in Vorschriften wie § 275 Abs. 2 BGB oder § 251 Abs. 2 BGB verankert,[698] andererseits in dem wertungsoffenen Maßstab zur Bestimmung von Schutz- und Verkehrspflichten, wonach auch die wirtschaftliche Zumutbarkeit der Schutzmaßnahme eine Rolle spielt.[699]

Insgesamt steht das Interesse an Kostenvorteilen der Einklagbarkeit von Schutzpflichten somit nicht entgegen. Zum einen misst das deutsche Haftungsrecht diesem Interesse nur beschränkt Bedeutung bei. Zum anderen

---

695 BGH, Urteil v. 22.08.2019 – III ZR 113/18, BGHZ 223, 95, 100 (Rn. 15): „Die Zumutbarkeit von Sicherungsvorkehrungen ist dabei unter Abwägung der Wahrscheinlichkeit der Gefahrverwirklichung, der Gewichtigkeit möglicher Schadensfolgen und des mit etwaigen Sicherungsvorkehrungen verbundenen Aufwands zu bestimmen.“; ebenso BGH, Urteil v. 19.07.2018 – VII ZR 251/17, NJW 2018, 2956, 2957 (Rn. 18); zur gebotenen Einbeziehung immaterieller Interessen vgl. auch *Faust*, in: Schuldrechtsmodernisierung, Kap. 2 Rn. 27; *G. Wagner*, in: MüKo, BGB, § 823 Rn. 531.

696 *Kötz*, AcP 174 (1974), 145, 149; *Schwartz*, Yale L. J. 89 (1979), 271, 305; *Steiner*, Schadensverhütung, S. 33 ff.; *Ulen*, M. L. Rev. 83 (1984), 341, 401 f.; *Kötz/H.-B. Schäfer*, JZ 1992, 355 f.; *Eisenberg*, Cal. L. Rev. 93 (2005), 975, 1018 f.; *Maultzsch*, AcP 207 (2007), 530, 551 f., 563; *Weller*, Vertragstreue, S. 366 ff.; *Riehm*, Grundsatz der Naturalerfüllung, S. 208, 215; zur Gegenmeinung siehe Fn. 675.

697 Vgl. *Eisenberg*, Cal. L. Rev. 93 (2005), 975, 1019 ff.; *Maultzsch*, AcP 207 (2007), 530, 552 ff.; *Riehm*, Grundsatz der Naturalerfüllung, S. 208 f., 215 f.

698 Vgl. *Faust*, in: Schuldrechtsmodernisierung, Kap. 2 Rn. 53 ff.; *Shavell*, T. L. Rev. 84 (2006), 831, 863; *Maultzsch*, AcP 207 (2007), 530, 557; *Riehm*, Grundsatz der Naturalerfüllung, S. 208 f.; *Ernst*, in: MüKo, BGB, § 275 Rn. 84.

699 BGH, Urteil v. 19.07.2018 – VII ZR 251/17, NJW 2018, 2956, 2957 (Rn. 18, 23); BGH, Urteil v. 22.08.2019 – III ZR 113/18, BGHZ 223, 95, 100 (Rn. 15); BGH, Urteil v. 14.01.2021 – III ZR 168/19, NJW 2021, 1463, 1464 (Rn. 13); zu deliktischen Verkehrspflichten vgl. *G. Wagner*, in: MüKo, BGB, § 823 Rn. 527 ff.

ist ihm nicht notwendig besser gedient, wenn dem Schutzpflichtigen die Entscheidung für oder gegen die Schutzpflichtverletzung überlassen wird. Zielführender ist insofern die Lösung, dass eine – gegebenenfalls richterlich festgestellte – Pflichtverletzung von vornherein unterbleibt. Daneben steht es den Parteien grundsätzlich offen, sich vertraglich darauf zu einigen, dass sich der Schutzberechtigte das Recht zur vorbeugenden Durchsetzung der Schutzpflicht abkaufen lässt.[700]

4. Vertrauensvolles Miteinander

Der vierte Einwand gegenüber einem mit Schutzpflichten korrespondierenden Klagerecht geht wiederum auf *Krebs* zurück. Im zufolge untergräbt ein solches Klagerecht das „vertrauensvolle Miteinander" im Rahmen einer Sonderverbindung[701].[702] Ein zusätzliches Kampf- bzw. Druckmittel in der Hand des Schutzberechtigten berge zusätzliches Konfliktpotenzial.[703] Das gelte vor allem, weil Klagen gerade in solchen Fällen drohten, in denen die Existenz oder der Umfang einer etwaigen Schutzpflicht unklar sei oder der Schutzpflichtige ein kalkuliertes Risiko eingehe.[704]

Diese Argumentation hält einer Überprüfung nicht stand.[705] Geht im Rahmen eines Schuldverhältnisses von einem Beteiligten eine Gefahr für die Rechtsgüter des anderen Beteiligten aus und sind sich die Parteien uneinig darüber, ob sich der Verantwortliche rechtswidrig verhält, liegt schon hierin eine Störung des Vertrauensverhältnisses. Steht insofern eine Schutzpflichtverletzung im Raum, geht es nicht mehr darum, einen Konflikt zu verhindern, sondern nur noch darum, den bereits entstandenen Konflikt zu schlichten. Der Möglichkeit zu einer Klage kann hierbei wertvoll sein.[706] Die Gerichte lassen sich zur Streitschlichtung allerdings nur anrufen, wenn man einen Anspruch auf Beachtung von Schutzpflichten anerkennt. Im

700 Zum Vorteil von entsprechenden vertraglichen Einigungen vgl. *Faust*, in: Schuldrechtsmodernisierung, Kap. 2 Rn. 53 ff.; *Riehm*, Grundsatz der Naturalerfüllung, S. 201 f.

701 Zum Vertrauensverhältnis in Sonderverbindungen siehe auch etwa *von Bar*, AcP 179 (1979), 452, 467; *Grüneberg*, in: Grüneberg, § 241 Rn. 6, § 242 Rn. 5 f.

702 *Krebs*, Sonderverbindung, S. 550; vgl. auch *Riehm*, Grundsatz der Naturalerfüllung, S. 66.

703 *Krebs*, Sonderverbindung, S. 550.

704 *Krebs*, Sonderverbindung, S. 550.

705 Kritisch zu *Krebs*' Argumentation auch *Kähler*, NJW 2020, 113, 115.

706 Vgl. *Bachmann/Schirmer*, in: FS Canaris 2017, 371, 383.

Hinblick auf einen etwaigen Schadensersatzanspruch besteht – wie bereits dargelegt – noch kein feststellungsfähiges Rechtsverhältnis.[707] Die Anerkennung eines vorbeugenden Anspruchs kommt dabei nicht nur demjenigen zugute, dessen Rechtsgüter gefährdet sind, sondern auch demjenigen, dem die Schutzpflichtverletzung vorgeworfen wird, da er im Rahmen einer negativen Feststellungklage klären lassen kann, dass er sich rechtmäßig verhält.[708] Doch selbst wenn er sich *rechtswidrig* verhält, kommt ihm eine gerichtliche Klärung der Rechtslage zugute, weil er sein Verhalten entsprechend anpassen und so eine drohende Schadensersatzhaftung vermeiden kann. Mit der frühzeitigen Streitbeilegung wird schließlich eine möglicherweise ressourcenbindende Unsicherheit der Beteiligten beseitigt. Die Parteien wissen, ob eine Schutzpflichtverletzung vorliegt, und können ihr Verhalten entsprechend ausrichten, ohne auch für den umgekehrten Fall Vorsorge treffen zu müssen.

Hinzu kommt, dass die bereits dargestellten Defizite der Schadensersatzhaftung[709] das Vertrauensverhältnis zwischen den Parteien im Zweifel stärker belasten als die vorbeugende Durchsetzung der jeweiligen Schutzpflicht.[710] Zum einen wird eine etwaige Unterkompensation durch repressiven Rechtsschutz beim Betroffenen Frustration erzeugen. Zum anderen sorgen etwaige Schwierigkeiten, den Schaden zu beziffern, für zusätzliches Streitpotenzial.[711] Wenn im Fall Kirch/Deutsche Bank AG und Breuer[712] über eine einstweilige Verfügung erreicht worden wäre, dass Rolf Breuer die kreditgefährdenden Interviewaussagen unterlässt, wäre das Verhältnis zwischen der Deutschen Bank und der Kirch-Gruppe wohl nicht derart beeinträchtigt worden wie durch den jahrelangen Schadensersatzprozess, der auf das Interview folgte.

Das Interesse am Erhalt des sonderverbindungsspezifischen Vertrauensverhältnisses steht der Anerkennung eines Anspruchs auf Beachtung von Schutzpflichten somit nicht entgegen. Im Gegenteil scheint sowohl die frühe Feststellbarkeit von Schutzpflichten als auch die Vermeidung von Streitigkeiten über Existenz und Umfang eines etwaigen Schadensersatzanspruchs zu einer Entlastung des Vertrauensverhältnisses beizutragen.

---

707 Siehe oben unter 1. Teil D.I.2.a.bb (S. 127 f.).
708 Vgl. *Riehm*, Grundsatz der Naturalerfüllung, S. 59.
709 Siehe oben unter 1. Teil D.I.2.a (S. 123 ff.).
710 Vgl. *Riehm*, Grundsatz der Naturalerfüllung, S. 59 ff.
711 Vgl. *Riehm*, Grundsatz der Naturalerfüllung, S. 60 f.
712 S. 126.

5. Ergebnis

Es hat sich gezeigt, dass die Interessen der Beteiligten eines Schuldverhältnisses der Einklagbarkeit von Schutzpflichten nicht prinzipiell entgegenstehen. Die Warn- und Durchsetzungsfunktion des negatorischen Rechtsschutzes können auch im Hinblick auf das durch Schutzpflichten geschützte reine Vermögen Defizite des repressiven Rechtsschutzes ausgleichen. Darüber hinaus ist die vorbeugende Durchsetzbarkeit von Schutzpflichten im Sinne der Ordnungsfunktion des Privatrechts sowie im Sinne eines vertrauensvollen Miteinanders der Beteiligten eines Schuldverhältnisses. Schließlich spricht auch das Interesse an Kostenvorteilen nicht gegen einen Anspruch auf Beachtung von Schutzpflichten, weil dieses im Rahmen der (richterlichen) Bestimmung der Schutzpflicht hinreichend Beachtung findet.

II. Vorbehalte

Nach den bisherigen Ergebnissen sind Schutzpflichten im Grundsatz einklagbar. Prinzipielle Einwände greifen nicht durch. Zu klären bleibt, ob allein vom Bestehen der Schutzpflicht auf einen korrespondierenden Anspruch geschlossen werden kann oder ob ein Anspruch an zusätzliche Voraussetzungen geknüpft ist.[713] In der Literatur werden im Wesentlichen drei Vorbehalte geäußert: 1. Der Inhalt der Schutzpflicht muss hinreichend konkretisierbar sein (dazu nachfolgend unter 1.).[714] 2. Der Betroffene darf nicht in zumutbarer Weise ausweichen können (dazu unter 2.).[715] 3. Es

713 Die Problematik ist auch aus der Diskussion um die Einklagbarkeit von Verkehrssicherungspflichten bekannt und gilt auch dort bislang als „wenig geklärt“: *G. Wagner*, in: MüKo, BGB, Vor § 823 Rn. 44; siehe auch *Henckel*, AcP 174 (1974), 97, 112 (mit Fn. 28); *von Bar*, in: 25 Jahre Karlsruher Forum (Beilage VersR 1983), 80, 84; *Fritzsche*, Unterlassungsanspruch, S. 42 f., 71.

714 So besonders deutlich *Kuhlmann*, Leistungspflichten und Schutzpflichten, S. 134; siehe auch *Larenz*, Lehrbuch des Schuldrechts AT, Bd. 1, 14. Aufl. (1987), § 2 I (S. 12); *Esser/E. Schmidt*, Schuldrecht, Bd. 1.1, § 6 IV (S. 110); *Grigoleit*, in: FS Canaris 2007, Bd. 1, 275, 289 ff.; *Wech*, Das Bankgeheimnis, S. 515; *Bachmann/Schirmer*, in: FS Canaris 2017, 371, 395.

715 *Köhler*, AcP 190 (1990), 496, 511; *Kuhlmann*, Leistungspflichten und Schutzpflichten, S. 134; *J. Schmidt*, in: Staudinger, 13. Bearbeit. 1995, Einleit. zu §§ 241 ff. Rn. 336; *Katzenstein*, Haftungsbeschränkungen, S. 192; *Grigoleit*, in: FS Canaris 2007, Bd. 1, 275, 290; *Wech*, Das Bankgeheimnis, S. 515; *Bachmann/Schirmer*, in: FS Canaris

muss eine konkrete oder erhöhte Rechtsgutsgefährdung eingetreten sein (dazu unter 3.).[716]

Bei der Überprüfung dieser Vorbehalte wird von einem aus der einschlägigen Literatur bekannten Fallbeispiel[717] ausgegangen: Ein Privatschüler sieht sich durch das schadhafte Ziegeldach eines an den Schuleingang angrenzenden Nebengebäudes gefährdet (im Folgenden auch „Privatschüler-Fall"). Zur Abwendung der Gefahr kann der private Schulträger das in seinem Eigentum und Besitz stehende schadhafte Dach abschirmen oder reparieren. Da beides nicht erfolgt, klagt der Privatschüler auf Vornahme geeigneter Maßnahmen zur Absicherung des Schulbetriebs.

1. Konkretisierbarkeit

Vom Wortlaut des § 241 Abs. 2 BGB ausgehend, ließe sich die Schutzpflicht als *„generalklauselartige[r] Auffangtatbestand"*[718] verstehen, der „zu *irgendeinem* Verhalten"[719] verpflichtet. In diesem Fall ließe sich aus der Schutzpflicht kein einklagbarer Anspruch ableiten. Materiellrechtlich fehlte das Rechtsschutzbedürfnis[720] und prozessrechtlich ein hinreichend bestimmter Antrag im Sinne von § 253 Abs. 2 Nr. 2 ZPO. Tatsächlich ist eine Schutz-

---

2017, 371, 398; aus der parallelen Diskussion zur Einklagbarkeit von Verkehrssicherungspflichten: *Münzberg*, JZ 1967, 689, 692 (mit Fn. 31); *von Bar*, in: 25 Jahre Karlsruher Forum (Beilage VersR 1983), 80, 85; *K. Mayer*, DB 1985, 319, 322; *Stiebler*, Verkehrspflichtverletzungen, S. 124 ff.; *Schwenzer*, JZ 1987, 1059, 1060 ff.; *Rettenbeck*, Rückrufpflicht, S. 109 ff.; *Beck*, Rückrufpflicht, S. 100 ff.; *G. Wagner*, in: MüKo, BGB, Vor § 823 Rn. 44; *J. Hager*, in: Staudinger, Neubearbeit. 2017, Vorbemerkung zu §§ 823 ff. Rn. 64; *H. Herrmann*, BB 1985, 1801, 1805 f.

716 OLG Saarbrücken, Urteil v. 13.06.2012 – 1 U 357/11-107, NZBau 2012, 654, 655; *J. Schmidt*, in: Staudinger, 13. Bearbeit. 1995, Einleit. zu §§ 241 ff. Rn. 337; *Wech*, Das Bankgeheimnis, S. 514 f.; *Bachmann/Schirmer*, in: FS Canaris 2017, 371, 395 f.; *Kramme*, in: Prütting/Wegen/Weinreich, BGB, § 241 Rn. 24; aus der parallelen Diskussion zur Einklagbarkeit von Verkehrssicherungspflichten etwa *von Bar*, in: 25 Jahre Karlsruher Forum (Beilage VersR 1983), 80, 84; *K. Mayer*, DB 1985, 319, 322; *Stiebler*, Verkehrspflichtverletzungen, S. 123, 140 ff.; *Hans Stoll*, in: FS Lange, 729, 734 ff.; *Rettenbeck*, Rückrufpflicht, S. 108 f.; *R. Krause*, in: Soergel, BGB, § 823 Anh II Rn. 12; *Wilhelmi*, Risikoschutz, S. 301; *G. Wagner*, in: MüKo, BGB, Vor § 823 Rn. 44.

717 *R. Stürner*, JZ 1976, 384, 386; aufgegriffen auch bei *Bachmann/Schirmer*, in: FS Canaris 2017, 371, 375; *Leuering*, in: FS Bergmann, 457, 468.

718 *Grigoleit*, in: FS Canaris 2007, Bd. 1, 275, 289 [Hervorhebung im Original].

719 *Kuhlmann*, Leistungspflichten und Schutzpflichten, S. 134 [Hervorhebung im Original].

720 Die Regeln des negatorischen Rechtsschutzes, die hier als Rechtsgrundlage für ein Klagerecht herangezogen werden, sind funktional auf die Untersagung eines

pflicht also nur einklagbar, wenn sie einen konkretisierbaren Inhalt hat. Zweifelhaft ist allerdings, ob es sich hierbei speziell um eine Frage der Klagbarkeit handelt.

a. Keine allgemeinen Rechtsachtungspflichten

Haftungsrechtlich relevant werden Schutzpflichten immer erst, wenn sie einen konkretisierbaren Inhalt haben. Das gilt nicht nur im Kontext der präventiven, sondern auch im Kontext der repressiven Haftung. Wird der Schüler im Privatschüler-Fall von einem herabstürzenden Ziegel verletzt, kann er einen Schadensersatzanspruch nach §§ 280 Abs. 1, 241 Abs. 2 BGB nicht auf den Vortrag stützen, der Schulbetreiber habe sich auf irgendeine Art und Weise rücksichtslos verhalten. Vielmehr müsste er konkret vortragen, der Schulbetreiber hätte das beschädigte Dach in Stand setzen oder zumindest abschirmen müssen.[721] Gerade das unterscheidet die Unrechtshaftung von der Gefährdungshaftung. Nicht schon irgendein Verhalten, das in Zusammenhang mit einem bestimmten Gefahrenherd steht, ist haftungsbegründend, sondern nur ein konkretes, verbotenes Verhalten.

Überhaupt ist die Annahme einer abstrakten Schutzpflicht im Sinne einer allgemeinen Rechtsachtungspflicht fragwürdig, weil sich aus ihr kein Verhaltensgebot ergibt, das tatsächlich befolgt werden kann.[722] Eine Pflicht zur Rücksicht ist so lange bedeutungslos, bis geklärt ist, was unter *Rücksicht* zu verstehen ist. § 241 Abs. 2 BGB schreibt außerdem vor, dass das Schuldverhältnis zur Rücksicht verpflichten *kann*. Hier ist also schon vorgezeich-

---

konkretisierbaren, rechtsgutsgefährdenden Verhaltens beschränkt. Lässt sich ein solches nicht bestimmen, fehlt – schon als materiellrechtliche Bedingung – das Rechtsschutzbedürfnis; vgl. auch *Köhler*, AcP 190 (1990), 496, 509 f.; *Köhler*, JZ 2005, 489, 490; *J. Schmidt*, in: Staudinger, 13. Bearbeit. 1995, Einleit. zu §§ 241 ff. Rn. 337; *Fritzsche*, Unterlassungsanspruch, S. 72 f.; *Kuhlmann*, Leistungspflichten und Schutzpflichten, S. 134; *Herresthal*, in: GS Unberath, 179, 210; *Hofmann*, Unterlassungsanspruch, S. 398 ff.; *Leuering*, in: FS Bergmann, 457, 468; *Bachmann/Schirmer*, in: FS Canaris 2017, 371, 395 ff.; *Bachmann*, in: MüKo, BGB, § 241 Rn. 82, 182.

721 Vgl. *Spindler*, in: BeckOK, BGB, § 836 Rn. 12, 20; zu Verkehrssicherungspflichten als Ausprägung von Schutzpflichten siehe *Sutschet*, in: BeckOK, BGB, § 241 Rn. 92; *Olzen*, in: Staudinger, Neubearbeit. 2019, § 241 Rn. 487, 490; *Looschelders*, Schuldrecht AT, § 8 Rn. 9.

722 Vgl. auch *R. Bruns*, in: FS Nipperdey, Bd. 1, 3, 9, 20; *Münzberg*, JZ 1967, 689, 693; *Heinze*, Rechtsnachfolge, S. 42, 46, 47 (mit Fn. 200); *Bucher*, AcP 186 (1986), 1, 12; zu dieser Frage auch schon oben unter 1. Teil C.I.2.a.aa (S. 54 f.).

net, dass die Entstehung der Schutzpflicht von den konkreten Umständen des Einzelfalls abhängt.[723]

Vor diesem Hintergrund ist es überzeugender, die Konkretisierbarkeit der Schutzpflicht nicht als eine Voraussetzung der Einklagbarkeit der Schutzpflicht zu begreifen, sondern als eine Voraussetzung der Schutzpflicht selbst. Nur im letzteren Fall stellt die Schutzpflicht eine echte Pflicht im Sinne einer befolgbaren Sollensanordnung[724] dar.

b. Wahlrecht des Schutzpflichtigen

Zuweilen wird gegen die Einklagbarkeit von Schutzpflichten vorgebracht, die Art und Weise, eine Rechtsgutsbeeinträchtigung zu verhindern, liege im Ermessen des Verantwortlichen.[725] Im Ansatz ist das richtig:[726] Im Privatschüler-Fall[727] darf der Schulbetreiber nicht zur Reparatur des schadhaften Dachs gezwungen werden, wenn er die davon ausgehende Gefahr auch beseitigen kann, indem er an der gefährlichen Stelle eine Absperrung errichtet. Schutzpflichten dienen keinem Selbstzweck, sondern schützen Rechtspositionen, die außerhalb ihrer selbst liegen,[728] das heißt, jedes Verhalten, das die drohende Rechtsgutsverletzung verhindert, ist rechtmäßig. Allerdings steht das der Einklagbarkeit von Schutzpflichten nicht entgegen.[729] Gibt es mehrere Möglichkeiten, eine Rechtsgutsbeeinträchtigung zu verhindern, ist der negatorische Anspruch lediglich weiter zu fassen. Der BGH hat insofern klargestellt, dass die Bestimmtheit des Klageantrags nach § 253 Abs. 2 Nr. 2 BGB nicht die Bezeichnung der einzelnen Maßnahmen

723 Vgl. *Olzen*, in: Staudinger, Neubearbeit. 2019, § 241 Rn. 419; *Krebs*, in: Dauner-Lieb/ Langen, BGB, § 241 Rn. 21.

724 Zum Pflichtbegriff schon oben unter 1. Teil B.III.2.a (S. 43 ff.).

725 Vgl. *Siber*, Rechtszwang, S. 87; *H. Lehmann*, Unterlassungspflicht, S. 90; zu dieser Argumentation auch *Bachmann*, in: MüKo, BGB, § 241 Rn. 81.

726 Vgl. RG, Urteil v. 16.04.1896 – VI 418/95, RGZ 37, 172, 173 ff.; BGH, Urteil v. 22.10.1976 – V ZR 36/75, BGHZ 67, 252, 253; BGH, Urteil v. 17.12.1982 – V ZR 55/82, NJW 1983, 751, 752; BGH, Urteil v. 20.11.1992 – V ZR 82/91, BGHZ 120, 239, 246; BGH, Urteil v. 19.01.1996 – V ZR 298/94, NJW-RR 1996, 659; BGH, Urteil v. 12.12.2003 – V ZR 98/03, NJW 2004, 1035. 1036; BGH, Urteil v. 23.03.2023 – V ZR 67/22, BGHZ 236, 369, 380 (Rn. 31).

727 S. 140.

728 Siehe oben unter 1. Teil C.I.2.c.cc (S. 76 ff.).

729 Im Ergebnis ebenso *Wilhelmi*, Risikoschutz, S. 72; *Bachmann*, in: MüKo, BGB, § 241 Rn. 81.

voraussetzt.[730] Der Unterlassungsantrag soll nicht einmal zum Ausdruck bringen müssen, dass er auf das Ergreifen der *zumutbaren* Sicherungsmaßnahmen gerichtet ist.[731] Es reiche aus, wenn sich dies „mit ausreichender Deutlichkeit aus der Klagebegründung" ergebe.[732] Der Privatschüler kann also nicht verlangen, dass der Schulbetreiber das Dach repariert, wohl aber, dass er die Gefahr durch herabstürzende Dachziegel beseitigt.

c. Zwischenergebnis

Der Vorbehalt der Konkretisierbarkeit der Schutzpflicht ist schon in sich widersprüchlich, weil es nicht-konkretisierte Schutzpflichten überhaupt nicht gibt. Schutzpflichten entstehen immer erst, wenn ein bestimmtes, schützendes Verhalten geboten ist. Sind unterschiedliche Schutzmaßnahmen möglich, hat zwar der Schutzverpflichtete ein Wahlrecht. Allerdings steht das weder der Konkretisierbarkeit noch der Einklagbarkeit von Schutzpflichten entgegen. Die Schutzpflicht und der Klageantrag sind insoweit nur weiter zu fassen.

2. Nicht-Ausweichen-Können

Der zweite Vorbehalt besagt, dass ein Anspruch auf Beachtung von Schutzpflichten nur besteht, wenn sich der Schutzberechtigte der Gefahr für seine Rechtsgüter nicht entziehen kann. Im Hinblick auf den Privatschüler-Fall[733] läuft dieser Vorbehalt auf die folgende Frage hinaus: Kann der Privatschüler die Reparatur des schadhaften Dachs oder dessen Abschirmung verlangen, wenn er der Gefahr ausweichen kann, indem er zum Beispiel den Hintereingang der Schule nutzt oder zuhause bleibt?

---

730 BGH, Urteil v. 19.01.1996 – V ZR 298/94, NJW-RR 1996, 659.
731 BGH, Urteil v. 16.05.2013 – I ZR 216/11, GRUR 2013, 1229, 1231 (Rn. 25, 34).
732 BGH, Urteil v. 16.05.2013 – I ZR 216/11, GRUR 2013, 1229, 1231 (Rn. 25).
733 S. 140.

a. Das Prinzip der Selbstverantwortung

Setzt sich der Schüler der Gefahr herabstürzender Ziegel bewusst aus, wäre eine Restitutionspflicht des Schulbetreibers im Schadensfall aufgrund des Mitverschuldens des Schülers nach § 254 Abs. 1 BGB reduziert.[734] § 254 Abs. 1 BGB ist Ausdruck des Rechtsgedankens, dass derjenige, der die Sorgfalt außer Acht lässt, die erforderlich ist, um sich selbst vor Schaden zu bewahren, für die Beeinträchtigung (mit)verantwortlich und insoweit nicht oder nur vermindert schutzwürdig ist.[735] Es gilt das „Prinzip der Selbstverantwortung und Selbstbestimmung".[736]

Die Möglichkeit zum Selbstschutz kann auch dem präventiven Rechtsschutz entgegenstehen.[737] Ansonsten bestünde die Gefahr, dass der negatorische Anspruch nicht mehr dem Schutz der Integrität dient, auf den er zugeschnitten ist, sondern dem Schutz des rein tatsächlichen Interesses, nicht ausweichen zu müssen.[738] Möchte zum Beispiel der Privatschüler den sicheren Hintereingang der Schule nicht nutzen, weil dieser schwieriger zu erreichen ist, geht es ihm nicht um den Schutz seiner körperlichen Unver-

---

734 Zur Einsicht eines Kindes jenseits des Kleinkindalters, sich selbst vor Schaden bewahren zu müssen, vgl. OLG Celle, Teilurteil v. 20.06.1968 – 5 U 37/68, NJW 1968, 2146, 2147; *S. Lorenz*, in: BeckOK, BGB, § 254 Rn. 11. Zum Mitverschulden bei Schadensfällen infolge von Verkehrssicherungspflichtverletzungen vgl. auch die folgenden Fälle: BGH, Urteil v. 20.01.1981 – VI ZR 205/79, VersR 1981, 482 (Sturz über erkennbar herausragende Steinbodenplatte); BGH, Urteil v. 20.11.1984 – VI ZR 169/83, NJW 1985, 482, 483 (Sturz auf erkennbar gefährlichem Glatteis); weitere Beispiele finden sich bei *Höpfner*, in: Staudinger, Neubearbeit. 2021, § 254 Rn. 53 ff.; *Ebert*, in: Erman, BGB, § 254 Rn. 43 ff.; *S. Lorenz*, in: BeckOK, BGB, § 254 Rn. 23 f.

735 RG, Urteil v. 17.09.1920 – III 92/20, RGZ 100, 42, 44; BGH, Urteil v. 03.07.1951 – I ZR 44/50, BGHZ 3, 46, 49; BGH, Urteil v. 29.04.1953 – VI ZR 63/52, BGHZ 9, 316, 318; BGH, Urteil v. 02.06.1969 – II ZR 182/67, BGHZ 52, 166, 168; *S. Lorenz*, in: BeckOK, BGB, § 254 Rn. 1; ausführlich zur *ratio legis* von § 254 BGB *Looschelders*, Mitverantwortlichkeit des Geschädigten, S. 116 ff.

736 *Zöllner*, AcP 188 (1988), 85, 95; *Wilhelmi*, Risikoschutz, S. 17 f.; vgl. auch *Looschelders*, Mitverantwortlichkeit des Geschädigten, S. 124 f.

737 So im Ergebnis auch *Münzberg*, JZ 1967, 689, 692 (mit Fn. 31); *R. Stürner*, JZ 1976, 384, 386; *von Bar*, in: 25 Jahre Karlsruher Forum (Beilage VersR 1983), 80, 85; *Köhler*, AcP 190 (1990), 496, 511; *Kuhlmann*, Leistungspflichten und Schutzpflichten, S. 134; *J. Schmidt*, in: Staudinger, 13. Bearbeit. 1995, Einleit. zu §§ 241 ff. Rn. 336; *Ehmann/Sutschet*, Modernisiertes Schuldrecht, § 4 III 2 e (S. 74); *Katzenstein*, Haftungsbeschränkungen, S. 192; *Grigoleit*, in: FS Canaris 2007, Bd. 1, 275, 290; *Bachmann/Schirmer*, in: FS Canaris 2017, 371, 398; *J. Hager*, in: Staudinger, Neubearbeit. 2017, Vorbemerkung zu §§ 823 ff. Rn. 64; *G. Wagner*, in: MüKo, BGB, Vor § 823 Rn. 44.

738 Vgl. *Bodewig*, Der Rückruf fehlerhafter Produkte, S. 265 f.

sehrtheit, sondern um das Interesse, die Unannehmlichkeit des längeren Schulwegs zu vermeiden. Hat sich dieses rein tatsächliche Interesse aber nicht zu einer zugewiesenen Rechtsposition verdichtet, sind Beeinträchtigungen zivilrechtlich nicht abwehrbar.[739] Es müsste also aus § 242 BGB die Treuepflicht des Schulbetreibers hergeleitet werden, die Nutzung des Vordereingangs zu ermöglichen. Dann bestünde eine entsprechende relative Rechtsposition, die nach den obigen Ergebnissen Gegenstand einer Schutzpflicht und des quasinegatorischen Rechtsschutzes sein kann.[740] Lehnt man eine solche Treuepflicht ab, muss sich der Schüler darauf verweisen lassen, den Hintereingang der Schule zu nutzen.

Sofern das Prinzip der Selbstverantwortung also dazu führt, dass das Risiko einer bestimmten Beeinträchtigung vollständig dem Betroffenen obliegt, kann der Betroffene nicht die Beseitigung des Risikos verlangen, sondern muss sich vielmehr selbst schützen. Es handelt sich insofern um ein allgemeines Lebensrisiko.

b. Reduzierung der Verantwortung des Schutzverpflichteten reicht nicht für die Versagung eines Anspruchs

Ein Mitverschulden nach § 254 Abs. 1 BGB führt allerdings nicht zwingend zu einem vollständigen Ausschluss der Haftung des Anspruchsgegners. Weiß der Schuljunge, dass von dem beschädigten Dach eine Beeinträchtigungsgefahr ausgeht, vergisst aber, den Hintereingang zu nutzen, oder ist spät dran und nimmt deshalb – unter Inkaufnahme der Schadensgefahr – den Vordereingang, trägt er zwar im Schadensfall ein Mitverschulden. Nach § 254 Abs. 1 BGB kommt es aber darauf an, inwieweit der Schaden vorwiegend von dem einen oder dem anderen Teil verursacht worden ist. Die Hauptursache für eine Schädigung des Schülers durch herabstürzende Dachziegel hätte immer noch der Schulbetreiber gesetzt. Er muss dafür sorgen, dass die Schüler sich auf dem Schulgelände sicher bewegen können. Allgemein führt das Erkennen einer Gefahr durch den Gefährdeten nicht notwendig dazu, dass das Risiko der Gefahrrealisierung vollständig auf ihn übergeht. So können alltägliche Umstände wie Unachtsamkeit, Ablenkung oder Vergesslichkeit den gefahrreduzierenden Effekt des Erkennens der

---

739 Siehe dazu S. 75 f., 82 f.

740 Siehe S. 104 ff.

Gefahr auf Dauer abklingen lassen.[741] Gerade gegenüber Minderjährigen darf der Schulbetreiber nicht davon ausgehen, dass diese sich eine drohende Schadensgefahr jederzeit und in vollem Ausmaß vergegenwärtigen und entsprechend handeln.[742] Der Schadensersatzanspruch des Schülers wäre also – wenn überhaupt – zu mindern und nicht gänzlich ausgeschlossen.

Sobald aber eine (geminderte) repressive Haftung des Schulbetreibers bejaht wird, darf auch der präventive Rechtsschutz nicht ausgeschlossen sein. Letzterer dient gerade dazu, die Defizite der Schadensersatzhaftung auszugleichen.[743] Außerdem wird das Verhalten des Schulbetreibers auch bei einem haftungsreduzierenden Mitverschulden des Schülers noch als rechtswidrige Gefährdung fremder Rechtspositionen bewertet und muss deshalb im Sinne der Ordnungsfunktion des Haftungsrechts[744] verboten werden können.

Ein Ausweichen-Können, das lediglich zu einer Reduzierung der potenziellen Schadensersatzhaftung führt, reicht also nicht aus, um die vorbeugende Durchsetzbarkeit der haftungsbegründenden Schutzpflicht aufzuheben. Da sich die beanspruchte Schutzmaßnahme häufig auch nicht quoteln lässt, ist die Schutzpflicht – trotz einer etwaigen Mitverantwortung des Betroffenen – vollumfänglich einklagbar.[745] Nur im Hinblick auf die Kosten der Gefahrbeseitigung kommt gegebenenfalls eine Beteiligung des Betroffenen analog § 254 BGB in Betracht.[746]

c. Vollständige Risikoverlagerung keine Frage der Klagbarkeit

Nach den bisherigen Ergebnissen steht ein Ausweichen-Können der Einklagbarkeit von Schutzpflichten nur entgegen, wenn es zum *vollständigen*

741 Vgl. *Stiebler*, Verkehrspflichtverletzungen, S. 122; *Bodewig*, Der Rückruf fehlerhafter Produkte, S. 268 ff.; ausführlich zum Verhältnis zwischen Fremd- und Selbstschutz *Möllers*, Rechtsgüterschutz, S. 181 ff.

742 Vgl. auch *Stiebler*, Verkehrspflichtverletzungen, S. 122; *Bodewig*, Der Rückruf fehlerhafter Produkte, S. 268.

743 Siehe oben unter 1. Teil D.I.2.b (S. 129 ff.).

744 Siehe S. 120 f.

745 Vgl. *Gursky*, in: Staudinger, Neubearbeit. 2013, § 1004 Rn. 157; *Raff*, in: MüKo, BGB, § 1004 Rn. 254; *Spohnheimer*, in: BeckOGK, BGB, Stand: 01.02.2024, § 1004 Rn. 252.

746 So – zumindest im Ergebnis – auch die Rechtsprechung zu § 1004 Abs. 1 BGB: BGH, Urteil v. 18.04.1997 – V ZR 28/96, BGHZ 135, 235, 239 f.; BGH, Urteil v. 13.01.2012 – V ZR 136/11, NJW 2012, 1080 (Rn. 8); näher dazu auch unter 2. Teil E (S. 219 ff.).

Ausschluss der Haftung führt. Ein plakatives Beispiel bietet der in der Einleitung angesprochene Gemüseblattfall.[747] Hat der Kunde das Gemüseblatt gesehen und verletzt er sich, weil er mit Absicht darauf tritt, wäre eine Schadensersatzhaftung wohl zu verneinen. Genauso wenig kann der Kunde, der das Gemüseblatt gesehen hat und einfach daran vorbei gehen kann, verlangen, dass der Kaufhausbetreiber das Gemüseblatt entfernt.[748]

Allerdings liegt schon keine Schutzpflicht vor, wenn man die Verantwortung für ein bestimmtes Risiko aufgrund des gebotenen Selbstschutzes vollständig dem Betroffenen zuschreibt. Nach der Rechtsprechung ist eine Schutzpflicht nur gegeben, wenn der Betroffene „nicht in der Lage ist, die Gefahr eigenverantwortlich zu erkennen und angemessen auf sie zu reagieren".[749] Es gilt insofern der „Subsidiaritätsgedanke ‚Selbstschutz- vor Fremdschutz'"[750] sowie das alte Prinzip *casum sentit dominus*, wonach im Grundsatz jeder selbst das Risiko für seine Rechtsgüter trägt[751]. Schutzpflichten zum Schutz vor sich selbst gibt es insofern nur in Ausnahmefällen, etwa gegenüber Personen mit körperlichen oder geistigen Einschränkungen.[752] Im Rahmen des vorbeugenden Rechtsschutzes besteht dabei die Besonderheit, dass der Kläger die abzuwehrende Gefahr im Vorhinein erkannt haben muss und sie sich im Rahmen der gerichtlichen Geltendmachung auch mit einer gewissen Beständigkeit vergegenwärtigt. Ein solches Erkennen der Gefahr kann dazu führen, dass sich die Gefahr als beherrsch-

---

747 BGH, Urteil v. 28.01.1976 – VIII ZR 246/74, BGHZ 66, 51; siehe auch BGH, Urteil v. 25.10.2022 – VI ZR 1283/20, NJW-RR 2023, 95 ff. (Klage auf Schadensersatz aus §§ 280 Abs. 1, 241 Abs. 2, 311 Abs. 2 Nr. 2 BGB nach Sturz in einem Einrichtungshaus wegen einer am Boden liegenden Weintraube).

748 Ebenso *Münzberg*, JZ 1967, 689, 692 (Fn. 31); *Schlechtriem/Schmidt-Kessel*, Schuldrecht AT, Rn. 165; vgl. auch *Bachmann/Schirmer*, in: FS Canaris 2017, 371, 398.

749 BGH, Urteil v. 22.08.2019 – III ZR 113/18, BGHZ 223, 95, 101 (Rn. 16); bestätigt durch BGH, Urteil v. 14.01.2021 – III ZR 168/19, NJW 2021, 1463, 1464 (Rn. 17); siehe auch BGH, Urteil v. 09.09.2008 – VI ZR 279/06, VersR 2008, 1551 f. (Rn. 9, 11), wonach es regelmäßig um Gefahren geht, die vom Betroffenen „nicht vorhersehbar und von ihm nicht ohne weiteres erkennbar sind"; ebenso aus der Rechtsprechung zu deliktischen Verkehrspflichten BGH, Urteil v. 25.04.1978 – VI ZR 194/76, NJW 1978, 1626, 1627; BGH, Urteil v. 12.06.2007 – X ZR 87/06, NJW 2007, 249, 250 f. (Rn. 20); BGH, Urteil v. 03.06.2008 – VI ZR 223/07, NJW 2008, 3375, 3776 (Rn. 10).

750 *Förster*, NJW 2021, 1463, 1466.

751 *Wilhelmi*, Risikoschutz, S. 152.

752 BGH, Urteil v. 22.08.2019 – III ZR 113/18, BGHZ 223, 95, 101 (Rn. 16); BGH, Urteil v. 14.01.2021 – III ZR 168/19, NJW 2021, 1463, 1464 f. (Rn. 16 f.); dazu auch *G. Wagner*, in: MüKo, BGB, § 823 Rn. 504 f. mit Rn. 499.

bare Schadensursache dem allgemeinen Lebensrisiko zurechnen lässt.[753] Dem Richter wird es im Verfahren des negatorischen Rechtsschutzes auch leichter fallen, eine Schutzpflicht zu verneinen, als im Schadensersatzprozess. Denn im letzteren muss er erst die Tatsachenfrage klären, ob die Gefahr für den Betroffenen erkennbar war. Da die Beantwortung dieser Frage mit erheblichen Unsicherheiten verbunden sein kann, wird er tendenziell dazu neigen, eine Schutzpflichtverletzung zu bejahen und einen gewissen Mitverschuldensanteil anzurechnen.[754] Im präventiven Rechtsschutz besteht diese Unsicherheit nicht.[755] Es geht einzig um die Wertungsfrage, wer die Verantwortung für eine an sich bekannte Gefahr trägt. Schreibt der Richter das Schadensrisiko vollständig dem Rechtsgutsinhaber zu, weil dieser sich selbst schützen kann, ist der In-Anspruch-Genommene nicht dazu verpflichtet, sein Verhalten anzupassen, unterliegt also schon keiner Schutzpflicht.

Das Nicht-Ausweichen-Können ist also keine Frage der Einklagbarkeit von Schutzpflichten. Es betrifft vielmehr schon das Entstehen der jeweiligen Schutzpflicht. An sich ist der in der Literatur geltend gemachte Vorbehalt damit schon widerlegt. Besteht eine Schutzpflicht, muss für die Einklagbarkeit nicht weiter geprüft werden, ob der Betroffene der Gefahr ausweichen kann.

Allerdings lässt sich eine Schutzpflicht, die nicht entstanden ist, auch nicht einklagen. Das Ausweichen-Können steht der Einklagbarkeit somit zumindest mittelbar entgegen. Bei Gefahren, die aus Sonderverbindungen herrühren, scheint es außerdem eine besonders einfache Form des Selbstschutzes zu geben: So kann der Schüler im Privatschüler-Fall[756] einfach zuhause bleiben, um sich vor herabstürzenden Dachziegeln zu schützen. Die Möglichkeit, vom Schuldverhältnis Abstand zu nehmen, ist in der Literatur ein beliebter Vorbehalt gegenüber der Einklagbarkeit von Schutz-

753 *Teichmann*, in: Soergel, BGB, § 242 Rn. 183. Im Privatschüler-Fall wäre dies allerdings aus den unter 1. Teil D.II.2.b (S. 145 f.) genannten Gründen nicht der Fall.

754 Hier kommt zum Tragen, dass dem Richter durch den Eintritt des Schadens das Bestandsinteresse des Betroffenen besonders vor Augen geführt wird (siehe S. 117 f.).

755 Zur abweichenden Beurteilungsperspektive im repressiven und negatorischen Rechtsschutz und zur Auswirkung auf die Frage des Verschuldens vgl. *Münzberg*, Verhalten und Erfolg, S. 423; *Picker*, Der negatorische Beseitigungsanspruch, S. 177 f.; *Deutsch*, Fahrlässigkeit, S. 262; *G. Wagner*, in: MüKo, BGB, § 823 Rn. 16. Die dortigen Ausführungen lassen sich auf die Frage des Mitverschuldens übertragen.

756 S. 140.

pflichten.[757] Ob es sich insofern um einen *legitimen* Vorbehalt handelt, wird nachfolgend im Rahmen eines Exkurses überprüft.

d. Exkurs: „Ausweichen“ durch Abstandnehmen vom Schuldverhältnis?

Um zu ermitteln, ob dem Schutzberechtigten entgegengehalten werden kann, er könne vom Schuldverhältnis Abstand nehmen, wird zuerst untersucht, welche nachteiligen Konsequenzen mit einem solchen Rückzug aus dem Schuldverhältnis verbunden sind (unter aa.). Anschließend wird geprüft, ob der Schutzberechtigte diese Nachteile im Rahmen des Selbstschutzes in Kauf nehmen muss (unter bb.). Zuletzt wird erörtert, ob die gefunden Ergebnisse auch für bestimmte Sonderkonstellationen gelten (unter cc.).

aa. Betroffenheit des Leistungsrechts

Grundsätzlich wird die Schutzwürdigkeit des Betroffenen nicht schon durch das tatsächliche Vermeiden-Können einer bevorstehenden Beeinträchtigung aufgehoben. Es bedarf zusätzlich der normativen Feststellung des Vermeiden-*Müssens*. Auch derjenige, der sich vor einer ihm bekannten Gefahr nicht schützen möchte, bleibt schutzwürdig, wenn ihm der Selbstschutzaufwand unzumutbar ist.[758] Im Privatschüler-Fall gibt es insoweit zwei Möglichkeiten:

Entweder das Fernbleiben von der Schule ist dem Schüler schon nicht zumutbar, sodass die Verantwortung für eine etwaige Verletzung durch das schadhafte Ziegeldach trotz der Selbstschutzmöglichkeit nicht allein bei ihm liegt. Insofern muss man nach den obigen Ergebnissen sowohl eine repressive als auch eine negatorische Haftung des Schulbetreibers bejahen.

757 *R. Stürner*, JZ 1976, 384, 386 f.; ihm folgend oder ähnlich *Köhler*, AcP 190 (1990), 496, 506, 511; *J. Schmidt*, in: Staudinger, 13. Bearbeit. 1995, Einleit. zu §§ 241 ff. Rn. 336; *Koch*, Unterlassungsansprüche, S. 37; *Kuhlmann*, Leistungspflichten und Schutzpflichten, S. 133 f.; *Grigoleit*, in: FS Canaris 2007, Bd. 1, 275, 290 f.; *Hofmann*, Unterlassungsanspruch, S. 222; vgl. auch die Argumentation bei *Korch*, ZfPW 2020, 189, 208 ff.

758 Vgl. *R. Stürner*, JZ 1976, 384, 387; *von Bar*, in: 25 Jahre Karlsruher Forum (Beilage VersR 1983), 80, 85; *G. Wagner*, in: MüKo, BGB, Vor § 823 Rn. 44; *Looschelders*, in: BeckOGK, BGB, Stand: 01.12.2023, § 254 Rn. 191.

Oder man geht davon aus, dass der Schüler zum Schutz seiner körperlichen Integrität zuhause bleiben muss, etwa weil die Schadensgefahr besonders hoch ist. Eine Verletzung durch das Aufsuchen der Schule wäre dann keine Fremdschädigung mehr, sondern eine Selbstschädigung und somit Teil des allgemeinen Lebensrisikos.

Bleibt der Schüler zuhause, greift er dadurch aber in sein relatives Recht gegenüber dem Schulbetreiber auf Präsenzschulunterricht ein.[759] Hierin besteht der wesentliche Nachteil eines Ausweichens durch die Abstandnehme vom Schuldverhältnis.

Zu beachten ist auch, dass eine derartige Beeinträchtigung des Leistungsrechts dem Schulbetreiber zurechenbar wäre: Zwar ist das selbstschützende Verhalten keine Pflicht, wohl aber eine Obliegenheit.[760] An diese Obliegenheit wird der Schüler durch das Inaussichtstellen von Nachteilen gebunden.[761] Missachtet er den gebotenen Selbstschutz, droht ihm die zumindest teilweise Nichtrestituierbarkeit eines etwaigen Schadens. Das ausweichende Verhalten kann somit als herausgefordert gelten.[762]

---

759 Bei einem Privatschulvertrag handelt es sich um einen zivilrechtlichen Dienstvertrag zwischen dem privaten Schulträger und den Eltern der Schüler (BGH, Urteil v. 17.01.2008 – III ZR 74/07, BGHZ 175, 102, 105 (Rn. 11)), wobei die Schüler gemäß § 328 Abs. 1 BGB selbst das Recht erwerben, die Leistung zu fordern (vgl. RG, Urteil v. 10.02.1930 – VI 270/29, RGZ 127, 218, 223; LG Tübingen, Urteil v. 25.01.1978 – 1 S 34/77, DRiZ 1978, 187; LG Limburg, Urteil v. 17.01.1979 – 3 S 281/78, MDR 1979, 580; *Gottwald*, in: MüKo, BGB, § 328 Rn. 54; *Klumpp*, in: Staudinger, Neubearbeit. 2020, § 328 Rn. 203; teilweise wird auch ein Vertrag mit Schutzwirkung zugunsten Dritter angenommen: *Grüneberg*, in: Grüneberg, § 328 Rn. 26).

760 BGH, Urteil v. 14.10.1971 – VII ZR 313/69, BGHZ 57, 137, 145; BGH, Urteil v. 11.10.2007 – VII ZR 99/06, BGHZ 174, 32, 36 (Rn. 17); BGH, Urteil v. 17.06.2014 – VI ZR 281/13, NJW 2014, 2493, 2494 (Rn. 8); BVerfG, Beschluss v. 10.06.2016 – 1 BvR 742/16, NJW 2016, 3014 (Rn. 12); *Looschelders*, Mitverantwortlichkeit des Geschädigten, S. 194 ff., 216 ff.; *Weller*, Vertragstreue, S. 257 ff.; *Oetker*, in: MüKo, BGB, § 254 Rn. 3; *S. Lorenz*, in: BeckOK, BGB, § 254 Rn. 10; abweichend *Fikentscher/Heinemann*, Schuldrecht, Rn. 70.

761 Vgl. BGH, Urteil v. 13.06.1957 – II ZR 35/57, NJW 1957, 1233, 1234 („Verhaltensnormen"); *Reimer Schmidt*, Obliegenheiten, S. 314 f. („Pflichten minderer Zwangsintensität"); *Looschelders*, Mitverantwortlichkeit des Geschädigten, S. 226 („hypothetische Verhaltensanweisungen"); siehe auch *Dorn*, in: HKK, BGB, § 241 Rn. 51; *Weller*, Vertragstreue, S. 257 f.; abweichend *Esser/E. Schmidt*, Schuldrecht, Bd. 1.2, § 35 I 2 (S. 278).

762 Vgl. zur Haftung für herausgefordertes, selbstschädigendes Verhalten BGH, Urteil v. 30.04.1998 – IX ZR 150/97, BGHZ 138, 359, 364; BGH, Urteil v. 23.03.2000 – III ZR 152/99, NJW 2000, 3358, 3360; BGH, Urteil v. 17.10.2000 – X ZR 169/99, NJW 2001, 512, 513; BGH, Urteil v. 16.04.2002 – VI ZR 227/01, NJW 2002, 2232, 2233; BGH, Urteil v. 18.01.2007 – IX ZR 122/04, NJW-RR 2007, 742, 743 (Rn. 12); BGH, Urteil

Wenn das schadhafte Ziegeldach also dazu führt, dass der Schüler zum Selbstschutz zuhause bleiben muss, kann der Schulbetreiber zwar nicht mehr zum Schutz der Gesundheit des Schülers gezwungen werden, das Dach zu reparieren, möglicherweise aber zum Schutz des mittelbar betroffenen, relativen Leistungsrechts. Dem wird im Folgenden weiter nachgegangen.

bb. Stürners *Ultima-ratio*-Vorbehalt

Kann einer Gefahr ausgewichen werden, indem in ein relatives Recht eingegriffen wird, muss negatorischer Rechtsschutz nach *Stürner* die *ultima ratio*, also das letzte Mittel der Gefahrenabwehr sein.[763] Gegenüber einer „zwangsweisen Reglementierung der gegnerischen Freiheitssphäre" sei ein „Ausweichen aus dem gefährlichen Sozialkontakt" das „verhältnismäßigere Mittel".[764] So soll die herausgeforderte Beeinträchtigung eines relativen Rechts nur abgewehrt werden dürfen, wenn es unzumutbar ist, das Schuldverhältnis durch Kündigung oder Rücktritt zu beenden.[765] Allerdings hält *Stürner* die Beendigung des sozialen Kontakts schon für unzumutbar, wenn ein schutzwürdiges Abwicklungsinteresse besteht.[766] So soll etwa der Schüler im Privatschüler-Fall ein hinreichendes Abwicklungsinteresse haben; ebenso ein Arbeitnehmer, Mieter oder auch ein Käufer.[767] Nicht unzumutbar soll die Beendigung des Schuldverhältnisses dagegen sein, wenn kein berechtigtes Interesse an dessen Fortbestand besteht.[768] Zum Beispiel hat nach *Stürner* ein Bauunternehmer, der auf einem abrutschbedrohten Grundstück des Bestellers ein Gebäude errichten soll, kein berechtigtes Interesse daran, den Auftrag durchzuführen, wenn er die volle Vergütung auch ohne Gegenleistung erhielte.[769] Auch der Leihgeber soll bei Gefährdung der Leihsache kein Interesse am Fortbestand der Leihe haben;

v. 13.10.2016 – IX ZR 149/15, NJW 2017, 1600, 1601 (Rn. 11); *Mädrich*, Lebensrisiko, S. 102 ff.; *Zimmermann*, JZ 1980, 10, 13; *J. Prütting/Scholl*, Schuldrechtsklausur II, Fall 3 Rn. 24; *Oetker*, in: MüKo, BGB, § 249 Rn. 177.

763 *R. Stürner*, JZ 1976, 384, 386; siehe auch unter 1. Teil A.II (S. 23).

764 *R. Stürner*, JZ 1976, 384, 386.

765 *R. Stürner*, JZ 1976, 384, 386.

766 *R. Stürner*, JZ 1976, 384, 387.

767 *R. Stürner*, JZ 1976, 384, 387.

768 *R. Stürner*, JZ 1976, 384, 386 f.

769 Vgl. *R. Stürner*, JZ 1976, 384, 386 f.

genauso wenig der Auftraggeber bei Schadensgefahr für die übergebenen Gegenstände.[770]

Stürners Ultima-ratio-Vorbehalt überzeugt nicht.[771] Schon die Herleitung geht fehl: Negatorischer Schutz vor Schutzpflichtverletzungen ist kein irregulärer Eingriff in die Freiheitssphäre des Verantwortlichen. Es ist vielmehr die Abwehr eines rechtswidrigen Übergriffs durch den Verantwortlichen in den Rechtskreis des Betroffenen. Wie bereits dargelegt, gehören auch relative Rechte zu diesem Rechtskreis. Es geht also nicht um eine Verschiebung der Freiheitsgrenzen, sondern um deren Bewahrung.[772] Zudem ist zweifelhaft, ob die Durchsetzung der Schutzpflicht tatsächlich eine *ultima ratio* darstellt, wenn schon jedes schutzwürdige Abwicklungsinteresse die Beendigung des Sozialkontakts unzumutbar werden lässt.[773] Mittlerweile steht *Stürners* Ansatz auch im Widerspruch zum Gesetz. § 324 BGB stellt klar, dass im Falle der Verletzung von Schutzpflichten die Beendigung des Schuldverhältnisses nicht das erste, sondern das letzte Mittel ist. Nur wenn „das Festhalten am Vertrag nicht mehr zuzumuten ist“, darf davon Abstand genommen werden. Der Rücktritt des Betroffenen ist dabei keine Pflicht, sondern ein Recht. Er soll selbst entscheiden können, ob er am Vertrag und am Leistungsrecht festhält. Dieser Wertung würde es entgegenlaufen, wenn der Verantwortliche den Betroffenen durch Schutzpflichtverletzungen aus dem Vertrag drängen könnte.[774] Schutzpflichten haben gegenüber dem Schuldverhältnis außerdem eine dienende Funktion, indem sie die Rechtsgüter der Beteiligten unter Schutz stellen. Dieses Rangverhältnis darf nicht in sein Gegenteil verkehrt werden, indem das Abstandnehmen vom Schuldverhältnis der Durchsetzung der Schutzpflicht vorgezogen wird.

Für die von *Stürner* gebildeten Beispiele, in denen kein berechtigtes Interesse am Fortbestand des Schuldverhältnisses bestehen soll, muss hiernach Folgendes gelten: Ist dem Werkunternehmer die Werkleistung aufgrund der von dem Grundstück ausgehenden Gefahren unzumutbar, behält

770 *R. Stürner*, JZ 1976, 384, 387; ihm hier zustimmend *Bachmann/Schirmer*, in: FS Canaris 2017, 371, 399.

771 Im Ergebnis ebenso *Motzer*, JZ 1983, 884, 886; *Esser/E. Schmidt*, Schuldrecht, Bd. 1.1, § 6 IV (S. 110); *Katzenstein*, Haftungsbeschränkungen, S. 192 f.; *Bachmann/Schirmer*, in: FS Canaris 2017, 371, 397 ff.

772 *Henckel*, AcP 174 (1974), 97, 114.

773 Vgl. *Katzenstein*, Haftungsbeschränkungen, S. 193; *Bachmann/Schirmer*, in: FS Canaris 2017, 371, 399.

774 Vgl. auch das Zugeständnis bei *Köhler*, AcP 190 (1990), 496, 506 f.

er nach § 326 Abs. 2 S. 1 Alt. 1 BGB seinen Vergütungsanspruch.[775] Sein relatives Recht droht durch das Ausweichen vor der Gefahr also nicht beeinträchtigt zu werden. Ihm steht insoweit von vornherein kein vorbeugender Rechtsschutz zu. Eines *Ultima-ratio*-Vorbehalts bedarf es nicht. Der Verleiher hat dagegen schon keinen Vergütungsanspruch gegen den Entleiher und damit regelmäßig auch kein relatives Leistungsrecht, das geschützt werden müsste. Eines *Ultima-ratio*-Vorbehalts bedarf es insofern wiederum nicht. Anders liegt es im Fall des Auftraggebers. Dieser kann ein schutzwürdiges Interesse an der Durchführung des Auftrags haben, welches er grundsätzlich auch verteidigen können muss. Zwar entfällt sein abwehrbares Recht, sobald der Beauftragte kündigt.[776] Der Ausübung dieses Gestaltungsrechts sollte aber nicht durch eine pauschale Beschränkung der Rechtsschutzmittel des Betroffenen vorgegriffen werden.

Im Rahmen eines Schuldverhältnisses müssen sich die Beteiligten also grundsätzlich nicht darauf verweisen lassen, von ihrem relativen Leistungsrecht Abstand zu nehmen.[777] Der Privatschüler, der zuhause bleiben muss, um sich vor dem schadhaften Ziegeldach zu schützen, kann vom Schulbetreiber verlangen, das Dach abzusichern, damit sein Recht auf Präsenzschulunterricht nicht weiter verletzt wird. Wie dieses Recht durchzusetzen ist, hängt von den Umständen des Einzelfalls ab. Auf die Einklagbarkeit von Schutzpflichten kommt es nur an, wenn nicht bereits auf Leistung geklagt werden kann.[778] Im Privatschüler-Fall wäre eine Leistungsklage allerdings nicht zielführend, wenn der Schulbetreiber den Präsenzschulunterricht weiterhin anböte und man die Instandhaltung des Schulgebäudes, erst recht eines bloßen Nebengebäudes, nicht als eigenständige Leistungspflicht, sondern als Schutzpflicht einordnet.[779] Dem Schüler hilft hier also nur ein klagbarer Anspruch auf Beachtung von Schutzpflichten.

---

775 Ähnlich *Grigoleit*, in: FS Canaris 2007, Bd. 1, 275, 290 f.

776 *Riesenhuber*, in: BeckOGK, BGB, Stand: 01.01.2024, § 671 Rn. 32 f.

777 Ebenso *Motzer*, JZ 1983, 884, 886; *Esser/E. Schmidt*, Schuldrecht, Bd. 1.1, § 6 IV (S. 110); *Katzenstein*, Haftungsbeschränkungen, S. 192 f.; *Bachmann/Schirmer*, in: FS Canaris 2017, 371, 397 ff.

778 Siehe oben unter 1. Teil C.III.3.b (S. 101 ff.).

779 Zur Abgrenzung von Leistungs- und Schutzpflichten siehe oben unter 1. Teil C.I.2.c.cc(1)(ii) (S. 83 ff.).

cc. Sonderkonstellationen

Schutzpflichten kommen auch in Betracht, wenn keine eigenen Leistungsrechte bestehen, also wenn es sich um ein vor- oder nachvertragliches Schuldverhältnis handelt oder wenn ein Dritter in den Schutzbereich eines fremden Schulverhältnisses einbezogen ist.[780] Jedenfalls in diesen Konstellationen könnte der Schutzberechtigte gehalten sein, einer etwaigen Gefahr auszuweichen, indem er von dem Schuldverhältnis Abstand nimmt, also zum Beispiel die Vertragsverhandlungen abbricht. In der Literatur findet diese Überlegung breite Zustimmung: Es handle sich um eine offensichtliche Einschränkung der Einklagbarkeit von Schutzpflichten.[781] Bei näherer Betrachtung ergibt sich jedoch ein anderes Bild.

(1) Vorvertragliche Schutzpflichten

Als Beispiel dafür, dass vorvertragliche Schutzpflichten nicht einklagbar sind, werden häufig Aufklärungspflichten genannt.[782] Sofern der Betroffene erkenne, dass er nicht richtig aufgeklärt werde, müsse er die Vertragsverhandlungen abbrechen und könne nicht auf ordnungsgemäße Aufklärung klagen.[783]

Diese Argumentationsweise greift zu kurz, weil sie die unterschiedliche Beurteilungsperspektive im Rahmen des vorbeugenden und repressiven Rechtsschutzes nicht hinreichend berücksichtigt. Als Argument gegen die Einklagbarkeit von Schutzpflichten wird auf eine Schutzpflicht verwiesen, die es im Rahmen des negatorischen Rechtsschutzes regelmäßig nicht gibt. Aufklärungspflichten beruhen nämlich auf dem Nichtwissen des Betroffenen.[784] Um vorbeugenden Rechtsschutz zu begehren, muss der Betroffene

---

780 *Krebs*, in: Dauner-Lieb/Langen, BGB, § 241 Rn. 42; *Janoschek*, in: BeckOK, BGB, § 328 Rn. 50.

781 *R. Stürner*, JZ 1976, 384, 387; *Grigoleit*, in: FS Canaris 2007, Bd. 1, 275, 290; *Hossenfelder*, Pflichten von Internetnutzern, S. 281; *Bachmann/Schirmer*, in: FS Canaris 2017, 371, 399; *Feldmann*, in: Staudinger, Neubearbeit. 2023, § 311 Rn. 100.

782 So etwa *R. Stürner*, JZ 1976, 384, 387; *Feldmann*, in: Staudinger, Neubearbeit. 2023, § 311 Rn. 100; vgl. auch BGH, Urteil v. 17.12.2020 – I ZR 228/19, NJW 2023, 2023, 2025 (Rn. 23), wonach Aufklärungspflichten nach § 241 Abs. 2 BGB „regelmäßig nicht selbstständig einklagbar sind, sondern nur Schadensersatzansprüche im Fall ihrer Verletzung auslösen können".

783 *Feldmann*, in: Staudinger, Neubearbeit. 2023, § 311 Rn. 100.

784 Siehe etwa BGH, Urteil v. 04.03.1998 – VIII ZR 378–96, NJW-RR 1998, 1406.

die unzureichende Aufklärung aber als Gefahr erkannt haben.[785] Sofern er sich deshalb hinreichend selbst vor einer nachteiligen Entscheidung durch den jeweiligen Vertragsschluss schützen kann, besteht schon keine Aufklärungspflicht.[786] Dabei kommt zum Tragen, dass Aufklärungspflichten – jedenfalls wenn sie aus § 241 Abs. 2 BGB hergeleitet werden – von den konkreten Umständen des Einzelfalls abhängen.[787] Aus der Tatsache, dass einige vorvertragliche Schutzpflichten entfallen, sobald der Betroffene die Gefahr erkannt hat, darf somit nicht der (Fehl-)Schluss gezogen werden, dass vorvertragliche Schutzpflichten nicht einklagbar wären.

Wie die folgenden Beispiele zeigen, gibt es vielmehr auch im vorvertraglichen Bereich Konstellationen, in denen der Betroffene *nicht* in der Lage ist, sich selbst zu schützen, obwohl er die Gefahr erkannt hat, und in denen er auf die Einklagbarkeit vorvertraglicher Schutzpflichten angewiesen ist. Zunächst wird aus § 311 Abs. 2 BGB i. V. m. § 241 Abs. 2 BGB eine vorvertragliche Verschwiegenheitspflicht von Banken hergeleitet, das heißt, Informationen, die ein Kunde im Rahmen der Anbahnung eines Vertragsverhältnisses mit einer Bank preisgegeben hat, können dem Bankgeheimnis unterliegen.[788] Erfährt der Kunde, dass die Bank das Bankgeheimnis verletzt oder zu verletzen droht, kann er sich nicht dadurch schützen, dass er die Vertragsverhandlungen abricht,[789] denn die Bank kennt die empfindlichen Informationen bereits. Dem Kunden hilft also nur das Recht, die

785 Vgl. *Faust*, in: Revision, 201, 209: „Die Fragemöglichkeit hilft allerdings nur dann weiter, wenn der Betreffende seinen Informationsbedarf erkennt."

786 Auch in diesem Zusammenhang geht allerdings mit der Kenntnis der Gefahr nicht *notwendig* die Fähigkeit einher, sich selbst zu schützen (siehe oben unter 1. Teil D.II.2.b (S. 145 f.)). Aufklärungspflichten sowie ein korrespondierender Anspruch kommen deshalb auch bei Kenntnis des Betroffenen von der unzureichenden Aufklärung in Betracht; vgl. *Bodewig*, Der Rückruf fehlerhafter Produkte, S. 161 f.; im Ansatz auch *Grigoleit*, in: Revision, 223, 258; dazu auch sogleich im Text.

787 Zur Einzelfallabhängigkeit von *ad hoc*-Aufklärungspflichten siehe *Faust*, in: Revision, 201, 205 f., 212 f.; zur Situationsabhängigkeit von Schutzpflichten siehe oben unter 1. Teil C.III.4.a.bb (S. 108 ff.); zur Einordnung des Aufklärungsinteresses als in der konkreten Situation geschützte Rechtsposition auf der Grundlage von § 242 BGB siehe oben auf S. 82 f.

788 BGH, Urteil v. 24.01.2006 – XI ZR 384/03, BGHZ 166, 84, 85; *Wech*, Das Bankgeheimnis, S. 357 f.; *Kramme*, Konflikt, S. 169 ff.; *Bachmann*, in: MüKo, BGB, § 241 Rn. 145.

789 Vgl. *Wech*, Das Bankgeheimnis, S. 516.

Beachtung der Schutzpflicht einzuklagen.[790] Ähnliches gilt in den bereits erörterten Vergaberechtsfällen, in denen auch der BGH die Einklagbarkeit vorvertraglicher Schutzpflichten bejaht.[791] Die betroffenen Schutzpflichten dienen dazu, die Stellung des Schutzberechtigten im Vergabeverfahren zu sichern. Es wäre widersprüchlich, ihre Einklagbarkeit mit dem Argument zu verneinen, man könne vom Vergabeverfahren auch Abstand nehmen.[792]

(2) Nachvertragliche Schutzpflichten

Nachvertragliche Schutzpflichten beruhen auf dem Gedanken, dass die Parteien ihre Rechtsgüter im Rahmen des Vertrags derart exponiert haben, dass sie auch nach Beendigung und Abwicklung des Vertrags auf den Schutz durch die jeweils andere Partei angewiesen sind.[793] Das Nicht-Ausweichen-Können ist der nachvertraglichen Schutzpflicht also typischerweise immanent. Der Mieter zum Beispiel, dessen Sachen sich nach Beendigung des Mietverhältnisses noch in dem Mietobjekt befinden, ist mangels Zugangs zu dem Mietobjekt darauf angewiesen, dass der Vermieter weiterhin einer Obhutspflicht unterliegt und diese auch beachtet.[794] Auch nachvertragliche Beeinträchtigungen des reinen Vermögens sind möglich, wie eine Entscheidung des BGH von 1995[795] zeigt:

Es ging um das zwischenzeitlich beendete Vertragsverhältnis zwischen dem Kläger, einem eingetragenen Verein, und seinem Geschäftsführer, dem Beklagten. Letzterer hatte einen Schuldner des Klägers pflichtwidrig veranlasst, die geschuldeten Geldbeträge auf ein Konto zu überweisen, über das nur der Beklagte verfügen konnte. Der BGH sprach dem Kläger einen Anspruch auf Unterlassung von Verfügungen über das Konto zu und leitete

790 *Wech*, Das Bankgeheimnis, S. 502 ff.; *Kramme*, Konflikt, S. 169 ff.; vgl. auch *Fritzsche*, Unterlassungsanspruch, S. 101.

791 S. 104 f.

792 Für diesen Fall im Ergebnis ebenso *Feldmann*, in: Staudinger, Neubearbeit. 2023, § 311 Rn. 101.

793 *von Bar*, AcP 179 (1979), 452, 467 ff.; *Bodewig*, JURA 2005, 505, 506, 510; *Herresthal*, in: GS Unberath, 179, 199; vgl. auch *Canaris*, JZ 1965, 475, 476, der stärker auf das investierte Vertrauen abstellt.

794 *Sutschet*, in: BeckOK, BGB, § 241 Rn. 103; vgl. auch LG Tübingen, Urteil v. 22.05.1989 – 1 S 247/88, NJW-RR 1989, 1053 (Obhutspflicht eines Taxifahrers für im Taxi vergessene Gegenstände).

795 BGH, Urteil v. 12.01.1995 – III ZR 136/93, NJW 1995, 1284.

ihn – ohne sich dabei jedoch genau festzulegen – aus einer Nebenpflichtverletzung her.[796] Er führte dazu wie folgt aus:

> „Vielmehr kann mit dem Anspruch auf Schadensersatz ein Abwehranspruch gegen (weitere) Handlungen des Verletzers einhergehen, die den Schaden des Verletzten verfestigen oder vergrößern. Andernfalls bestünde eine unerträgliche Rechtsschutzlücke."[797]

Einklagbare Schutzpflichten kann es vor diesem Hintergrund auch im nachvertraglichen Bereich geben.[798]

(3) Vertrag mit Schutzwirkung zugunsten Dritter[799]

Wesentliche Voraussetzungen des Vertrags mit Schutzwirkung zugunsten Dritter sind unter anderem die Leistungsnähe und Schutzbedürftigkeit des Dritten sowie ein besonderes Interesse des Gläubigers an der Einbeziehung des Dritten.[800] Der Dritte muss mit der vertraglichen Leistung bestimmungsgemäß in Berührung kommen und nach der Anlage des Vertrags den Leistungsgefahren in ähnlicher Weise ausgesetzt sein wie der Gläubiger selbst.[801] Außerdem darf der Dritte keinen eigenen inhaltsgleichen Anspruch gegen einen anderen Schuldner haben.[802] Es ist dem Vertrag mit Schutzwirkung zugunsten Dritter also immanent, dass der Dritte nicht ohne weiteres den Gefahren, die mit dem Vertrag verbunden sind, ausweichen bzw. auf einem anderen Wege Schutz erlangen kann. Zugleich wird eine Schutzpflicht zugunsten Dritter nur angenommen, wenn der Gläubiger nach dem Inhalt und Zweck des Vertrags sowohl erwarten darf, dass sich der Dritte in dem Gefahrenbereich des Vertrags aufhält, als auch,

796 BGH, Urteil v. 12.01.1995 – III ZR 136/93, NJW 1995, 1284, 1285.

797 BGH, Urteil v. 12.01.1995 – III ZR 136/93, NJW 1995, 1284, 1285.

798 Ebenso *Lenzen*, NJW 1967, 1260, 1261; *Bodewig*, Der Rückruf fehlerhafter Produkte, S. 161 f.; *Bodewig*, JURA 2005, 505, 512; siehe auch BGH, Urteil v. 12.01.1995 – III ZR 136/93, NJW 1995, 1284, 1285.

799 Diese Bezeichnung hat sich weitgehend etabliert und wird deswegen auch hier verwendet. Genauer wäre die Bezeichnung „Schuldverhältnis mit Schutzwirkung für Dritte"; siehe *Faust*, in: Schuldrechtsmodernisierung, Kap. 3 Rn. 12.

800 BGH, Urteil v. 02.07.1996 – X ZR 104/94, BGHZ 133, 168, 173.

801 BGH, Urteil v. 24.01.2006 – XI ZR 384/03, BGHZ 166, 84, 97 (Rn. 12); *Janoschek*, in: BeckOK, BGB, § 328 Rn. 56.

802 BGH, Urteil v. 22.07.2004 – IX ZR 132/03, NJW 2004, 3630, 3632; *Janoschek*, in: BeckOK, BGB, § 328 Rn. 59.

dass der Dritte vor den vertragsbedingten Gefahren geschützt wird.[803] Ein plastisches Beispiel ist die Verpflichtung des Vermieters, zum Schutz der Kleinkinder der Mieter die Nutzung von giftigen Unkrautvertilgungsmitteln in den Bereichen zu unterlassen, in denen die Kleinkinder spielen.[804] Die Kinder können hier nicht ohne weiteres von dem Mietverhältnis der Eltern und von den Gefahren, die von dem Mietobjekt ausgehen, Abstand nehmen. Andererseits dürfen die Mieter erwarten, dass das Mietobjekt auch zum Schutz ihrer Kinder verkehrssicher gemacht wird.

Überhaupt erscheint es widersprüchlich, dass sich der in das Schuldverhältnis Einbezogene aus dem Schuldverhältnis wieder zurückziehen soll, sobald von dem Schuldner eine Gefahr für ihn ausgeht, obwohl die Einbeziehung in das Schuldverhältnis überhaupt erst erfolgt, um den Dritten vor entsprechenden Gefahren zu schützen. Sofern also ein Vertrag mit Schutzwirkung zugunsten Dritter bejaht wird, sind die sich daraus ergebenden Schutzpflichten entsprechend den bereits angestellten Erwägungen auch durchsetzbar.[805]

(4) Zwischenergebnis

In den untersuchten Sonderkonstellationen werden Schutzpflichten gerade deshalb bejaht, weil sich der Schutzberechtigte den Gefahren, die von dem Schutzverpflichteten ausgehen, nicht einfach entziehen kann. Sobald insofern trotz der Kenntnis des Betroffenen von der Gefahr eine Schutzpflicht angenommen wird, ist diese auch einklagbar.

e. Zwischenergebnis zum Vorbehalt des Nicht-Ausweichen-Könnens

Auf einen Anspruch auf Beachtung von Schutzpflichten kommt es nur in Situationen an, in denen zumindest der Betroffene die Gefahr erkannt hat. Führt ein etwaiges Ausweichen Können nicht zum völligen Ausschluss der Verantwortung des Gefährders, ist sowohl repressiver als auch präventiver Rechtsschutz geboten. Trägt der Betroffene dagegen das vollständige Risiko der Gefahrrealisierung, weil er nicht vor sich selbst geschützt werden muss, liegt schon keine Schutzpflicht vor. Führt andererseits der gebotene

803 Vgl. BGH, Urteil v. 26.06.2001 – X ZR 231/99, NJW 2001, 3115, 3116.
804 LG München, Urteil v. 17.05.1989 – 31 S 14 661/88, NJW-RR 1990, 217.
805 Im Ergebnis ebenso *Bodewig*, Der Rückruf fehlerhafter Produkte, S. 162 f.

Selbstschutz dazu, dass der Betroffene sein Leistungsrecht gegenüber dem Gefährder nicht wahrnehmen kann, besteht zum Schutz dieses relativen Rechts wiederum die einklagbare Pflicht zur Beseitigung der Gefahr. Insgesamt steht die Einklagbarkeit von Schutzpflichten damit nicht unter dem Vorbehalt des Nicht-Ausweichen-Könnens.

3. Konkrete bzw. erhöhte Gefährdung

Über den dritten Vorbehalt ist man sich in der Literatur weitgehend einig: Schutzpflichten sind nur einklagbar, wenn eine geschützte Rechtsposition konkret gefährdet ist.[806] Ob an diesem Vorbehalt festgehalten werden sollte, hängt davon ab, welcher Gefahrengrad einerseits für die *Herleitung* einer Schutzpflicht und andererseits für die *Einklagbarkeit* einer Schutzpflicht vorausgesetzt wird. Ist der Gefahrengrad, den der negatorische Rechtsschutz voraussetzt, niedriger oder genauso hoch wie derjenige, der zur Bejahung von Schutzpflichten erforderlich ist, kann allein vom Bestehen der Schutzpflicht auf einen korrespondierenden Anspruch geschlossen werden. Setzt der negatorische Rechtsschutz dagegen einen höheren Gefahrengrad voraus, muss dieser neben der Bejahung einer Schutzpflicht gesondert festgestellt werden.

Nachfolgend werden dementsprechend der negatorische Rechtsschutz und Schutzpflichten im Hinblick auf den jeweils vorausgesetzten Gefahrengrad untersucht und miteinander abgeglichen.

a. Maßstab des negatorischen Rechtsschutzes

Ein Beseitigungsanspruch im Sinne der § 12 S. 1 BGB, § 862 Abs. 1 S. 1 BGB und § 1004 Abs. 1 S. 1 BGB besteht nur, wenn und solange die Beeinträchtigung tatsächlich fortdauert.[807] Zwar richtet sich der Anspruch gegen das Fortwirken der Beeinträchtigung in die Zukunft.[808] Auf die Gefahr der Fortdauer kommt es jedoch praktisch nicht an.[809] Mit dem Eintritt der

806 Siehe Fn. 716.

807 Motive, Bd. 3, S. 424; *Thole*, in: Staudinger, Neubearbeit. 2023, § 1004 Rn. 40, 343 f.; *C. Berger*, in: Jauernig, BGB, § 1004 Rn. 6; *Fritzsche*, in: BeckOK, BGB, § 1004 Rn. 55; *Herrler*, in: Grüneberg, § 1004 Rn. 27; *Raff*, in: MüKo, BGB, § 1004 Rn. 83.

808 Siehe S. 93 f.

809 Differenzierend *Wilhelmi*, Risikoschutz, S. 72 ff., 292.

Beeinträchtigung wird von deren Fortdauer ausgegangen. Realisiert sich das Risiko der Fortdauer nicht, entfällt der Anspruch wieder.[810]

Für den Unterlassungsanspruch nach § 12 S. 2 BGB, § 862 Abs. 1 S. 2 BGB und § 1004 Abs. 1 S. 2 BGB müssen weitere Beeinträchtigungen „zu besorgen" sein.[811] Ausreichend ist nach der Rechtsprechung und Lehre auch, dass eine Beeinträchtigung erstmalig droht.[812] Welche Anforderungen an eine Wiederholungs- bzw. Erstbegehungsgefahr zu stellen sind, ergibt sich nicht unmittelbar aus dem Gesetz. Den gesetzgeberischen Motiven zu § 1004 BGB zufolge ist der vorbeugende Unterlassungsanspruch eng mit dem Beseitigungsanspruch verknüpft. Die „Harmonie" zwischen beiden Ansprüchen sah der Gesetzgeber darin, dass sie beide die „Aufhebung eines Zustandes" bezwecken: im Fall des Beseitigungsanspruchs eines „körperlichen Zustandes", nämlich einer „zuständlichen körperlichen Eigenthumsverletzung", im Fall des Unterlassungsanspruchs eines „Zustandes der Gefährdung".[813]

Wann ein solcher Zustand der Gefährdung vorliegt, wird insbesondere durch die Rechtsprechung näher bestimmt.[814] Wertet man die einschlägige Rechtsprechung aus, zeigen sich Unterschiede vor allem im Hinblick auf zwei Falltypen: Zum einen gibt es Konstellationen, in denen der Störer durch aktives Tun unmittelbar in die geschützte Rechtsposition einzugreifen droht und der vorbeugende Unterlassungsanspruch dementsprechend auf ein schlichtes Unterlassen dieses Eingriffs, also zum Beispiel auf die Nicht-Verwendung eines geschützten Warenzeichens[815] gerichtet ist. Zum anderen gibt es Konstellationen, in denen das Verhalten des Störers erst im Zusammenspiel mit weiteren Umständen – etwa Naturkräften, Handlungen

810 Vgl. *Fritzsche*, in: BeckOK, BGB, § 1004 Rn. 57; *Herrler*, in: Grüneberg, § 1004 Rn. 27.

811 Die Vorschriften werden parallel ausgelegt; siehe nur *Fritzsche*, Unterlassungsanspruch, S. 133 ff.

812 Siehe die Verweise in Fn. 457; siehe auch *Wilhelmi*, Risikoschutz, S. 293, wonach „hinsichtlich des Schutzbedürfnisses kein Unterschied zwischen einer Wiederholung und einer Erstbegehung besteht".

813 Motive, Bd. 3, S. 426.

814 Die Literatur beschränkt sich regelmäßig darauf, die Rechtsprechung darzustellen und auszuwerten – siehe exemplarisch *Münch*, in: Soergel, BGB, § 1004 Rn. 195 ff.; *Thole*, in: Staudinger, Neubearbeit. 2023, § 1004 Rn. 449 ff.; sowie die weiteren Verweise in Fn. 820. In Konstellationen, in denen es weniger einschlägige Rechtsprechung gibt, etwa im Hinblick auf § 908 BGB, entwickelt die Literatur verstärkt eigene Ansätze – dazu sogleich im Text und in Fn. 823.

815 Siehe etwa BGH, Urteil v. 19.06.1951 – I ZR 77/50, BGHZ 2, 394 ff.

des Betroffenen oder Handlungen Dritter – zur Beeinträchtigung führt. Hier ist der vorbeugende Unterlassungsanspruch auf Beseitigung einer zurechenbaren Gefahr, also zum Beispiel auf Absicherung eines einsturzgefährdeten Gebäudes[816] gerichtet.

aa. Unmittelbare Beeinträchtigungen

In Konstellationen, in denen der negatorische Anspruch sich gegen eine unmittelbare Beeinträchtigung durch aktives Tun richtet, stellt der BGH auf die „Begehungsgefahr" ab, also die Gefahr, dass der Störer „in Zukunft gegen die gegebene Unterlassungspflicht verstoßen wird".[817]. Erforderlich ist die „ernsthafte Besorgnis einer künftigen, unmittelbar bevorstehenden Rechtsverletzung".[818] Es müssen

> „Umstände vorliegen, die darauf schließen lassen, daß der Betreffende den Entschluß zur Verletzung bereits gefaßt hat und daß es nur noch von ihm abhängt, ob es zu einer Verletzung kommt oder nicht".[819]

Die sprachlichen Konkretisierungen der vorausgesetzten Begehungsgefahr weichen im Einzelnen voneinander ab.[820] Überwiegend wird ein strenger Prognosemaßstab angelegt.[821]

---

816 Siehe § 908 BGB; dazu auch sogleich im Text.

817 BGH, Urteil v. 25.02.1992 – X ZR 41/90, BGHZ 117, 264, 271.

818 BGH, Urteil v. 25.02.1992 – X ZR 41/90, BGHZ 117, 264, 271.

819 BGH, Urteil v. 25.02.1992 – X ZR 41/90, BGHZ 117, 264, 272.

820 RG, Urteil v. 17.02.1921 – VI 473/20, RGZ 101, 335, 340 („der Anfang einer Ausführung schon in ernsthaften Vorbereitungen verwirklicht erscheint"); BGH, Urteil v. 19.06.1951 – I ZR 77/50, BGHZ 2, 394, 395 („ernsthafte Gefahr"); BGH, Urteil v. 26.04.1990 – I ZR 99/88, NJW 1990, 2469, 2470 („greifbare Anhaltspunkte dafür gegeben sind, der Mitbewerber werde sich in naher Zukunft der [...] wettbewerbswidrigen Maßnahmen bedienen"; zu weiteren Beispielen aus der Rechtsprechung siehe *Münch*, in: Soergel, BGB, § 1004 Rn. 202, 231; aus der Literatur etwa *Spohnheimer*, in: BeckOGK, BGB, Stand: 01.02.2024, § 1004 Rn. 269 („wahrscheinlich oder jedenfalls eine naheliegende Möglichkeit"); ebenso *Thole*, in: Staudinger, Neubearbeit. 2023, § 1004 Rn. 449; *Münch*, in: Soergel, BGB, § 1004 Rn. 202 („verdichtete – plausible – Möglichkeit"); *Fritzsche*, in: BeckOK, BGB, § 1004 Rn. 96 („ernsthaft und greifbar zu befürchten"); *Herrler*, in: Grüneberg, § 1004 Rn. 32 („objektiv ernstliche Besorgnis").

821 *Münch*, in: Soergel, BGB, § 1004 Rn. 231; *Spohnheimer*, in: BeckOGK, BGB, Stand: 01.02.2024, § 1004 Rn. 271.

bb. Mittelbare Beeinträchtigungen

Richtet sich der vorbeugende Unterlassungsanspruch gegen ein Verhalten, das nur durch Hinzutreten weiterer Umstände in eine Beeinträchtigung umschlagen kann, gilt ein anderer Maßstab.

(1) § 908 BGB

Besondere Bedeutung kommt insofern § 908 BGB zu, weil der Gesetzgeber hier einen Fall des negatorischen Rechtsschutzes gegen mittelbare Beeinträchtigungen ausdrücklich geregelt hat.[822] Der Eigentümer eines Grundstücks kann danach die Absicherung eines einsturzgefährdeten Nachbargrundstücks verlangen, wenn die „Gefahr" einer Beschädigung „droht". Passivlegitimiert ist derjenige, der nach § 836 Abs. 1 BGB oder §§ 837, 838 BGB für den eingetretenen Schaden verantwortlich wäre.

Welcher Gefahrengrad hier erreicht sein muss, ergibt sich nicht unmittelbar aus dem Gesetz. Nach dem überwiegenden Teil der Literatur muss eine Beeinträchtigung „in nicht allzu ferner Zukunft aufgrund der gegebenen Verhältnisse objektiv wahrscheinlich" sein.[823] Nach dem BGH sind die gleichen Umstände maßgeblich wie im Rahmen von § 836 BGB.[824] Er sieht in § 836 BGB einen „Niederschlag des allgemeinen Grundsatzes der

---

822 *R. Stürner*, JZ 1976, 384, 386 f.; *von Bar*, in: 25 Jahre Karlsruher Forum (Beilage VersR 1983), 80, 84; *Stiebler*, Verkehrspflichtverletzungen, S. 29 ff.; *Rettenbeck*, Rückrufpflicht, S. 109; *Beck*, Rückrufpflicht, S. 95 f.; *J. Hager*, in: Staudinger, Neubearbeit. 2017, Vorbemerkung zu §§ 823 ff. Rn. 64; *G. Wagner*, in: MüKo, BGB, Vor § 823 Rn. 44. Entsprechendes gilt zwar auch für § 907 BGB. Allerdings handelt es sich bei dieser Vorschrift um einen Sonderfall, weil die darin angeordneten Rechtsfolgen über die üblichen Rechtsfolgen des negatorischen Rechtsschutzes hinausgehen – näher dazu unter 1. Teil D.II.3.a.cc (S. 164 f.).

823 *Brückner*, in: MüKo, BGB, § 908 Rn. 3; siehe auch *Saller*, in: Grziwotz/Lüke/Saller, Kap. 3 Rn. 192; *Rösch*, in: jurisPK, BGB, § 908 Rn. 2; *Fritzsche*, in: BeckOK, BGB, § 908 Rn. 7; *Vollkommer*, in: BeckOGK, BGB, Stand: 01.02.2024, § 908 Rn. 12; *Elzer*, in: Erman, BGB, § 908 Rn. 2 („50 % + x"); vgl. zudem RG, Urteil v. 20.01.1909 – V 438/08, RGZ 70, 200, 206; *Stollenwerk*, VersR 1998, 559; tendenziell strenger: *von Bar*, in: 25 Jahre Karlsruher Forum (Beilage VersR 1983), 80, 84 („Abwehr eines konkret gefährlich gewordenen Unterlassens"); tendenziell großzügiger dagegen: *H. Roth*, in: Staudinger, Neubearbeit. 2020, § 908 Rn. 9 („reicht bereits die nicht ganz entfernte Möglichkeit des Schadenseintritts"); so auch *Dehner*, Nachbarrecht, Bd. 1, § 19 II 1 b (S. 6 f.); *Ring*, in: Ring/Grziwotz/Schmidt-Räntsch, BGB, § 908 Rn. 14; *Herrler*, in: Grüneberg, § 908 Rn. 1.

824 BGH, Urteil v. 08.02.1972 – VI ZR 155/70, BGHZ 58, 149, 161.

Verkehrssicherungspflicht"[825] und richtet den negatorischen Anspruch des § 908 BGB an dieser Verkehrssicherungspflicht aus.[826] Für die „Gefahr" in § 908 BGB kommt es hiernach nicht allein auf die Wahrscheinlichkeit oder zeitliche Nähe einer Beeinträchtigung an. Maßgeblich ist vielmehr die Wertungsfrage, ob von dem Störer erwartet werden kann, sein Verhalten zum Schutz des Nachbarn anzupassen, wobei insbesondere auch die Schwere des drohenden Schadens eine Rolle spielt.[827]

(2) Die Zustandsstörerhaftung

Auch um die Störereigenschaft eines Zustandsstörers zu begründen, stellt der BGH auf die Verletzung einer (Verkehrs-)Sicherungspflicht ab[828]:

> „Allerdings ist anerkannt, dass derjenige verkehrssicherungspflichtig ist, der eine Gefahrenquelle schafft. Er muss die zum Schutze des Verkehrs notwendigen Vorkehrungen treffen, um Schäden zu verhindern, die sich bei Verwirklichung der Gefahr für Dritte ergeben können. Wann indes von einer Pflichten dieser Art auslösenden Verhaltensweise auszugehen ist, kann nicht begrifflich allgemein gültig festgelegt werden, sondern ist das Ergebnis einer wertenden Betrachtung."[829]

Ist der Anspruchsgegner zur Verkehrssicherung verpflichtet, bejaht der BGH auch einen negatorischen Anspruch:

> „Der gefährdete Nachbar dürfte jeweils die Immission im Wege einer vorbeugenden Unterlassungsklage in dem Augenblick abwehren, in dem

---

825 BGH, Urteil v. 08.02.1972 – VI ZR 155/70, BGHZ 58, 149, 156.

826 Vgl. BGH, Urteil v. 08.02.1972 – VI ZR 155/70, BGHZ 58, 149, 161 mit 156 ff.

827 BGH, Urteil v. 08.02.1972 – VI ZR 155/70, BGHZ 58, 159, 161 mit 156 f.

828 Siehe etwa BGH, Urteil v. 16.02.2001 – V ZR 422/99, NJW-RR 2001, 1208; BGH, Urteil v. 14.11.2003 – V ZR 102/03, BGHZ 157, 33, 42; BGH, Urteil v. 28.11.2003 – V ZR 99/03, NJW 2004, 603, 604; BGH, Urteil v. 12.12.2003 – V ZR 98/03, NJW 2004, 1035, 1036. Im Kontext des Wettbewerbs- und Immaterialgüterrechts stellt der BGH zunehmend auf die Verletzung einer „Prüfpflicht" ab: BGH, Urteil v. 17.12.2010 – V ZR 44/10, NJW 2011, 753, 754 (Rn. 15 ff.); bestätigt durch BGH, Urteil v. 19.12.2014 – V ZR 324/13, NJW 2015, 2037 (Rn. 12); dazu auch *Münch*, in: Soergel, BGB, § 1004 Rn. 139.

829 BGH, Urteil v. 16.02.2001 – V ZR 422/99, NJW-RR 2001, 1208.

objektiv die drohende Gefahr eines die Immission ermöglichenden Defekts sich konkret abzeichnet und ein Einschreiten erfordert.[830]

Die Rechtsprechung fragt also nicht danach, ob eine Beeinträchtigung unmittelbar bevorsteht, sondern sie fragt danach, ob nach Abwägung des Einzelfalls ein Einschreiten geboten ist.

(3) Zwischenergebnis

In Fällen, in denen der negatorische Rechtsschutz darauf gerichtet ist, dass der Störer sein Verhalten anpasst, um eine ihm zurechenbare Gefahr zu beseitigen, stellt die Rechtsprechung auf die Verletzung von Verkehrssicherungspflichten ab. Ob eine Sicherungsmaßnahme beansprucht werden kann, wird im Rahmen einer Abwägung entschieden, wobei es nicht nur auf die Wahrscheinlichkeit oder zeitliche Nähe der Beeinträchtigung ankommt, sondern auch auf die Schwere des drohenden Schadens.[831]

cc. Sonderfall des § 907 Abs. 1 S. 1 BGB

Nach § 907 Abs. 1 S. 1 BGB kann der Eigentümer eines Grundstücks verlangen, dass auf den Nachbargrundstücken keine Anlagen hergestellt oder gehalten werden, von denen mit Sicherheit vorauszusehen ist, dass ihr Bestand oder ihre Benutzung eine unzulässige Einwirkung auf sein Grundstück zur Folge hat. Der Rechtsschutz wird gegenüber demjenigen aus § 1004 Abs. 1 BGB zeitlich nach vorne verlagert.[832] Bevor eine Beeinträchtigung überhaupt möglich ist, kann der Verantwortliche zu einem bestimm-

830 BGH, Urteil v. 30.05.2003 – V ZR 37/02, BGHZ 155, 99, 106; ebenso deutlich BGH, Urteil v. 18.09.2009 – V ZR 75/08, NJW 2009, 3787 (Rn. 12): „Der Unterlassungsanspruch entsteht daher erst in dem Augenblick, in dem sich auf dem Nachbargrundstück objektiv eine die Emission ermöglichende konkrete Gefahrenquelle gebildet hat, auf Grund deren ein Einschreiten geboten ist"; vgl. auch BGH, Urteil v. 17.09.2004 – V ZR 230/03, BGHZ 160, 232, 236 (Abwehranspruch gerichtet auf die Einschränkung von Rodungsmaßnahmen auf dasjenige Maß, das für die Standsicherheit von Bäumen ungefährlich ist); OLG Saarbrücken, Urteil v. 28.02.2013 – 4 U 447/11-140, NJOZ 2014, 179, 183 (Anspruch auf regelmäßige Wartungsarbeiten an einem Abwasserkanal, von dem eine Schadensgefahr ausgeht).

831 Siehe auch *Wilhelmi*, Risikoschutz, S. 292 ff., 296.

832 Motive, Bd. 3, S. 293, 294 f.; Protokolle, BGB, Bd. 3, S. 159; *Vieweg/Regenfus*, in: jurisPK, BGB, § 907 Rn. 1 f.; *Fritzsche*, in: BeckOK, BGB, § 907 Rn. 1 f.

ten Verhalten gezwungen werden, nämlich die Herstellung der jeweiligen Anlage zu unterlassen oder die bereits errichtete Anlage zu beseitigen.[833] Der Anspruch geht insofern auch inhaltlich über den Anspruch aus § 1004 Abs. 1 BGB hinaus.[834] Nach letzterem kann nämlich nur verlangt werden, was zur Beseitigung bzw. Abwendung einer auf dem Betroffenengrundstück spürbaren Beeinträchtigung unbedingt erforderlich ist.[835] Ob dies durch Beseitigung der Störungsquelle oder auf anderem Wege geschieht, bleibt dem Verantwortlichen überlassen. Als Gegengewicht zu den schärferen Rechtsfolgen des § 907 Abs. 1 S. 1 BGB wird ein nach der Lebenserfahrung höchster Grad an Beeinträchtigungswahrscheinlichkeit vorausgesetzt, „der über die bloße Möglichkeit einer Beeinträchtigung weit hinausgeht, aber keine Gewissheit erfordert".[836]

dd. Zwischenergebnis

Vorbeugender Rechtsschutz erfordert nach den bisherigen Erkenntnissen eine Bedrohungslage, die mehr als die abstrakte Möglichkeit, aber keine Gewissheit einer Beeinträchtigung voraussetzt.[837] Übergreifend wird auf eine ernsthafte bzw. konkrete Gefahr abgestellt.

In Fällen, in denen der Störer durch aktives Tun unmittelbar in die Rechtsgüter des Betroffenen einzugreifen droht, fällt der Maßstab tendenziell strenger aus. Die Beeinträchtigung muss hier unmittelbar bevorstehen bzw. greifbar sein.

In Fällen, in denen das Verhalten des Störers nur durch das Hinzutreten weiterer Umstände zu einer Beeinträchtigung führen kann, stellt die Rechtsprechung auf die Verletzung von Verkehrssicherungspflichten ab. Sobald sich der Störer rechtswidrig verhält, weil er die gebotene Sicherungsmaßnahme nicht vornimmt, steht dem Betroffenen ein negatorischer Anspruch zu. Die Beeinträchtigung muss dabei nicht unmittelbar bevorstehen. Es

---

833 Siehe nur *H. Roth*, in: Staudinger, Neubearbeit. 2020, § 907 Rn. 36; *Fritzsche*, in: BeckOK, BGB, § 907 Rn. 14.

834 Motive, Bd. 3, S. 294 f.; Protokolle, BGB, Bd. 3, S. 159; *Vieweg/Regenfus*, in: jurisPK, BGB, § 907 Rn. 1; *Fritzsche*, in: BeckOK, BGB, § 907 Rn. 14.

835 Vgl. *Fritzsche*, in: BeckOK, BGB, § 907 Rn. 14.

836 *Fritzsche*, in: BeckOK, BGB, § 907 Rn. 8; vgl. auch Motive, Bd. 3, S. 295; RG, Urteil v. 09.12.1931 – V 228/31, RGZ 134, 254, 256; BGH, Urteil v. 11.07.2023 – V ZR 199/02, NJW-RR, 1313, 1314; *Vieweg/Regenfus*, in: jurisPK, BGB, § 907 Rn. 2; *C. Berger*, in: Jauernig, BGB, § 907 Rn. 2.

837 Vgl. *Wilhelmi*, Risikoschutz, S. 293 f.

kommt vielmehr darauf an, ob nach wertender Bertachtung eine derart konkrete Gefahr entstanden ist, dass ein Einschreiten geboten erscheint.

§ 907 Abs. 1 S. 1 BGB stellt insofern einen Sonderfall dar, als aufgrund der zeitlichen Vorverlagerung und hohen Eingriffsintensität des Schutzrechts ein höchster Grad an Wahrscheinlichkeit erforderlich ist, um gegen die Bedrohung vorgehen zu können.

b. Maßstab von Schutzpflichten

Mit dem Maßstab des negatorischen Rechtsschutzes wird nun der Maßstab zur Begründung von Schutzpflichten abgeglichen. Aus der Unselbständigkeit von Schutzpflichten folgt, dass sie die Bedrohung einer geschützten Rechtsposition voraussetzen. Es geht immer um die Abwendung von Gefahren für den *status quo*.[838] Welcher Gefahrengrad erforderlich ist, ergibt sich auch hier nicht unmittelbar aus dem Gesetz. Um den notwendigen Gefahrengrad herauszuarbeiten, wird nachfolgend wiederum zwischen unmittelbaren und mittelbaren Beeinträchtigungen differenziert und insbesondere erörtert, welche Formeln die Rechtsprechung bereithält. Eine Würdigung der gewonnenen Erkenntnisse erfolgt im Anschluss unter c.

aa. Schutzpflicht im Hinblick auf unmittelbare Beeinträchtigungen

Rechtsprechung zu dem Gefahrengrad, den eine Schutzpflicht mit dem Inhalt voraussetzt, eine unmittelbare Beeinträchtigung zu unterlassen, gibt es – soweit ersichtlich – nicht,[839] weil Schutzpflichten bislang vor allem im repressiven Rechtsschutz zur Anwendung gekommen sind und es dort auf die *Gefahr* einer *unmittelbaren* Beeinträchtigung nicht ankommt. Wenn zum Beispiel ein Mieter vertragswidrige Veränderungen an der Bausubstanz der Mietsache vorgenommen hat, wird die Pflicht- bzw. Rechtswidrigkeit nicht aus der *Gefährdung* der Bausubstanz, sondern allein aus der unmittelbaren *Beeinträchtigung* hergeleitet.

---

838 *Bachmann/Schirmer*, in: FS Canaris 2017, 371, 395; näher dazu auch oben unter 1. Teil C.I.2.c.cc(1) (S. 76 f.).

839 Etwas anderes gilt auch nicht für die wenigen Entscheidungen zur vorbeugenden Einklagbarkeit von Schutzpflichten (dazu oben unter 1. Teil A.III (S. 25 ff.)), weil der Fokus hier nicht auf der Herleitung der Schutzpflicht, sondern auf den Rechtsfolgen der Schutzpflichtverletzung lag.

Für den Zeitpunkt der Entstehung einer Schutzpflicht, die sich auf eine unmittelbare Beeinträchtigung bezieht, kommen die folgenden zwei Möglichkeiten in Betracht:

Entweder man setzt überhaupt keine Gefahr voraus, sodass die Beteiligten des Schuldverhältnisses nach § 241 Abs. 2 BGB *immer* verpflichtet wären, unmittelbare Beeinträchtigungen zu unterlassen. Bei einer solchen Schutzpflicht handelte es sich aber lediglich um eine abstrakte Rechtsachtungspflicht bzw. um ein allgemeines Schädigungsverbot (*neminem laedere*).[840] Die Argumente, die gegen eine entsprechende Einordnung von Schutzpflichten sprechen, wurden bereits erörtert.[841]

Vorzugswürdig erscheint es, den Sinn und Zweck von Schutzpflichten ernst zu nehmen: Sie sind funktional darauf beschränkt, den bestehenden Rechtskreis vor konkret drohenden Beeinträchtigungen zu schützen. Dann entsteht eine Schutzpflicht mit dem Inhalt, eine unmittelbare Beeinträchtigung zu unterlassen, erst, wenn auch eine Begehungsgefahr vorliegt. Da nur der negatorische Rechtsschutz bzw. die einschlägige Dogmatik Maßstäbe für eine solche Begehungsgefahr bereithält, bietet es sich an, auf diese Maßstäbe zurückzugreifen. Es ist also erforderlich, dass die Beeinträchtigung unmittelbar bevorsteht bzw. greifbar ist.[842].

bb. Schutzpflicht zur Verhinderung mittelbar drohender Beeinträchtigungen

Schutzpflichten haben häufig die Gestalt von Pflichten zum Ergreifen irgendwie gearteter Schutzmaßnahmen, um mittelbar drohende Beeinträchtigungen zu verhindern. Die Rechtsprechung hat den erforderlichen Gefahrengrad insoweit hinreichend konkretisiert.

840 Zum *Neminem-laedere*-Grundsatz *Picker*, AcP 183 (1983), 369, 460 ff.; *Picker*, JZ 1987, 1041, 1048 f.; *Hattenhauer*, Grundbegriffe, S. 114 ff.; vgl. auch *Esser/E. Schmidt*, Schuldrecht, Bd. 1.1, § 6 IV (S. 109).

841 Siehe unter 1. Teil D.II.1.a (S. 141 f.).

842 Siehe oben unter 1. Teil D.II.3.a.aa (S. 161).

(1) Grundsatz

Der BGH legt für Schutzpflichten in ständiger Rechtsprechung den folgenden Maßstab zugrunde:

> „Dabei ist jedoch zu berücksichtigen, dass nicht jeder abstrakten Gefahr vorbeugend begegnet werden kann. [...] Haftungsbegründend wird eine Gefahr erst dann, wenn sich für ein sachkundiges Urteil die nahe liegende Möglichkeit ergibt, dass Rechtsgüter anderer verletzt werden. Deshalb muss nicht für alle denkbaren Möglichkeiten eines Schadenseintritts Vorsorge getroffen werden. Es sind vielmehr nur die Vorkehrungen zu treffen, die geeignet sind, die Schädigung anderer tunlichst abzuwenden."[843]

Vorausgesetzt wird demzufolge eine konkrete und nicht bloß eine abstrakte Gefahr.[844] Zwar werden Schutzpflichten bei hohem Schadenspotenzial auch zur Abwendung seltener Beeinträchtigungen bejaht.[845] Letztere müs-

843 BGH, Urteil v. 09.09.2008 – VI ZR 279/06, VersR 2008, 1551 (Rn. 10); BGH, Urteil v. 19.07.2018 – VII ZR 251/17, NJW 2018, 2956, 2957 (Rn. 18); BGH, Urteil v. 25.10.2022 – VI ZR 1283/20, NJW-RR 2023, 95, 96 (Rn. 11); entsprechend zu deliktischen Verkehrssicherungspflichten BGH, Urteil v. 06.03.1990 – VI ZR 246/89, NJW-RR 1990, 789, 790; BGH, Urteil v. 02.10.2012 – VI ZR 311/11, BGHZ 195, 30, 33 (Rn. 7).

844 BGH, Urteil v. 22.08.2019 – III ZR 113/18, BGHZ 223, 95, 104 f. (Rn. 22, 25); BGH, Urteil v. 14.01.2021 – III ZR 168/19, NJW 2021, 1463, 1464 (Rn. 28); zum parallelen Maßstab für deliktische Verkehrspflichten BGH, Urteil v. 19.12.1989 – VI ZR 182/89, NJW 1990, 1236, 1237; ebenso *Larenz/Canaris*, Lehrbuch des Schuldrechts, Bd. 2.2, § 76 III 4 b (S. 414); *Hans Stoll*, RabelsZ 46 (1982), 591, 594; a. A. *Deutsch*, JuS 1967, 152, 157; *von Bar*, Verkehrspflichten, S. 115 ff.; *Jansen*, AcP 202 (2002), 517, 529 f.; *Möllers*, Rechtsgüterschutz, S. 72. Die Gegenmeinung beruht vor allem auf der Überlegung, dass es zahlreiche Verkehrspflichten gibt, die den Verantwortlichen in einer Situation treffen, in der eine Beeinträchtigung noch nicht unmittelbar bevorsteht – zum Beispiel zivilrechtliche Konstruktions- und Fabrikationspflichten (siehe insbesondere *Möllers*, Rechtsgüterschutz, S. 72). Würde man dieser Argumentationsweise folgen, dann würden Verkehrspflichten jedoch überhaupt keine Gefahr voraussetzen, weil zum Beispiel der Produzent, der seine Konstruktionspflichten verletzt, bis zum Zeitpunkt des Inverkehrbringens des Produkts noch keinen gefährdet. Die Reduzierung des Gefahrenbegriffs auf die zeitliche Dimension ist insoweit verfehlt. Es geht vielmehr um eine wertende Eingrenzung von Verhaltensweisen, die nicht nur in vernachlässigungswürdigen Ausnahmesituationen, sondern typischerweise zu Beeinträchtigungen fremder Rechtsgüter führen können; näher dazu im Text.

845 BGH, Urteil v. 22.08.2019 – III ZR 113/18, BGHZ 223, 95, 104 f. (Rn. 25); BGH, Urteil v. 14.01.2021 – III ZR 168/19, NJW 2021, 1463, 1464 (Rn. 15); aus der parallelen Diskussion zu Verkehrssicherungspflichten BGH, Urteil v. 07.06.1988 – VI ZR 91/87,

sen aber eine naheliegende, geradezu typische Folge der Pflichtverletzung darstellen.[846] Die Seltenheit von Beeinträchtigungen hebt die Konkretheit der Gefahr insoweit nicht auf.[847] *Andreas Blaschczok* weist in diesem Zusammenhang richtigerweise darauf hin, dass die Frage der Abstraktheit oder Konkretheit einer Gefahr eine Wertungsfrage ist und die Begrifflichkeiten deshalb nicht überbewertet werden dürfen.[848] Sie markieren nur die Grenze, ab der von dem Verantwortlichen erwartet wird, sein Verhalten anzupassen, um einer drohenden Beeinträchtigung entgegenzuwirken.[849] Nach der Rechtsprechung kommt es hierbei nicht nur auf die Wahrscheinlichkeit oder zeitliche Nähe der Beeinträchtigung, sondern insbesondere auch auf die Schwere des drohenden Schadens an.[850] Insofern deckt sich der Maßstab zur Herleitung einer Schutzpflicht mit demjenigen zur Herleitung des negatorischen Rechtsschutzes.[851]

Bejaht die Rechtsprechung in einzelnen Fällen eine Schadensersatzhaftung auch für abstrakte Gefahren, indem sie Verhaltensstandards aufstellt, deren Beachtung sie tatsächlich nicht erwartet bzw. erwarten kann, driftet sie in den Bereich der Gefährdungshaftung ab.[852] Hierbei handelt es sich – wie *Larenz* und *Canaris* richtig herausstellen – um ein „unzulässiges Contra-legem-Judizieren", das keinen „durchgängig[n] Leitlinien" oder gar dogmatischen Grundsätzen folgt, sondern eher als „methodenunehrlich" zu bezeichnen ist.[853] Dies ergibt sich auch aus den einschlägigen Entscheidun-

---

BGHZ 104, 323, 326 f.; BGH, Urteil v. 17.10.1989 – VI ZR 258/88, NJW 1990, 906, 907; BGH, Urteil v. 06.03.1990 – VI ZR 246/89, NJW-RR 1990, 789, 790; *G. Wagner*, in: MüKo, BGB, § 823 Rn. 530; *Förster*, in: BeckOK, BGB, § 823 Rn. 311; *Spindler*, in: BeckOGK, BGB, Stand: 01.12.2023, § 823 Rn. 414.

846 Siehe die Verweise in Fn. 845.

847 BGH, Urteil v. 22.08.2019 – III ZR 113/18, BGHZ 223, 95, 104 f. (Rn. 25); BGH, Urteil v. 14.01.2021 – III ZR 168/19, NJW 2021, 1463, 1464 (Rn. 15); entsprechend zu deliktischen Verkehrspflichten BGH, Urteil v. 17.10.1989 – VI ZR 258/88, NJW 1990, 906, 907 („der zwar seltenen, aber konkreten Gefahren").

848 *Blaschczok*, Gefährdungshaftung, S. 94 ff.; vgl. auch *Wendelstein*, Pflicht, S. 247.

849 Vgl. *Blaschczok*, Gefährdungshaftung, S. 94 ff.

850 BGH, Urteil v. 22.08.2019 – III ZR 113/18, BGHZ 223, 95, 104 f. (Rn. 25); BGH, Urteil v. 14.01.2021 – III ZR 168/19, NJW 2021, 1463, 1464 (Rn. 15); deutlich zu deliktischen Pflichten auch BGH, Urteil v. 16.12.2008 – VI ZR 170/07, NJW 2009, 1080, 1081 f. (Rn. 15).

851 Vgl. auch *Wilhelmi*, Risikoschutz, S. 299; *Wendelstein*, Pflicht, S. 247.

852 *Esser*, JZ 1953, 129, 131; dazu auch schon S. 117 ff., 122.

853 *Larenz/Canaris*, Lehrbuch des Schuldrechts, Bd. 2.2, § 76 III 7 b (S. 428); siehe auch die detaillierte Analyse bei *Blaschczok*, Gefährdungshaftung, S. 93 ff. (insbesondere S. 120).

gen selbst. So begnügen sich die Richter nicht damit, festzustellen, dass der Verantwortliche das Risiko für bestimmte abstrakte Gefahren trägt. Vielmehr sind sie darauf bedacht, eine ernsthafte Gefahr und konkrete Handlungspflichten aufzuzeigen und so die Haftung für abstrakte Gefahren durch fiktive Schutz- bzw. Verkehrspflichtverletzungen zu verdecken.[854] Es bleibt also dabei, dass Schutzpflichten genau wie der negatorische Rechtsschutz im Grundsatz eine konkrete Gefahr voraussetzten.

(2) Abstrakt formulierte Regeln

Zweifel an dem Gleichlauf von Schutzpflicht und negatorischer Haftung ergeben sich im Hinblick auf Verhaltensregeln, die abstrakt formuliert und auf eine Vielzahl von Sachverhalten anwendbar sind. Ein Beispiel ist die Verkehrssicherungspflicht eines Gebäudebesitzers, das Gebäude in regelmäßigen Abständen fachgerecht zu kontrollieren.[855] Steht im Privatschüler-Fall[856] zwar nicht fest, dass das Dach des Nebengebäudes schadhaft ist, hat der Schüler aber in Erfahrung gebracht, dass der Schulbetreiber seiner Gebäudebeobachtungspflicht nicht nachkommt, stellt sich die Frage, ob auch eine solche Schutzpflicht einen negatorischen Anspruch rechtfertigt. Nach *Christian von Bar* soll sich eine entsprechende Kontrolle nicht einklagen lassen, weil ihr Ausbleiben noch keine konkrete Beeinträchtigungsgefahr begründet.[857] Die einschlägige Rechtsprechung deutet aber in eine andere Richtung[858]: Die Haftung des Gebäudebesitzers beruhe auf den „besonderen, typischen Gefahren", die mit der Errichtung von Bauwerken verbunden sind und denen „nur durch Beachtung der Erfahrungsregeln der Bau- und Ingenieurskunst" begegnet werden könne. Durch die mangelhafte Unterhaltung eines Bauwerks werde „keine gewöhnliche, sondern eine spezifische" Gefahrenlage begründet. Folgt man dieser Betrachtungsweise, entsteht für die Betroffenen schon durch das Unterlassen von regelmäßigen

---

854 Vgl. etwa BGH, Urteil v. 25.02.1988 – VII ZR 348/86, BGHZ 103, 298, 304 ff.; OLG Düsseldorf, Urteil v. 23.07.1974 – 4 U 20/74, NJW 1975, 171.

855 BGH, Urteil v. 21.01.1988 – III ZR 66/86, NJW-RR 1988, 853, 854; BGH, Urteil v. 23.03.1993 – VI ZR 176/92, NJW 1993, 1782, 1783; *Spindler*, in: BeckOK, BGB, § 836 Rn. 12.

856 S. 140.

857 *von Bar*, in: 25 Jahre Karlsruher Forum (Beilage VersR 1983), 80, 84.

858 BGH, Urteil v. 30.05.1961 – VI ZR 310/56, NJW 1961, 1670, 1671; OLG München, Urteil v. 09.12.1994 – 21 U 3056/94, NJW-RR 1995, 540, 541.

Kontrollen ein „Zustand der Gefährdung“[859], der insofern auch negatorischen Schutz rechtfertigt.[860]

Es ist also zu differenzieren: Nur weil eine Regel abstrakt formuliert und auf eine Vielzahl von Sachverhalten anwendbar ist, bedeutet das nicht, dass mit ihrer Verletzung keine konkrete Gefährdung einhergeht. Handelt es sich um anerkannte technische Regeln, gilt vielmehr die gegenteilige Vermutung.[861] Andererseits muss nicht jede abstrakt formulierte Regel eine Schutzpflicht im konkreten Fall bedeuten. Handelt es sich etwa um DIN-Normen[862], betont der BGH, dass sich „die zur Schadensabwehr erforderlichen Maßnahmen“ nur „anhand der Umstände des Einzelfalls“ bestimmen lassen.[863]

Im Ergebnis steht also der Umstand, dass Schutzpflichten zum Teil aus abstrakt formulierten Regeln hergeleitet werden, nicht der Annahme entgegen, dass sie wie der negatorische Rechtsschutz eine konkrete Gefahr voraussetzen.

c. Würdigung

Legt man die Formeln der Rechtsprechung zugrunde, kommt es zu einem Gleichlauf von Schutzpflichten und negatorischem Rechtsschutz. Zu klären bleibt, ob dieser Gleichlauf zweckmäßig ist bzw. zu einem angemessenen Interessenausgleich führt.

---

859 S. 160 mit Fn. 813.

860 Zu einem anderen Ergebnis muss man kommen, wenn man für einen Anspruch aus § 908 BGB voraussetzt, dass sich die Beschädigungsgefahr in der tatsächlichen Baufälligkeit des Gebäudes abbilden muss; so *Vollkommer*, in: BeckOGK, BGB, Stand: 01.02.2024, § 908 Rn. 13, unter Verweis auf RG, Urteil v. 20.01.1909 – V 438/08, RGZ 70, 200, 206; dagegen lässt *Brückner*, in: MüKo, BGB, § 908 Rn. 4, schon den „erwarteten baufälligen Zustand“ ausreichen – ebenfalls unter Verweis auf das vorgenannte Urteil des RG.

861 BGH, Urteil v. 01.03.1988 – VI ZR 190/87, BGHZ 103, 338, 342; BGH, Urteil v. 22.08.2019 – III ZR 113/18, BGHZ 223, 95, 99 f. (Rn. 15).

862 Dazu etwa BGH, Urteil v. 01.03.1988 – VI ZR 190/87, BGHZ 103, 338, 341 f.: es handelt sich um „auf freiwillige Anwendung ausgerichtete Empfehlungen des ‚DIN Deutschen Instituts für Normung e.V.‘“.

863 BGH, Urteil v. 22.08.2019 – III ZR 113/18, BGHZ 223, 95, 100 (Rn. 15); siehe auch BGH, Urteil v. 09.09.2008 – VI ZR 279/06, VersR 2008, 1551, 1552 (Rn. 16).

aa. Schutzpflichten als situationsabhängige Verhaltenspflichten

Intuitiv wird man einen Gleichlauf von Schutzpflichten und deren Einklagbarkeit bejahen. Das hängt insbesondere damit zusammen, dass es sich bei Schutzpflichten um situationsabhängige Verhaltenspflichten handelt.[864] Schutzpflichten verlangen nicht die Herbeiführung eines *Erfolgs* im Sinne der Verhinderung einer drohenden Beeinträchtigung. Sie verlangen lediglich ein schützendes *Verhalten*, das sich situationsabhängig aus der jeweiligen Bedrohungslage ergibt. Maßgeblich ist allein, welche Schutzmaßnahme in der konkreten Situation möglich und zumutbar bzw. geboten ist, um eine drohende Beeinträchtigung zu verhindern.[865] Wenn damit für die Annahme einer Schutzpflicht die Frage beantwortet sein muss, ob das jeweilige Verhalten in der konkreten Situation tatsächlich geboten ist, dann erscheint es nicht sachgerecht, für die Einklagbarkeit der Schutzpflicht noch etwas Zusätzliches zu verlangen, also etwa zusätzlich danach zu fragen, ob auch eine konkrete Rechtsgutsgefährdung gegeben ist.

bb. Keine Abstufung des Gefahrengrads

Dennoch knüpft die herrschende Meinung die Einklagbarkeit von Schutzpflichten regelmäßig an die Feststellung einer konkreten Gefährdung des Schutzguts. *Rüdiger Wilhelmi* fordert im Hinblick auf Verkehrspflichten sogar, dass die Gefahr im Rahmen des negatorischen Rechtsschutzes „zumindest tendenziell höher liegen" muss als im Rahmen des repressiven Rechtsschutzes.[866] Ihm zufolge ist das Bestehen einer Verkehrspflicht eine notwendige, aber keine hinreichende Bedingung für die *actio (quasi) negatoria*.[867] Neben der Interessenabwägung, die auf der ersten Stufe zur Herleitung der Verkehrspflicht erforderlich ist, soll auf der zweiten Stufe eine eigenständige Abwägung konkret in Bezug auf den vorbeugenden Rechtsschutz geboten sein.[868] Ein schützendes Verhalten kann demnach eine Pflicht darstellen und bei Verletzung eine Schadensersatzhaftung auslösen, ohne jedoch im

864 Dazu schon oben unter 1. Teil C.III.4.a.bb (S. 108 ff.) und D.I.1.b (S. 119 ff.).

865 Siehe oben unter 1. Teil C.I.2.c.cc(2) (S. 87 ff.), D.I.1.b (S. 119 ff.); näher dazu außerdem unter 2. Teil C.I.1.d (S. 197 ff.).

866 *Wilhelmi*, Risikoschutz, S. 301.

867 *Wilhelmi*, Risikoschutz, S. 127, 297; vgl. auch *von Bar*, in: 25 Jahre Karlsruher Forum (Beilage VersR 1983), 80, 84 f.; *R. Krause*, in: Soergel, BGB, § 823 Anh II Rn. 12.

868 *Wilhelmi*, Risikoschutz, S. 297.

Rahmen des negatorischen Rechtsschutzes durchgesetzt werden zu können. Nach *Wilhelmi* ist eine derartige Differenzierbarkeit der Rechtsfolgen sinnvoll, weil es gerecht sein kann, dem Störer das Risiko das Schadens, dem Betroffenen dagegen das Risiko der Beeinträchtigung aufzuerlegen.[869] Dies soll vor allem in Fällen gelten, in denen der drohende Schaden oder die Eintrittswahrscheinlichkeit relativ gering ist, der Schutzaufwand demgegenüber unverhältnismäßig hoch.[870] Auch das Gesetz bringe mit Normen wie § 14 S. 2 BImSchG, § 904 S. 2 BGB oder § 906 Abs. 2 S. 2 BGB zum Ausdruck, dass eine Schadensersatzhaftung gerechtfertigt sein kann, obwohl negatorischer Rechtsschutz ausscheidet.[871] Für einen strengeren Maßstab im Hinblick auf den negatorischen Rechtsschutz spreche schließlich, dass durch ihn stärker in die Handlungsfreiheit des Störers eingegriffen werde als durch den repressiven Rechtsschutz, weil dem Störer die Entscheidung genommen werde, die jeweilige Unterlassungs- bzw. Schutzpflicht unbeachtet zu lassen.[872]

Dem Differenzierungsvorschlag *Wilhelmis* stehen die folgenden, durchschlagenden Argumente entgegen: Zum einen ist er praktisch nur schwer umsetzbar. In Anbetracht der häufig beschränkten Tatsachengrundlage dürfte es kaum gelingen, objektivierbar zwischen einer konkreten Gefahr und einer dazu tendenziell erhöhten Gefahr zu differenzieren. Zum anderen steht der Handlungsfreiheit des Verantwortlichen das Rechtsgüterschutzinteresse des Betroffenen gegenüber. Wird nämlich für repressiven und negatorischen Rechtsschutz ein jeweils anderer Gefahrengrad vorausgesetzt, drohen dem Betroffenen in den Grenzfällen die aufgezeigten Unzulänglichkeiten der Schadensersatzhaftung.[873]

Knüpft man außerdem – wie im Rahmen der Haftung für Schutzpflichtverletzungen nach §§ 280 Abs. 1, 241 Abs. 2 BGB – das Rechtswidrigkeitsurteil nicht an den eingetretenen Erfolg, sondern an das pflichtwidrige Verhalten, stellt schon dieses Verhalten Unrecht dar. Es ist verboten, weil von ihm ein zu hohes Risiko ausgeht. Es wäre widersprüchlich, dieses Verhalten indirekt zu erlauben, indem man für negatorischen Rechtsschutz einen höheren Gefahrengrad voraussetzt.[874] Um der Ordnungsfunktion des

869 *Wilhelmi*, Risikoschutz, S. 298 f.; vgl. auch *Steffen*, VersR 1980, 409, 410.
870 *Wilhelmi*, Risikoschutz, S. 300.
871 *Wilhelmi*, Risikoschutz, S. 298.
872 *Wilhelmi*, Risikoschutz, S. 301.
873 Siehe oben unter 1. Teil D.I.2.a (S. 123 ff.).
874 *Wendelstein*, Pflicht, S. 244.

Haftungsrechts[875] gerecht zu werden, muss die Grenze zwischen erlaubtem und verbotenem Verhalten vielmehr einheitlich und klar bestimmt sein.

Auch das Gesetz geht im Übrigen von einem Gleichlauf der Abwehrbarkeit und Pflichtwidrigkeit eines Verhaltens aus. Versagt es wie in § 904 S. 1 BGB das Recht, eine Beeinträchtigung zu verbieten, ist das beeinträchtigende Verhalten gerechtfertigt und damit rechtmäßig. Die von *Wilhelmi* aufgezählten Ansprüche aus § 14 S. 2 BImSchG, § 904 S. 2 BGB oder § 906 Abs. 2 S. 2 BGB sind keine Schadensersatzansprüche, welche Rechtswidrigkeit und Verschulden voraussetzen, sondern *Aufopferungsansprüche*, die als billiger Ausgleich für die Aufopferung einer Rechtsposition zum Wohle der Allgemeinheit[876] gewährt werden.[877]

Die Frage, ob dem Verantwortlichen ein schützendes Verhalten zumutbar ist, lässt sich demnach nur einheitlich beantworten. Ist es unzumutbar, liegt schon keine Schutz- bzw. Verkehrspflicht vor. Erscheint es dabei in einzelnen Fällen ungerecht, den Betroffenen die Schadenslast tragen zu lassen, ist es methodenehrlicher, eine Billigkeitshaftung nach dem Rechtsgedanken von § 14 S. 2 BImSchG, §§ 904 S. 2, 906 Abs. 2 S. 2, 912 Abs. 2, 917 Abs. 2 BGB anzunehmen,[878] als fiktive Schutz- bzw. Verkehrspflichten zu unterstellen, deren Beachtung man in Wirklichkeit nicht erwartet.[879]

Nach alledem ist ein Gleichlauf von Schutzpflicht und negatorischer Haftung auch zweckmäßig.[880]

---

875 Dazu S. 120 f.

876 *Lampe*, NJW 1968, 88, 92; *Lakkis*, in: BeckOGK, BGB, Stand: 01.12.2023, § 904 Rn. 3.

877 Zu § 14 S. 2 BImSchG: BGH, Urteil v. 29.10.1954 – V ZR 53/53, BGHZ 15, 146, 150 f.; *Jarass*, in: Jarass, BImSchG, § 14 Rn. 21, 26; zu § 904 S. 2 BGB: *Jakobs/Schubert*, Beratung des BGB, Sachenrecht I, S. 446; *Fritzsche*, in: BeckOK, BGB, § 904 Rn. 1, 16; zu § 906 Abs. 2 S. 2 BGB: *Fritzsche*, in: BeckOK, BGB, § 906 Rn. 82.

878 Anschaulich dazu OLG Düsseldorf, Urteil v. 07.02.2010 – 19 U 13/09, NJW-RR 2010, 1106, 1107; OLG Koblenz, Hinweisbeschluss v. 18.06.2014 – 5 U 399/14, NJOZ 2014, 1571, 1572 (Rn. 11); siehe auch BGH, Urteil v. 23.03.2023 – V ZR 67/22, BGHZ 236, 369, 381 f. (Rn. 35); aus der Literatur etwa *Larenz/Canaris*, Lehrbuch des Schuldrechts, Bd. 2.2, § 85 II (insbesondere S. 661 ff.).

879 Dazu auch oben auf S. 122 f.

880 Deutlich etwa das OLG Düsseldorf, Urteil v. 13.01.2010 – I-27 U 1/09, NZBau 2010, 328, 329: „Vielmehr geht das deutsche Recht grundsätzlich davon aus, dass dem Gläubiger gegenüber (drohendem) rechtswidrigem Handeln des Schuldners ein Unterlassungsanspruch zusteht, und zwar unabhängig davon, aus welchem Rechtsgrund das Handeln des Schuldners rechtswidrig ist."; zu Verkehrspflichten vgl. LG Bückenburg, Urteil v. 08.12.1955 – S 150/55, NJW 1956, 1363: „Ist aber die Verkehrssicherungspflicht eine privatrechtliche Pflicht, so braucht derjenige, dem bei Benutzung des Weges Gefahr droht, grundsätzlich nicht zu warten, bis

d. Informationsanspruch und Darlegungslast bei Gefahrenverdacht

Im Hinblick auf den Anspruch auf Beachtung von Schutzpflichten besteht die Besonderheit, dass der potenziell Schutzberechtigte regelmäßig keine Möglichkeit hat, festzustellen, ob eine konkrete Gefahr vorliegt, weil der vermeintliche Gefahrenherd in der Sphäre des potenziell Schutzverpflichteten liegt.

Dies lässt sich gut anhand des Privatschüler-Falls[881] illustrieren: Sind Dachziegel auf das Schulgelände gestürzt, besteht der begründete Verdacht, dass das Dach baufällig ist und von ihm eine konkrete Gefahr ausgeht. Der Privatschüler, der sich bedroht fühlt, kann sich aber nicht sicher sein, ob die Gefahr tatsächlich fortbesteht oder ob es sich bei dem Herabstürzen der Dachziegel nur um einen einmaligen Vorfall gehandelt hat. Mangels Zugangs zu dem fremden Gebäudedach kann er die Baufälligkeit auch nicht selbst feststellen bzw. feststellen lassen. Sofern Rückfragen des Schülers beim Schulbetreiber unbeantwortet bleiben, hat der Schüler nach den bisherigen Ergebnissen zwar die Möglichkeit, einen Anspruch auf Beachtung von Schutzpflichten geltend zu machen. Wendet der Schulbetreiber im Prozess allerdings ein, dass er das Dach schon vor Klageerhebung instandgesetzt hatte und dass damit bei Rechtshängigkeit keine Gefahr mehr bestand, muss die Klage als unbegründet abgewiesen werden und der Privatschüler trägt nach § 91 Abs. 1 S. 1 ZPO die Prozesskosten.

Dieses Ergebnis erscheint unbillig. Der Schulbetreiber hätte hier ohne nennenswerten Aufwand Klarheit schaffen können. Indem er nicht auf die Frage antwortet, ob das möglicherweise schadhafte Dach instandgesetzt wurde, setzt er den Schüler der konkreten Gefahr aus, ein kostenträchtiges gerichtliches Verfahren anzustrengen, das von vornherein aussichtslos ist. Er verletzt damit eine Schutzpflicht zum Schutz des Vermögens nach § 241 Abs. 2 BGB. Die Rechtsprechung leitet in Konstellationen, in denen die prozessuale Ausgangsposition des Anspruchsstellers mangels Einblicks in die Sphäre des Anspruchsgegners erheblich geschwächt ist, unter bestimmten

---

durch diese Gefahr ein Schaden eingetreten ist, sondern kann bereits vorher mit der beseitigenden Unterlassungsklage vorgehen."; vgl. auch die Literaturstimmen in (Fn. 530), die den negatorischen Schutz unmittelbar aus der Betroffenheit eines subjektiven Rechts herleiten.

881 S. 140.

Voraussetzungen ein Auskunftsrecht aus § 242 BGB her.[882] Anspruch auf Auskunft bestehe bei jedem Rechtsverhältnis,

> „dessen Wesen es mit sich bringt, dass der Berechtigte in entschuldbarer Weise über Bestehen oder Umfang seines Rechts im Ungewissen und der Verpflichtete in der Lage ist, unschwer die zur Beseitigung dieser Ungewissheit erforderlichen Auskünfte zu erteilen".[883]

Eine solches Rechtsverhältnis kann man im beschriebenen Fall wohl bejahen.[884] Der Auskunftsanspruch lässt sich – im Anschluss an die Rechtsprechung – auf § 242 BGB stützen oder – anknüpfend an die bisherigen

882 Vgl. etwa die Rechtsprechung zum Auskunftsanspruch gegen einen Vertragspartner dahingehend, ob mit Dritten Geschäfte abgeschlossen wurden, die möglicherweise vertrags- bzw. wettbewerbswidrig sind: BGH, Urteil v. 17.07.2002 – VIII ZR 64/01, NJW 2002, 3771 ff.; BGH, Urteil v. 26.09.2013 – VII ZR 227/12, NJW 2014, 381 ff.

883 BGH, Urteil v. 01.07.2014 – VI ZR 345/13, BGHZ 201, 380, 382 (Rn. 6); ständige Rechtsprechung seit BGH, Urteil v. 28.10.1953 – II ZR 149/52, BGHZ 10, 385, 387; siehe dazu auch *Forster*, in: Soergel, BGB, § 260 Rn. 23.

884 In der Rechtsprechung und Literatur wird im Hinblick auf den Auskunftsanspruch aus § 242 BGB differenziert: Liegt ein Vertragsverhältnis zugrunde, müsse der Anspruch, über dessen Voraussetzungen Auskunft verlangt wird, dem Grunde nach noch nicht feststehen – vielmehr reiche schon der begründete Verdacht einer Vertragspflichtverletzung (BGH, Urteil v. 17.07.2002 – VIII ZR 64/01, NJW 2002, 3771; BGH, Urteil v. 01.08.2013 – VII ZR 268/11, NJW 2014, 155 (Rn. 20); BAG, Urteil v. 26.04.2023 – 10 AZR 137/22, NJW 2023, 2592, 2594 (Rn. 20); *Forster*, in: Soergel, BGB, § 260 Rn. 25; *Grüneberg*, in: Grüneberg, § 260 Rn. 6; teilweise kritisch, aber für Dauerschuldverhältnisse tendenziell ebenso: *Krüger*, in: MüKo, BGB, § 260 Rn. 16). Entsprechendes solle auch für Ansprüche aus einem vorvertraglichen Schuldverhältnis gelten (OLG Hamm, Urteil v. 09.01.1991 – 8 U 122/90, DB 1991, 799; *S. Lorenz*, in: BeckOK, BGB, § 260 Rn. 12; *Röver*, in: BeckOGK, BGB, Stand: 01.02.2024, § 260 Rn. 52; *Grüneberg*, in: Grüneberg, § 260 Rn. 6) und für einen Anspruch aus einem Vertrag mit Schutzwirkung zugunsten Dritter (LG Köln, Urteil v. 26.02.1986 – 13 S 367/85, NJW-RR 1986, 832; *Forster*, in: Soergel, BGB, § 260 Rn. 25). Ergebe sich der Anspruch, auf den sich das Auskunftsbegehren bezieht, dagegen aus dem Gesetz – etwa aus § 812 BGB oder § 1004 BGB –, müsse er dem Grunde nach bestehen, lediglich der Anspruchsinhalt dürfe ungewiss sein (BGH, Urteil v. 14.07.1987 – IX ZR 57/86, NJW-RR 1987, 1296 f.; BGH, Urteil v. 28.11.1989 – VI ZR 63/89, NJW 1990, 1358; OLG Düsseldorf, Urteil v. 19.03.1987 – 10 U 119/86, NJW 1988, 2389, 2390; *Forster*, in: Soergel, BGB, § 260 Rn. 26; *Röver*, in: BeckOGK, BGB, Stand: 01.02.2024, § 260 Rn. 57; *Grüneberg*, in: Grüneberg, § 260 Rn. 6). Vorliegend steht der Schutzanspruch des Privatschülers, der hier aus §§ 12, 862, 1004 BGB analog hergeleitet wird, dem Grunde nach *nicht* fest – es ist unklar, ob von dem Dach eine konkrete Gefahr ausgeht. Allerdings besteht mit dem Privatschulvertrag ein Dauerschuldverhältnis, sodass die herrschende Meinung einem Auskunftsanspruch nicht entgegensteht.

Ergebnisse dieser Arbeit – auf einen Anspruch auf Beachtung von Schutzpflichten.[885]

Verneint der Schulbetreiber die Frage, ob das Dach bereits instandgesetzt wurde, könnte der Schüler weiter fragen, ob das Dach baufällig und insofern konkret gefährlich ist. Diese Frage hat jedoch eine andere Qualität. Der Schulbetreiber müsste hierfür einen Dachdecker bzw. Privatgutachter engagieren, sodass zweifelhaft ist, ob die Beseitigung der Ungewissheit noch als „unschwer" gelten kann. Maßgeblich ist insoweit, ob dem Schulbetreiber der Aufwand zur Beseitigung der Ungewissheit *zumutbar* ist.[886] Dies ist eine Wertungsfrage, die nur im Einzelfall beurteilt werden kann. Grundlegende Erwägungen sprechen jedoch bei einem erhöhten Aufklärungsaufwand tendenziell gegen einen Auskunftsanspruch.

Zunächst geht es hier nicht um die Frage, ob sich der Schüler gegen die Gefahr, die von dem möglicherweise baufälligen Dach ausgeht, schützen kann.[887] Der Schüler kann einen Anspruch auf Beachtung von Schutzpflichten jederzeit gerichtlich geltend machen. Es geht lediglich um die Frage, ob der Schüler die Prozesskosten tragen soll, wenn sich im Verfahren herausstellt, dass das einmalige Herabstürzen von Dachziegeln einem außergewöhnlichen Umstand geschuldet war und dass das Dach tatsächlich hinreichend sicher ist. Im Grundsatz kann ein Anspruchsteller dem Risiko, dass bestimmte Anspruchsvoraussetzungen nicht vorliegen, nicht dadurch entgehen, dass er vorbeugend vom Anspruchsgegner Auskunft über diese Anspruchsvoraussetzungen verlangt.[888] Warum für den vorbeugenden Anspruch auf Beachtung von Schutzpflichten etwas anderes gelten sollte, ist nicht erkennbar. Im Hinblick auf den Privatschüler-Fall erscheint dieses Ergebnis auch nicht unangemessen. Wenn tatsächlich keine Gefahr für den Schulbetrieb besteht und dem Schulbetreiber insofern nichts vorzuwerfen

---

885 Siehe dazu auch oben auf S. 82 f. und unter 1. Teil D.II.2.d.cc(1) (S. 154 ff.; siehe insbesondere Fn. 786).

886 BGH, Urteil v. 05.06.1985 – I ZR 53/83, BGHZ 95, 274, 280; BAG, Urteil v. 26.04.2023 – 10 AZR 137/22, NJW 2023, 2592, 2594 (Rn. 20); *S. Lorenz*, in: BeckOK, BGB, § 260 Rn. 17; *Grüneberg*, in: Grüneberg, § 260 Rn. 8.

887 Ist eine Auskunft zum Selbstschutz notwendig, kommt ein Auskunftsanspruch grundsätzlich in Betracht; siehe schon Fn. 786; vgl. zudem BGH, Urteil v. 16.02.2001 – V ZR 422/99, NJW-RR 2001, 1208, 1209 f.; OLG Düsseldorf, Urteil v. 19.03.1987 – 10 U 119/86, NJW 1988, 2389, 2390; *Hans Stoll*, in: FS Lange, 729, 736 f.

888 Vgl. BGH, Urteil v. 18.02.1970 – VIII ZR 39/68, NJW 1970, 751; *Krüger*, in: MüKo, BGB, § 260 Rn. 16; *S. Lorenz*, in: BeckOK, BGB, § 260 Rn. 22; *Bittner/Kolbe*, in: Staudinger, Neubearbeit. 2019, § 260 Rn. 18.

ist, sollte er nicht die Kosten für unberechtigte Rechtsbegehren tragen müssen.

Ein Auskunftsanspruch bei Gefahrenverdacht zur Vorbereitung einer Klage auf Beachtung von Schutzpflichten kommt folglich nur in Ausnahmefällen in Betracht, in denen es unbillig wäre, dass der Anspruchsgegner eine unschwer zu gewährende Information zurückhält.[889]

Eine andere Frage ist, ob der Anspruchssteller im Prozess wegen einer etwaigen Beweisnot zu entlasten ist. Im Privatschüler-Fall ließe sich dies folgendermaßen umsetzen: Sofern der Privatschüler substanziiert darlegt und gegebenenfalls beweist, dass Dachziegel auf das Schulgelände herabgestürzt sind, ergibt sich hieraus der begründete Verdacht, dass eine konkrete Gefahr vorliegt. Dem Schulbetreiber könnte insofern als prozessuale Obliegenheit ein substanziiertes Bestreiten[890] abverlangt bzw. eine sekundäre Darlegungslast[891] auferlegt werden. Kann der Schulbetreiber nicht hinreichend substanziiert darlegen, dass keine Gefahr vorliegt, ist er – wenn auch die übrigen Anspruchsvoraussetzungen[892] vorliegen – zu verurteilen. Kann er – zum Beispiel durch ein Privatgutachten[893] – begründen, warum es sich bei dem Herabstürzen der Dachziegel um einen Ausnahmefall gehandelt hat, muss der Schüler Beweis antreten.

Der BGH geht für den Schadensersatzanspruch aus §§ 280 Abs. 1, 241 Abs. 2 BGB von einer Beweislastumkehr im Hinblick auf die Pflichtverletzung aus, wenn geklärt ist, dass der Schaden allein auf einer Gefahr aus der Sphäre des Anspruchsgegners beruht.[894] Diese Rechtsprechung wird hier

---

889 Allgemein für eine entsprechende Einzelfallbetrachtung: *Krüger*, in: MüKo, BGB, § 260 Rn. 16.

890 Siehe dazu etwa BGH, Urteil v. 11.03.2010 – IX ZR 104/08, NJW 2010, 1357, 1358 (Rn. 16 f.); *Fritsche*, in: MüKo, ZPO, § 138 Rn. 22.

891 Siehe dazu etwa BGH, Urteil v. 23.10.2007 – XI ZR 423/06, NJW-RR 2008, 1269, 1270 (Rn. 19); *Fritsche*, in: MüKo, ZPO, § 138 Rn. 24.

892 Insbesondere muss die Beseitigung der Gefahr möglich und zumutbar sein (näher dazu unter 2. Teil C.I.1.d. (S. 197 ff.)).

893 Zu Privatgutachten als Mittel zur Substanziierung des Parteivortrags und zu der damit verbundenen Kostenlast vgl. OLG Nürnberg, Beschluss v. 19.04.2016 – 12 W 737/16, NJW-RR 2017, 60, 61 (Rn. 15); zur Verantwortung für die Aufklärung eines Gefahrenverdachts siehe auch *Hans Stoll*, in: FS Lange, 729, 736 f.

894 Vgl. BGH, Urteil – VI ZR 169/90, NJW 1991, 1540, 1541; BGH, Urteil v. 18.05.1994 – XII ZR 188/92, BGHZ 126, 124, 129; BGH, Urteil v. 22.10.2008 – XII ZR 148/06, NJW 2009, 142 (Rn. 13 ff.); BGH, Urteil v. 25.10.2022 – VI ZR 1283/20, NJW-RR 2023, 95, 96 (Rn. 17); siehe auch Fraktionsentwurf zum SchuldRModG, BT-Drucks. 14/6040 v. 14.05.2001, S. 136; *Krebs*, Sonderverbindung, S. 538; *G. Wagner*, in: MüKo, BGB, § 823 Rn. 105.

auf den Zeitpunkt vor dem Schadensereignis übertragen. Da es noch nicht zu einem Schaden gekommen und auch noch nicht geklärt ist, ob überhaupt eine Rechtsgutsgefährdung vorliegt, würde eine Beweislastumkehr zu weit greifen.[895] Allerdings unterliegt der potenziell Schutzberechtigte auch schon im Hinblick auf das Bestehen einer konkreten Gefahr – nicht nur im Hinblick auf die Pflichtverletzung – einer unverschuldeten Beweisnot, weil die vermeintliche Gefahrenquelle in der ihm entzogenen Sphäre des Anspruchsgegners liegt. Bei einem begründeten Gefahrenverdacht ist er folglich zumindest durch das Erfordernis eines substanziierten Bestreitens oder durch die sekundäre Darlegungslast des Anspruchsgegners zu entlasten.[896] Dies ist auch der Weg, den das OLG Düsseldorf für die besprochenen Vergaberechtsfälle[897] aufzeiget:

> „Unzuträglichkeiten im Vortrag, insbesondere beim Ast., der nur beschränkte Kenntnisse von den Vorgängen im Bereich des Auftraggebers hat, kann nur durch eine sachgerechte Handhabung der sekundären Darlegungslast und den Anforderungen an die Glaubhaftmachungslast Rechnung getragen werden."[898]

Im Ergebnis besteht zwar ohne nachweisbare konkrete Gefahr weder eine Schutzpflicht noch ein negatorischer Anspruch. Der Rechtsgutsinhaber ist bei einem begründeten Gefahrenverdacht aber nicht schutzlos gestellt: Einerseits steht ihm ausnahmsweise ein Informationsanspruch zu, sofern der potenziell Schutzverpflichtete die Ungewissheit im Hinblick auf das Vorliegen einer konkreten Gefahr unschwer beseitigen kann. Andererseits sollte einer unverschuldeten Beweisnot im Prozess durch eine sachgerechte Handhabung der Darlegungslast begegnet werden.

---

895 Im Einzelfall kommt jedoch auch hier eine tatsächliche Vermutung in Betracht; näher zur tatsächlichen Vermutung etwa BGH, Urteil v. 09.10.2009 – V ZR 178/08, NJW 2010, 363, 364 (Rn. 12 ff.); *H. Prütting*, in: MüKo, ZPO, § 292 Rn. 7, 29.

896 Zur eingeschränkten Substanziierungslast des Anspruchsstellers in Fällen, in denen nähere Kenntnisse über die Schadensursache regelmäßig nicht erwartet werden können, vgl. auch *J. Prütting/W. Winter*, LMK 2021, 807655; *J. Prütting/Stubenrauch*, LMK 2021, 811968.

897 S. 104 f.

898 OLG Düsseldorf, Urteil v. 13.01.2010 – I-27 U 1/09, NZBau 2010, 328, 331.

e. Zwischenergebnis

Schutzpflichten und der negatorische Rechtschutz setzten den gleichen Gefahrengrad voraus. Bejaht man eine Schutzpflicht, kann daraus auf einen korrespondierenden Anspruch geschlossen werden. Es ist insofern zumindest irreführend, davon zu sprechen, dass speziell die *Einklagbarkeit* von Schutzpflichten eine konkrete oder erhöhte Rechtsgutsgefährdung voraussetzt.

4. Ergebnis

Es hat sich gezeigt, dass keiner der Vorbehalte gegenüber der Einklagbarkeit von Schutzpflichten Bestand hat. Zwar kann zum Beispiel der Umstand, dass der Betroffene die Gefahr kennt und deshalb in der Lage ist, sich selbst zu schützen, dazu führen, dass er allein das Risiko der Gefahrrealisierung trägt. Allerdings liegt dann schon keine Schutzpflicht vor.

Überhaupt sind die Vorbehalte, die im Hinblick auf die Einklagbarkeit von Schutzpflichten diskutiert werden, tatsächlich nur Voraussetzungen der Schutzpflicht selbst. Diese einfache Erkenntnis geht regelmäßig unter, weil der deutsche Rechtsanwender – ausgehend von Normen wie § 1004 BGB – vorbeugenden Rechtsschutz bislang erfolgs- und nicht pflichtbezogen hergeleitet hat. Er fragt danach, ob eine Beeinträchtigung eines geschützten Rechtsguts droht, und nicht danach, ob eine Verhaltenspflicht verletzt wird. Verhaltenspflichten sind primär ein Phänomen des repressiven Rechtsschutzes,[899] wobei die Rechtsprechung dazu tendiert, überhöhte Sicherheitsanforderungen aufzustellen und damit die im Gesetz angelegte Grenze zwischen der Haftung für unerlaubte Handlungen und der Gefährdungshaftung verschwimmen zu lassen. Deshalb tut sich die Rechtspraxis schwer, allein aus dem Bestehen einer Schutzpflicht deren Einklagbarkeit abzuleiten, und bevorzugt stattdessen eine Abwägung im Einzelfall (Abwägungslösung).[900]

899 *Steffen*, VersR 1980, 409, 410; *Stiebler*, Verkehrspflichtverletzungen, S. 5; *Beck*, Rückrufpflicht, S. 88.

900 Dies wird besonders deutlich bei OLG Saarbrücken, Urteil v. 13.06.2012 – 1 U 357/11-107, NZBau 2012, 654, 655: „Auch sind bei § 241 II BGB nicht die eigentlichen Rechte und Rechtsgüter betroffen, sondern Pflichten zur Rücksichtnahme auf jene. Jedoch kann daraus nicht im Umkehrschluss auf eine generell fehlende Einklagbarkeit dieser Pflichten geschlossen werden."

Dies hat praktische Auswirkungen, da es insofern nicht nur zu einer doppelten Prüfung derselben Frage kommen kann, nämlich ob im konkreten Fall eine Schutzmaßnahme geboten ist. Es wird auch die Fehlvorstellung begünstigt, dass für die Einklagbarkeit einer Schutzpflicht andere Kriterien maßgeblich sind als für die Schutzpflicht selbst; zum Beispiel ein erhöhtes Präventionsbedürfnis oder eine tendenziell erhöhte Gefahr. Hier konnte gezeigt werden, dass die Abwägungslösung verfehlt ist. Schutzpflichten sind grundsätzlich einklagbar.

E. Wesentliche Ergebnisse des ersten Teils

1. Im Umgang mit Schutzpflichten und speziell im Hinblick auf die Frage ihrer Einklagbarkeit herrscht Unsicherheit.[901] Im Wesentlichen lassen sich hierfür drei Gründe anführen: 1. Bei Schaffung des BGB waren Schutzpflichten noch nicht als eigenständige Pflichten anerkannt.[902] 2. Aus dem SchuldRModG ergibt sich weder die Einklagbarkeit noch die Unklagbarkeit von Schutzpflichten.[903] 3. Die deutsche Zivilrechtstradition ist durch die Lehre vom Erfolgsunrecht geprägt, in der Verhaltenspflichten nur eine untergeordnete Rolle spielen.[904] In der Rechtsprechung und Literatur behilft man sich überwiegend mit einer Abwägungslösung: Über die Einklagbarkeit von Schutzpflichten wird im Rahmen einer Abwägung von Fall zu Fall entschieden.[905]

2. Schutzpflichten sind ihrem Wesen nach deliktische Pflichten. Jeweils handelt es sich um unselbständige Pflichten, die dem Schutz von Rechtspositionen außerhalb ihrer selbst dienen.[906] Schutzpflichten und Leistungspflichten sind kategorisch zu unterscheiden. Erstere dienen dem Schutz einer *ex ante* zugewiesenen Rechtsposition, letztere stellen die Passivseite zu einer eigenständigen Rechtsposition dar, dem relativen Leistungsrecht.[907] Treuepflichten bedeuten eine Erweiterung des Rechtskreises des Berechtigten und sind damit ebenfalls von Schutzpflichten zu unterscheiden.[908] Die

901 S. 22 ff.
902 S. 28 ff.
903 S. 37 ff.
904 S. 28 ff., 180 f.
905 S. 22 ff., 25 ff.
906 S. 54 ff., 76 ff.
907 S. 90 mit S. 56 f.
908 S. 74 ff., 77 ff., 82 f.

relative Rechtsposition, die mit der Leistungs- oder Treuepflicht bereits entstanden ist, kann wiederum Gegenstand von Schutzpflichten sein.[909]

3. Der Naturalerfüllungsgrundsatz findet auf deliktische Pflichten keine Anwendung. Die Einklagbarkeit deliktischer Pflichten wird durch den Gesetzgeber im Einzelfall besonders angeordnet und muss im Übrigen aus einer analogen Anwendung der gesetzlichen Vorschriften hergeleitet werden.[910] Aufgrund der Wesensverwandtschaft von Schutzpflichten und deliktischen Pflichten gilt das Gleiche für Schutzpflichten.[911]

4. Dem Bürgerlichen Recht liegt historisch eine Systematisierung nach Ansprüchen zugrunde.[912] Da das materielle Recht jedoch nicht vollständig in Ansprüchen aufgeht, ist eine Systematisierung nach Rechtspositionen und Rechtsbehelfen vorzugswürdig.[913] Rechtspositionen stellen das dem Gläubiger bzw. Rechtsgutsinhaber von der Rechtsordnung Zugewiesene dar, Rechtsbehelfe die Mittel zur Bewahrung bzw. Durchsetzung der Zuweisungsordnung. Der Anspruch ist als materiellrechtliches Spiegelbild des Klagerechts ein Rechtsbehelf. Er ist nicht notwendig auf die Durchsetzung eines Leistungsrechts gerichtet, sondern kann auch dem Schutz anderer Rechte – etwa des Eigentums – dienen. Ein dementsprechend reduzierter Anspruchsbegriff ist von einem etwaigen Leistungselement befreit. Der Anspruch auf Beachtung von deliktischen Pflichten und von Schutzpflichten ist kein *Leistungs*anspruch. Indem man Schutzpflichten einen Anspruch gegenüberstellt, hebt man also die kategorische Unterscheidung zwischen Leistungs- und Schutzpflichten nicht auf.[914]

5. Die Einklagbarkeit von Schutzpflichten lässt sich auf eine (analoge) Anwendung der Regeln des negatorischen Rechtsschutzes stützen. Neben den deliktisch geschützten Rechtspositionen sind auf diese Weise im Rahmen von Schuldverhältnissen das reine Vermögen und – bei Lücken des Leistungsanspruchs und des einstweiligen Rechtsschutzes – auch relative Rechtspositionen vorbeugend geschützt.[915]

6. Der Einklagbarkeit von Schutzpflichten stehen weder prinzipielle Einwände noch Vorbehalte entgegen.[916] Die Abwägungslösung findet keine

909 S. 82 f.
910 S. 51 ff.
911 S. 90 f.
912 S. 59 ff.
913 S. 62 ff., 64 ff.
914 Zu alledem S. 64 ff.
915 S. 93 ff.
916 S. 116 ff.; 139 ff.

Anwendung. Vielmehr kann vom Bestehen einer Schutzpflicht grundsätzlich auf deren Einklagbarkeit geschlossen werden.[917] Zu beachten ist dabei, dass eine Schutzpflicht nur entsteht, wenn eine konkrete Gefahr für ein bestimmtes, geschütztes Rechtsgut gegeben ist und wenn das Schadensrisiko nicht als allgemeines Lebensrisiko bewertet wird.[918]

917 S. 180 f.
918 S. 141 f., 146 ff., 166 ff.

Zweiter Teil: Zur Anwendbarkeit des allgemeinen Schuldrechts auf den Anspruch auf Beachtung von Schutzpflichten

Im ersten Teil der Arbeit wurde ein Anspruch auf Beachtung von Schutzpflichten hergeleitet. Es wurde dargelegt, dass es sich dabei *nicht* um einen *Leistungs*anspruch auf der Grundlage von § 241 Abs. 1 S. 1 BGB handelt, sondern um einen (quasinegatorischen) Beseitigungs- bzw. Unterlassungsanspruch auf der Grundlage einer (analogen) Anwendung der Regeln des vorbeugenden Rechtsschutzes.

Offen bleibt, wie sich dieser Anspruch in das allgemeine Schuldrecht einfügt. Gleich zu Beginn des zweiten Bands der Motive zum BGB (Recht der Schuldverhältnisse) findet sich die folgende Bemerkung:

> „Die allgemeinen Rechtsnormen des zweiten Buches gelten [...] im Allgemeinen auch für diejenigen Obligationen, welche in sachenrechtlichen, familienrechtlichen, erbrechtlichen Verhältnissen entspringen [...] Sie finden aber auch [...] im Allgemeinen Anwendung auf solche Ansprüche auf eine Leistung, welche lediglich auf einem dinglichen Rechte beruhen und einem dinglich Berechtigten als solchem zustehen."[919]

Der Gesetzgeber betrachtete das Forderungsrecht im Sinne von § 241 Abs. 1 BGB als wesentlichen Inhalt der Obligation[920] und definierte die Forderung im Grunde wie einen Anspruch im Sinne von § 194 Abs. 1 BGB[921]. Jeweils ging es um „das Recht in seiner Richtung gegen eine bestimmte Person"[922]. Es wurde gerade nicht – wie in dieser Arbeit – zwischen der

919 Motive, Bd. 2, S. 4; ähnlich S. 1 f.: „Doktrinär und überflüssig wäre die Vorausschickung des allgemeinen Satzes, daß Schuldverhältnisse nicht nur aus Verträgen, bezw. aus einseitigem Versprechen (§§ 342, 343) und aus unerlaubten Handlungen, sondern kraft Gesetzes auch aus anderen Thatsachen entspringen können. [...] Allgemeine Vorschriften über diese Schuldverhältnisse [...] lassen sich abgesehen von den im ersten Abschnitte [heute: §§ 241 ff. BGB] enthaltenen, nicht aufstellen."; entsprechend aus heutiger Sicht etwa *Ernst*, in: MüKo, BGB, Einl. Schuldrecht Rn. 4; *Olzen*, in: Staudinger, Neubearbeit. 2019, Einleitung zu §§ 241 ff. Rn. 10 f.; *Grüneberg*, in: Grüneberg, Einl. v. § 241 Rn. 6.

920 Protokolle, BGB, Bd. 1, S. 279 f.; *Dorn*, in: HKK, BGB, § 241 Rn. 39.

921 *Martens*, in: Erman, BGB, Einleitung vor § 241 Rn. 3.

922 Motive, Bd. 1, S. 291.

Forderung als relative Rechtsposition und dem Anspruch als Rechtsbehelf differenziert.[923] Begreift man dementsprechend jedes Recht, etwas verlangen zu können, als Leistungsrecht, reicht das Schuldrecht tatsächlich über das zweite Buch hinaus und ist zum Beispiel unmittelbar auch auf dingliche Ansprüche anwendbar.[924]

Diesem Verständnis steht allerdings die abweichende Systematik des BGB gegenüber: Die §§ 241 ff. BGB sind nicht im ersten Buch, im Allgemeinen Teil, geregelt, sondern im zweiten Buch, im Recht der Schuldverhältnisse, und gelten damit unmittelbar nur dort.[925] Im dritten Band der Motive (Sachenrecht) zeigt sich der Gesetzgeber außerdem zurückhaltender[926]: Die „gegen eine bestimmte Person sich richtenden dinglichen Ansprüche" nähmen zwar einen „obligationsähnlichen Charakter" an, welcher „die Anwendung der allgemeinen Regeln des Obligationenrechtes" rechtfertige. Die „Berechtigung dieser analogen Anwendung" sei aber „eine der weiteren Prüfung und Begrenzung durch die Wissenschaft zu überlassende Rechtswahrheit". Die Rechtswissenschaft stellt die entsprechende Anwendung der §§ 241 ff. BGB auf sachenrechtliche Ansprüche heute regelmäßig unter den Vorbehalt, dass weder der Zweck noch der Inhalt der jeweiligen gesetzlichen Regelung bzw. des jeweiligen Anspruchs entgegenstehen.[927]

Da sich Schutzpflichten – wie im ersten Teil erörtert – maßgeblich von Leistungspflichten unterscheiden, die Regeln des allgemeinen Schuldrechts[928] vielfach aber schon dem Wortlaut nach an eine Leistung an-

923 Zur Kritik an der Konturenlosigkeit des Forderungsbegriffs im Rahmen der Entstehungsgeschichte des BGB siehe *Dorn*, in: HKK, BGB, § 241 Rn. 37; zu der hier befürworteten Differenzierung zwischen Anspruch und Forderung siehe oben unter 1. Teil C.I.2.b.cc (S. 64 ff.).

924 Vgl. *Martens*, in: Erman, BGB, Einleitung vor § 241 Rn. 3: „Daher sind auch die ersten sieben Abschnitte des Buchs 2, dh der sog AT des Schuldrechts, eigentlich nur eine Fortsetzung des Buchs 1."

925 *Fritzsche*, Unterlassungsanspruch, S. 354; vgl. auch RG, Urteil v. 27.04.1907 – V 434/06, RGZ 66, 97, 99 f.; *Herrler*, in: Grüneberg, Einl v § 854 Rn. 12.

926 Motive, Bd. 3, S. 398 f.

927 BGH, Urteil v. 19.01.1968 – V ZR 190/64, BGHZ 49, 263, 264 ff.; BGH, Urteil v. 04.12.2015 – V ZR 202/14, BGHZ 208, 133, 138 ff. (Rn. 11 ff.); BGH, Urteil v. 23.03.2023 – V ZR 67/22, BGHZ 236, 369, 376 f. (Rn. 23); *Fritzsche*, Unterlassungsanspruch, S. 355; *Lieder*, JuS 2011, 874, 875; *Martens*, in: Erman, BGB, Einleitung vor § 241 Rn. 6; *Croon-Gestefeld*, ZfPW 2022, 285, 299; *Ernst*, in: MüKo, BGB, Einl. Schuldrecht Rn. 5; *Grüneberg*, in: Grüneberg, Einl. v. § 241 Rn. 6; kritisch *Schwerdtner*, Verzug im Sachenrecht, S. 20.

928 Abschnitte eins bis sieben des zweiten Buchs des BGB.

knüpfen[929], muss auch im Hinblick auf den Anspruch auf Beachtung von Schutzpflichten überprüft werden, ob das allgemeine Schuldrecht entsprechend angewendet werden kann.[930] Dabei ist zu beachten, dass der Schutzanspruch in dieser Arbeit aus den Regeln des negatorischen Rechtsschutzes hergeleitet wird. Eine systemgerechte Verortung im allgemeinen Schuldrecht kann insofern nur unter Einbeziehung der Diskussion um die Anwendung der §§ 241 ff. BGB auf die Ansprüche aus § 1004 Abs. 1 BGB erfolgen.[931]

A. Leistungsort

Die im Rahmen einer Schutzpflicht geschuldete „Schutzleistung"[932] ist immer dort zu erbringen, wo sie die konkrete Gefahr beseitigen kann.[933] Kommen hier mehrere Orte in Betracht, sind sie alle richtiger Leistungsort.[934] Das ist schon der Schutzpflicht als unselbständiger Gefahrbeseitigungspflicht immanent.[935] Auf eine analoge Anwendung von § 269 BGB kommt es nicht an.[936]

929 Dazu schon oben auf S. 33.

930 Ebenso *Medicus*, in: FS Canaris 2007, Bd. 1, 835 f.

931 Exemplarisch zu dieser Diskussion BGH, Urteil v. 18.07.2008 – V ZR 171/07, NJW 2008, 3123, 3124 f.; *Lieder*, JuS 2011, 874 ff.; *Thole*, in: Staudinger, Neubearbeit. 2023, § 1004 Rn. 374 ff., 409 ff., 477 f.; *Fritzsche*, in: BeckOK, BGB, § 1004 Rn. 78 ff.

932 Zur sprachlichen Vereinfachung wird der Gegenstand der Schutzpflicht in Anlehnung an das Vokabular des allgemeinen Schuldrechts als „Schutzleistung" bezeichnet. Tatsächlich handelt es sich bei der Schutzpflicht aber nicht um eine *Leistungs*pflicht (siehe insbesondere S. 76 f., 90 f.).

933 *Medicus*, in: FS Canaris 2007, Bd. 1, 835, 849.

934 Dies folgt auch daraus, dass es grundsätzlich dem Schutzpflichtigen überlassen ist, *wie* er eine von ihm ausgehende Gefahr beseitigt; dazu oben unter 1. Teil D.II.1.b (S. 142 f.).

935 *Medicus*, in: FS Canaris 2007, Bd. 1, 835, 849; ähnlich zu § 1004 BGB: *Rudolf Schmidt*, Beseitigungsanspruch, S. 122; *Horstmann*, Untersuchungen, S. 38; *Thole*, in: Staudinger, Neubearbeit. 2023, § 1004 Rn. 409; *Spohnheimer*, in: BeckOGK, BGB, Stand: 01.02.2024, § 1004 Rn. 49.

936 Ebenso *Medicus*, in: FS Canaris 2007, Bd. 1, 835, 849. Ein Rückgriff auf § 269 Abs. 1 BGB ist aber unschädlich, weil sich der Leistungsort danach „aus den Umständen, insbesondere aus der Natur des Schuldverhältnisses" ergeben kann; vgl. auch die Verweise in Fn. 935.

B. Fälligkeit

Eine Schutzpflicht entsteht nur, wenn eine konkrete Gefahr für eine geschützte Rechtsposition gegeben ist. Der alleinige Zweck der Schutzpflicht und des korrespondierenden Anspruchs besteht darin, diese Gefahr zu beseitigen.[937] Damit geht einher, dass Schutzpflichten sofort, also mit Entstehung beachtet werden müssen.[938] Auf eine analoge Anwendung von § 271 BGB kommt es wiederum nicht an.[939]

Da der negatorische Rechtsschutz ein zukünftiges Verhalten im Blick hat, welches nicht als „Nachholung des bisher Versäumten“[940] verstanden werden kann,[941] wurde insbesondere in der älteren Literatur vertreten, dass der Unterlassungsanspruch im Zeitpunkt der Geltendmachung noch gar nicht „fällig“ sei und mit einer Klage auf künftige Leistung nach § 259 ZPO durchgesetzt werden müsse.[942] Dem ist die neuere Literatur zu Recht entgegengetreten.[943] Der Schutzanspruch bezieht sich auf ein „gegenwärtig bestehendes Handlungsverbot“[944], welches solange fortbesteht, wie die konkrete Gefahr andauert.[945] Es ist zudem keine Besonderheit, dass eine daran anknüpfende Verurteilung nur zu einem künftigen Verhalten bestimmt. Das gilt genauso für fällige Leistungspflichten.[946]

---

937 Siehe oben unter 1. Teil C.I.2.c.cc(1) (S. 76 f.), C.III (S. 93 ff.).

938 Vgl. *Medicus*, in: FS Canaris 2007, Bd. 1, 835, 843, 849; entsprechend zum gesetzlichen Beseitigungs- und Unterlassungsanspruch *Fritzsche*, Unterlassungsanspruch, S. 356 f.; *Münch*, in: Soergel, BGB, § 1004 Rn. 327.

939 Ein Rückgriff auf § 271 Abs. 1 BGB ist aber unschädlich, weil danach „der Gläubiger die Leistung sofort verlangen, der Schuldner sie sofort bewirken“ kann, sofern „eine Zeit für die Leistung weder bestimmt noch aus den Umständen zu entnehmen ist“; vgl. auch *Fritzsche*, Unterlassungsanspruch, S. 356 f.; *Münch*, in: Soergel, BGB, § 1004 Rn. 327.

940 *Zeuner*, in: FS Dölle, Bd. 1, 295, 310.

941 Näher dazu unter 2. Teil C.II.3 (S. 208 ff.).

942 Siehe etwa *Hellwig*, System, Bd. 1, § 104 II 2 (S. 271 ff.); *Nikisch*, Zivilprozeßrecht, § 38 IV 2 (S. 148 f.); *Enneccerus/Nipperdey*, AT des Bürgerlichen Rechts, 2. Halbbd., § 225 Fn. 4 (S. 1376).

943 *Zeuner*, in: FS Dölle, Bd. 1, 295, 311; *Wesel*, in: FS Lübtow, 787, 797 f.; *Henckel*, AcP 174 (1974), 97, 105; *Köhler*, JZ 2005, 489; *Münch*, in: Soergel, BGB, § 1004 Rn. 388; *Thole*, in: Staudinger, Neubearbeit. 2023, § 1004 Rn. 458; *Herrler*, in: Grüneberg, § 1004 Rn. 31.

944 *Henckel*, AcP 174 (1974), 97, 105.

945 *Zeuner*, in: FS Dölle, Bd. 1, 295, 311; *Wesel*, in: FS Lübtow, 787, 798; *Henckel*, AcP 174 (1974), 97, 105; *Münch*, in: Soergel, BGB, § 1004 Rn. 388.

946 Vgl. *Zeuner*, in: FS Dölle, Bd. 1, 295, 310 f.

C. Unmöglichkeit und Unzumutbarkeit

Nach § 275 Abs. 1 BGB ist der Anspruch auf die Leistung ausgeschlossen, soweit sie für den Schuldner oder für jedermann unmöglich ist. Nach § 275 Abs. 2 S. 1 und Abs. 3 BGB kann der Schuldner die Leistung verweigern, wenn der Leistungsaufwand in einem groben Missverhältnis zum Leistungsinteresse steht (Abs. 2 S. 1) oder eine persönlich zu erbringende Leistung dem Schuldner nicht zugemutet werden kann (Abs. 3). Der Regelungszweck von § 275 BGB besteht vor allem darin, die Grenze des Anspruchs auf Primärleistung aufzuzeigen.[947] Bei Überschreitung dieser Grenze verweist § 275 Abs. 4 BGB den Gläubiger auf etwaige Sekundärrechte.[948] § 275 BGB kommt insofern eine „Überleitungsfunktion" zu.[949] Dabei stellt die Unmöglichkeit der Leistung nach § 275 Abs. 1 BGB eine Einwendung dar („Anspruch [...] ist ausgeschlossen"), die Unzumutbarkeit nach § 275 Abs. 2 und 3 BGB eine Einrede („Schuldner kann die Leistung verweigern").[950] In jedem Fall – also für die Einwendung nach Abs. 1 und für die Einreden nach Abs. 2 und Abs. 3 – muss der Schuldner die jeweils zugrunde liegenden Tatsachen darlegen und beweisen.[951]

Im Folgenden wird untersucht, ob § 275 BGB sowohl im Hinblick auf die Überleitungsfunktion als auch im Hinblick auf die Beweislastverteilung auf den Anspruch auf Beachtung von Schutzpflichten entsprechend anwendbar ist. Es wird zwischen der bevorstehenden und der verpassten Schutzleistung differenziert, wobei mit der bevorstehenden Schutzleistung diejenige Schutzmaßnahme gemeint ist, die der Kläger zum Schutz einer zugewiesenen Rechtsposition einklagt (dazu unter I.). Die verpasste Schutzleistung steht für die pflichtwidrig unterlassene Schutzmaßnahme (dazu unter II.). Sie ist für etwaige Sekundäransprüche relevant.[952]

---

947 Fraktionsentwurf zum SchuldRModG, BT-Drucks. 14/6040 v. 14.05.2001, S. 127 ff.; *Ernst*, in: MüKo, BGB, § 275 Rn. 1; *Riehm*, in: BeckOGK, BGB, Stand: 01.08.2023, § 275 Rn. 3.

948 *Faust*, in: Schuldrechtsmodernisierung, Kap. 2 Rn. 8.

949 *U. Huber*, AcP 210 (2010), 319, 326; *Riehm*, in: BeckOGK, BGB, Stand: 01.08.2023, § 275 Rn. 3.

950 *Faust*, in: Schuldrechtsmodernisierung, Kap. 2 Rn. 5.

951 BGH, Urteil v. 21.05.2010 – V ZR 244/09, NJW 2010, 2341 (Rn. 9); BGH, Urteil v. 10.10.2012 – XII ZR 117/10, BGHZ 195, 50, 63 (Rn. 53); *Ernst*, in: MüKo, BGB, § 275 Rn. 179; *Grüneberg*, in: Grüneberg, § 275 Rn. 34.

952 Siehe hierzu unter 2. Teil G (S. 224 ff.).

I. Die bevorstehende Schutzleistung

Ist die bevorstehende Schutzleistung praktisch unmöglich oder unzumutbar, erscheint eine entsprechende Anwendung von § 275 BGB nicht abwegig. Zur Veranschaulichung wird erneut auf die vergaberechtliche Rechtsprechung zurückgegriffen, wonach ein Bieter dem Auftraggeber untersagen kann, einem Mitbieter unter Verstoß gegen eine vorvertragliche Schutzpflicht den Zuschlag zu erteilen.[953] Wird der Zuschlag trotzdem erteilt und ist der dadurch zustande gekommene Vertrag weder nichtig noch einvernehmlich auflösbar, so ist die Schutzmaßnahme objektiv unmöglich.[954] Ist der Zuschlag noch nicht erteilt, ist die Schutzmaßnahme zwar noch möglich. Dem OLG Düsseldorf zufolge kann sie aber unverhältnismäßig sein:

> „Insbesondere kann eine Abwägung ergeben, dass das Interesse des Auftraggebers an einer zügigen Fortführung der geplanten Maßnahme den Vorzug vor den Belangen des unterlegenen Bieters hat und damit ein Verfügungsgrund fehlt. Das mag insbesondere dann in Betracht kommen, wenn der unterlegene Bieter zwar in seinen Rechten verletzt ist und Schaden drohen kann, aber unwahrscheinlich ist, dass der Bieter den Zuschlag letztlich erlangen kann."[955]

Das OLG Düsseldorf geht also davon aus, dass Primärrechtsschutz ausscheidet, wenn die Interessen des Schutzpflichtigen überwiegen. Genauso sieht es das OLG Saarbrücken: Ihm zufolge kommt es vor allem auf das „Interesse des Auftraggebers an einer Vermeidung der Verzögerung des Vergabeverfahrens sowie damit zusammenhängend die Wirtschaftlichkeit der Vergabe" an.[956]

Bei analoger Anwendung von § 275 BGB wären die Vergaberechtsfälle wie folgt aufzulösen: Der Auftraggeber ist zwar grundsätzlich zur Unterlassung eines verfahrenswidrigen Zuschlags verpflichtet, darf aber darlegen und beweisen, dass die Schutzleistung entweder nach § 275 Abs. 1 BGB ausgeschlossen ist, weil der Zuschlag bereits erteilt wurde, oder nach § 275 Abs. 2, Abs. 3 BGB unverhältnismäßig bzw. unzumutbar, weil die Verzögerung des Verfahrens zu einem Nachteil führt, der gänzlich außer Verhältnis

---

953 S. 104 f.

954 Vgl. OLG Düsseldorf, Urteil v. 13.01.2010 – I-27 U 1/09, NZBau 2010, 328, 331; *Kau*, in: BeckOK, Vergaberecht, § 106 GWB Rn. 68.

955 OLG Düsseldorf, Urteil v. 13.01.2010 – I-27 U 1/09, NZBau 2010, 328, 330.

956 OLG Saarbrücken, Urteil v. 13.06.2012 – 1 U 357/11-107, NZBau 2012, 654, 656.

zum Interesse des Bieters an der Beachtung der Verfahrensregeln steht. Die Klage muss als unbegründet abgewiesen werden und der Kläger ist auf etwaige Sekundärrechte beschränkt. Dieses Ergebnis wird in den nächsten Abschnitten auf seine dogmatische und rechtspolitische Richtigkeit hin überprüft.

1. Überleitungsfunktion

Es gibt verschiedene Überlegungen, die bezweifeln lassen, dass die Überleitungsfunktion des § 275 BGB für Schutzpflichten relevant ist. Um welche Überlegungen es sich handelt und ob sie durchgreifen, wird im Folgenden erörtert.

a. Primärinteresse

Zunächst wird vorgebracht, der Schutzgläubiger habe kein Primärinteresse an der Beachtung von Schutzpflichten.[957] Ihm stehe deshalb auch kein Primäranspruch zu, dessen Grenze aufgezeigt werden müsse.[958] Außerdem seien Schutzpflichten auf ein Unterlassen – ein Nichtstun – ausgerichtet, welches faktisch kaum jemals unmöglich oder unzumutbar im Sinne von § 275 BGB sein könne.[959]

Die Ergebnisse des ersten Teils dieser Arbeit stehen einer solchen Argumentationsweise entgegen. Es wurde gezeigt, dass an der Einhaltung von Schutzpflichten ein primäres Interesse besteht, welches sich vor allem aus den Defiziten des Sekundärrechtsschutzes ergibt.[960] Wird dementsprechend ein Primäranspruch bejaht, lohnt es sich auch, dessen Grenze aufzuzeigen.

In der Gestalt von Gefahrbeseitigungspflichten beziehen sich Schutzpflichten außerdem auf ein positives Tun,[961] mithin auf eine „Anspannung

957 *Kuhlmann*, Leistungspflichten und Schutzpflichten, S. 326 ff., 332 f., 364; *Riehm*, in: BeckOGK, BGB, Stand: 01.08.2023, § 275 Rn. 115.

958 *Kuhlmann*, Leistungspflichten und Schutzpflichten, S. 327, 332, 364.

959 *Krebs*, Sonderverbindung, S. 534; *Kuhlmann*, Leistungspflichten und Schutzpflichten, S. 327 f.; vgl. auch *Bacher*, Beeinträchtigungsgefahr, S. 52; *Fritzsche*, Unterlassungsanspruch, S. 374 f.

960 Siehe insbesondere unter 1. Teil D.I.2 (S. 123 ff.).

961 Siehe dazu oben unter 1. Teil D.II.3.b.bb (S. 167 ff.).

der geistigen, körperlichen und wirtschaftlichen Kräfte“[962]. Die Kategorien der Unmöglichkeit und der Unzumutbarkeit lassen sich insofern sinnvoll zur Geltung bringen.[963]

b. Keine Grenzenlosigkeit des negatorischen Schutzes

In die entgegengesetzte Richtung geht die Überlegung, dass nicht das mangelnde, sondern das überragende Primärinteresse des Schutzberechtigten eine Anwendung von § 275 BGB verbietet. So lehnen einige Stimmen in der Literatur im Hinblick auf den Beseitigungsanspruch nach § 1004 Abs. 1 S. 1 BGB einen Unmöglichkeits- bzw. Unzumutbarkeitsvorbehalt grundsätzlich ab.[964] Die *actio negatoria* soll grenzenlos zu erfassen sein.[965] Ein Anspruch auf Beseitigung eines Überbaus zum Beispiel soll nicht daran scheitern, dass die Beseitigungskosten die wertmäßige Beeinträchtigung des überbauten Grundstücks um ein Vielfaches übersteigen.[966]

Im Mittelpunkt stehen dabei die folgenden Argumente: Zunächst wird eine Begrenzung der *actio negatoria* mit einer „partiellen Enteignung“ gleichgesetzt.[967] Weiter wird auf das Gesetz verwiesen, das in § 1004 BGB keinen Abwägungsvorbehalt vorsieht[968] und dem Prinzip „dulde und li-

962 *Kuhlmann*, Leistungspflichten und Schutzpflichten, S. 327 (angelehnt an *Kreß*, Lehrbuch des Allgemeinen Schuldrechts, § 19 (S. 401 ff.)).

963 Vgl. zur Unmöglichkeit auch einer negativ ausgerichteten Unterlassungspflicht zudem *H. Lehmann*, Unterlassungspflicht, S. 237.

964 *Picker*, Der negatorische Beseitigungsanspruch, S. 160 ff.; *Picker*, AcP 176 (1976), 28, 50 ff.; *Picker*, in: FS Lange, 625, 691 f.; *Bacher*, Beeinträchtigungsgefahr, S. 51 ff.; *Korth*, ZJS 2008, 647, 658; *Kolbe*, NJW 2008, 3618, 3620 f.; *Wilhelmi*, Risikoschutz, S. 78 f.; *Katzenstein*, JZ 2010, 633, 634 ff.; *Wilhelm*, Sachenrecht, Rn. 1189 ff.; *Raff*, in: MüKo, BGB, § 1004 Rn. 244; lediglich einen Rückgriff auf § 275 Abs. 2 (und Abs. 3) ablehnend: *Münch*, in: Soergel, BGB, § 1004 Rn. 311 f.; *J. Baur/R. Stürner*, Sachenrecht, § 12 Rn. 21.

965 *Korth*, ZJS 2008, 647, 658; vgl. auch *Picker*, AcP 176 (1976), 28, 50 ff.; *Katzenstein*, JZ 2010, 633, 634 f., 636.

966 Ausführlich dazu *Korth*, ZJS 2008, 647 ff.; *Kolbe*, NJW 2008, 3618 ff. Beide nehmen Bezug auf die gegenteilige Bewertung in BGH, Urteil v. 30.05.2008 – V ZR 184/07, NJW 2008, 3122.

967 *Picker*, Der negatorische Beseitigungsanspruch, S. 163; siehe auch RG, Urteil v. 04.06.1902 – V 105/02, RGZ 51, 408, 412; *Picker*, AcP 176 (1976), 28, 54; *Picker*, in: FS Lange, 625, 664; *Korth*, ZJS 2008, 647, 658; *Kolbe*, NJW 2008, 3618, 3619; *Katzenstein*, JZ 2010, 633, 634.

968 *Picker*, in: FS Lange, 625, 693; *Korth*, ZJS 2008, 647, 658; *Katzenstein*, JZ 2010, 633, 634.

quidiere“ auch sonst nur wenig Raum lässt.[969] Zuletzt geht es um eine Abgrenzung zum Schadensersatzrecht. Ursprünglich stützte der BGH die Beschränkung der *actio negatoria* auf § 251 Abs. 2 S. 1 BGB analog i. V. m einem *argumentum a maiore ad minus*: Der lediglich auf objektiver Rechtswidrigkeit beruhende Beseitigungsanspruch könne nicht weiter gehen als der auf schuldhaftem Verhalten beruhende Schadensersatzanspruch.[970] Dem trat insbesondere *Picker* mit dem Hinweis entgegen, dass beide Ansprüche überhaupt nicht miteinander vergleichbar seien: Ersterer habe die Verwirklichung einer Rechtsposition zum Gegenstand, letzterer den – vor allem vermögensmäßigen – Ausgleich eines Nachteils.[971] Mittlerweile stellt der BGH nicht mehr auf die schadensrechtliche Regelung des § 251 Abs. 2 S. 1 BGB ab, sondern auf § 275 Abs. 2 BGB analog.[972] Dies wird aber als fehlerhafte Fortsetzung der im Kontext des Schadensersatzrechts entwickelten Rechtsprechung kritisiert.[973] Ablehnung erfährt unter anderem das in § 275 Abs. 2 S. 2 BGB angelegte Verschuldenskriterium: Wenn dieses für die Begründung des negatorischen Schutzes irrelevant sei, dürfe ihm auch für die Bestimmung des Anspruchsumfangs keine Bedeutung zukommen.[974]

---

969 *Korth*, ZJS 2008, 647, 658.

970 BGH, Urteil v. 21.12.1973 – V ZR 107/72, MDR 1974, 571; BGH, Urteil v. 26.02.1993 – V ZR 74/92, BGHZ 122, 1, 8; so auch schon *von Tuhr*, JherJb 46 (1904), 39, 54 ff. Jenseits dieses durchaus zweifelhaften Erst-recht-Schlusses geht es dem BGH um einen allgemeinen Rechtsgedanken: „Danach erweist sich das Verlangen nach Herstellung eines an sich gebotenen Zustandes dann als rechtsmißbräuchlich, wenn ihm der in Anspruch Genommene nur unter unverhältnismäßigen, vernünftigerweise nicht zumutbaren Aufwendungen entsprechen könnte“ – so BGH, Urteil v. 21.06.1974 – V ZR 164/72, BGHZ 62, 388, 391; vgl. auch BGH, Urteil v. 15.10.1999 – V ZR 77/99, BGHZ 143, 1, 6. Das Reichsgericht dagegen hatte eine Beschränkung der *actio negatoria* noch abgelehnt: RG, Urteil v. 04.06.1902 – V 105/02, RGZ 51, 408, 411 f.; RG, Urteil v. 01.06.1918 – V 28/18, RGZ 93, 100, 105 f.; dazu auch *Münch*, in: Soergel, BGB, § 1004 Rn. 312.

971 *Picker*, AcP 176 (1976), 28, 53 ff.; ausführlich auch *Picker*, in: FS Lange, 625, 660 ff.; zustimmend in diesem Aspekt etwa *Mühl*, AcP 176 (1976), 396, 401; *Medicus*, in: MüKo (2004), BGB, § 1004 Rn. 79; *Münch*, in: Soergel, BGB, § 1004 Rn. 312; *Gursky*, in: Staudinger, Neubearbeit. 2013, § 1004 Rn. 156.

972 BGH, Urteil v. 30.05.2008 – V ZR 184/07, NJW 2008, 3122, 3123 (Rn. 17 ff.); BGH, Urteil v. 18.07.2008 – V ZR 171/07, NJW 2008, 3123, 3124 f. (Rn. 18 f.); BGH, Urteil v. 23.10.2009 – V ZR 141/08, NJW-RR 2010, 315 (Rn. 13 ff.); BGH, Urteil v. 21.05.2010 – V ZR 244/09, NJW 2010, 2341 (Rn. 9); BGH, Urteil v. 23.03.2023 – V ZR 67/22, BGHZ 236, 369, 377 (Rn. 24).

973 Siehe insbesondere *Korth*, ZJS 2008, 647, 654 ff.

974 *Korth*, ZJS 2008, 647, 656; *Katzenstein*, JZ 2010, 633, 636.

Die Argumente gegen eine Begrenzung des negatorischen Rechtsschutzes greifen nicht durch.[975] Konsequent weitergesponnen führte die Idee einer grenzenlosen *actio negatoria* zu einer Missbilligung jeglichen erlaubten Risikos und damit zu einer Lähmung des gesellschaftlichen Lebens. Das Gegenmodell dazu ist eine Ordnung, in der die Gefahr einer Beeinträchtigung ab einem bestimmten Punkt nicht mehr den Gefährder, sondern den Gefährdeten trifft. Nichts Anderes besagt § 275 BGB, wonach die Gefahr einer Nicht-Verwirklichung des Leistungsrechts ab einem bestimmten Punkt vom Schuldner auf den Gläubiger übergeht.[976] Im Hinblick auf § 1004 BGB hat diese Überlegung auch in den §§ 906, 912, 917 BGB gesetzlichen Niederschlag gefunden.[977] Danach hat der Eigentümer unter bestimmten Umständen eine Zuführung von Imponderabilien (§ 906 BGB), einen Überbau (§ 912 BGB) oder einen Notweg (§ 917 BGB) zu dulden. Auch die verschiedentlichen Ansätze zur Begrenzung des Störerbegriffs[978] sind Ausdruck des aufgezeigten Gefahrübergangs: Grundsätzlich soll nur für solche Beeinträchtigungen gehaftet werden, die *zumutbar* abgewendet werden können.[979]

Wo die Grenze des Rechtsschutzes dabei genau verläuft, ist eine Wertungsfrage des Einzelfalls. Die Antwort variiert je nach Verdichtung der Gefahr. Steht die Beeinträchtigung sicher bevor, ist grundsätzlich ein höherer Schutzaufwand zumutbar als wenn die Beeinträchtigung nur als Wahrscheinlichkeit existiert.[980] Zwischen beiden Stadien besteht jedoch

975 Entsprechend für eine analoge Anwendung von § 275 Abs. 2 BGB die in Fn. 972 aufgeführten Entscheidungen sowie aus der Literatur etwa *Canaris*, JZ 2004, 214, 224 (Fn. 109); *Medicus*, in: MüKo (2004), BGB, § 1004 Rn. 80; *M. Stürner*, in: FS v. Brünneck, 360, 376 ff.; *Lieder*, JuS 2011, 874, 876; *Riehm*, Grundsatz der Naturalerfüllung, S. 419; *Hofmann*, Unterlassungsanspruch, S. 356; *Oetker*, in: MüKo, BGB, § 251 Rn. 37; *Fritzsche*, in: BeckOK, BGB, § 1004 Rn. 71; *Thole*, in: Staudinger, Neubearbeit. 2023, § 1004 Rn. 386 f.; *Spohnheimer*, in: BeckOGK, BGB, Stand: 01.02.2024, § 1004 Rn. 199; *Herrler*, in: Grüneberg, § 1004 Rn. 47.

976 Vgl. *M. Stürner*, in: FS v. Brünneck, 360, 371; *Spohnheimer*, in: BeckOGK, BGB, Stand: 01.02.2024, § 1004 Rn. 199.

977 Vgl. *Mühl*, AcP 176 (1976), 396, 401; *Spohnheimer*, in: BeckOGK, BGB, Stand: 01.02.2024, § 1004 Rn. 199.

978 S. 163 f. mit Fn. 828.

979 Deutlich: BGH, Urteil v. 20.12.1988 – VI ZR 182/88, BGHZ 106, 229, 235: „[...] rechtlich oder wirtschaftlich unzumutbare Maßnahmen [...] können nicht abverlangt werden"; dazu auch *Münch*, in: Soergel, BGB, § 1004 Rn. 142.

980 Zur Bedeutung der Beeinträchtigungswahrscheinlichkeit als Maßstab für die Zuweisung von Gefahren etwa BGH, Urteil v. 08.11.2005 – VI ZR 332/04, NJW 2006, 610, 611 f.; *Wilhelmi*, Risikoschutz, S. 299 mit 247 ff.

kein kategorischer, sondern ein gradueller Unterschied. Im Kern ist es zum Beispiel die gleiche sozio-ökonomische Abwägungsfrage, ob man als Gesellschaft die Errichtung von Gebäuden toleriert, obwohl damit grundsätzlich erhöhte Risiken für Dritte verbunden sind[981], und ob man einen Überbau duldet, weil die Nachteile eines Abrisses für den Störer gänzlich außer Verhältnis zu den Vorteilen für den Betroffenen stehen.[982]

Auch das Gesetz stünde einer Anwendung von § 275 BGB nicht entgegen. Zwar sieht das Sachenrecht keine vergleichbare Regelung vor. Der Gesetzgeber geht aber – wie oben dargelegt – von einer weitreichenden Analogiefähigkeit der Vorschriften des allgemeinen Schuldrechts aus.[983] Im Entwurf zum SchuldRModG wird außerdem zur Begründung von § 275 Abs. 2 S. 1 BGB ausdrücklich auf die Entscheidungen des BGH Bezug genommen, wonach dem Beseitigungsanspruch der Einwand der Unzumutbarkeit entgegengehalten werden kann.[984] In den Augen des Gesetzgebers findet also die Rechtsprechung des BGH zur Beschränkung der *actio negatoria* gerade in § 275 Abs. 2 BGB normativen Ausdruck.[985]

Schließlich erkennen auch diejenigen Stimmen in der Literatur, die eine Begrenzung der *actio negatoria* grundsätzlich ablehnen, eine solche im „krassen Ausnahmefall" an.[986] Teilweise stützen sie sich dabei auf den Rechtsgedanken des § 242 BGB.[987] Richtig ist dabei, dass der gesetzlich vorgeschriebene Primärrechtsschutz nicht leichtfertig preisgegeben werden darf. Dieser Grundgedanke liegt aber gerade auch § 275 BGB zugrunde.[988] Weil § 275 BGB insoweit die gegenüber § 242 BGB speziellere Vorschrift ist, sollte sie auch bevorzugt zur Anwendung kommen.[989]

981 Vgl. *Petershagen*, in: BeckOGK, BGB, Stand: 01.12.2023, § 836 Rn. 3, 6.

982 Vgl. *Spohnheimer*, in: BeckOGK, BGB, Stand: 01.02.2024, § 1004 Rn. 199.

983 S. 185 f.

984 Fraktionsentwurf zum SchuldRModG, BT-Drucks. 14/6040 v. 14.05.2001, S. 130, unter Verweis auf BGH, Urteil v. 21.06.1974 – V ZR 164/72, BGHZ 62, 388, 393 f.; BGH, Urteil v. 02.10.1987 – V ZR 140/86, NJW 1988, 699, 700.

985 Vgl. *Canaris*, JZ 2001, 499, 502; *Canaris*, JZ 2004, 214, 224 (Fn. 109).

986 *Korth*, ZJS 2008, 647, 658; siehe auch *Picker*, AcP 176 (1976), 28, 63 ff.; *Picker*, in: FS Lange, 625, 692 ff.; *Gursky*, in: Staudinger, Neubearbeit. 2013, § 1004 Rn. 156; *Katzenstein*, JZ 2010, 633, 636.

987 Insbesondere *Gursky*, in: Staudinger, Neubearbeit. 2013, § 1004 Rn. 156; siehe auch *Münch*, in: Soergel, BGB, § 1004 Rn. 312, der zudem auf § 226 BGB abstellt; abweichend *Korth*, ZJS 2008, 647, 658, der auf eine einschränkende Definition der Eigentumsposition abstellt.

988 Fraktionsentwurf zum SchuldRModG, BT-Drucks. 14/6040 v. 14.05.2001, S. 130.

989 Vgl. *Thole*, in: Staudinger, Neubearbeit. 2023, § 1004 Rn. 387; *Spohnheimer*, in: BeckOGK, BGB, Stand: 01.02.2024, § 1004 Rn. 199.

Die Einbeziehung von Verschuldensgesichtspunkten in Anlehnung an § 275 Abs. 2 S. 2 BGB ist dabei im Grundsatz nicht verfehlt.[990] Die verschuldensunabhängige Frage, ob jemand Störer und damit im Grundsatz nach § 1004 Abs. 1 BGB passivlegitimiert ist, muss nämlich von der Frage unterschieden werden, ob er ausnahmsweise von seiner Beseitigungspflicht befreit ist. Hat etwa der Störer die Beeinträchtigung und den besonderen Aufwand, der mit ihrer Beseitigung verbunden ist, vorwerfbar verursacht, ist eine Beschneidung der Rechtsbehelfe des Betroffenen – erkennt man diese Möglichkeit grundsätzlich an – tendenziell weniger im Sinne eines angemessenen Interessenausgleichs[991] als wenn dem Störer von vornherein nichts vorzuwerfen ist.[992] Diese Überlegung kommt auch in § 912 Abs. 1 BGB zum Ausdruck,[993] wo die Pflicht zur Duldung eines Überbaus unter den Vorbehalt gestellt ist, dass der Überbauende weder vorsätzlich noch grob fahrlässig handelte.[994]

Im Ergebnis ist der negatorische Rechtsschutz also nicht grenzenlos zu verstehen. Für eine Anwendung des § 275 BGB bleibt Raum.

c. Eingrenzbarkeit der Schutzpflicht

Grigoleit sieht einen möglichen Einwand gegenüber der Anwendbarkeit von § 275 BGB darin, dass grundsätzlich nur eine konkrete Verhaltensausprägung unmöglich werde, während die Schutzpflicht als abstrakt-relative „Pflichtenquelle“ unberührt bleibe.[995]

Im ersten Teil wurde dargelegt, dass dem Anspruch auf Beachtung von Schutzpflichten nicht eine allgemeine Rechtsachtungspflicht bzw. abstrakt-relative „Pflichtenquelle“ gegenübersteht, sondern eine Pflicht, deren In-

---

990 Siehe auch etwa BGH, Urteil v. 23.10.2009 – V ZR 141/08, NJW-RR 2010, 315, 316 (Rn. 22 ff.); BGH, Urteil v. 21.05.2010 – V ZR 244/09, NJW 2010, 2341, 2342 (Rn. 14 ff.).

991 Zu diesem übergeordneten Ziel auch *Spohnheimer*, in: BeckOGK, BGB, Stand: 01.02.2024, § 1004 Rn. 199.

992 Vgl. dazu auch *Wilhelmi*, Risikoschutz, S. 252, 262 f.

993 Vgl. *Kolbe*, NJW 2008, 3618, 3619; *Brückner*, in: MüKo, BGB, § 912 Rn. 3.

994 § 275 Abs. 2 BGB kommt insofern gegenüber § 912 BGB eine ergänzende Funktion zu: es kommt nicht nur auf das Verschulden des Störers, sondern auch auf den wirtschaftlichen Aufwand der Beseitigung des Überbaus an; vgl. dazu und auch zur Gegenmeinung (§ 912 BGB verdrängt § 275 Abs. 2 BGB) BGH, Urteil v. 18.07.2008 – V ZR 171/07, NJW 2008, 3123, 3125 (Fn. 7, 20).

995 *Grigoleit*, in: FS Canaris 2007, Bd. 1, 275, 293.

halt sich durch die jeweilige Gefahrensituation konkretisiert hat.[996] Selbst wenn der Schutzpflichtige mehrere Möglichkeiten zur Beseitigung einer Gefahr hat, bliebe eine Anwendung von § 275 BGB möglich: Die dem Schutzpflichtigen obliegenden Verhaltensvarianten begründen hier eine Art Wahlschuld.[997] Es ist für jede Verhaltensvariante gesondert festzustellen, ob sie (vorübergehend) ausgeschlossen ist.[998] Der Schutzanspruch ist in diesen Fällen erst ausgeschlossen, wenn alle Verhaltensalternativen unmöglich oder unzumutbar sind.[999]

d. Situationsabhängigkeit von Schutzpflichten

An unterschiedlichen Stellen wurde bereits erläutert, dass es sich bei Schutzpflichten um situationsabhängige Verhaltenspflichten handelt.[1000] Ihr Gegenstand ergibt sich aus einer wertenden Gesamtbetrachtung der Umstände in der konkreten Bedrohungslage.[1001] Ist ein Verhalten aufgrund solcher Umstände unmöglich oder unzumutbar, handelt es sich nicht um eine gebotene Schutzmaßnahme. Die Unzumutbarkeit einer etwaigen Schutzmaßnahme hängt davon ab, ob der finanzielle, technische und personelle Aufwand außer Verhältnis zum drohenden Schaden steht.[1002] Insofern ge-

996 Siehe oben unter 1. Teil D.II.1 (S. 140 ff.).

997 Im Gegensatz zu einer echten Wahlschuld beschränkt sich die Schuld nicht nach § 263 Abs. 2 BGB auf die einmal gewählte Verhaltensvariante. Wird diese etwa unmöglich, muss der Schutzpflichtige zu einem anderen Verhalten übergehen. Vgl. demgegenüber zur echten Wahlschuld *Krüger*, in: MüKo, BGB, § 265 Rn. 6.

998 Vgl. *Ernst*, in: MüKo, BGB, § 275 Rn. 39; *Riehm*, in: BeckOGK, BGB, Stand: 01.08.2023, § 275 Rn. 77.

999 Entsprechend zum Leistungsanspruch *Ernst*, in: MüKo, BGB, § 275 Rn. 39; *Riehm*, in: BeckOGK, BGB, Stand: 01.08.2023, § 275 Rn. 77.

1000 Siehe insbesondere unter 1. Teil C.III.4.a.bb (S. 108 ff.) und 1. Teil D.II.3.c.aa (S. 172).

1001 Dazu oben unter 1. Teil C.III.4.a.bb (S. 108 ff.).

1002 BGH, Urteil v. 19.07.2018 – VII ZR 251/17, NJW 2018, 2956, 2957 (Rn. 18, 23); BGH, Urteil v. 22.08.2019 – III ZR 113/18, BGHZ 223, 95, 100 (Rn. 15); BGH, Urteil v. 14.01.2021 – III ZR 168/19, NJW 2021, 1463, 1464 (Rn. 13); *Bachmann*, in: MüKo, BGB, § 241 Rn. 171; siehe daneben die umfassende Rechtsprechung und Literatur zu deliktischen Pflichten: zur faktischen und rechtlichen Möglichkeit etwa BGH, Urteil v. 30.04.1953 – III ZR 377/51, BGHZ 9, 373, 383 f.; BGH, Urteil v. 14.03.1985 – III ZR 206/83, VersR 1985, 641; zur Zumutbarkeit etwa BGH, Urteil v. 01.10.1959 – III ZR 96/58, BGHZ 31, 73, 75; BGH, Urteil v. 13.07.1989 – III ZR 122/88, BGHZ 108, 273, 274; zur Berücksichtigung von wirtschaftlichen Gesichtspunkten etwa BGH, Urteil v. 30.09.1986 – VI ZR 274/85, NJW-RR 1987, 147; BGH,

hen die Kategorien des § 275 BGB (Unmöglichkeit bzw. Unzumutbarkeit) in der Frage auf, ob eine Schutzpflicht besteht und worauf sie sich bezieht.[1003] Anders gewendet, handelt es sich bei der Möglichkeit und Zumutbarkeit der Schutzleistung bereits um „Grundprinzipien“ zur Herleitung der Schutzpflicht bzw. der konkreten Schutzleistung.[1004] Dass ein Verhalten als Gegenstand einer Schutzpflicht zumutbar ist, als Gegenstand des korrespondierenden negatorischen Rechtsschutzes dagegen unzumutbar, ist ausgeschlossen.[1005]

§ 275 BGB zeigt im Hinblick auf die *nichtleistungsbezogenen* Schutzpflichten auch nicht auf, wo genau die Grenze der Unzumutbarkeit des Schutzanspruchs verläuft.[1006] Vielmehr muss dazu auf die umfassende Dogmatik zum Inhalt und Umfang von Schutz- und Verkehrspflichten zurückgegriffen werden. Nach der Formel des BGH kommt es darauf an, was ein umsichtiger und verständiger, in vernünftigen Grenzen vorsichtiger Mensch für notwendig und ausreichend hält, um andere vor Schäden zu bewahren.[1007] Bei *leistungsbezogenen* Schutzpflichten[1008] geht es dagegen gerade um den Schutz des Leistungsinteresses. Für dessen Begrenzung wurde § 275 BGB geschaffen, sodass man sich insofern am Wortlaut der Vorschrift und der einschlägigen Dogmatik orientieren kann.

Urteil v. 17.10.1989 – VI ZR 258/88, NJW 1990, 906, 907; aus der Literatur zu den unterschiedlichen Aspekten etwa *R. Krause*, in: Soergel, BGB, § 823 Anh II Rn. 32; *Wilhelmi*, Risikoschutz, S. 182 f., 247 ff.; *G. Wagner*, in: MüKo, BGB, § 823 Rn. 527 ff.; *Schaub*, in: Prütting/Wegen/Weinreich, BGB, § 823 Rn. 114; *Spindler*, in: BeckOGK, BGB, Stand: 01.12.2023, § 823 Rn. 413 ff.

1003 *Krebs*, Sonderverbindung, S. 534; *Medicus*, in: FS Canaris 2007, Bd. 1, 835, 842.

1004 So überzeugend *G. Wagner*, in: MüKo, BGB, § 823 Rn. 527 mit Rn. 502 ff. und Rn. 499; siehe auch *Bachmann*, in: MüKo, BGB, § 241 Rn. 171; *Kamp*, Funktion und Grenzen, S. 67.

1005 Dazu oben unter 1. Teil D.II.3.c.bb (S. 172 ff.). Dies wird auch durch die Rechtsprechung in den erörterten Vergaberechtsfällen (S. 104 f.) bestätigt. Jeweils wird ein Ausschluss des Unterlassungsanspruchs letztlich damit begründet, dass schon keine Rücksichtnahmepflicht verletzt ist: OLG Düsseldorf, Urteil v. 13.01.2010 – I-27 U 1/09, NZBau 2010, 328, 331 ff.; OLG Saarbrücken, Urteil v. 13.06.2012 – 1 U 357/11-107, NZBau 2012, 354, 356 ff.

1006 Siehe auch *Ernst*, in: MüKo, BGB, § 275 Rn. 83; *Weller*, Vertragstreue, S. 435, wonach es sich bei § 275 Abs. 2 BGB nicht um eine „allgemeine Unzumutbarkeitsregelung“ handelt.

1007 Siehe nur BGH, Urteil v. 09.09.2008 – VI ZR 279/06, VersR 2008, 1551 (Rn. 10); BGH, Urteil v. 25.10.2022 – VI ZR 1283/20, NJW-RR 2023, 95, 96 (Rn. 11); dazu auch *G. Wagner*, in: MüKo, BGB, § 823 Rn. 527 mit Rn. 502 ff. und Rn. 499; siehe zudem oben unter 1. Teil C.I.2.c.cc(2) (S. 87 ff.).

1008 Siehe dazu S. 84 ff. mit Fn. 413.

Insgesamt folgt aus der Situationsabhängigkeit von Schutzpflichten, dass die Überleitungsfunktion von § 275 BGB nicht passt: Während eine Leistung im Sinne von § 241 Abs. 1 BGB durch das Schulverhältnis fixiert wird, ergibt sich eine Schutzleistung im Rahmen von § 241 Abs. 2 BGB erst durch die situationsabhängige Schutzpflicht. Eine Konstellation, in der eine bestimmte *Schutz*leistung fixiert ist, ein durchsetzbarer Anspruch aber nicht (mehr) möglich oder angemessen erscheint, kann es demnach nicht geben. Dies ist allerdings genau die Situation, an die die Überleitungsfunktion des § 275 BGB anknüpft: aus dem Schuldverhältnis wird ein Anspruch auf eine bestimmte Leistung hergeleitet, die unmöglich oder unzumutbar (geworden) ist.

e. Zwischenergebnis

Der negatorische Primärrechtsschutz der in § 241 Abs. 2 BGB erfassten Rechtspositionen unterliegt wie der negatorische Anspruch aus § 1004 Abs. 1 BGB Grenzen. Allerdings finden diese Grenzen schon bei der Herleitung von Schutzpflichten bzw. bei der Bestimmung der gebotenen Schutzmaßnahmen Beachtung. Es bedarf also nicht eines zusätzlichen Instruments, um den Schutzverpflichteten davor zu schützen, etwas Unmögliches oder Unzumutbares leisten zu müssen. Für die Überleitungsfunktion des § 275 BGB ist demnach im Hinblick auf den Anspruch auf Beachtung von Schutzpflichten kein Raum.[1009]

2. Beweislastverteilung

Zu klären bleibt, ob sich § 275 BGB und die einschlägige Dogmatik zumindest für die Beweislastverteilung im Prozess fruchtbar machen lässt.

1009 Für § 1004 Abs. 1 BGB mag so lange etwas anderes gelten, wie man den Anspruch – anders als es hier für den Anspruch auf Beachtung von Schutzpflichten erfolgt – allein erfolgs- und nicht verhaltensbezogen begründen will, also nur darauf schaut, ob eine Beeinträchtigung andauert oder droht, und nicht auch darauf, ob eine konkrete Störungsbeseitigungspflicht besteht; siehe aber Fn. 828, 830, 1035.

a. Im Grundsatz kein Raum für eine Einwendung bzw. Einrede

Im Hinblick auf den Leistungsanspruch, auf den sich § 275 BGB unmittelbar bezieht, gilt die folgende Beweislastverteilung: Der Gläubiger muss nur beweisen, dass ein Schuldverhältnis besteht,[1010] in dem die Leistung fixiert ist. Gelingt ihm dies, liegt ein ausreichender Rechtsgrund für einen Leistungsanspruch vor.[1011] Tatsachen, aus denen sich die Unmöglichkeit oder Unzumutbarkeit der Leistung bzw. des Leistungsaufwandes ergibt, sind rechts*vernichtende*[1012] bzw. rechts*hemmende* Tatsachen, welche nach allgemeiner Beweislastregel[1013] vom Anspruchsgegner zu beweisen sind.

Die Schutzpflicht hingegen ist situationsabhängig, das heißt, sowohl die Möglichkeit als auch Zumutbarkeit der Schutzleistung sind schon für die Entstehung der Schutzpflicht und des korrespondierenden Anspruchs maßgeblich.[1014] Das bedeutet, dass die für § 275 BGB relevanten Tatsachen im Hinblick auf den Anspruch auf Beachtung von Schutzpflichten rechts*begründende* Tatsachen darstellen, welche nach allgemeiner Beweislastregel vom Anspruchsteller zu beweisen sind.[1015] Damit ist die Ausgangslage im Hinblick auf die Beweisverteilung bei Schutzpflichten eine andere, als sie § 275 BGB zugrunde liegt.

Etwas anderes ergibt sich auch nicht aus § 280 Abs. 1 S. 2 BGB, weil eine Beweislastumkehr hier nur für das Vertretenmüssen, nicht aber für

1010 Vgl. BGH, Urteil v. 24.02.2016 – XII ZR 5/15, BGHZ 209, 105, 112 (Rn. 24).

1011 Vgl. *Grigoleit*, in: FS Canaris 2007, Bd. 1, 275, 276 f.; *Bacher*, in: BeckOK, ZPO, § 284 Rn. 72.1.

1012 Bei anfänglicher Unmöglichkeit steht § 275 BGB schon der Entstehung des Leistungsanspruchs entgegen (*Ernst*, in: MüKo, BGB, § 311a Rn. 40; *Herresthal*, in: BeckOGK, BGB, Stand: 01.04.2022, § 311a Rn. 75). Das ändert aber an der Beweislastverteilung nichts (dazu sogleich im Text).

1013 Eine solche Regel ist zwar nicht gesetzlich fixiert, aber gewohnheitsrechtlich anerkannt. Angelehnt an § 193 des ersten Entwurfs zum BGB besagt sie, dass den Anspruchsteller die Beweislast für die rechtsbegründenden Tatsachen trifft, den Anspruchsgegner die Beweislast für die rechtshemmenden, rechtshindernden und rechtsvernichtenden Tatsachen – siehe *Bacher*, in: BeckOK, ZPO, § 284 Rn. 72; aus der Rechtsprechung etwa BGH, Urteil v. 14.01.1991 – II ZR 190/89, BGHZ 113, 222, 225; BGH, Urteil v. 26.06.2014 – VII ZR 289/12, NJW-RR 2014, 1172, 1173 (Rn. 19).

1014 Siehe zuvor unter 2. Teil C.I.1.d (S. 197 ff.).

1015 Vgl. auch Fraktionsentwurf zum SchuldRModG, BT-Drucks. 14/6040 v. 14.05.2001, S. 136; BGH, Urteil – VI ZR 169/90, NJW 1991, 1540, 1541; *Grigoleit*, in: FS Canaris 2007, Bd. 1, 275, 286 ff.; *Ernst*, in: MüKo, BGB, § 280 Rn. 41, 156; *Grüneberg*, in: Grüneberg, § 280 Rn. 36.

die Pflichtverletzung angeordnet ist. § 280 Abs. 1 S. 2 BGB und § 275 BGB liegt letztlich dieselbe – auf Leistungspflichten zugeschnittene[1016] – *ratio* zugrunde: Derjenige, der sich zu einer Leistung verpflichtet, übernimmt die Verantwortung für das zur Realisierung dieser Pflicht erforderliche Verhalten. Es besteht hier eine „spezifische Nähe“[1017] zwischen dem Schuldner und den Umständen, die einem solchen Verhalten entgegenstehen. Der Schuldner trägt deshalb für das Vorliegen entsprechender Umstände die Darlegungs- und Beweislast (§ 275 BGB) und muss sich im Hinblick auf die Verantwortung für diese Umstände exkulpieren (§ 280 Abs. 1 S. 2 BGB). Dies wird durch § 311a Abs. 1 BGB bestätigt, wonach auch bei anfänglicher Unmöglichkeit ein wirksamer Vertrag zustande kommt und der Versprechende sich nach § 275 BGB entlasten bzw. nach § 311a Abs. 2 S. 2 BGB exkulpieren muss. Im Rahmen des Schutzpflichtverhältnisses fehlt eine spezifische Nähe zwischen dem Schutz der Rechtsgüter des Betroffenen und dem anderen Teil des Schuldverhältnisses.[1018] Im Gegenteil trägt im Grundsatz jeder selbst das Risiko für den Schutz seiner Rechtsgüter.[1019] Soll ausnahmsweise jemand anderes dafür verantwortlich gemacht werden, ist es richtig, den Betroffenen die dafür maßgeblichen Umstände darlegen und beweisen zu lassen.[1020]

Die Interessenlage im Hinblick auf den (quasi-)negatorischen Anspruch auf Beachtung von Schutzpflichten ist also mit derjenigen, auf die sich § 275 BGB unmittelbar bezieht, nicht vergleichbar. Für eine analoge Anwendung der Vorschrift ist damit auch unter dem Gesichtspunkt der Beweislastverteilung kein Raum.[1021]

1016 *Kamp*, Funktion und Grenzen, S. 75.

1017 Vgl. *Grigoleit*, in: FS Canaris 2007, Bd. 1, 275, 288.

1018 Vgl. *Grigoleit*, in: FS Canaris 2007, Bd. 1, 275, 288; *Kamp*, Funktion und Grenzen, S. 67.

1019 Näher dazu oben unter 1. Teil D.II.2.a (S. 144 f.), D.II.2.c (S. 146 ff.).

1020 Ebenso *Grigoleit*, in: FS Canaris 2007, Bd. 1, 275, 288.

1021 Vgl. *Krebs*, Sonderverbindung, S. 534; *Kuhlmann*, Leistungspflichten und Schutzpflichten, S. 327 f.; *Grigoleit*, in: FS Canaris 2007, Bd. 1, 275, 293; *Medicus*, in: FS Canaris 2007, Bd. 1, 835, 842; *Ernst*, in: MüKo, BGB, § 275 Rn. 12; *S. Lorenz*, in: BeckOK, BGB, § 275 Rn. 18.

b. Beweislastumkehr

Nach dem Vorgesagten kann es nur überraschen, dass die ganz herrschende Meinung § 275 BGB auf die Ansprüche aus § 1004 Abs. 1 BGB anwendet.[1022] Für *Joachim Münch* ist mit der Anwendung von § 275 Abs. 1 BGB auf § 1004 Abs. 1 BGB „dogmatisch geklärt, wieso denn die Beweislast (für die Entlastung!) dem Störer verbleibt".[1023] Allerdings ist § 275 BGB gerade nicht unmittelbar auf § 1004 Abs. 1 BGB anwendbar.[1024] Für eine analoge Anwendung ist eine vergleichbare Interessenlage erforderlich. Es ist also begründungsbedürftig, warum die Beweislast beim Anspruchsgegner liegen soll.

§ 1004 Abs. 1 BGB setzt dem Wortlaut nach nicht voraus, dass die einzuklagende Maßnahme möglich und zumutbar ist. Vorausgesetzt wird nur der Erfolg einer zurechenbaren (drohenden) Beeinträchtigung. Die *Un*möglichkeit und *Un*zumutbarkeit der Beseitigung bzw. Unterlassung der Beeinträchtigung stellen insofern rechts*vernichtende* Umstände dar, für die der Anspruchsgegner grundsätzlich die Beweislast trägt.[1025] Die Interessenlage ist hier also tatsächlich ohne weiteres mit derjenigen vergleichbar, auf die § 275 BGB zugeschnitten ist. Die Herausforderung besteht nun darin, den am Erfolgsunrecht – also an der (drohenden) Beeinträchtigung – ausgerichteten negatorischen Rechtsschutz[1026] in die Verhaltensunrechts-Dogmatik zu übersetzen. Versteht man negatorischen Rechtsschutz nämlich – wie hier – als Mittel zur Durchsetzung einer bestimmten Verhaltenspflicht, dann trägt im Grundsatz der Anspruchsteller die Beweislast dafür, dass

---

1022 Siehe zu § 275 Abs. 2 BGB schon die Verweise in Fn. 972, 975; zur Anwendbarkeit von § 275 Abs. 1 BGB vgl. *Münch*, in: Soergel, BGB, § 1004 Rn. 179; *Lieder*, JuS 2011, 874, 876; *Riehm*, Grundsatz der Naturalerfüllung, S. 418 f.; *Medicus/Petersen*, Bürgerliches Recht, Rn. 447; *Olzen*, in: Staudinger, Neubearbeit. 2019, Einleitung zu §§ 241 ff. Rn. 16; *Thole*, in: Staudinger, Neubearbeit. 2023, § 1004 Rn. 374 ff.; *Spohnheimer*, in: BeckOGK, BGB, Stand: 01.02.2024, § 1004 Rn. 194; *Herrler*, in: Grüneberg, § 1004 Rn. 43, 52; zur gegenteiligen Ansicht in Bezug auf § 275 Abs. 1 und Abs. 2 BGB siehe Fn. 964.

1023 *Münch*, in: Soergel, BGB, § 1004 Rn. 180.

1024 Siehe S. 185 ff.

1025 *Medicus* dagegen versteht die Möglichkeit der Abhilfe grundsätzlich als Voraussetzung der Störereigenschaft, will die Beweislast dafür aber trotzdem dem „Störer" auferlegen – *Medicus*, in: MüKo (2004), BGB, § 1004 Rn. 56.

1026 Vgl. *Thole*, in: Staudinger, Neubearbeit. 2023, § 1004 Rn. 407.

die Verhaltenspflicht überhaupt besteht, das Verhalten also möglich und zumutbar ist.[1027]

Die Lehren vom Erfolgs- und Verhaltensunrecht lassen sich nur durch eine Beweislastumkehr im Hinblick auf das Bestehen der Verhaltenspflicht zusammenbringen. Eine Grundlage für eine solche Beweislastumkehr bietet die konkret drohende Beeinträchtigung. Spätestens mit der Geltendmachung des negatorischen Anspruchs wird die drohende Beeinträchtigung für den Störer sichtbar.[1028] Der Anspruchsteller muss – so auch die herrschende Meinung – entweder die Tatsachen beweisen, aus denen sich die Erstbegehungsgefahr[1029] und die Zurechenbarkeit der Gefahr, also die Störereigenschaft des Anspruchsgegners[1030] ergibt, oder er muss eine bereits eingetretene Beeinträchtigung beweisen[1031], aus welcher sich die Vermutung einer fortdauernden oder wiederholten Beeinträchtigung[1032] durch den Anspruchsgegner als Störer ergibt.[1033] Der Störer ist damit gewarnt und die Aufrechterhaltung der Beeinträchtigung bzw. Bedrohung erfolgt

1027 Wird im Rahmen des negatorischen Rechtsschutzes für die Störereigenschaft eine Sicherungspflicht vorausgesetzt, trägt dafür grundsätzlich der Anspruchsteller die Beweislast: BGH, Urteil v. 02.03.1984 – V ZR 54/83, BGHZ 90, 255, 266 f.; *Münch*, in: Soergel, BGB, § 1004 Rn. 467; *Laumen*, in: Baumgärtel/Laumen/Prütting, § 1004 Rn. 6; siehe daneben aber Fn. 1035.

1028 Überzeugend *Münzberg*, Verhalten und Erfolg, S. 423; *Picker*, Der negatorische Beseitigungsanspruch, S. 177 f.; *G. Wagner*, in: MüKo, BGB, § 823 Rn. 16.

1029 Zur Beweislast hinsichtlich der Erstbegehungsgefahr BGH, Urteil v. 27.05.1986 – VI ZR 169/85, NJW 1986, 2503, 2505; BGH, Urteil v. 12.05.1987 – VI ZR 195/86, NJW 1987, 2225, 2227; BGH, Urteil v. 17.06.1997 – VI ZR 114/96, NJW 1997, 2593, 2595; *Münch*, in: Soergel, BGB, § 1004 Rn. 468; *Fritzsche*, in: BeckOK, BGB, § 1004 Rn. 96.

1030 Zur Beweislast hinsichtlich der Störereigenschaft des Anspruchsgegners BGH, Urteil v. 04.02.2005 – V ZR 142/04, NJW 2005, 1366, 1368; *Münch*, in: Soergel, BGB, § 1004 Rn. 466; *Raff*, in: MüKo, BGB, § 1004 Rn. 321; *Thole*, in: Staudinger, Neubearbeit. 2023, § 1004 Rn. 586; *Spohnheimer*, in: BeckOGK, BGB, Stand: 01.02.2024, § 1004 Rn. 305.

1031 Zur Beweislast hinsichtlich der erstmaligen Beeinträchtigung BGH, Urteil v. 31.10.1986 – V ZR 61/80, NJW 1987, 1142, 1143; BayObLG, Urteil v. 22.05.1995 – 1Z RR 248/93, BayObLGZ 1995, 174, 182; *Münch*, in: Soergel, BGB, § 1004 Rn. 466, 468; *Thole*, in: Staudinger, Neubearbeit. 2023, § 1004 Rn. 586.

1032 Zur Vermutungsregel BGH, Urteil v. 30.10.1998 – V ZR 64/98, BGHZ 140, 1, 10; BGH, Urteil v. 15.09.2003 – II ZR 367/02, NJW 2003, 3702; BGH, Urteil v. 18.12.2015 – V ZR 160/14, NJW 2016, 363, 365 (Rn. 25); *Fritzsche*, in: BeckOK, BGB, § 1004 Rn. 90 f.; *Herrler*, in: Grüneberg, § 1004 Rn. 32.

1033 Zur Entlastung bei der Darlegung einer konkreten Gefahr siehe oben unter 1. Teil D.II.3.d (S. 175 ff.). Im Hinblick auf die nur durch Schutzpflichten nach § 241 Abs. 2 BGB geschützten Rechtspositionen muss der Anspruchsteller zudem die

vorsätzlich.[1034] Er rückt hierdurch in *spezifische Nähe* zu den Rechtsgütern des Betroffenen. Nach den oben aufgezeigten Wertungen ist es unter diesen Umständen gerechtfertigt, dem Störer die Darlegungs- und Beweislast dafür aufzuerlegen, dass ihm etwaige Schutzmaßnahmen unmöglich oder unzumutbar sind.[1035] Dieser Gedanke findet sich auch in der aus dem repressiven Rechtsschutz stammenden Sphärentheorie wieder, wonach sowohl für Schutzpflichten als auch für deliktische Verkehrspflichten eine Beweislastumkehr gilt, wenn die abzuwendende Gefahr allein aus dem Verantwortungsbereich des Beklagten stammt.[1036]

Selbst wenn man also die Verhaltenspflicht in den Mittelpunkt des negatorischen Rechtsschutzes stellt, findet sich eine solide Grundlage dafür, warum der Anspruchsgegner die Darlegungs- und Beweislast für die Tatsachen trägt, aufgrund derer die begehrte Schutzmaßnahme unmöglich oder unzumutbar ist.

Dabei ist es sinnvoll, dass der Einwand der Unzumutbarkeit wie bei § 275 BGB als zu erhebende Einrede ausgestaltet ist,[1037] da der Anspruchsgegner in seltenen Fällen ein Interesse daran haben kann, die Schutzleis-

---

Tatsachen darlegen und beweisen, aus denen sich ergibt, dass ein Schuldverhältnis besteht.

1034 Vgl. *Münzberg*, Verhalten und Erfolg, S. 422 ff.; *Picker*, Der negatorische Beseitigungsanspruch, S. 176 ff.; *G. Wagner*, in: MüKo, BGB, § 823 Rn. 16.

1035 Eine entsprechende Beweislastumkehr wird durch die Rechtsprechung bestätigt, die die Störereigenschaft an eine Verkehrssicherungspflicht knüpft. Eigentlich trägt der Anspruchsteller die Beweislast für die Störereigenschaft des Anspruchsgegners und damit auch für die Voraussetzungen der Verkehrssicherungspflicht (siehe Fn. 1030). Allerdings gehen Rechtsprechung und wohl auch die herrschende Lehre davon aus, dass der Anspruchsgegner darlegen und beweisen muss, warum ihm die jeweilige Sicherungsmaßnahmen unmöglich oder unzumutbar ist (BGH, Urteil v. 10.06.1977 – V ZR 242/74, BGHZ 69, 118, 124; BGH, Urteil v. 30.10.1981 – V ZR 191/80, NJW 1982, 440; BGH, Urteil v. 20.12.1988 – VI ZR 182/88, BGHZ 106, 229, 235; *Münch*, in: Soergel, BGB, § 1004 Rn. 470; *Laumen*, in: Baumgärtel/Laumen/Prütting, § 1004 Rn. 12; *Thole*, in: Staudinger, Neubearbeit. 2023, § 1004 Rn. 588).

1036 Zu Schutzpflichten: Fraktionsentwurf zum SchuldRModG, BT-Drucks. 14/6040 v. 14.05.2001, S. 136; BGH, Urteil – VI ZR 169/90, NJW 1991, 1540, 1541; BGH, Urteil v. 18.05.1994 – XII ZR 188/92, BGHZ 126, 124, 129; BGH, Urteil v. 25.10.2022 – VI ZR 1283/20, NJW-RR 2023, 95, 96 (Rn. 17); *Krebs*, Sonderverbindung, S. 538; *Ernst*, in: MüKo, BGB, § 280 Rn. 157; *Grüneberg*, in: Grüneberg, § 280 Rn. 37; zu deliktischen Pflichten auch *G. Wagner*, in: MüKo, BGB, § 823 Rn. 105.

1037 Siehe auch BGH, Urteil v. 30.05.2008 – V ZR 184/07, NJW 2008, 3122, 3123 (Rn. 18); BGH, Urteil v. 18.07.2008 – V ZR 171/07, NJW 2008, 3123, 3124 f. (Rn. 18 f.).

tung überobligatorisch zu erbringen – etwa um die Geschäftsbeziehung zum Vertragspartner nicht zu gefährden.[1038]

c. Zwischenergebnis

Da die Schutzpflicht als situationsabhängige Pflicht nur entstehen kann, wenn die Schutzleistung möglich und zumutbar ist, kommt eine Einwendung bzw. Einrede nach § 275 BGB gegenüber einem Anspruch auf Beachtung von Schutzpflichten im Grundsatz nicht in Betracht. Ist allerdings im Rahmen eines Schuldverhältnisses eine konkrete Gefährdung durch den Anspruchsgegner nachgewiesen, kann eine Schutzpflichtverletzung unterstellt werden. In diesem Fall muss sich der Störer entlasten, indem er die Tatsachen darlegt und beweist, aufgrund derer ihm etwaige Schutzmaßnahmen unmöglich oder unzumutbar sind. Hier ist die Interessenlage also mit derjenigen vergleichbar, auf die § 275 BGB zugeschnitten ist. Eine analoge Anwendung der Vorschrift wäre jedoch verfehlt, weil die Beweislastverteilung im Prozess gerade nicht aus § 275 BGB folgt, sondern aus einer Beweislastumkehr, die geboten ist, wenn die konkrete Bedrohung der Schutzgüter des Anspruchsstellers aus der Sphäre des Anspruchsgegners stammt.

3. Zwischenergebnis: keine analoge Anwendung von § 275 BGB

Schaut man allein auf das Ergebnis, passt § 275 BGB auf den Anspruch auf Beachtung von Schutzpflichten.[1039] Ist das schützende Verhalten unmöglich oder unzumutbar, steht dem Störer, also demjenigen, dem die konkrete Bedrohung zurechenbar ist, eine Einwendung bzw. Einrede zu. Das oben vorgestellte Ergebnis zu den Vergaberechtsfällen[1040] erweist sich damit inhaltlich als richtig.

Allerdings folgt dieses Ergebnis nicht aus einer analogen Anwendung von § 275 BGB, sondern einerseits aus der Eigenart von Schutzpflichten als situationsabhängige Verhaltenspflichten, andererseits aus einer Beweislastumkehr, die nur aufgrund der jeweiligen Bedrohungslage gerechtfertigt ist.

1038 Vgl. *Riehm*, in: BeckOGK, BGB, Stand: 01.08.2023, § 275 Rn. 218.

1039 Vgl. *Kreß*, Lehrbuch des Allgemeinen Schuldrechts, § 23 III 2 b (S. 590 f.); *Motzer*, JZ 1983, 884, 889 (jeweils zum alten Schuldrecht).

1040 S. 190 f.

Im Hinblick auf die *noch bevorstehende* Schutzleistung scheidet eine entsprechende Anwendung von § 275 BGB damit aus.[1041] Nachfolgend wird untersucht, welche Bedeutung der Vorschrift für die *verpasste* Schutzleistung zukommt.

II. Die verpasste Schutzleistung

Da ein Anspruch auf Beachtung von Schutzpflichten als *präventives* Rechtsschutzmittel immer die bevorstehende Schutzleistung im Blick hat, spielt die verpasste Schutzleistung für den Anspruch selbst keine Rolle. Die Folgen einer Nichtbeachtung der Schutzpflicht sind nur für etwaige Sekundäransprüche relevant.[1042] Mit der Anerkennung eines Schutzanspruchs stellt sich nämlich zugleich die Frage, ob die §§ 281 ff. BGB auf ihn anwendbar sind. Insofern muss geklärt werden, ob eine „Nichtleistung"[1043] des Schutzes automatisch zur Unmöglichkeit im Sinne von § 275 Abs. 1 BGB führt.

1. Realisierung der Gefahr

Gegenstand der Schutzpflicht ist das schlichte Unterlassen einer unmittelbaren Beeinträchtigung oder das Ergreifen der erforderlichen Schutzmaßnahmen zur Abwendung einer mittelbaren Beeinträchtigung.[1044] Die sich aus der jeweiligen Gefahrensituation ergebende konkrete Schutzpflicht besteht als Dauerverpflichtung für die gesamte Zeit, in der die Gefahr andauert. Kommt es durch eine Schutzpflichtverletzung zu einer Beeinträchtigung, realisiert sich also die abzuwendende Gefahr, ist die Schutzleistung insoweit nicht mehr nachholbar und wird damit unmöglich.[1045]

1041 Siehe schon Fn. 1021.

1042 Siehe dazu unter 2. Teil G (S. 224 ff.).

1043 Zu dieser sprachlichen Hilfskonstruktion siehe Fn. 932.

1044 Siehe oben unter 1. Teil D.II.3.b (S. 166 ff.).

1045 Siehe auch *Kamp*, Funktion und Grenzen, S. 157; zur Nachholbarkeit als entscheidendes Kriterium siehe etwa *Paech*, Leistungsverzug, S. 21; *H. Lehmann*, Unterlassungspflicht, S. 263; *Bacher*, Beeinträchtigungsgefahr, S. 54 f.; *Fritzsche*, Unterlassungsanspruch, S. 396 f.; *Ernst*, in: MüKo, BGB, § 286 Rn. 51; *Dornis*, in: BeckOGK, BGB, Stand: 01.10.2022, § 286 Rn. 17, 20.

Im Rahmen der parallelen Diskussion zu § 1004 Abs. 1 S. 2 BGB[1046] hält *Christoph Thole* diesem Ergebnis entgegen, dass auch die verspätete Erfüllung einer Leistungspflicht eine zeitweise Nichterfüllung darstelle, die für den Verzugszeitraum faktisch nicht nachgeholt werden könne.[1047]

Tholes Vergleich zum Leistungsanspruch wird jedoch dem unterschiedlichen Gegenstand von Leistungs- und Schutzpflichten nicht gerecht. Leistungspflichten sind auf ein bestimmtes Verhalten bzw. einen bestimmten Erfolg gerichtet.[1048] Schutzpflichten dagegen sind unselbständige Pflichten. Sie haben damit in erster Linie die Abschirmung von Gefahren für die geschützten Rechtspositionen im Blick, nicht die dazu erforderliche Schutzmaßnahme.[1049] Kommt es zum Beispiel im Privatschüler-Fall[1050] durch die verspätete Absicherung des schadhaften Gebäudedachs zur Verletzung eines Schülers, bleibt die Absicherung des Dachs zwar möglich. Im Hinblick auf die bereits eingetretene Beeinträchtigung kann die Schutzleistung ihre Schutzfunktion jedoch nicht rückwirkend erfüllen, sodass jedes Interesse an ihr entfällt.[1051]

Die Realisierung einer zurechenbaren Gefahr führt somit zur Unmöglichkeit der verpassten Schutzleistung. Dies ergibt sich nicht erst aus § 275 Abs. 1 BGB, sondern schon aus der Natur von Schutzpflichten als unselbständige Gefahrbeseitigungspflichten.

2. Nichtrealisierung der Gefahr

Führt die Schutzpflichtverletzung nicht zu einer Beeinträchtigung, wird der Zweck der Schutzpflicht, das Integritätsinteresse zu schützen, ohne Zutun des Schutzpflichtigen erreicht. Im Hinblick auf Leistungspflichten greift die

1046 Für den Fixschuldcharakter der sich aus § 1004 Abs. 1 S. 2 BGB ergebenden Unterlassungspflichten: *Zeuner*, in: FS Dölle, Bd. 1, 295, 311; *Bacher*, Beeinträchtigungsgefahr, S. 54 f.; *Fritzsche*, Unterlassungsanspruch, S. 392 f.; für eine Anwendbarkeit der Verzugsregeln: *Schwerdtner*, Verzug im Sachenrecht, S. 158 (mit Einschränkung); *Gursky*, AcP 174 (1974), 415, 417; *Dehner*, Nachbarrecht, Bd. 2, § 43 D I (S. 22 f.); *Gursky*, in: Staudinger, Neubearbeit. 2013, § 1004 Rn. 227; *Thole*, in: Staudinger, Neubearbeit. 2023, § 1004 Rn. 478; *Spohnheimer*, in: BeckOGK, BGB, Stand: 01.02.2024, § 1004 Rn. 275; *Herrler*, in: Grüneberg, § 1004 Rn. 48.

1047 *Thole*, in: Staudinger, Neubearbeit. 2023, § 1004 Rn. 478.

1048 *Larenz*, Lehrbuch des Schuldrechts AT, Bd. 1, 14. Aufl. (1987), § 2 I (S. 7 f.).

1049 Siehe oben unter 1. Teil C.I.2.c.cc(1) (S. 76 f.), D.II.1.b (S. 142 f.).

1050 S. 140.

1051 *Schwerdtner*, Verzug im Sachenrecht, S. 157 f.

herrschende Meinung insoweit auf § 275 Abs. 1 BGB (analog) zurück.[1052] Auf Schutzpflichten lässt sich dieses Lösungsmodell nicht übertragen. Realisiert sich eine konkrete Gefahr nicht, hat das *ex ante* gebotene Verhalten keine Beeinträchtigung verhindert. Da die Schutzleistung nicht um ihrer selbst willen geschuldet ist, bestand *ex post* in der jeweiligen Situation überhaupt keine Schutzpflicht und auch kein korrespondierender Anspruch. Damit fehlt jeder Anknüpfungspunkt für eine entsprechende Anwendung von § 275 Abs. 1 BGB.

3. Verzug für die Zukunft?

Man könnte einwenden, dass in den beiden zuvor genannten Fällen zumindest für die Zukunft ein Interesse an der Abwendung der Gefahr besteht und darauf bezogen auch Verzug eintreten kann, die Nichtbeachtung einer Schutzpflicht also nicht automatisch zur Unmöglichkeit führt.[1053] Nach *Karl-Heinz Gursky* kommt es auf die richtige Bestimmung der „Leistung" im Rahmen von vorbeugenden Unterlassungsansprüchen an[1054]: Das eigentliche Ziel sei nicht ein bloßes Unterlassen, sondern die Beseitigung des gegenwärtig bestehenden Bedrohungs- oder Gefährdungszustandes.[1055]

In der Tat fällt die Vorstellung eines Verzugs leichter, wenn sein Bezugspunkt kein schlichtes Nichtstun, sondern ein positives Tun bzw. – im Hinblick auf die Beseitigung eines (Gefährdungs-)Zustandes – sogar ein bestimmter Erfolg ist. Allerdings ist diese Leistungsbestimmung zum einen irreführend, weil im Hinblick auf unmittelbare Beeinträchtigungen tatsäch-

1052 BGH, Urteil v. 17.07.2007 – X ZR 31/06, NJW 2007, 3488, 3490; BGH, Urteil v. 14.01.2010 – VII ZR 106/08, NJW 2010, 1182, 1183 (Rn. 11); *Beuthien*, Zweckerreichung und Zweckstörung, S. 44; *Caspers*, in: Staudinger, Neubearbeit. 2019, § 275 Rn. 28; *Kern*, in: Staudinger, Neubearbeit. 2022, Einleitung zu §§ 362 ff. Rn. 74; *Medicus/Petersen*, Bürgerliches Recht, Rn. 159; *Looschelders*, in: BeckOGK, BGB, Stand: 01.01.2024, § 362 Rn. 9, 65.

1053 Vgl. *H. Lehmann*, Unterlassungspflicht, S. 265; *Schwerdtner*, Verzug im Sachenrecht, S. 157 f.; *Gursky*, AcP 174 (1974), 415, 417; *Thole*, in: Staudinger, Neubearbeit. 2023, § 1004 Rn. 478; kritisch zu entsprechenden Ansätzen *Fritzsche*, Unterlassungsanspruch, S. 393 f.

1054 *Gursky*, AcP 174 (1974), 415, 417.

1055 *Gursky*, AcP 174 (1974), 415, 417; *Gursky*, in: Staudinger, Neubearbeit. 2013, § 1004 Rn. 227 (im Anschluss an *Wetzel*, Zurechnung, S. 128 f.); ebenso *Thole*, in: Staudinger, Neubearbeit. 2023, § 1004 Rn. 478; kritisch *Fritzsche*, Unterlassungsanspruch, S. 393 f.

lich nur ein schlichtes Unterlassen geschuldet ist. Zum anderen handelt es sich bei *Gurskys* Leistungsbestimmung – auch im Hinblick auf mittelbare Beeinträchtigungen – nur um eine andere sprachliche Einkleidung derselben Sache. Die *Beseitigung* eines Bedrohungszustandes stellt nämlich nichts anderes dar als das *Unterlassen* einer drohenden (mittelbaren) Beeinträchtigung.[1056] Unabhängig davon, wie man die Schutz- bzw. Unterlassungspflicht sprachlich darstellt, bleibt es eine Dauerverpflichtung, die als solche für die Regeln des Verzugs unfruchtbar ist: Durch eine mögliche Beseitigung der Gefahr in der Zukunft wird nur das zukünftige Schutzinteresse befriedigt, nicht das vergangene. Die ursprünglich geschuldete Schutzleistung wird also nicht *nachgeholt*, sondern eine später geschuldete Schutzleistung mit gleichem Inhalt erbracht. Dies wird deutlich, wenn man zum Beispiel an die vertragliche Schutzpflicht eines Personenschützers denkt: Besteht auf einer zweiwöchigen Reise im Ausland die konkrete Gefahr für den Auftraggeber, ausgeraubt oder gekidnappt zu werden, holt der Personenschützer seine Pflicht für die erste Woche *nicht nach*, wenn er in der zweiten Woche den erforderlichen Schutz leistet.[1057] Die Schutzpflicht ist insofern eine absolute Fixschuld, das heißt, Verzug scheidet aus[1058].

Bei konsequenter Fortführung dieser Betrachtungsweise können die Verzugsregeln entgegen der herrschenden Meinung[1059] auch nicht auf den

---

1056 Zum Unterlassungsanspruch auf aktives Tun siehe oben unter 1. Teil C.III.1 (S. 93 f.).

1057 Vgl. auch BGH, Urteil v. 22.05.1990 – IX ZR 208/89, NJW 1990, 2549, 2550; a. A. *Ehmann/Kley*, JuS 1998, 481, 489.

1058 *Kreß*, Lehrbuch des Allgemeinen Schuldrechts, § 23 III 2 b (S. 590); *Motzer*, JZ 1983, 884, 888 f.; *Krebs*, Sonderverbindung, S. 533; *Ernst*, in: MüKo, BGB, § 280 Rn. 61; zum Fixschuldcharakter von Dauerverpflichtungen siehe BGH, Urteil v. 11.07.1953 – II ZR 126/52, BGHZ 10, 187, 189; BGH, Urteil v. 16.09.1987 – IVb ZR 27/86, NJW 1988, 151, 152; BGH, Urteil v. 07.12.1987 – II ZR 206/87, NJW-RR 1988, 420; BGH, Urteil v. 22.05.1990 – IX ZR 208/89, NJW 1990, 2549 f.; *Köhler*, AcP 190 (1990), 496, 517 f.; *Oetker*, Dauerschuldverhältnis, S. 227 ff.; *Caspers*, in: Staudinger, Neubearbeit. 2019, § 275 Rn. 25; *Riehm*, in: BeckOGK, BGB, Stand: 01.08.2023, § 275 Rn. 106.

1059 Zum Beseitigungsanspruch etwa BGH, Urteil v. 26.03.2021 – V ZR 77/20, NJW-RR 2021, 671, 672 (Rn. 14); BGH, Urteil v. 23.03.2023 – V ZR 67/22, BGHZ 236, 369, 377 (Rn. 22); OLG Karlsruhe, Urteil v. 09.12.2014 – 9 a U 8/14, NJOZ, 244, 247 (Rn. 51); *Schwerdtner*, Verzug im Sachenrecht, S. 156; *Picker*, Der negatorische Beseitigungsanspruch, S. 161 mit Fn. 14; *Fritzsche*, Unterlassungsanspruch, S. 393; *Bezzenberger*, JZ 2005, 373, 376; *Thole*, in: Staudinger, Neubearbeit. 2023, § 1004 Rn. 411; *Raff*, in: MüKo, BGB, § 1004 Rn. 286; *Spohnheimer*, in: BeckOGK, BGB, Stand: 01.02.2024, § 1004 Rn. 50; *Herrler*, in: Grüneberg, § 1004 Rn. 48; zum Herausgabeanspruch etwa Motive, Bd. 3, S. 408 f.; *Schwerdtner*, Verzug im

Beseitigungsanspruch nach § 1004 Abs. 1 S. 1 BGB und den Herausgabeanspruch nach § 985 BGB angewendet werden.[1060] Jeweils geht es um die Abwendung einer andauernden Beeinträchtigung, das heißt, durch die spätere Beseitigung oder Herausgabe wird die noch zum früheren Zeitpunkt bestehende Beeinträchtigung nicht behoben. Die „Leistung" wird insofern nicht *nachgeholt.*

4. Zwischenergebnis

Mit jeder schadensträchtigen Missachtung einer bestehenden Schutzpflicht wird die verpasste Schutzleistung unmöglich. Dies folgt aber nicht erst aus einer analogen Anwendung von § 275 Abs. 1 BGB, sondern ergibt sich schon aus der Natur der Schutzleistung.[1061] Welche Sekundärrechte sich an die Unmöglichkeit der Schutzleistung anschließen, wird im Fortgang der Untersuchung noch geklärt.[1062]

III. Ergebnis

Betrachtet man allein die Rechtsfolgen, passt § 275 BGB insoweit auf Schutzpflichten, als der Primärrechtsschutz der Rechtspositionen, auf die sich § 241 Abs. 2 BGB bezieht, begrenzt ist und je nach Bedrohungslage der

---

Sachenrecht, S. 96 ff., 155 f.; *Thole*, in: Staudinger, Neubearbeit. 2023, § 985 Rn. 36; *Spohnheimer*, in: BeckOGK, BGB, Stand: 01.02.2024, § 985 Rn. 27; *Herrler*, in: Grüneberg, § 985 Rn. 12.

1060 Im Ergebnis so wie hier *Henckel*, AcP 174 (1974), 97, 131–133; *Katzenstein*, AcP 206 (2006), 96, 177; kritisch zur Anwendung der Verzugsregeln auf den Beseitigungsanspruch auch OLG Köln, Urteil v. 31.05.1995 – 2 U 182/94, JMBl. NW 1995, 223, 225; *Münch*, in: Soergel, BGB, § 1004 Rn. 327; offen gelassen in BGH, Urteil v. 08.03.1990 – III ZR 81/88, NJW 1990, 2058, 2060. *Henckel* weist auf S. 131 f. des zuvor genannten Beitrags zutreffend darauf hin, dass der Wortlaut von § 990 Abs. 2 BGB, der für eine Anwendbarkeit der Verzugsregeln spricht, auf den undifferenzierten gesetzgeberischen Anspruchsbegriff zurückgeht. Zur Bedeutung von § 990 Abs. 2 BGB führt *Henckel* auf S. 133 überzeugend aus: „Die analoge Anwendung der §§ 284 ff. BGB [heute: §§ 286 ff. BGB] bedeutet also keine eigentliche Verzugsregelung, sondern nur ein technisches Mittel, um die Voraussetzungen zu umschreiben, unter denen der bösgläubige Besitzer der vollen deliktischen Haftung ausgesetzt ist."

1061 Vgl. auch die allgemeinen Erwägungen bei *Riehm*, in: BeckOGK, BGB, Stand: 01.08.2023, § 275 Rn. 3.

1062 Siehe unter 2. Teil G (S. 224 ff.).

Störer – also der andere Teil des Schuldverhältnisses, von dem eine konkrete Gefahr für diese Rechtspositionen ausgeht – die Tatsachen darlegen und beweisen muss, aus denen sich die Unmöglichkeit oder Unzumutbarkeit der Schutzleistung ergibt.

Im Hinblick auf Schutzpflichten ergeben sich diese Rechtsfolgen aber nicht aus einer analogen Anwendung von § 275 BGB, sondern aus der Eigenart von Schutzpflichten bzw. aus einer Beweislastumkehr, die allein aufgrund der jeweiligen Bedrohungslage gerechtfertigt ist.

Außerdem passt die Grundausrichtung von § 275 BGB nicht auf den Anspruch auf Beachtung von Schutzpflichten. § 275 BGB knüpft nämlich an eine Situation an, die es im Hinblick auf Schutzpflichten nicht geben kann: vorausgesetzt wird eine durch das Schuldverhältnis fixierte Leistung, deren Durchsetzung unmöglich oder unzumutbar ist. Da es sich bei Schutzpflichten um situationsabhängige Verhaltenspflichten handelt, die immer nur das Mögliche und Zumutbare abverlangen, ist die Fixierung einer Leistung, deren Durchsetzung unmöglich oder unzumutbar ist, von vornherein ausgeschlossen. Eine analoge Anwendung von § 275 BGB scheidet damit insgesamt aus.

Nach alledem bestätigt sich hier, was sich schon in den beiden vorgehenden Abschnitten zum Leistungsort und zur Fälligkeit gezeigt hat: Das Schicksal des Anspruchs auf Beachtung von Schutzpflichten wird nicht in erster Linie durch das allgemeine Schuldrecht bestimmt, sondern durch das Wesen von Schutzpflichten als unselbständige Pflichten. Die geringe Relevanz, die den auf Leistungspflichten zugeschnittenen Regeln für den Schutzanspruch zukommt, bestärkt zugleich die im ersten Teil dieser Arbeit herausgearbeitete, kategorische Unterscheidung zwischen Schutz- und Leistungspflichten sowie zwischen den jeweils korrespondierenden Ansprüchen. Ob sich auch die Regeln zu Zurückbehaltungsrechten in dieses Bild einfügen, wird nachfolgend überprüft.

D. Zurückbehaltungsrechte

Zur Beantwortung der Frage, ob die gesetzlichen Zurückbehaltungsrechte auf den Anspruch auf Beachtung von Schutzpflichten entsprechend anwendbar sind, wird zwischen der Zurückbehaltung einer Leistung im Sinne von § 241 Abs. 1 BGB zur Durchsetzung eines Anspruchs auf Beachtung von Schutzpflichten (dazu unter I.) und der Zurückbehaltung einer nach § 241 Abs. 2 BGB gebotenen Schutzmaßnahme (dazu unter II.) unterschieden.

I. Zurückbehaltung einer Leistung zur Durchsetzung eines Anspruchs auf Beachtung einer Schutzpflicht

Im Hinblick auf die Schutzpflichten aus § 618 Abs. 1 bzw. Abs. 2 BGB besteht weitgehend Konsens, dass der Schutzberechtigte einem gegen ihn gerichteten Leistungsanspruch des Schutzverpflichteten den Anspruch auf Beachtung von Schutzpflichten entgegenhalten kann, um den gebotenen Schutz zu erzwingen[1063].[1064]

Dieses Ergebnis erscheint sinnvoll und lässt sich auf Schutzpflichten insgesamt übertragen. Erkennt man nämlich – wie hier – ein Primärinteresse an der Beachtung von Schutzpflichten an[1065], dann ist dieses Interesse – zumindest abstrakt – nicht weniger stark ausgeprägt als das Primärinteresse an der Erfüllung von Leistungspflichten. Im Gegenteil: Beziehen sich Schutzpflichten auf Leistungsrechte[1066], ist gerade das Leistungsinteresse betroffen, sodass es hier keine wertungsmäßige Abstufung geben kann. Die Schutzwürdigkeit von absolut geschützten Rechten geht sogar über diejenige von Leistungsrechten hinaus, was sich schon daraus ergibt, dass absolute Rechte gegenüber jedermann, relative Rechte dagegen nur gegenüber dem anderen Teil des Schuldverhältnisses geschützt sind.[1067] In Sonderbeziehungen ist schließlich auch das Interesse am Schutz des reinen Vermögens nicht nachrangig.[1068] Der Gesetzgeber hat diesen Schutz vielmehr durch § 241 Abs. 2 BGB auf eine Stufe gestellt mit dem Schutz der absoluten Rechte. Vor diesem Hintergrund ist es gerechtfertigt, dass nicht nur das Primärinteresse an einer Leistung im Sinne von § 241 Abs. 1 BGB der Durchsetzung einer Forderung entgegengehalten werden kann, sondern auch das Interesse an der Beachtung einer Schutzpflicht nach § 241 Abs. 2 BGB.

Medicus zufolge soll im Hinblick auf Schutzpflichten ein Zurückbehaltungsrecht als Minus zum Rücktritt bzw. zur Kündigung „wenigstens“ dann in Betracht kommen, wenn die Voraussetzungen des § 324 BGB

1063 Zur Sicherungs- bzw. Druckfunktion von § 273 BGB BGH, Urteil v. 05.03.1981 – III ZR 115/80, NJW 1981, 1666, 1668; *Krüger*, in: MüKo, BGB, § 273 Rn. 1, 3; *Grüneberg*, in: Grüneberg, § 273 Rn. 1.

1064 BAG, Urteil v. 19.02.1997 – 5 AZR 982/94, BAGE 85, 155, 161; *Schlechtriem/Schmidt-Kessel*, Schuldrecht AT, Rn. 164; *Hossenfelder*, Pflichten von Internetnutzern, S. 282; *Weidenkaff*, in: Grüneberg, § 618 Rn. 7.

1065 Siehe insbesondere unter 1. Teil D.I.2 (S. 123 ff.).

1066 Siehe dazu unter 1. Teil C.III.3.b (S. 101 ff.).

1067 Dazu schon unter 1. Teil C.I.2.a.aa (S. 54 f.).

1068 *Picker*, JZ 1987, 1041, 1056.

bzw. § 626 BGB vorliegen.[1069] Er bezieht sich hierbei auf die „Verletzung einer reinen Schutzpflicht", also etwa auf den Fall, dass der eine Teil des Schuldverhältnisses den anderen fortwährend beschimpft oder dass der Dienstberechtigte seine Pflichten aus § 618 BGB nicht erfüllt.[1070] Ungeachtet der Tatsache, dass *Medicus* es vermeidet, sich festzulegen („wenigstens"), ist die von ihm aufgeworfene Einschränkung nicht zielführend. Der Schutzpflichtige behält nämlich – anders als beim Rücktritt bzw. bei der Kündigung – sein Leistungsrecht, wenn der Schutzberechtigte nur ein Zurückbehaltungsrecht geltend macht. Außerdem kann der Schutzverpflichtete die Durchsetzbarkeit des Leistungsrechts jederzeit durch Beachtung der Schutzpflicht herbeiführen. Die Voraussetzungen des § 324 BGB bzw. § 626 BGB müssen also nicht vorliegen, um ein Zurückbehaltungsrecht geltend machen zu können.

Dem Schutzberechtigten steht damit auch außerhalb des Anwendungsbereichs der § 618 Abs. 1 bzw. Abs. 2 BGB ein Zurückbehaltungsrecht zu.[1071] Da Schutzpflichten nicht in einem synallagmatischen Verhältnis stehen,[1072] sind allein die §§ 273, 274 BGB und nicht die §§ 320, 322 BGB entsprechend anzuwenden.[1073]

II. Zurückbehaltung einer nach § 241 Abs. 2 BGB gebotenen Schutzmaßnahme

Die Zurückbehaltung einer nach § 241 Abs. 2 BGB gebotenen Schutzmaßnahme durch den Schutzpflichtigen ist problematischer. Ihr steht zunächst der Fixschuldcharakter der Schutzpflicht, also die fehlende Nachholbarkeit der Schutzleistung[1074], entgegen, da es dem Zweck des Zurückbehaltungs-

---

1069 *Medicus*, in: FS Canaris 2007, Bd. 1, 835, 845; für nicht einklagbare Schutzpflichten zustimmend *Hossenfelder*, Pflichten von Internetnutzern, S. 283.

1070 *Medicus*, in: FS Canaris 2007, Bd. 1, 835, 845.

1071 AG Stuttgart, Urteil v. 20.07.1979 – 7 C 4632/79, NJW 1979, 2047, 2048; *Fritzsche*, Unterlassungsanspruch, S. 408; *Mankowski*, BB 2011, 1097, 1098 f.; unter Beschränkung auf einklagbare Schutzpflichten auch *Hossenfelder*, Pflichten von Internetnutzern, S. 282 f.

1072 *Motzer*, JZ 1983, 884, 889 Fn. 60; *Krebs*, Sonderverbindung, S. 534; *Grigoleit*, in: FS Canaris 2007, Bd. 1, 275, 293.

1073 *Mankowski*, BB 2011, 1097, 1098 f.; *Hossenfelder*, Pflichten von Internetnutzern, S. 282 f.

1074 Näher dazu oben unter 2. Teil C.II (S. 206 ff.).

rechts widerspricht, den Anspruch, gegen den es sich richtet, vollständig zu vereiteln.[1075]

Setzt man allerdings bei der Rechtsfolge des § 274 BGB an, ist eine Verurteilung des Schutzpflichtigen zur Beseitigung der Gefahr *für die Zukunft* Zug-um-Zug gegen Empfang der ihm gebührenden Leistung vorstellbar. Dabei ist jedoch insofern Vorsicht geboten, als der Schutzgläubiger unangemessen benachteiligt werden könnte. Ihm würde nämlich nicht nur eine Leistung im Sinne einer Vermögensaufstockung[1076] vorenthalten, er müsste vielmehr sehenden Auges eine Verletzung seiner Rechtspositionen hinnehmen. Die §§ 273, 274 BGB verleihen schon dem Wortlaut nach nur das Recht, etwas *zurückzubehalten*, nicht dagegen das Recht, jemanden oder etwas zu *beeinträchtigen*. Wenn außerdem zum Schutz des Gläubigers analog § 393 BGB der Ersatz des Schadens aus einer vorsätzlichen unerlaubten Handlung nicht zurückbehalten werden darf,[1077] dann sollte die unerlaubte Handlung erst recht nicht aufgrund eines Zurückbehaltungsrechts erfolgen dürfen.

Medicus schlägt vor, nach der jeweils betroffenen Rechtsposition zu differenzieren.[1078] „Wenigstens der Schutz von Leben, Körper, Gesundheit und Freiheit (vgl. § 199 Abs. 2 BGB)" müsse „auch dem säumigen Schuldner gewährt werden, wenn dieser sich in den Gefahrenbereich des Gläubigers begibt".[1079] Diesem Ansatz entsprechend werden nachfolgend die verschiedenen Rechtspositionen, auf die sich Schutzpflichten beziehen können, gesondert in den Blick genommen.

1075 So zu Unterlassungsverpflichtungen *Köhler*, AcP 190 (1990), 496, 524; *Fritzsche*, Unterlassungsanspruch, S. 409; *Medicus/S. Lorenz*, Schuldrecht AT, § 20 Rn. 11; siehe auch *Krüger*, in: MüKo, BGB, § 273 Rn. 54; *S. Lorenz*, in: BeckOK, BGB, § 273 Rn. 34.

1076 Näher zur Eigenart von Leistungspflichten auch unter 1. Teil C.I.2.a.cc (S. 56 f.), C.III.4.a.aa (S. 107) und 2. Teil G.I.3 (S. 236.).

1077 Siehe nur BAG, Urteil v. 16.10.1967 – 5 AZR 464/66, NJW 1968, 565; *S. Lorenz*, in: BeckOK, BGB, § 273 Rn. 28.

1078 *Medicus*, in: FS Canaris 2007, Bd. 1, 835, 845; a. A. *Hossenfelder*, Pflichten von Internetnutzern, S. 283 f. (Zurückbehaltung der Schutzleistung gegenüber dem Leistungsanspruch grundsätzlich ausgeschlossen).

1079 *Medicus*, in: FS Canaris 2007, Bd. 1, 835, 845.

1. Relative Rechtspositionen

Betrifft die Schutzpflicht ein Leistungsrecht, dann ist dasjenige Interesse betroffen, auf das § 273 Abs. 1 BGB zugeschnitten ist, sodass eine Zurückbehaltung der Schutzmaßnahme möglich erscheint.

Allerdings darf die Zurückbehaltung der Schutzmaßnahme nicht dazu führen, dass das relative Recht, das durch die Schutzpflicht geschützt werden soll, vereitelt wird.[1080] Dies folgt schon aus § 274 Abs. 1 BGB, wonach die Geltendmachung des Zurückbehaltungsrechts im Prozess „*nur* die Wirkung“[1081] hat, dass der Schuldner zur Leistung gegen Empfang der ihm gebührenden Leistung (Erfüllung Zug um Zug) zu verurteilen ist. Das Leistungsrecht des Gläubigers an sich soll durch das Zurückbehaltungsrecht nicht tangiert werden.[1082] Wenn zum Beispiel im Gasbezugsfall[1083] die Zurückbehaltung der Schutzleistung dazu führt, dass die Beklagte das Gas weiterhin von Dritten bezieht, und die Klägerin deshalb ihr Recht auf Abnahme ihres Gases (teilweise) nicht mehr durchsetzen kann[1084], so schießt diese Rechtsfolge über den Sinn und Zweck des Zurückbehaltungsrechts hinaus. Dasselbe gilt in den Vergaberechtsfällen[1085], in denen die relative Rechtsposition des Schutzberechtigten darin besteht, ordnungsgemäß in den Vergabeprozess eingebunden zu werden. Bedeutet die Zurückbehaltung der Schutzmaßnahme, dass der Zuschlag einem Mitbewerber erteilt und die ordnungsgemäße Einbindung des Schutzberechtigten in den Vergabeprozess dadurch unmöglich wird, so wird die Funktion des Zurückbehaltungsrechts wiederum überspannt.

Außerdem haftet auch ein Schuldner, der eine Leistung zurückbehält, nach § 276 Abs. 1 S. 1 BGB für Vorsatz und Fahrlässigkeit bei Schäden, die nicht lediglich damit zusammenhängen, dass die Leistung zeitweise nicht erbracht wird. Mit anderen Worten befreit das Zurückbehaltungsrecht den Schuldner nicht von seiner Sorgfaltspflicht im Hinblick auf die Leistung. Entsprechendes muss für Schutzpflichten im Sinne von § 241 Abs. 2 BGB gelten, die sich auf relative Rechtspositionen beziehen. Da sie nur entste-

1080 Vgl. RG, Urteil v. 21.07.1936 – II 30/36, RGZ 152, 71, 74; *Krüger*, in: MüKo, BGB, § 273 Rn. 54; *S. Lorenz*, in: BeckOK, BGB, § 273 Rn. 34.

1081 Hervorhebung nicht im Original.

1082 RG, Urteil v. 21.07.1936 – II 30/36, RGZ 152, 71, 74; *Krüger*, in: MüKo, BGB, § 273 Rn. 3, 93.

1083 S. 102.

1084 Näher dazu auf S. 103 f.

1085 S. 104 f.

hen, wenn die Schutzmaßnahme tatsächlich erforderlich ist, um eine konkrete Gefahr von der jeweiligen relativen Rechtsposition abzuwenden, kann ein Zurückbehaltungsrecht von der Beachtung dieser Pflicht nicht befreien. Eine analoge Anwendung von §§ 273, 274 BGB scheidet damit grundsätzlich aus.

2. Absolute Rechtspositionen

Bezieht sich die Schutzpflicht auf absolute Rechtspositionen, also insbesondere auf das Leben, den Körper, die Gesundheit, die Freiheit oder das Eigentum, ist eine Zurückbehaltung der gebotenen Schutzmaßnahme ebenfalls nicht mehr vom Sinn und Zweck des § 273 Abs. 1 BGB erfasst. Das zuvor Gesagte gilt hier in besonderer Weise. § 273 Abs. 1 BGB gibt dem Schuldner zwar das Recht zur Zurückbehaltung der geschuldeten Leistung über den Fälligkeitszeitpunkt hinaus, nicht aber das Recht zu einer Vereitelung oder konkreten Gefährdung des gegnerischen Leistungsrechts und erst recht nicht zu einer Beeinträchtigung oder konkreten Gefährdung der nach dem Gesetz besonders schutzwürdigen absoluten Rechtspositionen des Gläubigers.[1086]

Eine Ausnahme zu diesem Grundsatz findet sich in § 1000 S. 1 BGB. Hiernach darf der Besitzer ohne Recht zum Besitz die Herausgabe der Sache verweigern und insoweit das Eigentumsrecht beeinträchtigen[1087], bis er wegen der ihm zu ersetzenden Verwendungen befriedigt wird. Ob anknüpfend an § 1000 S. 1 BGB noch weitere Konstellationen anzuerkennen sind, in denen das Zurückbehaltungsrecht dazu führen darf, dass das Eigentumsrecht oder eine andere Rechtsposition des Schutzberechtigten beeinträchtigt oder konkret gefährdet wird, lässt sich nur im Einzelfall entscheiden. Dabei ist zu beachten, dass Zurückbehaltungsrechte Ausdruck des Grundsatzes von Treu und Glauben sind.[1088] Zu fragen ist, ob der Schutzberechtigte arglistig handelt, wenn er die im Hinblick auf seine

1086 In diese Richtung auch *Medicus*, in: FS Canaris 2007, Bd. 1, 835, 845.

1087 Zur Einordnung einer Besitzstörung als Eigentumsverletzung siehe nur *G. Wagner*, in: MüKo, BGB, § 823 Rn. 302 f. m. w. N.

1088 RG, Urteil v. 21.07.1936 – II 30/36, RGZ 152, 71, 73 ff.; BAG, Urteil v. 08.05.2014 – 6 AZR 246/12, NJW 2014, 860, 862 (Rn. 21); *S. Lorenz*, in: BeckOK, BGB, § 273 Rn. 1.

Rechtspositionen gebotene Rücksicht einfordert, obwohl er die von ihm geschuldete Leistung nicht erbringt.[1089]

Im Grundsatz gilt aber Folgendes: Da mit der Zurückbehaltung von Maßnahmen, die nach § 241 Abs. 2 BGB zum Schutz von absoluten Rechten geboten sind, eine (teilweise) Beeinträchtigung bzw. Vereitelung dieser Rechte eintritt oder droht, scheidet eine analoge Anwendung von §§ 273, 274 BGB aus.

3. Das reine Vermögen

Bezieht sich die Schutzpflicht auf das reine Vermögen, stellt sich die Situation etwas anders dar. Die Konsequenzen sind hier zumindest wertungsmäßig nicht wesentlich anders als bei der Zurückbehaltung einer Leistung im Sinne von § 241 Abs. 1 BGB. Macht zum Beispiel der Verkäufer einer Industriemaschine ein Zurückbehaltungsrecht geltend, kann dem Käufer allein durch die zeitweise Nichtleistung ein erheblicher Vermögensschaden entstehen. Das mit dem Erhalt der fälligen Leistung verbundene Wertinteresse verleiht dem Zurückbehaltungsrecht gerade seine Druckfunktion[1090]. Insofern überspannt es auch nicht von vornherein den Sinn und Zweck von § 273 Abs. 1 BGB, wenn die Zurückbehaltung einer nach § 241 Abs. 2 BGB gebotenen Schutzmaßnahme zu einem Vermögensschaden führt. Im Schweinemast-Fall[1091] zum Beispiel, in dem der Beklagte zum Schutz des Vermögens des Klägers Widersprüche gegen wiederholte Verwaltungsbescheide erheben soll, erscheint es plausibel, ihm so lange eine Einrede aus § 273 Abs. 1 BGB zuzugestehen, wie der Kläger eine geschuldete Leistung nicht erbringt.

Es kommt hier letztlich verstärkt auf die Umstände des Einzelfalls an, weil sich Schutzpflichten anders als Leistungspflichten immer erst aus der konkreten Bedrohungssituation ergeben.[1092] Diese Situationsabhängigkeit führt dazu, dass Schutzpflichten und das durch sie zu schützende Interesse regelmäßig nicht vorhersehbar sind.[1093] Entsprechend ist auch die Eingriffs-

1089 Vgl. RG, Urteil v. 21.07.1936 – II 30/36, RGZ 152, 71, 73; *Krüger*, in: MüKo, BGB, § 273 Rn. 2.
1090 Siehe Fn. 1063.
1091 S. 99.
1092 Siehe insbesondere unter 1. Teil C.III.4.a.bb (S. 108 ff.).
1093 Näher dazu unter 1. Teil D.I.3 (S. 131 ff.).

intensität eines Zurückbehaltungsrechts anders als bei Leistungspflichten nicht im Vorhinein fixiert. Der Käufer einer Industriemaschine, der den Kaufpreis nicht zahlt, weiß, welche Folgen drohen, wenn der Verkäufer die Leistung im Sinne von § 433 Abs. 1 S. 1 BGB, also die Übergabe und Übereignung der Maschine, zurückbehält. Er kann aber nur schlecht einschätzen, welcher Schaden droht, wenn der Verkäufer seine Schutzpflicht nach § 241 Abs. 2 BGB zum Beispiel dahingehend verletzt, dass er nicht näher über einen Mangel der bereits ausgelieferten und in den Produktionsprozess integrierten Maschine aufklärt.[1094] In dieser Konstellation ist zweifelhaft, ob die Zurückbehaltung der Aufklärung und die damit verbundene Unsicherheit im Hinblick auf eine gebotene Unterbrechung oder Anpassung des Produktionsprozesses noch ein verhältnismäßiges Mittel ist, um den Käufer zur Erfüllung der ihm obliegenden Pflicht zu bewegen. Andererseits kann der Käufer einem Zurückbehaltungsrecht jederzeit die Grundlage entziehen, indem er seine eigene Schuld erfüllt. Es ist also jeweils genau zu prüfen: Steht der durch die Schutzpflichtverletzung drohende Vermögensschaden beim Schutzberechtigten außer Verhältnis zum Leistungsinteresse des Schutzverpflichteten, scheidet ein Zurückbehaltungsrecht im Hinblick auf die gebotene Schutzmaßnahme aus.[1095] Den entsprechenden Wertungsspielraum eröffnet § 273 Abs. 1 BGB selbst: Das Zurückbehaltungsrecht ist nur gegeben, „sofern nicht aus dem Schuldverhältnis sich ein anderes ergibt".[1096]

III. Ergebnis

Zusammenfassend ist eine analoge Anwendung der §§ 273, 274 BGB nur eingeschränkt möglich. Es kommt verstärkt auf die betroffenen Rechtspositionen und die sonstigen Umstände des Einzelfalls an. Auch hier dürfen also die Regeln des allgemeinen Schuldrechts nicht unbedacht auf den Anspruch auf Beachtung von Schutzpflichten angewendet werden, was sich vor allem daraus ergibt, dass er anders als der Leistungsanspruch nicht auf eine Vermögensaufstockung gerichtet ist, sondern auf die Abschirmung der

1094 Zur Einordnung dieser Aufklärungspflicht als Schutzpflicht vgl. *Faust*, in: BeckOK, BGB, § 437 Rn. 62; siehe auch *Bodewig*, Der Rückruf fehlerhafter Produkte, S. 161 f.; zur Problematik auch auf S. 134 f.

1095 Vgl. BGH, Urteil v. 13.07.1970 – VII ZR 176/68, BGHZ 54, 244, 250.

1096 Dazu auch etwa *Krüger*, in: MüKo, BGB, § 273 Rn. 42 ff.

schon bestehenden Rechtsgüter vor Beeinträchtigungen. Insofern macht sich erneut die im ersten Teil der Arbeit herausgearbeitete Wesensverschiedenheit zwischen unselbständigen und selbständigen Pflichten bemerkbar. Allerdings folgt aus den §§ 273, 274 BGB ein grundlegendes Prinzip, wonach im Hinblick auf Ansprüche, die sich gegenüberstehen, eine einseitige Rechtsdurchsetzung unbillig sein kann.[1097] Dieses Prinzip lässt sich aus Schutzpflichten und den korrespondierenden Ansprüchen nicht unmittelbar herleiten, trifft auf diese aber zumindest teilweise ebenso zu. Wie sich im folgenden Abschnitt zeigen wird, gilt etwas Ähnliches für den in § 254 BGB zum Ausdruck kommenden Grundsatz der Selbstverantwortung.

E. Verschulden und Mitverschulden

Negatorischer Rechtsschutz setzt kein Verschulden voraus.[1098] Dies ergibt sich schon aus dem Wortlaut der einschlägigen Normen.[1099] Vorausgesetzt wird nur, dass der Anspruchsgegner Störer ist. Ihm muss die drohende Beeinträchtigung zurechenbar sein. Für den negatorischen Schutz der in § 241 Abs. 2 BGB erfassten Rechtspositionen kann insofern nichts anderes gelten. Dies bedeutet zugleich, dass der Anspruch auf Beachtung von Schutzpflichten nicht analog §§ 827 f. BGB ausgeschlossen ist, wenn die Schuldfähigkeit des anderen Teils des Schuldverhältnisses vermindert oder ausgeschlossen ist.[1100] Der Schutz des Schutzpflichtigen erfolgt hier richtigerweise über eine Beschränkung der Vollstreckbarkeit des Beseitigungs- bzw. Unterlassungstitels.[1101]

1097 Vgl. BAG, Urteil v. 08.05.2014 – 6 AZR 246/12, NJW 2014, 860, 862 (Rn. 21); *Schmidt-Kessel*, in: Dauner-Lieb/Langen, BGB, § 273 Rn. 2.

1098 So die ganz herrschende Meinung – siehe nur RG, Urteil v. 04.06.1902 – V 105/02, RGZ 51, 408, 411; BGH, Urteil v. 08.03.1990 – III ZR 81/88, BGHZ 110, 313, 317; *Münch*, in: Soergel, BGB, § 1004 Rn. 116.

1099 Siehe exemplarisch § 1004 Abs. 1 BGB, welcher als die Grundnorm des negatorischen Rechtsschutzes gilt (1. Teil C.III.2 (S. 94)).

1100 So überzeugend zu den Ansprüchen aus § 1004 Abs. 1 BGB *Fritzsche*, Unterlassungsanspruch, S. 147 f.; *Fritzsche*, in: BeckOK, BGB, § 1004 Rn. 60; in diese Richtung auch BVerfG, Beschluss v. 28.05.1996 – 1 BvR 927/91, NJW 1996, 2567; a. A. (Ablehnung eines negatorischen Anspruchs) OLG Düsseldorf, Urteil v. 11.10.1995 – 9 U 51/95, MDR 1996, 477.

1101 Entsprechend zu den Ansprüchen aus § 1004 Abs. 1 BGB *Fritzsche*, Unterlassungsanspruch, S. 147 f.; *Fritzsche*, in: BeckOK, BGB, § 1004 Rn. 60.

Heftig umstritten ist die Frage, ob der negatorische Anspruch analog § 254 BGB beschränkt sein kann. Ein anschauliches Beispiel bietet ein Fall, mit dem sich das KG Berlin im Jahr 2008 befasste.[1102] Der Kläger begehrte die Beseitigung von Wurzeln, die von den Bäumen des Nachbarn auf sein Grundstück herübergewachsen waren und dort einen Asphaltweg und einen Betonsockel beeinträchtigten. Zuvor hatte der Kläger die ständig wachsenden Wurzeln über 30 Jahre lang geduldet.

Die Literaturmeinung, die eine entsprechende Anwendung von § 254 BGB ablehnt, beruht auf der Überzeugung, dass die *actio negatoria* grenzenlos zu verstehen sei. Sofern eine besondere Duldungspflicht im Sinne von § 1004 Abs. 2 BGB nicht gesetzlich festgelegt sei, müsse der Betroffene eine *Usurpation* seiner Rechtssphäre durch den Störer nicht dulden.[1103] Der negatorische Anspruch sei damit inhaltlichen Modifikationen, etwa durch § 254 BGB, von vornherein unzugänglich.[1104]

Es wurde bereits dargelegt, warum hier der Ansicht gefolgt wird, dass die *actio negatoria* gerade nicht grenzenlos zu verstehen ist, sondern unabhängig von einzelnen gesetzlichen Duldungspflichten unter dem Vorbehalt des Möglichen und Zumutbaren steht.[1105] Ist die vollständige Beseitigung einer Gefahr dem Störer unzumutbar, weil der Eigentümer die Gefahr mitverursacht hat, ist der negatorische Anspruch insofern beschränkt.

Außerdem wurde dargelegt, dass das Bürgerliche Recht einen Verkehrsteilnehmer – zumindest im Grundsatz – nicht vor sich selbst schützt.[1106] Duldet der Kläger im beschriebenen Fall die wachsenden Wurzeln, ohne etwas dagegen zu unternehmen, so geht die daraus resultierende Beeinträchtigung mittelbar auf seinen Willen zurück. Er kann als Störer im Hinblick auf seine eigenen Rechtsgüter angesehen werden.[1107] Der Nachbar würde den Kläger also teilweise vor sich selbst schützen, wenn er die Wur-

---

1102 KG, Urteil v. 15.07.2008 – 7 U 180/07, NJW 2008, 3148.

1103 *Picker*, Der negatorische Beseitigungsanspruch, S. 163 ff.; *H. Roth*, AcP 180 (1980), 263, 283 f.; *Gursky*, in: Staudinger, Neubearbeit. 2013, § 1004 Rn. 157; gegen eine analoge Anwendung von § 254 BGB auch etwa *Raff*, in: MüKo, BGB, § 1004 Rn. 249 ff.; *Spohnheimer*, in: BeckOGK, BGB, Stand: 01.02.2024, § 1004 Rn. 250 ff.

1104 *Picker*, Der negatorische Beseitigungsanspruch, S. 162; *Gursky*, in: Staudinger, Neubearbeit. 2013, § 1004 Rn. 157.

1105 Siehe oben unter 2. Teil C.I.1.b (S. 192 ff.).

1106 Siehe oben unter 1. Teil D.II.2.c (S. 146 ff.).

1107 Näher zum Störerbegriff unter 2. Teil F (S. 222 ff.).

zeln allein beseitigte. Ohne eine besondere Einstandspflicht ist ihm dies jedoch nicht zuzumuten.[1108]

Im Übrigen gilt – auch nach der Usurpationslehre – Folgendes: Wenn verschiedene Störer für eine bestimmte Störung verantwortlich sind, muss jeder einzelne nur die eigene, das fremde Eigentum beeinträchtigende Position aufgeben.[1109] Spinnt man diesen Gedanken konsequent weiter, kann der Betroffene, der selbst Störer im Hinblick auf seine eigenen Rechtsgüter ist, von dem Mitstörer nur die Beseitigung des auf diesen zurückgehenden Teils der Störung verlangen.

Eine Beschränkung des Primärrechtsschutzes analog § 254 BGB ist somit grundsätzlich gerechtfertigt.[1110] Häufig wird sich die Schutzmaßnahme zwar nicht sinnvoll quoteln lassen.[1111] Der BGH hat insofern aber eine sinnvolle Lösung entwickelt: Der Eigentümer kann zwar die Gefahrbeseitigung verlangen, der Anspruch wird aber durch eine Feststellung zur Kostenbeteiligung des Anspruchsberechtigten in Höhe von dessen Haftungsquote eingeschränkt.[1112] Diese Lösung wird auch im Hinblick auf den Nacherfüllungsanspruch aus § 439 Abs. 1 BGB vertreten, wenn der Käufer für den zu behebenden Mangel mitverantwortlich ist.[1113] Das KG Berlin folgte ebenfalls diesem Lösungsweg und ging im Hinblick auf die Kostenquotelung

1108 Vgl. BGH, Urteil v. 18.04.1997 – V ZR 28/96, BGHZ 135, 235, 240; *F. Baur*, AcP 160 (1961), 465, 489; *Grunsky*, AcP 183 (1983), 209, 211 f.; *Armbrüster*, NJW 2003, 3087, 3089 f.

1109 *Thole*, in: Staudinger, Neubearbeit. 2023, § 1004 Rn. 371.

1110 BGH, Urteil v. 18.04.1997 – V ZR 28/96, BGHZ 135, 235, 239 f.; BGH, Urteil v. 13.01.2012 – V ZR 136/11, NJW 2012, 1080 (Rn. 8); BGH, Urteil v. 23.03.2023 – V ZR 67/22, BGHZ 236, 369, 377 (Rn. 24); *Münch*, in: Soergel, BGB, § 1004 Rn. 313; *Larenz/Canaris*, Lehrbuch des Schuldrechts, Bd. 2.2, § 86 VI 2 c (S. 703); *F. Baur*, AcP 160 (1961), 465, 489 mit Fn. 91; *Grunsky*, AcP 183 (1983), 209, 211 f.; *Armbrüster*, NJW 2003, 3087, 3089 f.; *Lettl*, JuS 2005, 871, 877; *Ebbing*, in: Erman, BGB, § 1004 Rn. 70; *Fritzsche*, in: BeckOK, BGB, § 1004 Rn. 75; *Herrler*, in: Grüneberg, § 1004 Rn. 44.

1111 Dazu schon oben unter 1. Teil D.II.2.b (S. 145 f.).

1112 BGH, Urteil v. 18.04.1997 – V ZR 28/96, BGHZ 135, 235, 239 f.; BGH, Urteil v. 13.01.2012 – V ZR 136/11, NJW 2012, 1080 (Rn. 8).; entsprechend aus der Literatur etwa *Lettl*, JuS 2005, 371, 378; *Fritzsche*, in: BeckOK, BGB, § 1004 Rn. 75; *Herrler*, in: Grüneberg, § 1004 Rn. 44.

1113 *Faust*, in: BeckOK, BGB, Stand: 01.11.2023, § 439 Rn. 82; entsprechend zum Werkvertragsrecht BGH, Urteil v. 28.02.1961 – VII ZR 197/59, DB 1961, 569; BGH, Urteil v. 26.02.1981 – VII ZR 287/97, NJW 1981, 1448, 1449; BGH, Urteil v. 22.03.1984 – VII ZR 50/82, BGHZ 90, 344, 347 = NJW 1984, 1676, 1677.

davon aus, dass die Parteien je zur Hälfte für den andauernden Beeinträchtigungszustand verantwortlich sind.[1114]

Der Umfang des Anspruchs auf Beachtung von Schutzpflichten richtet sich damit nach dem Prinzip der Selbstverantwortung. § 254 BGB findet entsprechende Anwendung. Auf das in § 241 Abs. 1 S. 1 BGB verankerte Leistungsrecht ist die Regelung des § 254 BGB dagegen nicht in gleicher Weise anwendbar. Im Gegenteil wurde im ersten Teil dargelegt, dass die Leistungspflicht typischerweise durch die Parteivereinbarung fixiert und insofern absolut ist.[1115] Wie insbesondere § 313 Abs. 1 BGB verdeutlicht, kommt eine Anpassung an außerhalb des Vertrags liegende Umstände nur sehr eingeschränkt in Betracht. Die Tatsache, dass § 254 BGB für die situationsabhängigen Schutzpflichten und für den mit ihnen korrespondierenden Anspruch solche Relevanz hat, bestätigt also in anderer Form, dass der Anspruch auf Beachtung von Schutzpflichten und das Leistungsrecht von Grund auf verschieden sind.

Genau wie § 254 BGB ist auch die Vorschrift des § 278 BGB für Schadensersatzansprüche konzipiert worden.[1116] Ob § 278 BGB ebenfalls über seinen Regelungszweck hinausreicht und für den Anspruch auf Beachtung von Schutzpflichten relevant ist, wird im nächsten Abschnitt überprüft.

F. Haftung für Dritte, § 278 BGB

§ 278 BGB liegt der Gedanke zugrunde, dass sich der Schuldner nicht der Haftung entziehen können soll, indem er Gehilfen einsetzt.[1117] Macht er sich die Vorteile der Arbeitsteilung zunutze, muss er im Gegenzug für das Fehlverhalten derer einstehen, an die er seine Aufgaben übertragen hat.[1118] Eine Person gilt als Erfüllungsgehilfe des Schuldners, sofern sie nach den tatsächlichen Gegebenheiten des Falls mit dem Willen des Schuldners bei

---

1114 KG, Urteil v. 15.07.2008 – 7 U 180/07, NJW 2008, 3148, 3149.

1115 Siehe unter 1. Teil C.III.4.a.bb (S. 108 ff.).

1116 Vgl. Fraktionsentwurf zum SchuldRModG, BT-Drucks. 14/6040 v. 14.05.2001, S. 136.

1117 BGH, Urteil v. 27.06.1985 – VII ZR 23/84, BGHZ 95, 128, 132.

1118 *S. Lorenz*, in: BeckOK, BGB, § 278 Rn. 1; *Grundmann*, in: MüKo, BGB, § 278 Rn. 3; vgl. auch Motive, Bd. 2, S. 30; teilweise kritisch *Schaub*, in: BeckOGK, BGB, Stand: 01.12.2023, § 278 Rn. 3 (ähnlich aber unter Rn. 4).

der Erfüllung einer diesem obliegenden Verbindlichkeit als seine Hilfsperson tätig wird.[1119]

Im Rahmen der repressiven Haftung nach §§ 280 Abs. 1, 241 Abs. 2 BGB kommt § 278 BGB ohne weiteres zur Anwendung. Dabei ist es ohne Bedeutung, ob der Schutzpflichtige im Hinblick auf die konkrete Schädigung Einfluss auf das Verhalten des Erfüllungsgehilfen nehmen konnte. Bedient er sich eines solchen Gehilfen, haftet er für dessen Fehlverhalten ohne Entlastungsmöglichkeit.[1120]

Im Rahmen der negatorischen Haftung ist dagegen nur derjenige passivlegitimiert, der zur Beseitigung der Gefahr in der Lage ist. Einem Schuldner, der das gefährdende Verhalten seines Erfüllungsgehilfen unter keinen Umständen verhindern kann oder dem ein Einschreiten nicht zuzumuten ist, steht deshalb der Einwand der Unmöglichkeit bzw. Unzumutbarkeit offen.[1121] § 278 BGB kann ihm dieses Recht nicht nehmen. Damit verliert § 278 BGB im negatorischen Rechtsschutz weitgehend seine Bedeutung.

Zwar ließe sich über § 278 BGB die Zurechenbarkeit einer Störung, also die Störereigenschaft des anderen Teils des Schuldverhältnisses, begründen.[1122] Im Privatschüler-Fall[1123] zum Beispiel müsste der Schulbetreiber auch dann für die Beseitigung der von dem schadhaften Dach ausgehenden Gefahr sorgen, wenn seine Angestellten oder Auftragnehmer das Dach beschädigt hätten. Allerdings ist der Begriff des mittelbaren Verhaltensstörers auch außerhalb von Schuldverhältnissen weit gefasst. Nach dem BGH haftet als (Mit-)Störer

> „jeder, der in irgendeiner Weise willentlich und adäquat kausal an der Herbeiführung der rechtswidrigen Beeinträchtigung mitgewirkt hat, wobei als Mitwirkung auch die Unterstützung oder die Ausnutzung der Handlung eines eigenverantwortlich handelnden Dritten genügt, sofern der in Anspruch Genommene die rechtliche Möglichkeit zur Verhinderung dieser Handlung hatte".[1124]

1119 Siehe etwa BGH, Urteil v. 24.01.2019 – I ZR 160/17, NJW 2019, 1596, 1160 f. (Rn. 48); *Schaub*, in: BeckOGK, BGB, Stand: 01.12.2023, § 278 Rn. 34.

1120 *S. Lorenz*, in: BeckOK, BGB, § 278 Rn. 1.

1121 Vgl. BGH, Urteil v. 30.10.1981 – V ZR 191/80, NJW 1982, 440, 441; BGH, Urteil v. 20.12.1988 – VI ZR 182/88, BGHZ 106, 229, 235; BGH, Urteil v. 07.04.2000 – V ZR 39/99, BGHZ 144, 200, 204.

1122 *Köhler*, AcP 190 (1990), 496, 510; vgl. auch *E. Herrmann*, Der Störer, S. 561.

1123 S. 140.

1124 BGH, Urteil v. 09.12.2003 – VI ZR 373/02, NJW 2004, 762, 765; siehe außerdem BGH, Urteil v. 24.11.1967 – V ZR 196/65, BGHZ 49, 340, 347 („in adäquater Weise

§ 278 BGB führt insofern nicht zu einer Haftungserweiterung. Keinesfalls sollte aber eine entsprechende Anwendung von § 278 BGB dazu führen, dass der Störerbegriff innerhalb von Schuldverhältnissen enger gefasst ist als bei Zufallskontakten. Dies würde nämlich der Funktion von § 278 BGB, die Haftung innerhalb von Sonderverbindungen gegenüber derjenigen bei Zufallskontakten zu erweitern,[1125] widersprechen. Weil der Anspruch auf Beachtung von Schutzpflichten ein negatorischer Anspruch ist, der nicht ein vergangenes, sondern immer nur das bevorstehende Verhalten im Blick hat, liegt es insgesamt näher, die Zurechenbarkeit der Gefahr in Anlehnung an die Rechtsprechung zur *actio negatoria* zu beurteilen. Steht die Zurechenbarkeit fest, kann sich der Anspruchsgegner entlasten, indem er die Unmöglichkeit oder Unzumutbarkeit der Gefahrbeseitigung aufzeigt.[1126]

Die Bedeutung von § 278 BGB bleibt also auf den Bereich des repressiven Rechtsschutzes beschränkt. Für den Anspruch auf Beachtung von Schutzpflichten hat die Vorschrift keine Relevanz.

G. Leistungsstörungsrecht

Eine Schutzpflichtverletzung kann eine Schadensersatzhaftung nach §§ 280 Abs. 1, 241 Abs. 2 BGB auslösen. Außerdem wirkt sie sich auf das Leistungsverhältnis aus, wenn dem Betroffenen die Leistung durch den Schuldner bzw. ein Festhalten am Vertrag nicht mehr zuzumuten ist und er deshalb nach § 282 BGB Schadensersatz statt der Leistung verlangt bzw. nach § 324 BGB vom Vertrag zurücktritt. Erkennt man einen Primäranspruch auf die Beachtung von Schutzpflichten an, ist auch eine entsprechende Anwendung der übrigen Regeln des Leistungsstörungsrechts, insbesondere derjenigen des Schadensersatzrechts, vorstellbar.

---

durch seine Willensbetätigung verursacht“); ebenso BGH, Urteil v. 07.04.2000 – V ZR 39/99, BGHZ 144, 200, 203; dazu auch *Münch*, in: Soergel, BGB, § 1004 Rn. 136, 138.

1125 *U. Huber*, AcP 177 (1977), 281, 318; *Dauner-Lieb*, in: Zivilrechtswissenschaft und Schuldrechtsreform, 305, 310; *Kamp*, Funktion und Grenzen, S. 83.

1126 Siehe oben unter 2. Teil C.I.2.b (S. 202 ff.). Anders als bei *Bachmann/Schirmer*, in: FS Canaris 2017, 371, 396, angedeutet, geht es bei der Zurechenbarkeit der Gefahr also nicht nur um die Frage, ob eine Schutzpflicht besteht, sondern vor allem um die Frage, ob dem Anspruchsgegner die Beweislast für das Nichtvorliegen einer Schutzpflicht obliegt.

I. § 281 BGB und § 286 BGB

Nach den bisherigen Ergebnissen führt jede Nichtbeachtung einer Schutzpflicht zur Unmöglichkeit der verpassten Schutzleistung.[1127] Damit ist im Grunde weder Raum für § 281 BGB noch für § 286 BGB, weil beide Anspruchsgrundlagen die fortdauernde Möglichkeit der Leistung voraussetzen[1128]. Dennoch wird eine (analoge) Anwendung von § 281 BGB und § 286 BGB auf den Anspruch auf Beachtung von Schutzpflichten von verschiedenen Stimmen befürwortet.[1129]

Zur Veranschaulichung dient ein Fallbeispiel (im Folgenden auch „Kunstmaler-Fall"), das an einen von *Grigoleit* gebildeten Fall angelehnt ist[1130]: Ein Kunstmaler, der zur Anfertigung eines Freskos in einem historischen Kaufhaus engagiert ist, versäumt es, die notwendige Schutzabdeckung anzubringen.

Werden Kunden des Kaufhausbetreibers von herabstürzendem Putz getroffen, weil die notwendige Schutzabdeckung nicht angebracht war, droht dem Kaufhausbetreiber ein Vermögensschaden in Form von Schadensersatzverpflichtungen gegenüber den verletzten Kunden. Auch kann mit einem derartigen Schadensvorfall ein nicht unerheblicher Reputationsverlust einhergehen. Schließlich könnten Einrichtungsgegenstände im Eigentum des Kaufhausbetreibers beschädigt werden. Jeweils handelt es sich um Rechtspositionen, die nach § 241 Abs. 2 BGB geschützt sind,[1131] das heißt der Kunstmaler, der die Baustelle nicht richtig absichert, verletzt gegenüber dem Kaufhausbetreiber eine Schutzpflicht. Muss der Kaufhausbetreiber einem verletzten Kunden Schadensersatz leisten, kann er beim Kunstmaler nach §§ 280 Abs. 1, 241 Abs. 2 BGB i. V. m. § 249 Abs. 1 BGB Regress nehmen. Er trägt insoweit allerdings das Insolvenzrisiko des Kunstmalers. Außerdem ist der möglicherweise schwerer wiegende Reputationsverlust mangels eines messbaren Vermögensschadens nach §§ 249 ff. BGB nicht ersatzfähig.[1132]

1127 Siehe oben unter 2. Teil C.II (S. 206 ff.).

1128 *Faust*, in: Schuldrechtsmodernisierung, Kap. 3 Rn. 36, 126.

1129 *Grigoleit*, in: FS Canaris 2007, Bd. 1, 275, 292; *Kamp*, Funktion und Grenzen, S. 157 ff.

1130 *Grigoleit*, in: FS Canaris 2007, Bd. 1, 275, 292.

1131 Im Hinblick auf den Reputationsschutz erfolgt die Abgrenzung der geschützten Rechtsposition über § 242 BGB; dazu oben auf S. 82 f.

1132 Zu den Defiziten des repressiven Rechtsschutzes siehe oben unter 1. Teil D.I.2.a (S. 123 ff.).

Der Kaufhausbetreiber hat dementsprechend ein Interesse daran, dass die Schutzabdeckung angebracht wird, bevor es zu einem Schadensvorfall kommt. Einen Anspruch auf Beachtung von Schutzpflichten müsste er gegebenenfalls gerichtlich und vollstreckungsrechtlich durchsetzen, was mit einem gewissen Zeitaufwand verbunden ist.[1133] Möchte der Kaufhausbetreiber das Risiko nicht eingehen, dass zwischenzeitlich etwas passiert, und beseitigt die Gefahr deshalb selbst, indem er zum Beispiel den betroffenen Bereich des Kaufhauses vorübergehend schließt oder die Schutzabdeckung durch einen Dritten anbringen lässt, stellt sich die Frage, ob er den entgangenen Gewinn bzw. die Kosten der Ersatzvornahme ersetzt verlangen kann.

Nach *Grigoleit* sollte in Fällen, in denen eine isolierte Durchsetzung der Schutzpflicht sinnvoll möglich ist, der Ausgleich für einen zeitabhängig eintretenden Schaden – etwa der Aufwand für vorübergehenden Selbstschutz – analog § 286 BGB unter den Mahnungsvorbehalt und der Ausgleich für das endgültige Ausbleiben des Schutzes – etwa ein einmalig anfallender und dauerhaft wirkender Schutzaufwand – analog § 281 BGB unter den Vorbehalt der Fristsetzung gestellt werden.[1134]

Für eine analoge Anwendung der §§ 281, 286 BGB müssten jedoch eine Regelungslücke und eine vergleichbare Interessenlage gegeben sein. Dies wird nachfolgend überprüft.

1. Reichweite des Schutzes durch §§ 280 Abs. 1, 241 Abs. 2 BGB

Wird gegen einen Anspruch auf Beachtung von Schutzpflichten verstoßen, liegt darin eine Schutzpflichtverletzung, sodass die §§ 280 Abs. 1, 241 Abs. 2 BGB unmittelbar anwendbar sind. Eine analoge Anwendung der §§ 281, 286 BGB kommt daneben nur in Betracht, wenn der durch §§ 280 Abs. 1, 241 Abs. 2 BGB gewährte Schutz lückenhaft ist. Insbesondere muss geklärt werden, inwiefern die Kosten von Selbstschutzmaßnahmen erstattungsfähig sind (dazu unter a.) und ob ein entsprechender Kostenvorschussanspruch besteht (dazu unter b.).

1133 Näher zur Durchsetzung des Anspruchs auf Beachtung von Schutzpflichten oben unter 1. Teil D.I.2.b.bb (S. 129 f.).

1134 *Grigoleit*, in: FS Canaris 2007, Bd. 1, 275, 292.

a. Der herausgeforderte Selbstschutzaufwand

Da es im Kunstmaler-Fall noch nicht zu einem Schadensvorfall durch das Herabstürzen von Putz gekommen ist, könnte bezweifelt werden, dass die Kosten des Kaufhausbetreibers zur Beseitigung der Gefahr nach §§ 280 Abs. 1, 241 Abs. 2 BGB ersetzbar sind.[1135]

Nach § 249 Abs. 1 BGB ist derjenige Zustand herzustellen, der bestehen würde, wenn der zum Ersatz verpflichtende Umstand nicht eingetreten wäre. Der zum Ersatz verpflichtende Umstand ist im Rahmen von §§ 280 Abs. 1, 241 Abs. 2 BGB die Schutzpflichtverletzung[1136], also im Kunstmaler-Fall das Nichtanbringen der erforderlichen Schutzabdeckung. Hätte der Kunstmaler die Schutzabdeckung rechtzeitig angebracht, hätte der Kaufhausbetreiber den betroffenen Bereich im Kaufhaus nicht geschlossen bzw. die Schutzabdeckung nicht anbringen lassen, sodass die damit zusammenhängenden Vermögenseinbußen nicht eingetreten wären. Die Differenzhypothese steht einem Anspruch aus §§ 280 Abs. 1, 241 Abs. 2 BGB i. V. m. § 249 Abs. 1 BGB somit nicht entgegen.[1137]

Auch der wertungsabhängige Schadensbegriff[1138] steht nicht entgegen.[1139] Wie *Werner Rother* richtig ausführt, geht es bei der Kostenerstattungsfrage im Zusammenhang Selbstschutzaufwendungen um die „*Sachzuständigkeit*“[1140], also um die Abwägungsfrage, in wessen Risikosphäre die Aufwendungen fallen.[1141]

Die entscheidenden Wertungen lassen sich § 254 BGB und § 249 BGB entnehmen:

Nach § 254 Abs. 1 BGB ist der Betroffene gehalten, sich im Rahmen des Zumutbaren selbst vor Beeinträchtigungen zu schützen. Dem Wortlaut nach bezieht sich § 254 Abs. 1 BGB auf die „Entstehung des Schadens“, also auch auf die Phase vor dem Schadensereignis. Ein Verschulden gegen

---

1135 Vgl. *Kamp*, Funktion und Grenzen, S. 159.

1136 Siehe nur *S. Lorenz*, in: BeckOK, BGB, § 280 Rn. 41; dazu auch schon unter 1. Teil D.I.1.b (S. 119 ff.; siehe insbesondere Fn. 610).

1137 Vgl. auch *Brand*, in: BeckOGK, BGB, Stand: 01.03.2022, § 249 Rn. 170.

1138 *Oetker*, in: MüKo, BGB, § 249 Rn. 23.

1139 Vgl. *Brand*, in: BeckOGK, BGB, Stand: 01.03.2022, § 249 Rn. 170.

1140 Hervorhebung im Original.

1141 *Rother*, Haftungsbeschränkung, S. 158 ff.; siehe auch BGH, Urteil v. 06.11.1979 – VI ZR 254/77, BGHZ 75, 230, 231 f.; BGH, Urteil v. 14.10.1992 – VI ZR 120/91, NJW 1992, 1043, 1044; *von Falkenhausen*, Vorhalte- und Vorsorgekosten, S. 26 f.; *Würthwein*, Schadensersatz für Verlust der Nutzungsmöglichkeit, S. 349.

sich selbst führt zu einer Kürzung des Schadensersatzanspruchs. Zugleich stellt § 254 Abs. 1 BGB klar, dass der Umfang des Schadensersatzes insbesondere davon abhängt, inwieweit der Schaden vorwiegend von dem einen oder dem anderen Teil verursacht worden ist. Hat der Schutzpflichtige schuldhafterweise eine konkrete Gefahr herbeigeführt und sieht sich der Betroffene deshalb zu etwaigen kostenträchtigen Selbstschutzmaßnahmen veranlasst bzw. herausgefordert, kann allein der Störer als Verursacher dieser Kosten gelten.[1142] § 254 Abs. 1 BGB müsste ihm die volle Schadenslast zuschreiben.

Außerdem ist das Schadensrecht mit § 249 Abs. 1 BGB an seiner Spitze vorrangig auf Naturalrestitution, also auf den Schutz des Erhaltungs- bzw. Integritätsinteresses ausgerichtet.[1143] Wie im ersten Teil der Arbeit dargelegt, dient die Abwendung einer konkret drohenden Beeinträchtigung diesem Ziel besser als der defizitäre repressive Rechtsschutz.[1144] In Konstellationen, in denen der Betroffene die drohende Schädigung zufällig erkennt und abwenden kann, sollte ihm nicht aufgebürdet werden, sie sehenden Auges abzuwarten.[1145] Eine kategorische Unterscheidung zwischen der Beseitigung eines Schadens und der Abwendung eines konkret drohenden Schadens wäre insoweit verfehlt.[1146] Dabei zeigt § 249 Abs. 2 S. 1 BGB, dass auch Vermögenseinbußen, die der Betroffene zur Realisierung des Integritätsschutzes *selbst* auf sich nimmt, erstattungsfähig sein können.[1147]

Sowohl aus dem Verursacherprinzip als auch aus Integritätsschutzgedanken des Schadensrechts folgt also, dass die Kosten der Abwendung eines konkret drohenden Schadensereignisses in die Sachzuständigkeit des Stö-

---

1142 Ebenfalls auf die Verursachung der Störung bzw. die Veranlassung der Abwendungsmaßnahmen abstellend *Niederländer*, JZ 1960, 617, 619; *Rother*, Haftungsbeschränkung, S. 159; *von Caemmerer*, in: FS Hakulisen, 76, 83; *Hans Stoll*, in: FS Lange, 729, 733; *Brand*, in: BeckOGK, BGB, Stand: 01.03.2022, § 249 Rn. 170; *Grüneberg*, in: Grüneberg, Vorb v § 249 Rn. 44.

1143 *H. Lange/Schiemann*, Schadensersatz, § 5 I 2 (S. 213); *J. W. Flume*, in: BeckOK, BGB, § 249 Rn. 59.

1144 Siehe oben unter 1. Teil D.I.2 (S. 123 ff.).

1145 So im Ansatz auch *Gursky*, NJW 1971, 782, 787.

1146 Vgl. *Rother*, Haftungsbeschränkung, S. 158 ff.; *Hans Stoll*, in: FS Lange, 729, 732; *Fritzsche*, in: BeckOK, BGB, § 1004 Rn. 84.1; *Brand*, in: BeckOGK, BGB, Stand: 01.03.2022, § 249 Rn. 170.

1147 Vgl. *Gursky*, NJW 1971, 782, 787; *Würthwein*, Schadensersatz für Verlust der Nutzungsmöglichkeit, S. 250 f.; *Brand*, in: BeckOGK, BGB, Stand: 01.03.2022, § 249 Rn. 170..

rers fallen. Ein entsprechender Schadensersatzanspruch ist im Grundsatz anzuerkennen.[1148]

Eine Schranke ergibt sich allerdings aus dem Schadensrecht selbst, nämlich aus den Grundsätzen der Erforderlichkeit (§ 249 Abs. 2 S. 1 BGB) und der Verhältnismäßigkeit (§ 251 Abs. 2 BGB).[1149] Die Rechtsprechung hat diese Schranke dahingehend konkretisiert, dass nur solche Abwendungskosten ersatzfähig sind, die eine vernünftige und wirtschaftlich denkende Person nach den Umständen des Einzelfalls zur Beseitigung der Störung bzw. zur Schadensverhütung nicht nur als zweckmäßig, sondern auch als erforder-

1148 BGH, Urteil v. 10.03.1972 – I ZR 160/70, BGHZ 59, 286, 288; BAG, Urteil v. 26.09.2013 – 8 AZR 1026/12, NJW 2014, 877, 878 (Rn. 22); BGH, Urteil v. 10.06.2020 – VIII ZR 289/19, NJOZ 2020, 375, 380 f. (Rn. 55 f.); BAG, Urteil v. 29.04.2021 – 8 AZR 276/20, NJW 2021, 3483, 3484 (Rn. 25); *von Tuhr*, Der Allgemeine Teil, Bd. 2.2, § 88 VI 4 (S. 478); *Niederländer*, JZ 1960, 617, 619; *Rother*, Haftungsbeschränkung, S. 159; *von Caemmerer*, in: FS Hakulisen, 76, 83; *Hans Stoll*, in: FS Lange, 729, 731 f.; *Deutsch*, Haftungsrecht, Rn. 832; *H. Lange/Schiemann*, Schadensersatz, § 6 VIII 4 3 b (S. 298 f.); *Ekkenga/Kuntz*, in: Soergel, BGB, § 249 Rn. 115; *Brand*, in: BeckOGK, BGB, Stand: 01.03.2022, § 249 Rn. 170; *Oetker*, in: MüKo, BGB, § 249 Rn. 200; *Grüneberg*, in: Grüneberg, Vorb v § 249 Rn. 44; *Foerste*, in: Produkthaftungshandbuch, § 39 Rn. 2. Auf die Diskussion, wie weit vor dem eigentlichen Schadensereignis Abwendungsmaßnahmen liegen dürfen, ob insbesondere auch Vorsorgemaßnahmen relevant sind, kommt es hier nicht an. Denn wie sich aus den angegebenen Fundstellen ergibt, haben auch nach den vorsichtigeren Stimmen jedenfalls solche Maßnahmen schadensrechtliche Relevanz, die zur Abwendung einer konkret drohenden Beeinträchtigung dienen. Einem materiellrechtlichen Schadensersatzanspruch steht auch nicht entgegen, dass sich der Gläubiger nach § 887 Abs. 1 ZPO ermächtigen lassen kann, die vom Schuldner geschuldete vertretbare Handlung auf Kosten des Schuldners vornehmen zu lassen, da § 887 ZPO und etwaige materiellrechtliche Anspruchsgrundlagen nebeneinanderstehen (vgl. BGH, Beschluss v. 10.08.2006 – I ZB 110/05, NJW-RR 2007, 213, 214 (Rn. 18); *Kießling*, in: Saenger, ZPO, § 887 Rn. 22; *Gruber*, in: MüKo, ZPO, § 887 Rn. 1). Kritisch zur Einordnung von gefahrabwendenden Aufwendungen als Vermögensschaden im Sinne von § 249 Abs. 1 BGB: *Esser/E. Schmidt*, Schuldrecht, Bd. 1.2, § 32 III 2 b (S. 219 f.); *F. Baur*, JZ 1964, 354, 355 (Ersatz nach den Regeln der Geschäftsführung ohne Auftrag); *Würthwein*, Schadensersatz für Verlust der Nutzungsmöglichkeit, S. 348 ff. (Ersatz auf Grundlage des Rechtsverhältnisses zwischen Schädiger und Geschädigtem); ähnlich wie *Würthwein* auch schon *Bötticher*, VersR 1966, 301 ff.

1149 Vgl. BGH, Urteil v. 24.04.1990 – VI ZR 110/89, BGHZ 111, 168, 178 f.; *Bötticher*, VersR 1966, 301, 302; *Würthwein*, Schadensersatz für Verlust der Nutzungsmöglichkeit, S. 352, 355 ff.; siehe auch *Hans Stoll*, in: FS Lange, 729, 733: „Es bedarf […] der Bewertung, ob die von dem Betroffenen getroffene Entscheidung über die Aufwendung nach den gesamten Umständen als sachgerecht angesehen werden durfte."

lich angesehen hätte.[1150] Es soll insoweit auf eine Prognoseentscheidung *ex ante* ankommen.[1151]

Daraus lassen sich unter anderem die folgenden Grundsätze ableiten: Auch erfolglose Aufwendungen sind erstattungsfähig.[1152] Kann der Störer die konkrete Gefährdung ohne wesentliche Nachteile selbst abwenden, ist ihm Gelegenheit dazu zu gegeben. Weil das Ergreifen kostenträchtiger Abwendungsmaßnahmen genau wie die Naturalrestitution dem vorrangigen Erhaltungsinteresse und nicht dem Wertinteresse[1153] dient, kommt es nicht darauf an, ob materielle oder immaterielle Interessen geschützt werden[1154] und ob der Störer den Betroffenen für etwaige immaterielle Einbußen entschädigen müsste[1155].[1156] Die Frage, ob der Störer Geldkompensation leisten muss, ist vielmehr solange irrelevant, wie der Schaden mit verhältnismäßigen Mitteln abgewendet werden kann.

Für den Kunstmaler-Fall lassen sich aus diesen Wertungen die folgenden Schlussfolgerungen ziehen:

Ist der Kunstmaler zugegen und bereit, die Schutzabdeckung direkt anzubringen, muss der Kaufhausbetreiber ihm Gelegenheit dazu geben.

Ist der Kunstmaler nicht zugegen oder weigert er sich, die gebotene Schutzmaßnahme zu ergreifen, muss der Kaufhausbetreiber nicht das Risiko in Kauf nehmen, dass es zwischenzeitlich zu einem Schadensvorfall und zu den damit verbundenen nachteiligen Folgen – etwa in Form eines Reputationsverlusts – kommt. Er darf sich herausgefordert fühlen, vorbeugende Schutzmaßnahmen zu ergreifen, wobei die damit verbundenen Aufwendungen nach dem Verursacherprinzip und dem Integritätsschutzgedanken des Schadensrechts in die Sachzuständigkeit des Kunstmalers fallen. Dabei ist einerseits die kurzfristige Schließung des betroffenen Kaufhausbereichs eine erforderliche und verhältnismäßige Schutzmaßnahme. Andererseits

---

1150 Siehe etwa BAG, Urteil v. 26.09.2013 – 8 AZR 1026/12, NJW 2014, 877, 878 (Rn. 22); BAG, Urteil v. 29.04.2021 – 8 AZR 276/20, NJW 2021, 3483, 3484 (Rn. 27).

1151 Siehe etwa BGH, Urteil v. 06.04.1976 – VI ZR 246/74, BGHZ 66, 182, 192; BGH, Urteil v. 24.04.1990 – VI ZR 110/89, BGHZ 111, 168, 175.

1152 Vgl. *Hans Stoll*, in: FS Lange, 729, 733, 737.

1153 Zur Unterscheidung zwischen beidem *Brand*, in: BeckOGK, BGB, Stand: 01.03.2022, § 249 Rn. 59.

1154 Das Erhaltungsinteresse bezieht sich auf materielle wie immaterielle Interessen: *H. Lange/Schiemann*, Schadensersatz, § 5 I 2 (S. 214); *Oetker*, in: MüKo, BGB, § 249 Rn. 321.

1155 So aber BGH, Urteil v. 30.09.1993 – I ZR 258/91, BGHZ 123, 303, 309.

1156 Wie hier *Hans Stoll*, in: FS Lange, 729, 733; *Würthwein*, Schadensersatz für Verlust der Nutzungsmöglichkeit, S. 354; ähnlich auch schon *Bötticher*, VersR 1966, 301 f.

erscheint es – zur Geringhaltung des entgangenen Gewinns – angemessen und gegebenenfalls auch geboten, dass der Kaufhausbetreiber die Schutzabdeckung im Rahmen der Ersatzvornahme selbst anbringt bzw. anbringen lässt. Sowohl der entgangene Gewinn als auch die Kosten der Ersatzvornahme sind nach §§ 280 Abs. 1, 241 Abs. 2 BGB i. V. m. § 249 Abs. 1 BGB ersetzbar.

Nach alledem bieten die §§ 280 Abs. 1, 241 Abs. 2 BGB i. V. m. § 249 Abs. 1 BGB eine hinreichende Rechtsgrundlage für die Erstattung von Kosten, die mit erforderlichen und verhältnismäßigen Selbstschutzmaßnahmen verbundenen sind. Auf eine analoge Anwendung von §§ 281, 286 BGB kommt es insoweit nicht an.

b. Kostenvorschuss nur nach § 887 Abs. 2 ZPO

Weiter stellt sich die Frage, ob der Schutzpflichtige die Abwendungskosten auf Verlangen des Schutzberechtigten vorschießen muss. Hat der Schutzpflichtige die konkrete Schadensgefahr verursacht und muss er die Abwendungskosten deshalb ohnehin tragen, sollte der Betroffene nicht in Vorleistung für ihn treten müssen.[1157]

Auf §§ 280 Abs. 1, 241 Abs. 2 BGB i. V. m. § 249 Abs. 1 BGB lässt sich ein Kosten*vorschuss*anspruch nicht stützen, da noch jegliche Vermögenseinbuße fehlt.

Man könnte erwägen, § 249 Abs. 2 S. 1 BGB analog heranzuziehen.[1158] Hiernach kann der Betroffene einen Vorschuss für die Beseitigung eines Schadens an seiner Person oder seinen Sachen verlangen.[1159] Da nach den

---

1157 Vgl. *Baldus*, in: MüKo (2017), BGB, § 1004 Rn. 257; *Raff*, in: MüKo, BGB, § 1004 Rn. 261.

1158 Zur Heranziehung von § 249 Abs. 2 S. 1 BGB im Hinblick auf die Erstattung von Abwendungskosten vgl. *Brand*, in: BeckOGK, BGB, Stand: 01.03.2022, § 249 Rn. 170; für die Kosten der Beseitigung einer Störung im Sinne von § 1004 Abs. 1 S. 1 BGB wird teilweise auf § 281 BGB analog abgestellt: OLG Karlsruhe, Urteil v. 17.01.2012 – 12 U 143/11, NJW 2012, 1520, 1521 (Rn. 29); vgl. auch *Fritzsche*, in: BeckOK, BGB, § 1004 Rn. 84.1; kritisch dazu etwa BGH, Urteil v. 11.06.2021 – V ZR 41/19, NZM 2021, 613, 614 (Rn. 10); BGH, Urteil v. 23.03.2023 – V ZR 67/22, BGHZ 236, 369, 375 ff. (Rn. 19 ff.); *Katzenstein*, AcP 206 (2006), 96, 104 f.; *Gursky*, in: Staudinger, Neubearbeit. 2013, § 1004 Rn. 168 f.; *Raff*, in: MüKo, BGB, § 1004 Rn. 259 ff.

1159 *Oetker*, in: MüKo, BGB, § 249 Rn. 384; vgl. auch BGH, Urteil v. 14.01.1986 – VI ZR 48/85, BGHZ 97, 14, 20; *Ekkenga/Kuntz*, in: Soergel, BGB, § 249 Rn. 95.

Ergebnissen des vorherigen Abschnitts wertungsmäßig kein wesentlicher Unterschied zwischen der Beseitigung eines Schadens und der Abwendung eines konkret drohenden Schadens besteht,[1160] liegt es nicht gänzlich fern, den Anwendungsbereich von § 249 Abs. 2 S. 1 BGB auf einen Vorschuss für Abwendungskosten auszudehnen.

Allerdings ist zweifelhaft, ob die für eine solche Analogie erforderliche Regelungslücke gegeben ist.

Erfüllt der Störer seine Verpflichtung nicht, die Beseitigung der Störung vorzunehmen, und kann die Störungsbeseitigung auch durch einen Dritten erfolgen, so ist der Berechtigte nach § 887 Abs. 1 ZPO gerichtlich zu ermächtigen, auf Kosten des Schuldners die Handlung vornehmen zu lassen.[1161] Zudem kann der Berechtigte nach § 887 Abs. 2 ZPO beantragen, den Schuldner zur Vorauszahlung der Kosten zu verurteilen, die durch die Vornahme der Handlung entstehen werden, wobei auch das Recht auf eine Nachforderung besteht, wenn die Vornahme der Handlung einen größeren Kostenaufwand verursacht.[1162]

Demnach hält das Vollstreckungsrecht mit § 887 Abs. 2 ZPO einen Mechanismus bereit, damit der Schutzberechtigte für die gebotene Schutzmaßnahme nicht in Vorleistung treten muss.[1163] Im Kunstmaler-Fall kann der Kaufhausbetreiber im ordentlichen oder einstweiligen Verfahren einen Titel auf Beachtung der Pflicht zur Absicherung der Baustelle erwirken und nach § 887 Abs. 2 i. V. m. Abs. 1 ZPO beantragen, den Kunstmaler zur Vorauszahlung der Kosten zu verurteilen. Es besteht insoweit auch kein wesentlicher Nachteil gegenüber einem Anspruch aus § 249 Abs. 2 S. 1 BGB analog. Auch hier müsste der Schutzberechtigte gegebenenfalls gerichtlich und vollstreckungsrechtlich vorgehen, um einen Kostenvorschuss zu erlangen. Ist der Betroffene also bereit, solange mit dem Selbstschutz zu warten, bis er – notfalls mithilfe von staatlichen Mitteln – einen Vorschuss erhält, erscheint es nicht unangemessen, ihn den gesetzlich vorgesehenen Weg

1160 Siehe 2. Teil G.I.1.a (S. 227 ff.).

1161 Dazu auch schon oben unter 1. Teil D.I.2.b.bb (S. 129 f.); zum Verhältnis zwischen § 887 Abs. 1 ZPO und etwaigen materiellrechtlichen Anspruchsgrundlagen siehe Fn. 1148.

1162 *Gruber*, in: MüKo, ZPO, § 887 Rn. 33 ff.

1163 Vgl. auch BGH, Urteil v. 23.03.2023 – V ZR 67/22, BGHZ 236, 369, 379 f. (Rn. 30); OLG Oldenburg, Urteil v. 17.12.1997 – 2 U 217/97, BeckRS 1997, 31046343.

über § 887 Abs. 2 ZPO gehen zu lassen. Für eine analoge Anwendung von § 249 Abs. 2 S. 1 BGB fehlt demnach die erforderliche Regelungslücke.[1164]

Im Ergebnis kann der Schutzberechtigte einen Kostenvorschuss verlangen, allerdings nur unter den Voraussetzungen von § 887 Abs. 2 ZPO.

2. Mahnung bzw. Fristsetzung nach § 286 Abs. 1 S. 1 BGB bzw. § 281 Abs. 1 S. 1 BGB als Bedingung eines angemessenen Interessenausgleichs?

Bejaht man eine Haftung nach §§ 280 Abs. 1, 241 Abs. 2 BGB bei einem Verstoß gegen einen Anspruch auf Beachtung von Schutzpflichten, könnte dadurch das Mahnungs- bzw. Firstsetzungserfordernis nach § 286 Abs. 1 S. 1 BGB bzw. § 281 Abs. 1 S. 1 BGB unterlaufen werden.[1165] Von „unterlaufen“ kann insoweit zwar nicht gesprochen werden, weil die §§ 281, 286 BGB unmittelbar nicht anwendbar sind.[1166] Erwägenswert ist allerdings, ob eine Mahnung bzw. Fristsetzung erforderlich ist, um einen angemessenen Interessenausgleich herzustellen.

Die Nichtbeseitigung einer Gefahr stellt nur dann eine Schutzpflichtverletzung dar, wenn die Gefahrbeseitigung möglich und zumutbar ist.[1167] Hat der Kunstmaler noch keine Kenntnis von der fehlenden Schutzabdeckung – etwa weil er sie ursprünglich angebracht hatte, sie dann aber von einem unbekannten Dritten entfernt wurde – ist ihm die Beseitigung der Gefahr subjektiv nicht möglich. Der Kaufhausbetreiber muss ihn also informieren und ihm Gelegenheit geben, die Schutzabdeckung anzubringen. Erst wenn der Kunstmaler seine Baustelle nicht absichert, obwohl er Gelegenheit dazu hatte, kommt eine vorwerfbare Schutzpflichtverletzung in Betracht. Vor einer unmöglichen oder unzumutbaren Schutzmaßnahme wird der Kunstmaler insofern nicht erst durch das Erfordernis einer Mahnung bzw. Fristsetzung geschützt, sondern bereits durch die Voraussetzungen für das Entstehen einer Schutzpflicht.

1164 Vgl. auch die Argumentation im Hinblick auf eine analoge Anwendung von § 281 BGB bei BGH, Urteil v. 23.03.2023 – V ZR 67/22, BGHZ 236, 369, 379 f. (Rn. 30); *Baldus*, in: MüKo (2017), BGB, § 1004 Rn. 257; *Raff*, in: MüKo, BGB, § 1004 Rn. 261.

1165 Vgl. *Grigoleit*, in: FS Canaris 2007, Bd. 1, 275, 292; siehe zum negatorischen Anspruch aus § 1004 Abs. 1 BGB auch *Thole*, in: Staudinger, Neubearbeit. 2023, § 1004 Rn. 422.

1166 Siehe S. 185 ff.

1167 Siehe oben unter 2. Teil C.I.1.d (S. 197 ff.).

Beseitigt aber der Kunstmaler die Gefahr durch herabstürzenden Putz *vorwerfbar* nicht, bedarf es im Grundsatz keiner Mahnung bzw. Fristsetzung, um den daraus entstehenden Schaden geltend machen zu können.[1168] Das Mahnungs- bzw. Fristsetzungserfordernis ist auf den Leistungsschuldner zugeschnitten: Für ihn sollen keine wesentlichen Nachteile entstehen, weil er bei Fälligkeit nicht leistet.[1169] Dem Gläubiger steht dementsprechend bis zum Verzugseintritt bzw. bis zum Ablauf der Frist (oder bis zum Eintritt der in § 281 Abs. 2 BGB aufgeführten Fälle) kein Schadensersatzanspruch wegen der Nichtleistung zu,[1170] was seine Gläubigerposition von vornherein schwächt. In § 241 Abs. 2 BGB bzw. § 280 Abs. 1 BGB ist eine entsprechende Begrenzung der Rechtspositionen des Schutzberechtigten nicht vorgesehen. Vielmehr darf er jederzeit mit dem Schutz der von § 241 Abs. 2 BGB erfassten Rechtspositionen rechnen. Er muss dem Schutzverpflichteten dementsprechend auch keine Schonfrist einräumen, bevor er einen aus der Schutzpflichtverletzung resultierenden Schaden geltend machen kann.

Der Unterschied zwischen §§ 281, 286 BGB und §§ 280 Abs. 1, 241 Abs. 2 BGB wird besonders deutlich, wenn man sich im Kunstmaler-Fall vorstellt, dass es eine Sekunde nach der vorwerfbaren Nichtanbringung der Schutzabdeckung zu einem Schadensfall kommt. Wendet man hier §§ 281, 286 BGB an, wäre der Schaden mangels Mahnung bzw. Fristsetzung nicht ersetzbar. Dies widerspricht aber dem Gesetz, wonach ein Schaden aufgrund einer schuldhaften Schutzpflichtverletzung ohne weiteres nach §§ 280 Abs. 1, 241 Abs. 2 BGB zu ersetzen ist.[1171] Nichts anderes gilt, wenn der Schaden darin besteht, dass dem Schutzberechtigten im Hinblick auf erforderliche und verhältnismäßige Selbstschutzmaßnahmen Kosten entstanden sind.

Dieses Ergebnis wird auch durch einen Blick in das Deliktsrecht bekräftigt. § 848 BGB statuiert eine Zufallshaftung und entspricht insoweit der Regelung des § 287 S. 2 BGB.[1172] Nach § 849 BGB ist ein Wertersatzan-

---

1168 Vgl. auch die Argumentation bei *Henckel*, AcP 174 (1974), 97, 133.

1169 Fraktionsentwurf zum SchuldRModG, BT-Drucks. 14/6040 v. 14.05.2001, S. 145.

1170 Fraktionsentwurf zum SchuldRModG, BT-Drucks. 14/6040 v. 14.05.2001, S. 93; siehe auch *Faust*, in: FS Canaris 2007, Bd. 1, 219 ff.; *Faust*, in: BeckOK, BGB, § 437 Rn. 72 ff. (jeweils auch mit Blick auf die Besonderheiten im Gewährleistungsrecht).

1171 Vgl. auch Fraktionsentwurf zum SchuldRModG, BT-Drucks. 14/6040 v. 14.05.2001, S. 93 f.

1172 Motive, Bd. 2, S. 740; *G. Wagner*, in: MüKo, BGB, § 848 Rn. 2; *Eichelberger*, in: BeckOGK, BGB, Stand: 01.12.2023, § 848 Rn. 3; *Spindler*, in: BeckOK, BGB, § 848 vor Rn. 1.

spruch zu verzinsen, was der Rechtsfolge von § 290 BGB entspricht.[1173] Anders als die Regelungen des allgemeinen Schuldrechts setzen die §§ 848 f. BGB keinen Verzug voraus, sondern knüpfen allein an die deliktische Verantwortlichkeit des Schuldners an.[1174] Daraus folgt, dass der Gesetzgeber eine Mahnung bzw. Fristsetzung auch dann nicht als notwendige Bedingung eines angemessenen Interessenausgleichs versteht, wenn über das Deliktsrecht Rechtsfolgen hergeleitet werden, die denjenigen des Leistungsstörungsrechts entsprechen. Angesichts der Wesensverwandtschaft von deliktischen Pflichten und Schutzpflichten, lässt sich diese Einsicht auf die Haftung aus §§ 280 Abs. 1, 241 Abs. 2 BGB übertragen.

Im Übrigen lässt sich ein angemessener Interessenausgleich über die schadensrechtlichen Grundsätze der Erforderlichkeit (§ 249 Abs. 2 S. 1 BGB) und der Verhältnismäßigkeit (§ 251 Abs. 2 BGB) erreichen. Hat der Kunstmaler es zwar fahrlässig versäumt, eine Schutzabdeckung anzubringen, kann aber der Kaufhausbetreiber davon ausgehen, dass der Kunstmaler dies umgehend nachholt, wenn er auf das Versäumnis hingewiesen wird, wäre es weder erforderlich noch verhältnismäßig, wenn der Kaufhausbetreiber die Schutzabdeckung unmittelbar durch einen Dritten anbringen lässt.

Man kann demnach im Hinblick auf die Haftung aus §§ 280 Abs. 1, Abs. 2 bzw. Abs. 3 i. V. m. § 286 bzw. § 281 BGB einerseits und aus §§ 280 Abs. 1, 241 Abs. 2 BGB andererseits von einem umgekehrten Regel-Ausnahme-Verhältnis sprechen. Während im Rahmen von §§ 281, 286 BGB eine Fristsetzung bzw. Mahnung in der Regel geboten und nur in Ausnahmefällen (§ 281 Abs. 2 BGB, § 286 Abs. 2 BGB) entbehrlich ist, setzt die Haftung für eine Schutzpflichtverletzung in aller Regel keine Fristsetzung bzw. Mahnung voraus und nur in Ausnahmefällen ist dem Schutzpflichtigen nach den schadensrechtlichen Grundsätzen der Erforderlichkeit und Verhältnismäßigkeit Gelegenheit zu geben, die Gefahr zu beseitigen, bevor ein etwaiger (herausgeforderter) Schaden restituierbar ist.

Im Ergebnis müssen § 286 Abs. 1 S. 1 BGB und § 281 Abs. 1 S. 1 BGB auch nicht im Hinblick auf das Mahnungs- bzw. Fristsetzungserfordernis analog angewendet werden. Sachgerechte Lösungen lassen sich schon über §§ 280 Abs. 1, 241 Abs. 2 BGB und das Schadensrecht erzielen.

1173 BGH, Urteil v. 24.02.1983 – VI ZR 191/81, BGHZ 87, 38, 40; *S. Lorenz*, in: BeckOK, BGB, § 290 Rn. 1.

1174 *G. Wagner*, in: MüKo, BGB, § 849 Rn. 1.

3. Falsche Grundausrichtung von § 281 BGB und § 286 BGB

Schließlich passt auch die Grundausrichtung von §§ 281, 286 BGB nicht zum Anspruch auf Beachtung von Schutzpflichten.

Das Leistungsstörungsrecht betrachtet die Leistung als selbständige Wertposition und ist auf Kompensation dieses Wertes ausgerichtet.[1175] Welcher Zweck mit der Leistung erreicht werden soll, ist im Grunde allein Sache des Gläubigers.[1176] Da es dementsprechend auch irrelevant ist, was der Gläubiger mit einer etwaigen Schadensersatzleistung unternimmt, könnte der Kaufhausbetreiber im Kunstmaler-Fall von dem Kunstmaler nach §§ 280 Abs. 1, 3, 281 Abs. 1 S. 1 BGB die Kosten für die Beseitigung der Gefahr verlangen, ohne dass er die Gefahrbeseitigung tatsächlich vornimmt. Der Anspruch auf Beachtung von Schutzpflichten, der ein Unterfall des negatorischen Rechtsschutzes ist, würde damit allerdings zweckentfremdet.[1177] Es ginge nicht mehr um den Schutz der Rechtspositionen des Kaufhausbetreibers. Die Störungsbeseitigung würde vielmehr in eine eigenständige Wertposition umgedeutet. Das widerspricht dem unselbständigen Charakter des negatorischen Rechtsschutzes, der allein dazu dient, eine konkrete Gefahr für ein geschütztes Rechtsgut abzuwenden.[1178] Der Betroffene kann die Gefahr- bzw. Störungsbeseitigung also nicht einseitig über das Leistungsstörungsrecht liquidieren.[1179] Dazu wäre eine Vereinbarung mit dem Schutzverpflichteten etwa in Form eines entgeltlichen *pactum de non petendo* erforderlich.[1180]

1175 *Katzenstein*, AcP 206 (2006), 96, 104; vgl. auch BGH, Urteil v. 23.03.2023 – V ZR 67/22, BGHZ 236, 369, 378 f. (Rn. 28).

1176 *Finkenauer*, in: MüKo, BGB, § 313 Rn. 254 ff.; zum Verwendungsrisiko des Käufers beim Kaufvertrag etwa BGH, Urteil v. 01.06.1979 – V ZR 80/77, BGHZ 74, 370, 374.

1177 Vgl. BGH, Urteil v. 23.03.2023 – V ZR 67/22, BGHZ 236, 369, 378 f. (Rn. 28).

1178 Vgl. BGH, Urteil v. 23.03.2023 – V ZR 67/22, BGHZ 236, 369, 378 f. (Rn. 28); *Henckel*, AcP 174 (1974), 97, 126, 141; *Katzenstein*, AcP 206 (2006), 96, 104 f.; *Baldus*, in: MüKo (2017), BGB, § 1004 Rn. 256; *Raff*, in: MüKo, BGB, § 1004 Rn. 260; abweichend *Fritzsche*, in: BeckOK, BGB, § 1004 Rn. 84.1.

1179 BGH, Urteil v. 23.03.2023 – V ZR 67/22, BGHZ 236, 369, 378 f. (Rn. 28); *Katzenstein*, AcP 206 (2006), 96, 104 f.

1180 Näher dazu unter 2. Teil J (S. 246 ff.).

4. Ergebnis

Eine entsprechende Anwendung von § 281 BGB und § 286 BGB scheidet somit insgesamt aus.[1181] Es besteht weder eine Regelungslücke noch eine vergleichbare Interessenlage. Diesem Ergebnis steht nicht entgegen, dass hier ähnliche Ergebnisse, wie sie das Leistungsstörungsrecht vorsieht, aus §§ 249 ff. BGB hergeleitet werden. Der konstruktive Unterschied ist nämlich erheblich: Es wird lediglich das gesetzliche Schadensrecht angewendet, nicht die Gefahrbeseitigung in eine eigenständige Wertposition umgedeutet und insofern zweckentfremdet.

II. § 283 BGB

Unmöglichkeit oder Unzumutbarkeit der Schutzleistung ist nach den bisherigen Ergebnissen in zwei Facetten vorstellbar: Entweder es kommt zu einer Schutzpflichtverletzung, sodass die verpasste Schutzleistung nicht mehr nachholbar und damit unmöglich ist[1182]; oder dem Anspruchsgegner ist die noch bevorstehende Schutzleistung unmöglich oder unzumutbar[1183].

Die erste Konstellation fällt ohne weiteres unter §§ 280 Abs. 1, 241 Abs. 2 BGB. Da der Eintritt der Unmöglichkeit der Schutzleistung und die Schutzpflichtverletzung hier zusammenfallen, stellt § 283 S. 1 BGB keine über § 280 Abs. 1 BGB hinausgehenden bzw. davon abweichenden Voraussetzungen auf. Eine analoge Anwendung von § 283 S. 1 BGB scheidet damit aus. Das gilt auch, wenn zwischen der Schutzpflichtverletzung und dem Eintritt eines Schadens ein längerer Zeitraum oder weitere Ereignisse liegen, sofern der Zurechnungszusammenhang dadurch nicht unterbrochen wird.[1184] Versäumt es der Kunstmaler im Kunstmaler-Fall[1185] vorwerfbar, die Schutzabdeckung anzubringen, und wird es daraufhin – für ihn vorhersehbar – unmöglich, die für die Schutzabdeckung erforderlichen Gerüste zu

1181 So im Ergebnis auch *Medicus*, in: FS Canaris 2007, Bd. 1, 835, 842 ff.; entsprechend zum alten Schuldrecht *Krebs*, Sonderverbindung, S. 534 f.; im Hinblick auf § 286 BGB auch *Kreß*, Lehrbuch des Allgemeinen Schuldrechts, § 23 III 2 b (S. 590); *Motzer*, JZ 1983, 884, 888 f.; a. A. *Grigoleit*, in: FS Canaris 2007, Bd. 1, 275, 292; *Kamp*, Funktion und Grenzen, S. 157 ff.

1182 Siehe oben unter 2. Teil C.II (S. 206 ff.).

1183 Siehe oben unter 2. Teil C.I.1 (S. 191 ff.).

1184 Vgl. dazu BGH, Urteil v. 22.09.2016 – VII ZR 14/16, BGHZ 211, 375, 378 ff. (Rn. 13 ff.).

1185 S. 225.

erlangen, so ist die entsprechende Schutzmaßnahme zwar zwischenzeitlich unmöglich geworden. Allerdings wirkt die ursprüngliche Schutzpflichtverletzung fort. Muss deshalb etwa der betroffene Bereich des Kaufhauses geschlossen werden, haftet der Kunstmaler für den entgangenen Gewinn aus §§ 280 Abs. 1, 241 Abs. 2 BGB.

In der zweiten Konstellation bedeutet die Unmöglichkeit oder Unzumutbarkeit der Schutzleistung, dass schon keine Schutzpflicht vorliegt.[1186] Damit entfällt zugleich der Anknüpfungspunkt für eine Schadensersatzhaftung, sei es nach §§ 280 Abs. 1, 241 Abs. 2 BGB, sei es nach §§ 280 Abs. 1, 3, 283 BGB. Eine gewisse Aufweichung dieses Grundsatzes ergibt sich aus § 278 BGB. Über die Zurechnung des Verhaltens Dritter kann der Schutzpflichtige einer Schadensersatzhaftung aus §§ 280 Abs. 1, 241 Abs. 2 BGB unterliegen, obwohl er die konkrete Gefahr, die durch den Dritten verursacht wurde, möglicherweise selbst nicht abwenden konnte.[1187] Jenseits dieser gesetzlich angeordneten Haftungserweiterung ist es jedoch ausgeschlossen, dass die Durchsetzung eines schützenden Verhaltens unmöglich oder unzumutbar ist, der Nicht-Schutz aber zugleich als rechtswidrige Schutzpflichtverletzung bewertet wird.[1188] Für eine entsprechende Anwendung von § 283 BGB auf den Anspruch auf Beachtung von Schutzpflichten ist damit kein Raum. Tritt ausnahmsweise der Fall ein, dass der Primärschutz unmöglich ist, es dem *Betroffenen* aber nicht zugemutet werden soll, die Schadenslast zu tragen, kann eine Entlastung nur über einen Aufopferungsanspruch nach dem Rechtsgedanken von § 14 S. 2 BImSchG, § 904 S. 2, 906 Abs. 2 S. 2, 912 Abs. 2, 917 Abs. 2 BGB erreicht werden.[1189] Ist die Herbeiführung der Unmöglichkeit oder Unzumutbarkeit der Schutzleistung vorwerfbar und stellt damit selbst eine Schutzpflichtverletzung dar, fällt dies wiederum unter die erste Konstellation.[1190]

Für eine analoge Anwendung von § 283 BGB fehlt damit insgesamt die Regelungslücke sowie die vergleichbare Interessenlage.[1191] Der Anspruch aus §§ 280 Abs. 1, 241 Abs. 2 BGB bietet hinreichenden Schutz.

1186 Siehe unter 2. Teil C.I.1.d (S. 197 ff.).

1187 Vgl. dazu etwa *Caspers*, in: Staudinger, § 278 Rn. 8, 43 („Funktion einer verschuldensunabhängigen Gehilfenhaftung"); *Grüneberg*, in: Grüneberg, § 278 Rn. 1 („eine Art von Erfolgshaftung"); siehe auch oben unter 2. Teil F (S. 222 ff.).

1188 Siehe unter 1. Teil D.I.1.b (S. 119 ff.), D.II.3.c (S. 171 ff.).

1189 Siehe dazu auch oben unter 1. Teil D.II.3.c.bb (S. 172 ff.).

1190 Vgl. *Kamp*, Funktion und Grenzen, S. 156 mit Fn. 636.

1191 Im Ergebnis ebenso *Krebs*, Sonderverbindung, S. 535 (zum alten Schuldrecht); *Medicus*, in: FS Canaris 2007, Bd. 1, 835, 842; *Kamp*, Funktion und Grenzen,

III. § 284 BGB

Nach § 284 BGB kann der Gläubiger anstelle des Schadensersatzes statt der Leistung Ersatz vergeblicher Aufwendungen verlangen. Es ist vorstellbar, dass der Inhaber eines Anspruchs auf Beachtung von Schutzpflichten Aufwendungen im Vertrauen auf die Gefahrbeseitigung durch den Schutzpflichtigen tätigt. Der oben gebildete Kunstmaler-Fall[1192] lässt sich wie folgt abwandeln: Der Kaufhausbetreiber hat das Kaufhaus für allgemeine Umbauarbeiten zeitweise geschlossen und tätigt Aufwendungen für die Wiedereröffnung. Er geht davon aus, dass der Kunstmaler, der von der Wiedereröffnung weiß, aber – wie geplant – darüber hinaus noch etwas Zeit für die Malerarbeiten benötigt, die gebotenen Schutzvorkehrungen vornehmen wird. Nimmt der Maler die Schutzmaßnahmen nicht vor und muss der Kaufhausbetreiber die Wiedereröffnung deshalb verschieben, waren die Aufwendungen im Vertrauen auf die Schutzleistung vergeblich.

Ob in dieser Konstellation § 284 BGB entsprechend angewendet werden kann, muss bezweifelt werden. Ein Anspruch auf Beachtung von Schutzpflichten dient nämlich wie die Schutzpflicht selbst nur dem Erhalt der Rechtsgüter, die dem Schutzberechtigten bereits zustehen. Die Ausnahmevorschrift des § 284 BGB[1193] würde aber überspannt, fasste man alle frustrierten Aufwendungen, die im Vertrauen auf das Haben und Verwenden der eigenen Rechtsgüter (auch zu ideellen Zwecken) gemacht wurden, darunter. In diese Richtung gehen zwar die Forderungen der „Frustrationslehre".[1194] Mit § 284 BGB hat sich der Gesetzgeber aber für eine andere Lösung entschieden: Frustrierte Aufwendungen können nur verlangt werden, sofern sie „im Vertrauen auf den *Erhalt* der Leistung"[1195] gemacht wurden.[1196] Die Vorschrift schützt damit das Vertrauen in den – mittels

S. 156 mit Fn. 636; a. A. *Kreß*, Lehrbuch des Allgemeinen Schuldrechts, § 23 III 2 b (S. 590 f.); *Motzer*, JZ 1983, 884, 889 (jeweils zum alten Schuldrecht).

1192 S. 225.

1193 *Ernst*, in: MüKo, BGB, § 284 Rn. 13; *Dornis*, in: BeckOGK, BGB, Stand: 01.10.2022, § 284 Rn. 11.

1194 Siehe etwa *Köndgen*, AcP 177 (1977), 1, 26 ff.; *E. Schmidt*, in: FS Gernhuber, 423 ff.; *Esser/E. Schmidt*, Schuldrecht, Bd. 1.2, § 31 III (S. 194 ff.); kritisch dazu etwa *Höpfner*, in: Staudinger, Neubearbeit. 2021, § 249 Rn. 124 ff.; *Grüneberg*, in: Grüneberg, Vorb v § 249 Rn. 19.

1195 Hervorhebung nicht im Original.

1196 *Grüneberg*, in: Grüneberg, Vorb v § 249 Rn. 19; eine darüberhinausgehende analoge Anwendung von § 284 BGB wird allgemein abgelehnt: BGH, Urteil v. 15.07.2008 – VIII ZR 211/07, BGHZ 177, 224, 236 (Rn. 33); *Dornis*, in: BeckOGK, BGB, Stand:

eines Leistungsanspruchs zu erreichenden – *status ad quem*[1197] und nicht dasjenige in den – mittels eines Schutzanspruchs zu bewahrenden – *status quo ante*.[1198]

Darüber hinaus würde der Betroffene widersprüchlich handeln, wenn er in Kenntnis einer konkreten Gefahr Aufwendungen auf die Verwendung der gefährdeten Rechtsgüter macht. Entsprechendes gilt auch im Hinblick auf Leistungsansprüche: Der Anspruch aus § 284 BGB ist ausgeschlossen oder nach § 254 BGB zu kürzen, wenn der Gläubiger im Zeitpunkt der Aufwendung mit der nicht ordnungsgemäßen Leistungserbringung rechnen musste.[1199]

Im oben gebildeten Beispiel kann der Kaufhausbetreiber also keinen Ersatz für die Aufwendungen verlangen, die er für die geplante Wiedereröffnung getätigt hat. Etwas anderes gilt nur, wenn der Kunstmaler dem Kaufhausbetreiber zugesagt hat, er werde die Schutzmaßnahmen vornehmen: Dann ergibt sich aus dieser Abrede ein eigenes Leistungsrecht, auf das der Kaufhausbetreiber vertrauen darf.

Eine entsprechende Anwendung von § 284 BGB auf den Anspruch auf Beachtung von Schutzpflichten scheidet im Ergebnis aus.[1200]

IV. § 285 BGB

Wenn der geschuldete Gegenstand nach § 275 Abs. 1 bis 3 BGB nicht geleistet werden kann, hat der Schuldner nach § 285 BGB einen Anspruch auf das stellvertretende Commodum. Uneinigkeit besteht über den Sinn und Zweck von § 285 BGB[1201]: Nach der Rechtsprechung besteht er darin, Ausgleich für eine mit Blick auf den Parteiwillen „unrichtig gewordene

01.10.2022, § 284 Rn. 11; *Ernst*, in: MüKo, BGB, § 284 Rn. 13; *Ulber*, in: Erman, BGB, § 284 Rn. 6.

1197 Vgl. BGH, Urteil v. 20.07.2005 – VIII ZR 275/04, BGHZ 163, 381, 387; *Dornis*, in: BeckOGK, BGB, Stand: 01.10.2022, § 284 Rn. 17.

1198 Vgl. *Krebs*, Sonderverbindung, S. 535.

1199 BGH, Beschluss v. 20.10.2020 – VIII ZR 371/18, NZM 2020, 1038, 1040 (Rn. 20); *S. Lorenz*, in: BeckOK, BGB, § 284 Rn. 15; *Dornis*, in: BeckOGK, BGB, Stand: 01.10.2022, § 284 Rn. 92; *Ernst*, in: MüKo, BGB, § 284 Rn. 23.

1200 Ebenso *Medicus*, in: FS Canaris 2007, Bd. 1, 835, 842.

1201 Ausführlich zu dem Streitstand auch *Dornis*, in: BeckOGK, BGB, Stand: 01.10.2022, § 285 Rn. 3 ff.

tatsächliche Verteilung der Vermögenswerte" zu schaffen.[1202] In der Literatur wird überwiegend vertreten, es handle sich um einen Unterfall der Eingriffskondiktion, wobei davon ausgegangen wird, dass der Schuldner das stellvertretende Commodum auf Kosten der dem Gläubiger zugewiesenen Leistung erhalten hat.[1203] Andere wiederum greifen auf die Grundsätze der Vorteilsausgleichung zurück: Der Nachteil, der dem Gläubiger durch den Ausschluss der ihm zustehenden Leistung entsteht, und der Vorteil, den der Schuldner mit dem stellvertretenden Commodum erlangt, müssten durch einen Ausgleichsanspruch zusammengeführt werden.[1204] Alle Ansätze haben gemein, dass sie in dem „geschuldeten Gegenstand" im Sinne von § 285 Abs. 1 BGB eine Wertposition sehen, die dem Gläubiger zugeordnet ist.[1205]

Bei diesem richtigen Grundverständnis scheidet eine entsprechende Anwendung der Vorschrift auf den Anspruch auf Beachtung von Schutzpflichten aus. Letzterer soll nicht die Übertragung einer bestimmten Wertposition bewirken, an deren Stelle auch eine andere Wertposition treten kann.[1206] Er ist lediglich ein Mittel, um eine drohende Beeinträchtigung zu verhindern. Ein dem Schutzpflichtigen zufließender Vorteil kann schon deshalb nicht an die Stelle der geschuldeten Gefahrbeseitigung treten, weil er die Gefahr nicht beseitigen und somit dem Integritätsinteresse nicht dienen kann.

Unabhängig von der Frage, ob praktische Fälle für eine entsprechende Anwendung von § 285 BGB auf den Schutzanspruch vorstellbar sind, ist

---

1202 So aus der jüngeren Rechtsprechung etwa BGH, Urteil v. 09.09.2020 – VIII ZR 255/19, r+s 2021, 81, 84 (Rn. 30); entsprechend aber auch schon RG, Urteil v. 10.03.1928 – I 228/27, RGZ 120, 297, 299 f.

1203 *von Caemmerer*, in: FS Rabel, Bd. 1, 333, 389 (Fn. 211); *Picker*, AcP 183 (1983), 359, 512 (Fn. 351); *Lobinger*, JuS 1993, 453, 456 f.; *Hartmann*, Anspruch auf das stellvertretende commodum, S. 25 ff.; *J. F. Hoffmann*, JURA 2014, 71, 75; *Wilhelm*, Sachenrecht, Rn. 91.

1204 *Löwisch*, NJW 2003, 2049, 2051; *Hans Stoll*, in: FS Schlechtriem, 677, 688; *Caspers*, in: Staudinger, Neubearbeit. 2019, § 285 Rn. 3.

1205 Vgl. *Dornis*, in: BeckOGK, BGB, Stand: 01.10.2022, § 285 Rn. 12. Anders kann auch die Literaturmeinung, die auf die Grundsätze der Vorteilsausgleichung zurückgreift, keinen Nachteil beim Gläubiger begründen, den es ihr zufolge auszugleichen gilt.

1206 So aber der Leistungsanspruch – vgl. nur BGH, Urteil v. 10.05.2006 – XII ZR 124/02, BGHZ 167, 312, 318 (Rn. 27); *Ulber*, in: Erman, BGB, § 285 Rn. 1.

sie aus den aufgezeigten dogmatischen Gründen von vornherein abzulehnen.[1207]

V. § 323 Abs. 1 BGB und § 326 Abs. 1 S. 1 Hs. 1 BGB

Nach § 323 Abs. 1 BGB kann der Gläubiger vom Vertrag zurücktreten, wenn der Schuldner eine fällige Leistung nicht oder nicht vertragsgemäß erbringt und der Gläubiger erfolglos eine angemessene Frist zur Leistung oder Nacherfüllung bestimmt hat. Eine Rechtsfolge jenseits des Rechts, sich vom Vertrag zu lösen, sieht die Norm nicht vor. Im Hinblick auf Schutzpflichtverletzungen hat der Gesetzgeber für diese Rechtsfolge § 324 BGB geschaffen.[1208] Es handelt sich um eine gegenüber § 323 BGB spezielle Vorschrift, die für den Rücktritt voraussetzt, dass dem Gläubiger aufgrund der Schutzpflichtverletzung das Festhalten am Vertrag unzumutbar geworden ist.[1209] Regelungslücken sind insoweit nicht erkennbar. Damit das gesetzgeberische Regelungskonzept nicht unterwandert wird, ist eine entsprechende Anwendung von § 323 BGB auf den Anspruch auf Beachtung von Schutzpflichten abzulehnen.

Nach § 326 Abs. 1 S. 1 Hs. 1 BGB entfällt der Anspruch auf die Gegenleistung, wenn der Schuldner nach § 275 Abs. 1 bis 3 BGB nicht zu leisten braucht. Auch eine analoge Anwendung von § 326 Abs. 1 S. 1 Hs. 1 BGB muss von vornherein ausscheiden, weil der Inhaber eines Anspruchs auf Beachtung von Schutzpflichten für die Schutzleistung keine Gegenleistung schuldet[1210].[1211]

1207 So auch *Krebs*, Sonderverbindung, S. 535; *Medicus*, in: FS Canaris 2007, Bd. 1, 835, 842.

1208 Regierungsentwurf zum SchuldRModG, BT-Drucks. 14/6857 v. 31.08.2001, S. 183.

1209 Vgl. Regierungsentwurf zum SchuldRModG, BT-Drucks. 14/6857 v. 31.08.2001, S. 183.

1210 *Motzer*, JZ 1983, 884, 889 Fn. 60; *Krebs*, Sonderverbindung, S. 534; *Grigoleit*, in: FS Canaris 2007, Bd. 1, 275, 293.

1211 Zur synallagmatischen Verknüpfung von Leistung und Gegenleistung als Voraussetzung von § 326 Abs. 1 S. 1 Hs. 1 BGB etwa *Schwarze*, in: Staudinger, Neubearbeit. 2020, § 326 Rn. A 1; *Herresthal*, in: BeckOGK, BGB, Stand: 01.04.2022, § 326 Rn. 2; *H. Schmidt*, in: BeckOK, BGB, § 326 Rn. 2; *Grüneberg*, in: Grüneberg, § 326 Rn. 2.

VI. Ergebnis

Im Ergebnis ist keine der für Leistungsansprüche geltenden Regelungen des Leistungsstörungsrecht auf den Anspruch auf Beachtung von Schutzpflichten entsprechend anwendbar. Dies ist ein weiterer Beleg dafür, dass die herrschende Meinung fehl geht, wenn sie Ansprüche, darunter auch die negatorischen, mit Leistungsrechten gleichsetzt.[1212] Es kann hier schon vorweggenommen werden, dass sich dieser Eindruck im Rahmen der nachfolgenden Untersuchung weiter festigen wird.

H. Gläubigerverzug

Nach § 293 BGB kommt der Gläubiger in Verzug, wenn er die ihm angebotene Leistung nicht annimmt. Nach § 294 BGB ist die Leistung so, wie sie zu bewirken ist, anzubieten. Im Hinblick auf den Anspruch auf Beachtung von Schutzpflichten muss der Schutzpflichtige nichts an den Betroffenen *bewirken*, sondern sich lediglich rücksichtsvoll verhalten.[1213] Der Betroffene kann dementsprechend auch nichts *annehmen*. Schon die Grundidee des Annahmeverzugs steht deshalb einer entsprechenden Anwendung der §§ 293 ff. BGB auf den Schutzanspruch entgegen.[1214] Außerdem stellt die Beachtung der Schutzpflicht eine absolute Fixschuld dar,[1215] sodass der Gläubiger nicht in *Verzug* der Annahme geraten kann.[1216]

Vorstellbar ist zwar, dass zur Beachtung der Schutzpflicht eine Mitwirkungshandlung des Betroffenen im Sinne des § 295 S. 1 Var. 2 BGB erforderlich ist[1217] – etwa die Gewährung von Zutritt zu dem Ort, von dem aus die Gefahr beseitigt werden kann. Um in dieser Konstellation gerechte Ergebnisse zu erzielen, muss aber nicht auf die spezifischen Rechtsfolgen des Annahmeverzugs zurückgegriffen werden.

Ist die Gefahrbeseitigung wegen des Ausbleibens der Mitwirkungshandlung zeitweise nicht durchführbar, ist sie dem Störer für diese Zeit unmög-

---

1212 Siehe insbesondere S. 58 f., 69 f.

1213 Näher dazu sogleich unter 2. Teil I (S. 245 f.).

1214 Vgl. *Medicus*, in: FS Canaris 2007, Bd. 1, 835, 844.

1215 Siehe oben unter 2. Teil C.II.3 (S. 208 ff.).

1216 Zum Ausschluss der §§ 293 ff. BGB beim absoluten Fixgeschäft siehe *Ernst*, in: MüKo, BGB, § 293 Rn. 3.

1217 Entsprechend zu vertraglichen Unterlassungspflichten *Köhler*, AcP 190 (1990), 496, 523; *Fritzsche*, Unterlassungsanspruch, S. 403, 405.

lich. Er handelt insoweit nicht pflichtwidrig. Kommt es in dieser Zeit zu einem Schaden, haftet er nur, wenn er schon die *Herbeiführung* der Gefahr verschuldet hat. Eine gerechte Haftungsverteilung wird hier über § 254 BGB erzielt. Das Verschulden des Störers für die Gefahrschaffung und das Verschulden des Betroffenen für die unterbliebene Gefahrbeseitigung sind in Abwägung zu bringen.[1218]

Für die Rechtsfolge des § 300 Abs. 1 BGB, wonach der Schuldner während des Gläubigerverzugs nur Vorsatz und grobe Fahrlässigkeit zu vertreten hat, bleibt daneben kein Raum. Die Vorschrift soll den Schuldner teilweise von der Sorge für den weiterhin in seiner Sphäre befindlichen Leistungsgegenstand entbinden.[1219] Der Schutzanspruch ist jedoch nicht auf die Übertragung irgendeines Gegenstandes aus der Sphäre des Schutzpflichtigen an den Schutzberechtigten gerichtet, sondern allein auf die Abschaltung einer Gefahr.[1220] Auch ein verschuldensunabhängiger Anspruch analog § 304 BGB auf Ersatz von Mehraufwendungen für „das erfolglose Angebot sowie für die Aufbewahrung und Erhaltung des geschuldeten Gegenstands" scheidet insofern aus. Führt ein schuldhaftes Verhalten des Betroffenen dazu, dass dem Schutzpflichtigen durch den erfolglosen Versuch der Gefahrbeseitigung ein Schaden entsteht, hat letzterer einen Anspruch nach §§ 280 Abs. 1, 241 Abs. 2 BGB.

Für eine entsprechende Anwendung der §§ 293 ff. BGB fehlt damit insgesamt die vergleichbare Interessenlage.[1221] Diese Vorschriften sind nicht allgemein auf Ansprüche, insbesondere nicht auf negatorische Ansprüche, sondern auf *Leistungs*ansprüche zugeschnitten.

1218 Vgl. dazu auch oben unter 2. Teil E (S. 219 ff.).

1219 OLG Saarbrücken, Urteil v. 29.06.2001 – 1 U 951/00-209, NJW-RR 2002, 528, 529; OLG Braunschweig, Beschluss v. 23.11.2015 – 9 U 18/15, juris, Rn. 34; *Feldmann*, in: Staudinger, Neubearbeit. 2019, § 300 Rn. 3.

1220 *Krebs*, Sonderverbindung, S. 535. Etwas anderes kann im Ausnahmefall gelten, wenn der Schutzanspruch einem Herausgabeanspruch gleichkommt.

1221 So im Ergebnis auch *Medicus*, in: FS Canaris 2007, Bd. 1, 835, 844; im Hinblick auf den Beseitigungsanspruch nach § 1004 Abs. 1 S. 1 BGB wird eine entsprechende Anwendung dagegen überwiegend bejaht: *Rudolf Schmidt*, Beseitigungsanspruch, S. 119; *Offermatt*, Beseitigungsanspruch, S. 117 (Fn. 5); *Schwerdtner*, Verzug im Sachenrecht, S. 165 f.; *Thole*, in: Staudinger, Neubearbeit. 2023, § 1004 Rn. 414; *Fritzsche*, in: BeckOK, BGB, § 1004 Rn. 129; *Croon-Gestefeld*, ZfPW 2022, 285, 301; *Herrler*, in: Grüneberg, § 1004 Rn. 48; im Hinblick auf Unterlassungsansprüche soll ein Gläubigerverzug dagegen (regelmäßig) ausscheiden, weil eine Mitwirkung des Betroffenen nicht erforderlich sei: *Schwerdtner*, Verzug im Sachenrecht, S. 166; *Fritzsche*, Unterlassungsanspruch, S. 403 ff.; *Herrler*, in: Grüneberg, § 1004 Rn. 48; *Thole*, in: Staudinger, Neubearbeit. 2023, § 1004 Rn. 414.

I. Erfüllung

Eine Schutzpflicht wird gegenstandslos bzw. erlischt, wenn die konkrete Gefährdung des Schutzberechtigten entfällt.[1222] Dies folgt schon aus der Natur von Schutzpflichten. Auf § 362 Abs. 1 BGB muss insoweit nicht zurückgegriffen werden.[1223] Auch hier sprechen im Gegenteil wesentliche Argumente dagegen, die §§ 362 ff. BGB auf den Anspruch auf Beachtung von Schutzpflichten entsprechend anzuwenden:

Eine Leistung gilt als „bewirkt" im Sinne von § 362 Abs. 1 BGB, wenn der Gläubiger sie endgültig erhalten hat.[1224] Dabei darf der Leistungserfolg nicht nur zufällig eintreten, sondern muss durch den Schuldner veranlasst sein.[1225] Beides trifft auf den Schutzanspruch nicht zu. Die Schutzleistung erweitert den Rechtskreis des Schutzberechtigten in keiner Weise. Es wird also weder etwas an den Schutzberechtigten *bewirkt* noch kann er etwas *endgültig erhalten*.[1226] Außerdem ist es irrelevant, durch wen und wie der Bedrohungszustand beseitigt wird.[1227] Die Schutzleistung, an die grundsätzlich keine Gegenleistung geknüpft ist[1228], muss also dem Schutzpflichtigen nicht zurechenbar sein, um den Schutzanspruch zum Erlöschen zu bringen.[1229]

Auch eine Leistung an einen Dritten im Sinne von § 362 Abs. 2 BGB ist ausgeschlossen, da sich der Sinn und Zweck von Schutzpflichten darauf

---

1222 *Ehmann/Sutschet*, Modernisiertes Schuldrecht, § 4 III 2 c (S. 73); *Medicus*, in: FS Canaris 2007, Bd. 1, 835, 852.

1223 Siehe die Verweise in Fn. 562; entsprechend zu § 1004 BGB *Fritzsche*, Unterlassungsanspruch, S. 367; *Münch*, in: Soergel, BGB, § 1004 Rn. 327; *Spohnheimer*, in: BeckOGK, BGB, Stand: 01.02.2024, § 1004 Rn. 49; zur Gegenmeinung siehe die Verweise in Fn. 564.

1224 BGH, Urteil v. 20.07.2010 – XI ZR 236/07, BGHZ 186, 269, 280 (Rn. 22); BAG, Urteil v. 25.05.2016 – 5 AZR 135/16, BAGE 155, 202, 209 (Rn. 31); *Fetzer*, in: MüKo, BGB, § 362 Rn. 3; *Looschelders*, in: BeckOGK, BGB, Stand: 01.01.2024, § 362 Rn. 67.

1225 *Wieacker*, in: FS Nipperdey, Bd. 1, S. 783 ff.; *Dennhardt*, in: BeckOK, BGB, § 362 Rn. 14; *Grüneberg*, in: Grüneberg, § 362 Rn. 2.

1226 Vgl. auch *Henckel*, AcP 174 (1974), 97, 122; *von Bar*, AcP 179 (1979), 352, 359; *Fritzsche*, Unterlassungsanspruch, S. 367; *Münch*, in: Soergel, BGB, § 1004 Rn. 327; offenbar abweichend in Bezug auf den Beseitigungsanspruch nach § 1004 Abs. 1 S. 1 BGB *Thole*, in: Staudinger, Neubearbeit. 2023, § 1004 Rn. 420.

1227 Vgl. *Henckel*, AcP 174 (1974), 97, 122 f.

1228 *Motzer*, JZ 1983, 884, 889 Fn. 60; *Krebs*, Sonderverbindung, S. 534; *Grigoleit*, in: FS Canaris 2007, Bd. 1, 275, 293.

1229 Für *vertragliche* Unterlassungsansprüche kann – wie für alle Ergebnisse in dieser Arbeit – etwas anderes gelten – siehe *Fritzsche*, Unterlassungsanspruch, S. 362.

beschränkt, eine konkrete Gefahr für die Rechtsgüter des Schutzberechtigten zu beseitigen. Die Schutzleistung kann dementsprechend immer nur gegenüber diesem Schutzberechtigten ergehen.[1230]

Darüber hinaus trägt allein der Schutzberechtigte die Beweislast für das Bestehen einer konkreten Gefahr – sowohl vor dem Versuch einer Gefahrbeseitigung als auch danach.[1231] Die Beweislastumkehr des § 363 BGB ist damit gegenstandslos.[1232]

Wie im folgenden Abschnitt noch zu zeigen sein wird, kann der Schutzberechtigte auf seinen Primäranspruch verzichten.[1233] Es steht den Beteiligten im Rahmen der Privatautonomie auch frei, eine Ersatzleistung zu vereinbaren. Eine solche Übereinkunft ließe sich zwar unter § 364 Abs. 1 BGB (Annahme an Erfüllungs statt) fassen. Mit einem Rückgriff auf diese Vorschrift ist insoweit aber nichts gewonnen.

Die übrigen Vorschriften der §§ 362 ff. BGB lassen sich schon im Ansatz nicht auf den Anspruch auf Beachtung von Schutzpflichten anwenden.[1234] Eine Analogie scheidet damit insgesamt aus.[1235]

J. Erlass

Nach § 397 BGB erlischt das Schuldverhältnis, „wenn der Gläubiger dem Schuldner durch Vertrag die Schuld erlässt". Mit der „Schuld" ist die Forderung als Rechtsposition gemeint, das heißt das relative Leistungsrecht und die korrespondierende Leistungspflicht.[1236] Die Aufgabe dieser Rechtsposition durch Erlass stellt – genauso wie die Übertragung der Forde-

1230 Im Ergebnis ebenso *Medicus*, in: FS Canaris 2007, Bd. 1, 835, 852.

1231 Näher dazu auf S. 177 ff. und unter 2. Teil C.I.2.b (S. 202 ff.).

1232 Im Ergebnis ebenso *Fritzsche*, Unterlassungsanspruch, S. 371.

1233 Siehe sogleich unter 2. Teil J (S. 246 ff.).

1234 Ebenso *Medicus*, in: FS Canaris 2007, Bd. 1, 835, 852.

1235 So auch *von Bar*, AcP 179 (1979), 452, 459; *Ehmann/Sutschet*, Modernisiertes Schuldrecht, § 4 III 2 c (S. 73); *Fetzer*, in: MüKo, BGB, Vor § 362 Rn. 1, 37; *Dennhardt*, in: BeckOK, BGB, § 362 Rn. 2; *Grüneberg*, in: Grüneberg, Überbl v § 362 Rn. 2; vgl. mit Blick auf den Beseitigungs- bzw. Unterlassungsanspruch (teilweise mit Ausnahme für § 362 Abs. 1 BGB): *Münch*, in: Soergel, BGB, § 1004 Rn. 327; *Thole*, in: Staudinger, Neubearbeit. 2023, § 1004 Rn. 420; *Spohnheimer*, in: BeckOGK, BGB, Stand: 01.02.2024, § 1004 Rn. 49; anders noch *Rudolf Schmidt*, Beseitigungsanspruch, S. 124 f.; *Offermatt*, Beseitigungsanspruch, S. 117 Fn. 5; *Horstmann*, Untersuchungen, S. 57 f.

1236 Vgl. *Rieble*, in: Staudinger, Neubearbeit. 2022, § 397 Rn. 68 f.; *Wolber*, in: BeckOGK, BGB, Stand: 01.01.2024, § 397 Rn. 28.

rung durch Abtretung – eine Verfügung dar.[1237] Andere Rechtspositionen wie zum Beispiel das Eigentum „erlöschen" nicht durch Erlass.[1238] Das Gesetz hält hier teilweise Sondervorschriften bereit – im Hinblick auf das Eigentum an beweglichen Sachen zum Beispiel die Dereliktion nach § 959 BGB.[1239]

Weil der Anspruch auf Beachtung von Schutzpflichten keine Rechtsposition, sondern ein Rechtsbehelf ist, der akzessorisch mit der zu schützenden Rechtsposition steht und fällt,[1240] stellt ein Verzicht darauf keine Verfügung im Sinne von § 397 BGB dar.[1241] Eine analoge Anwendung der Vorschrift scheidet deshalb aus.[1242] Hier manifestiert sich in besonders anschaulicher Weise das Ordnungsprinzip, das im ersten Teil dieser Arbeit vorgestellt wurde[1243]: Bürgerlichrechtliche Beziehungen sind nicht primär nach Ansprüchen, sondern nach Rechtspositionen und Rechtbehelfen zu strukturieren. Nur auf diese Weise lässt sich – abweichend zur herrschenden Meinung – zwischen der *Forderung* als Leistungsrecht und einem sich aus dem Schuldverhältnis ergebenden *Anspruch* auf Beachtung von Schutzpflichten differenzieren. Erstere kann im Sinne von § 397 BGB erlassen werden, letzterer nicht.

Eine andere Frage ist, ob auf den Schutzanspruch als *Rechtsbehelf* verzichtet werden kann. Allgemein ist es im Sinne der Privatautonomie, dass die Beteiligten eines (gesetzlichen) Schuldverhältnisses über die beiderseitigen Zwangsmittel disponieren können.[1244] Die Rechtsbehelfe des Beseitigungs- und Unterlassungsanspruchs sind insofern auch nicht untrennbar

1237 *Rieble*, in: Staudinger, Neubearbeit. 2022, § 397 Rn. 29.

1238 Siehe nur *Rieble*, in: Staudinger, Neubearbeit. 2022, § 397 Rn. 101 ff.

1239 Siehe nur *Rieble*, in: Staudinger, Neubearbeit. 2022, § 397 Rn. 94 ff.; *Dennhardt*, in: BeckOK, BGB, § 397 Rn. 8.

1240 Näher dazu oben unter 1. Teil C.I.2.b.cc (S. 64 ff.), C.I.2.c.dd (S. 90) mit C.I.2.a.bb (S. 55 f.).

1241 *Rieble*, in: Staudinger, Neubearbeit. 2022, § 397 Rn. 70.

1242 *Medicus*, in: FS Canaris 2007, Bd. 1, 835, 892; *Rieble*, in: Staudinger, Neubearbeit. 2022, § 397 Rn. 70; entsprechend im Hinblick auf die Ansprüche aus § 1004 BGB: *Henckel*, AcP 174 (1974), 97, 126; *Gursky*, in: Staudinger, Neubearbeit. 2013, § 1004 Rn. 170; *Dennhardt*, in: BeckOK, BGB, § 397 Rn. 8; *Croon-Gestefeld*, ZfPW 2022, 285, 299; *Wolber*, in: BeckOGK, BGB, Stand: 01.01.2024, § 397 Rn. 28; a. A. in Bezug auf den Beseitigungsanspruch: *Rudolf Schmidt*, Beseitigungsanspruch, S. 124 f.; *Offermatt*, Beseitigungsanspruch, S. 117 (Rn. 5); *Thole*, in: Staudinger, Neubearbeit. 2023, § 1004 Rn. 420.

1243 Siehe unter 1. Teil C.I.2.b.cc (S. 64 ff.).

1244 Vgl. auch *Fritzsche*, in: BeckOK, BGB, § 1004 Rn. 82.

mit der betroffenen Rechtsposition verbunden.[1245] Im ersten Teil dieser Arbeit wurde vielmehr dargelegt, dass eine Rechtsposition nicht in einzelnen Rechtsbehelfen aufgeht.[1246] Bei vertraglicher Preisgabe nur des Rechts zur klageweisen Abwehr eines gefährlichen Verhaltens, bleibt die zu schützende Rechtsposition weiterhin Anknüpfungspunkt für einen Schadensersatzanspruch. Außerdem kann der Rechtsinhaber die Störung selbst beseitigen.[1247] Die Vorstellung, dass der Verzicht auf den negatorischen Rechtsschutz zu einer Entwertung der Rechtsposition selbst führt,[1248] beruht auf einer Überschätzung der *actio negatoria* und geht an der heutigen Rechtswirklichkeit vorbei: In der Praxis spielt sie neben dem Sekundärrechtsschutz nur eine untergeordnete Rolle[1249].

Ein vertraglicher Verzicht auf den negatorischen Schutz ist also möglich. Weil darin aber keine Verfügung über die Rechtsposition selbst liegt, handelt es sich nicht um einen Erlass analog § 397 BGB, sondern um einen *pactum de non petendo*.[1250] Der Rechtsinhaber verpflichtet sich gegenüber dem Störer (oder einem Dritten)[1251], auf einen bestimmten Rechtsbehelf zu verzichten, womit der Störer eine Einrede erhält, die mit Erhebung im Prozess zur Abweisung der Klage als unzulässig führt.[1252] Die Reichweite einer entsprechenden Vereinbarung ist im Einzelfall durch Auslegung zu bestimmen.[1253]

1245 So aber die herrschende Meinung im Hinblick auf § 1004 Abs. 1 BGB: BGH, Urteil v. 11.06.2021 – V ZR 41/19, NZM 2021, 613, 614 (Rn. 10); *Gursky*, in: Staudinger, Neubearbeit. 2013, § 1004 Rn. 168; *Rieble*, in: Staudinger, Neubearbeit. 2022, § 397 Rn. 102; *Thole*, in: Staudinger, Neubearbeit. 2023, § 1004 Rn. 419; *Dennhardt*, in: BeckOK, BGB, § 397 Rn. 8; entsprechend auch für alle sonstigen Rechtspositionen und die dazugehörigen negatorischen und quasinegatorischen Rechtsbehelfe etwa *Henckel*, AcP 174 (1974), 97, 126.

1246 Siehe oben unter 1. Teil C.I.2.b.cc (S. 64 ff.); vgl. dazu auch schon Fn. 235, 435.

1247 Vgl. auch *Rudolf Schmidt*, Beseitigungsanspruch, S. 107.

1248 Vgl. *Henckel*, AcP 174 (1974), 97, 126; *Rieble*, in: Staudinger, Neubearbeit. 2022, § 397 Rn. 102.

1249 *Zweigert/Kötz*, Rechtsvergleichung, S. 482; *Lando/Rose*, IRLE 24 (2004), 473, 479.

1250 Vgl. auch BGH, Urteil v. 29.02.2008 – V ZR 31/07, NZM 2008, 418, 419 (Rn. 7); zur Abgrenzung beider Rechtsinstitute siehe etwa *Gernhuber*, Erfüllung, § 16 I 2 (S. 367 ff.); *Wolber*, in: BeckOGK, BGB, Stand: 01.01.2024, § 397 Rn. 18 ff.

1251 Zum Stillhalteabkommen zugunsten Dritter siehe etwa BGH, Urteil v. 21.06.1994 – XI ZR 183/93, BGHZ 126, 261, 266; *Wolber*, in: BeckOGK, BGB, Stand: 01.01.2024, § 397 Rn. 19.

1252 BGH, Urteil v. 14.06.1989 – IV a ZR 180/88, NJW-RR 1989, 1048, 1049; BGH, Urteil v. 28.11.2017 – XI ZR 211/16, NJW 2018, 701 f. (Rn. 15, 38).

1253 Vgl. *Krüger*, in: MüKo, BGB, § 271 Rn. 18.

Bei Schutzpflichten, die auf die Beseitigung einer Gefahr gerichtet sind – im Privatschüler-Fall[1254] etwa die Absicherung des schadhaften Dachs – kann ein Ausschluss lediglich des vorbeugenden Unterlassungsanspruchs für den Störer zum Beispiel von Interesse sein, weil die Chance besteht, dass die konkrete Gefahr nicht in einen Schaden umschlägt. Der Betroffene kann sich die Hingabe seines Klagerechts vergüten lassen.[1255]

K. Abtretung und Schuldübernahme

Eine isolierte Abtretung des Schutzanspruchs in Analogie zu den §§ 398 ff. BGB ist von vornherein ausgeschlossen.[1256] Der Anspruch ist seinem Sinn und Zweck nach an die durch ihn geschützte Rechtsposition gebunden und steht immer nur dem Inhaber dieser Position zu.[1257]

Umgekehrt trifft die Schutzpflicht immer denjenigen, dem die konkrete Gefahr zurechenbar und dem die Beseitigung der Gefahr möglich und zumutbar ist.[1258] Sofern diese Voraussetzungen gegeben sind, kann sich der Schutzpflichtige weder durch eine Delegation von Pflichten noch durch eine Übertragung der Schuld im Sinne der §§ 414 ff. BGB von seiner Haftung befreien.[1259]

Auch hier zeigt sich also: Der Anspruch auf Beachtung von Schutzpflichten ist zwar ein Anspruch aus dem Schuldverhältnis, aber keine Forderung. Die noch herrschende Meinung, die die Forderung als Anspruch des Schuldrechts begreift,[1260] lässt sich mit Blick auf Vorschriften wie die §§ 398 ff. BGB oder die §§ 414 ff. BGB kaum aufrechterhalten.

1254 S. 140.

1255 Siehe auch S. 137.

1256 Ebenso *Medicus*, in: FS Canaris 2007, Bd. 1, 835, 852; allgemein zum negatorischen Rechtsschutz: BGH, Urteil v. 23.02.1973 – V ZR 109/71, BGHZ 60, 235, 240; BGH, Urteil v. 23.03.2023 – V ZR 67/22, BGHZ 236, 369, 376 (Rn. 21); *Henckel*, AcP 174 (1974), 97, 126; *J. Schmidt*, in: FS Jahr, 401. 416; *Fritzsche*, Unterlassungsanspruch, S. 448 f.; *Rieble*, in: Staudinger, Neubearbeit. 2022, § 397 Rn. 70.

1257 Siehe auch *Henckel*, AcP 174 (1974), 97, 126.

1258 Vgl. *Picker*, Der negatorische Beseitigungsanspruch, S. 131.

1259 Siehe dazu auch oben unter 2. Teil F (S. 222 ff.); gegen die Anwendbarkeit der §§ 414 ff. BGB zudem *Medicus*, in: FS Canaris 2007, Bd. 1, 835, 852; *Fritzsche*, Unterlassungsanspruch, S. 458; *Rieble*, in: Staudinger, Neubearbeit. 2022, § 397 Rn. 70.

1260 Siehe S. 62.

L. Personenmehrheiten

Kommt es bei einem Anspruch auf Beachtung von Schutzpflichten auf Anspruchsgegner- oder Anspruchstellerseite zu Personenmehrheiten, muss geklärt werden, ob auf die §§ 420 ff. BGB zurückzugreifen ist.

I. Mehrheit von Schuldnern

Eine Gesamtschuld setzt nach § 421 S. 1 BGB voraus, dass mehrere eine Leistung in der Weise schulden, dass jeder die ganze Leistung zu bewirken verpflichtet, der Gläubiger aber die Leistung nur einmal zu fordern berechtigt ist.

Ob im Hinblick auf Schutzpflichten eine Gesamtschuld vorliegen kann, hängt davon ab, ob die Schutzpflicht auf ein schlichtes Unterlassen gerichtet ist (dazu unter 1.) oder auf die Beseitigung einer Gefahr durch aktives Tun (dazu unter 2.).

1. Schutzpflicht gerichtet auf ein schlichtes Unterlassen

Sind mehrere Personen zur Unterlassung einer bestimmten Beeinträchtigung verpflichtet, scheidet eine entsprechende Anwendung der §§ 421 ff. BGB aus.[1261] Hier schulden nicht mehrere Personen jeweils die *ganze* Leistung, wie es § 421 S. 1 BGB voraussetzt.[1262] Vielmehr sind alle persönlich zur Unterlassung der eigenen Beeinträchtigungshandlung verpflichtet.[1263] Auch kann die Beachtung der Unterlassungsverpflichtung durch einen der Schuldner die übrigen Schuldner nicht von der Beachtung ihrer

1261 BGH, Beschluss v. 15.04.2008 – X ZB 12/06, NZG 2008, 414, 415 (Rn. 8); OLG Köln, Beschluss v. 19.09.2005 – 17 W 188/05, BeckRS 2006, 287; *H. Lehmann*, Unterlassungspflicht, S. 313 ff.; *E. Herrmann*, Der Störer, S. 566; *Köhler*, AcP 190 (1990), 496, 429 f.; *Fritzsche*, Unterlassungsanspruch, S. 416; *Kreße*, in: BeckOGK, BGB, Stand: 01.12.2023, § 431 Rn. 8; *Grüneberg*, in: Grüneberg, Überbl v § 420 Rn. 11.

1262 OLG Köln, Beschluss v. 19.09.2005 – 17 W 188/05, BeckRS 2006, 287.

1263 *Fritzsche*, Unterlassungsanspruch, S. 416.

jeweiligen Unterlassungspflicht befreien.[1264] Es handelt sich also nicht um eine Gesamtschuld, sondern um eine „kumulierte“ Schuld.[1265]

2. Schutzpflicht zur Beseitigung einer Gefahr

Ist die Schutzpflicht auf die Beseitigung einer Gefahr durch aktives Tun gerichtet, kommt ein Rückgriff auf die Vorschriften zur Gesamtschuld in Betracht. Der Kunstmaler-Fall[1266] lässt sich wie folgt abwandeln: Der Kaufhausbetreiber hat zwei Unternehmer zur Vornahme unterschiedlicher Arbeiten an einer bestimmten Stelle der Kaufhausdecke beauftragt. Durch die Arbeiten der beiden Unternehmer entsteht die Gefahr, dass sich Putz ablöst und dadurch Kunden und Einrichtungsgegenstände beeinträchtigt werden. Die Gefahr lässt sich beseitigen, indem an der Arbeitsstätte eine Schutzabdeckung errichtet wird.

a. Herleitung der Gesamtschuld

Grundsätzlich sind die Unternehmer im beschriebenen Fall nur zur Beseitigung der auf sie zurückgehenden Teilgefahr verpflichtet.[1267] Das ist allerdings nicht möglich, wenn sich die Schutzleistung nicht aufspalten lässt. Schulden mehrere eine unteilbare Leistung, haften sie nach § 431 BGB als Gesamtschuldner. Dieser Grundsatz ist auf unteilbare Schutzleistungen übertragbar.[1268] Lässt sich die Gefahr, die von den Arbeiten der beiden Unternehmer ausgeht, nur einheitlich durch eine bestimmte Schutzabdeckung beseitigen, ist jeder Unternehmer zum Anbringen der ganzen Schutzabdeckung verpflichtet. Da die Gefahr nur einheitlich abwendbar ist, kann

---

1264 BGH, Beschluss v. 15.04.2008 – X ZB 12/06, NZG 2008, 414, 415 (Rn. 8); *Fritzsche*, Unterlassungsanspruch, S. 416.

1265 *Fritzsche*, Unterlassungsanspruch, S. 416; *Kreße*, in: BeckOGK, BGB, Stand: 01.12.2023, § 431 Rn. 8.

1266 S. 225.

1267 Zur Begrenzung der Gefahrbeseitigungspflicht je nach Mitverantwortungsanteil siehe schon oben unter 2. Teil E (S. 219 ff.); vgl. zu den negatorischen Ansprüchen aus § 1004 Abs. 1 BGB auch *Medicus*, in: MüKo (2004), BGB, § 1004 Rn. 75; *Thole*, in: Staudinger, Neubearbeit. 2023, § 1004 Rn. 371; *Münch*, in: Soergel, BGB, § 1004 Rn. 289; *Spohnheimer*, in: BeckOGK, BGB, Stand: 01.02.2024, § 1004 Rn. 175.

1268 Vgl. im Hinblick auf den negatorischen Beseitigungsanspruch aus § 1004 Abs. 1 S. 1 BGB *Medicus*, in: MüKo (2004), BGB, § 1004 Rn. 75; *Spohnheimer*, in: BeckOGK, BGB, Stand: 01.02.2024, § 1004 Rn. 175.

der Kaufhausbetreiber die Gefahrbeseitigung auch nur einmal fordern. Zugleich wirkt die Beseitigung der Gefahr durch einen der Unternehmer auch für den anderen Unternehmer. Die wesentlichen Elemente einer Gesamtschuld liegen also vor.

Handelt es sich um eine teilbare Leistung, ordnet zwar § 420 Var. 1 BGB im Zweifel eine Teilschuld an. Im Hinblick auf eine teilbare Schutzleistung kommt allerdings eine Durchbrechung dieser Regel analog § 840 Abs. 1 BGB in Betracht.[1269] Die Vorschrift ordnet eine Gesamtschuld an, wenn für den aus einer unerlaubten Handlung entstehenden Schaden mehrere nebeneinander verantwortlich sind. Sinn und Zweck der Norm ist eine Entlastung des Geschädigten.[1270] Zum einen soll er nicht die Insolvenzrisiken der einzelnen Schuldner tragen.[1271] Zum anderen soll er von dem Beweisführungs- und Prozessrisiko befreit werden, das damit verbunden ist, den Mitverantwortungsanteil der verschiedenen Schädiger nachweisen und jeden Schädiger einzeln verklagen zu müssen.[1272]

Mit dieser Interessenlage ist die Situation vergleichbar, in der sich ein Schutzberechtigter einer Gefahr ausgesetzt sieht, die auf mehrere Schutzverpflichtete zurückgeht. Da die Möglichkeit zum Primärrechtsschutz wegen der drohenden Realisierung der Gefahr zeitlich begrenzt ist, hat der Schutzberechtigte sogar ein besonders hohes Interesse daran, nicht erst klären zu müssen, auf welchen Störer welcher Gefahrenanteil zurückgeht, sondern gegen einen der Störer umgehend vorgehen zu können.

Die Annahme einer Gesamtschuldnerschaft zwischen den verschiedenen Schutzpflichtigen führt zwar dazu, dass derjenige, der die Schutzleistung erbringt, teilweise auch für den anderen Schutzpflichtigen tätig wird und im Hinblick auf den Regressanspruch dessen Insolvenzrisiko trägt. Stehen die Gesamtschuldner untereinander in keinem Schuldverhältnis, wird insofern der für Schutzpflichten erforderliche Schuldverhältnisbezug aufgeweicht, weil durch die Schutzpflicht gegenüber dem Schutzberechtigten auch eine Beziehung zu einem Dritten – dem anderen Gesamtschuldner – entsteht. Dem jeweiligen Haftungs*grund* für die Gesamtschuld

1269 Entsprechend im Hinblick auf die negatorischen Ansprüche aus § 1004 Abs. 1 BGB *J. Baur/R. Stürner*, Sachenrecht, § 12 Rn. 19; zum Verhältnis von § 420 BGB und § 840 BGB siehe *Gehrlein*, in: BeckOK, BGB, § 420 Rn. 1.

1270 *Spindler*, in: BeckOK, BGB, § 840 Rn. 1; *Förster*, in: BeckOGK, BGB, Stand: 01.10.2023, § 840 Rn. 2.

1271 *Spindler*, in: BeckOK, BGB, § 840 Rn. 1.

1272 *Spindler*, in: BeckOK, BGB, § 840 Rn. 1; *Förster*, in: BeckOGK, BGB, Stand: 01.10.2023, § 840 Rn. 2.

kommt nach § 840 Abs. 1 BGB allerdings keine entscheidende Bedeutung zu.[1273] Maßgeblich ist vielmehr der Schutzzweck, den Geschädigten im Hinblick auf die Geltendmachung eines Schadens zu entlasten, für den mehrere, nicht notwendig miteinander in Verbindung stehende Personen verantwortlich sind.[1274] Deshalb kann sich eine Gesamtschuld nach § 840 Abs. 1 BGB auch aus einer Haftung für nachgewiesenes Verschulden und einer Gefährdungshaftung ergeben.[1275] Der BGH nimmt eine Gesamtschuldnerschaft darüber hinaus zwischen einem rein vertraglich Haftenden und einem rein deliktisch Haftenden an.[1276] Vor diesem Hintergrund lässt sich § 840 Abs. 1 BGB auch auf die Konstellation entsprechend anwenden, dass zwei nicht durch eine Sonderverbindung verbundene Personen jeweils aufgrund einer Schutzpflichtverletzung für dieselbe Gefahr verantwortlich sind.[1277]

§ 840 Abs. 1 BGB setzt grundsätzlich voraus, dass es sich um einen einheitlichen Schaden handelt, der sich nicht nach den einzelnen Schädigern trennen lässt.[1278] Diese Voraussetzung muss auf den Anspruch auf Beachtung von Schutzpflichten übertragen werden. Der Schutzanspruch muss auf die Beseitigung einer einheitlichen Gefahr gerichtet sein, die sich nicht nach den einzelnen Schutzverpflichteten trennen lässt.[1279] Ist das der Fall, wird regelmäßig auch die Gefahr*beseitigung* nur einheitlich erfolgen

1273 Vgl. BGH, Urteil v. 24.04.1952 – III ZR 78, 79/51, BGHZ 6, 3, 25; BGH, Urteil v. 29.06.1972 – VII ZR 190/71, BGHZ 59, 97, 101 f.

1274 Vgl. BGH, Urteil v. 29.06.1972 – VII ZR 190/71, BGHZ 59, 97, 101; BGH, Urteil v. 10.05.1990 – IX ZR 113/89, NJW 1990, 2882, 2883.

1275 Siehe nur *Sprau*, in: Grüneberg, § 840 Rn. 1.

1276 BGH, Urteil v. 24.04.1952 – III ZR 78, 79/51, BGHZ 6, 3, 25; BGH, Urteil v. 29.06.1972 – VII ZR 190/71, BGHZ 59, 97, 101 f.; BGH, Urteil v. 10.05.1990 – IX ZR 113/89, NJW 1990, 2882, 2883 f.; kritisch *Förster*, in: BeckOGK, BGB, Stand: 01.10.2023, § 840 Rn. 9.

1277 Für eine entsprechende Anwendung von § 840 Abs. 1 BGB in Fällen, in denen die Beteiligten aus Vertrag haften: *R. Krause*, in: Soergel, BGB, § 840 Rn. 5; *Vieweg/Lorz*, in: Staudinger, Neubearbeit. 2023, § 840 Rn. 15; *Katzenmeier*, in: Dauner-Lieb/Langen, BGB, § 840 Rn. 7; in diesem Sinne auch BGH, Urteil v. 10.05.1990 – IX ZR 113/89, NJW 1990, 2282, 2283.

1278 BGH, Urteil v. 22.01.1985 – VI ZR 28/83, NJW 1985, 1617, 1619; *Förster*, in: BeckOGK, BGB, Stand: 01.10.2023, § 840 Rn. 10.

1279 Im Hinblick auf den negatorischen Beseitigungsanspruch aus § 1004 Abs. 1 S. 1 BGB siehe *Medicus*, in: MüKo (2004), BGB, § 1004 Rn. 75; *Thole*, in: Staudinger, Neubearbeit. 2023, § 1004 Rn. 371; vgl. auch OLG Düsseldorf, Urteil v. 07.12.1983 – 3 U 15/83, MDR 1984, 400, 401, wonach § 830 Abs. 1 S. 2 BGB analog anzuwenden ist, wenn sich nicht feststellen lässt, welcher Gefahrenanteil auf welchen Schädiger zurückgeht.

können, sodass schon nach § 431 BGB eine Gesamtschuld vorliegt. Lässt sich die Beseitigung einer einheitlichen Gefahr im Ausnahmefall aber aufspalten[1280], gelangt man über eine entsprechende Anwendung von § 840 Abs. 1 BGB zu einer Gesamtschuld.

b. Rechtsfolgen der Gesamtschuld

Im Hinblick auf die Rechtsfolgen einer Gesamtschuldnerschaft zwischen mehreren Schutzpflichtigen bieten die §§ 421 ff. BGB nur teilweise Anhaltspunkte:

Mit der Beseitigung der Gefahr durch einen Schutzpflichtigen wird die Schutzpflicht des anderen automatisch gegenstandslos. Der Wegfall der Schutzpflicht ergibt sich also nicht erst aus einer etwaigen Gesamtwirkung der Erfüllung nach § 422 Abs. 1 S. 1 BGB.

Da der Anspruch auf Beachtung von Schutzpflichten nicht *erlassen* werden kann, scheidet an sich auch eine entsprechende Anwendung von § 423 BGB aus. In Betracht kommt jedoch ein *pactum de non petendo* zwischen dem Schutzberechtigten und einem der Schutzverpflichteten.[1281] Dieses gilt im Grundsatz nur zwischen den jeweiligen Vertragsschließenden.[1282] In entsprechender Anwendung von § 423 BGB erscheint eine Durchbrechung des Relativitätsgrundsatzes gerechtfertigt, wenn der Schutzberechtigte generell auf die vorbeugende Durchsetzung der Gefahrbeseitigung verzichten wollte. Auch der nicht an der Abrede Beteiligte kann sich also im Prozess auf das Stillhalteabkommen berufen.

Weil die Regeln über den Gläubigerverzug keine Anwendung finden,[1283] kommt § 424 BGB keine Bedeutung zu. Schon aufgrund des Verursacherprinzips[1284] entfalten allerdings die folgenden Umstände Gesamtwirkung: Kommt es einerseits durch die fehlende Mitwirkung des Schutzberechtig-

1280 Vorstellbar ist, dass die Unternehmer jeweils eine bestimmte Menge Bauschutt auf einen Haufen neben der Arbeitsstätte werfen. Vor allem für Kinder, die ihre Eltern in das Kaufhaus begleiten, geht von dem Bauschutt eine einheitliche Gefahr aus. Zugleich ist aber insofern eine anteilige Beseitigung der Gefahr möglich, als jeder Unternehmer nur die durch ihn verursachte Menge Bauschutt beseitigt.

1281 Siehe oben unter 2. Teil J (S. 246 ff.).

1282 Da es sich nicht um einen Vertrag zulasten Dritter handeln darf, wird der nicht beteiligte Schutzpflichtige auch im Hinblick auf den Innenausgleich nicht schlechter gestellt; vgl. dazu *Kreße*, in: BeckOGK, BGB, Stand: 01.12.2023, § 423 Rn. 15.

1283 Siehe oben unter 2. Teil H (S. 243 f.).

1284 Dazu oben unter 2. Teil E (S. 219 ff.).

ten zu einem Schaden, ist sein Mitverschulden nach § 254 BGB gegenüber allen Verantwortlichen relevant. Führt die fehlende Mitwirkung des Schutzberechtigten andererseits dazu, dass die andauernde Gefahr auch ihm zugerechnet werden muss, ist sein Beseitigungsanspruch gegenüber allen Schutzpflichtigen analog § 254 BGB beschränkt.

Eine wesentliche Rechtsfolge der Gesamtschuldnerschaft mehrerer Schutzpflichtiger besteht in dem Innenausgleich nach § 426 Abs. 1 S. 1 BGB. Beseitigt einer der Schutzpflichtigen die Gefahr, kann er die dafür anfallenden Kosten von dem anderen anteilig ersetzt verlangen.[1285] Die Höhe des jeweiligen Anteils richtet sich nach dem Rechtsgedanken von § 254 Abs. 1 BGB.[1286] Eine entsprechende Anwendung von § 426 Abs. 2 BGB scheidet dagegen von vornherein aus, weil im Hinblick auf den Anspruch auf Beachtung von Schutzpflichten ein Forderungsübergang nicht in Betracht kommt.[1287] Mit der Beseitigung der Gefahr durch einen Schutzpflichtigen wird der Gefahrbeseitigungsanspruch automatisch gegenstandslos.

c. Zwischenergebnis

Im Hinblick auf die Schutzpflicht zur Beseitigung einer Gefahr ist eine Gesamtschuld also möglich.[1288] Bedeutung kommt der Annahme einer Gesamtschuld vor allem insofern zu, als sich der Schutzberechtigte bezüglich der Beseitigung der Gefahr nur an einen der Schutzverpflichteten wenden muss und der Innenausgleich zwischen den Schutzverpflichteten entspre-

---

1285 Weil ein anteiliger Gefahrbeseitigungsanspruch im Innenverhältnis der Schutzverpflichteten sinnlos wäre, ist der Ausgleichanspruch immer auf Geld gerichtet; vgl. *Kreße*, in: BeckOGK, BGB, Stand: 01.12.2023, § 426 Rn. 36.

1286 Vgl. *Stickelbrock*, AcP 197 (1997), 456, 502.

1287 Zum Ausschluss des Forderungsübergangs siehe oben unter 2. Teil K (S. 249); vgl. zudem *E. Herrmann*, Der Störer, S. 564.

1288 Zumindest im Ergebnis ebenso *Medicus*, in: FS Canaris 2007, Bd. 1, 835, 852 f.; im Hinblick auf den negatorischen Beseitigungsanspruch aus § 1004 Abs. 1 S. 1 BGB für die Möglichkeit einer Gesamtschuld: *E. Herrmann*, Der Störer, S. 564; *Peters*, JZ 1987, 198; *Stickelbrock*, AcP 197 (1997), 456, 502; *J. Baur/R. Stürner*, Sachenrecht, § 12 Rn. 19; *Medicus*, in: MüKo (2004), BGB, § 1004 Rn. 75; *Spohnheimer*, in: BeckOGK, BGB, Stand: 01.02.2024, § 1004 Rn. 175; eingeschränkt auch *Thole*, in: Staudinger, Neubearbeit. 2023, § 1004 Rn. 371; a. A. *Gursky*, in: Staudinger, Neubearbeit. 2013, § 1004 Rn. 144; *Raff*, in: MüKo, BGB, § 1004 Rn. 237; *Fritzsche*, in: BeckOK, BGB, § 1004 Rn. 23; *Münch*, in: Soergel, BGB, § 1004 Rn. 289; auch in BGH, Urteil v. 27.11.2020 – V ZR 121/19, NZM 2021, 321, 324 (Rn. 35), wird eine Gesamtschuld abgelehnt – allerdings nur im Hinblick auf eine „Unterlassung".

chend zu §§ 426 Abs. 1, 254 Abs. 1 BGB erfolgt. Im abgewandelten Kunstmaler-Fall[1289] kann der Kaufhausbetreiber also gegenüber einem der Unternehmer die Gefahrbeseitigung durchsetzen, woraufhin der In-Anspruch-Genommene beim anderen Unternehmer Regress verlangen kann.

II. Mehrheit von Gläubigern

Es ist zwar vorstellbar, dass von einer Person eine Gefahr ausgeht, die gleichzeitig verschiedene andere, mit ihr in einem Schuldverhältnis stehende Personen gefährdet, sodass mehrere Schutzberechtigte gegenüber demselben Schutzpflichtigen jeweils einen Anspruch auf Beseitigung derselben Gefahr haben. Mit der Beseitigung der Gefahr sind aber stets alle Schutzberechtigten befriedigt, sodass es auf § 428 BGB nicht ankommt. Eine Ausgleichspflicht zwischen den Gläubigern nach § 430 BGB ist von vornherein gegenstandslos, weil durch die Schutzleistung nur eine Gefahr beseitigt und nicht irgendein Vorteil verschafft wird, der im Anschluss aufgeteilt werden müsste. Schließlich kann auch auf eine analoge Anwendung von § 432 Abs. 1 S. 1 BGB verzichtet werden. Es ergibt sich vielmehr aus der Natur der Sache, dass die Beseitigung einer einheitlichen Gefahr immer gleichzeitig gegenüber allen Schutzberechtigten erfolgt.

III. Ergebnis

Die Vorschriften zur Mehrheit von Schuldnern und Gläubigern finden insoweit keine entsprechende Anwendung auf den Anspruch auf Beachtung von Schutzpflichten, als sie ihrer Ausrichtung nach an eine Leistung als Vermögensaufstockung anknüpfen. Etwas anderes gilt für § 421 BGB, § 426 Abs. 1 BGB, § 840 Abs. 1 BGB sowie – in eingeschränkter Form – für § 423 BGB, weil hier besondere Prinzipien zur Verbesserung der Position des Anspruchsberechtigten und zum Innenausgleich zwischen mehreren Anspruchsgegnern Ausdruck finden.

Obwohl die Verjährung nicht im allgemeinen Schuldrecht geregelt ist, wird ihr im folgenden und letzten Abschnitt Beachtung geschenkt. Da in dieser Arbeit nämlich ein reduzierter – und insofern von der historischen

---

1289 S. 251.

Konzeption des BGB abweichender – Anspruchsbegriff zugrunde gelegt wird,[1290] drängt sich die Frage auf, inwiefern ein solcher Anspruch verjährt.

M. Sonderfrage der Verjährung

Der Anspruch auf Beachtung von Schutzpflichten ist zwar nicht auf eine Leistung, wohl aber auf ein Tun oder Unterlassen gerichtet, sodass es sich – zumindest nach der Legaldefinition in § 194 Abs. 1 BGB – um einen „Anspruch“ handelt. Da sich somit die Gleichsetzung von Anspruch und *Leistungs*anspruch, die dem BGB zugrunde liegt,[1291] zumindest im Wortlaut von § 194 Abs. 1 BGB nicht niedergeschlagen hat, können die §§ 194 ff. BGB unmittelbar angewendet werden.[1292]

Ist der Schutzanspruch auf ein Unterlassen gerichtet, greift § 199 Abs. 5 BGB, wonach für den Beginn der Verjährung nicht die Entstehung des Anspruchs, sondern die „Zuwiderhandlung“ maßgeblich ist. In der Literatur zum Unterlassungsanspruch nach § 1004 Abs. 1 S. 2 BGB findet sich insoweit der Hinweis, dass die Verjährung überhaupt nicht beginnen kann, weil sich der Anspruch gegen die noch bevorstehende Zuwiderhandlung richte.[1293] Das mag für solche Ansprüche richtig sein, die eine unmittelbare Beeinträchtigung durch aktives Tun abwehren sollen, also auf ein schlichtes Nichtstun gerichtet sind. Bei mittelbaren Beeinträchtigungen lässt sich jedoch nicht erst die Beeinträchtigung, sondern schon die Nichtbeseitigung der Gefahr als „Zuwiderhandlung“ im Sinne von § 199 Abs. 5 BGB verste-

---

1290 Ausführlich dazu unter 1. Teil C.I.2.b (S. 59 ff.).

1291 Siehe insbesondere S. 58 f., 62.

1292 Entsprechend im Hinblick auf den negatorischen Rechtsschutz nach § 1004 Abs. 1 BGB etwa BGH, Urteil v. 22.06.1990 – V ZR 3/89, NJW 1990, 2555, 2556; BGH, Urteil v. 22.02.2019 – V ZR 136/18, NJW-RR 2019, 590, 592 (Rn. 15); *Fritzsche*, Unterlassungsanspruch, S. 470; *Thole*, in: Staudinger, Neubearbeit. 2023, § 1004 Rn. 423, 473 f.

1293 *Henckel*, AcP 174 (1974), 97, 126; *Hohloch*, Die negatorischen Ansprüche, S. 197; *Fritzsche*, Unterlassungsanspruch, S. 472 f. (für den vorbeugenden Unterlassungsanspruch, nicht dagegen für den Verletzungsunterlassungsanspruch); *Gursky*, in: Staudinger, Neubearbeit. 2013, § 1004 Rn. 226; *Raff*, in: MüKo, BGB, § 1004 Rn. 303.

hen.[1294] Rein technisch lässt sich der Unterlassungsanspruch insofern zum Gegenstand der Verjährung machen.[1295]

Zweifelhaft ist allerdings, ob dies auch dem Sinn und Zweck der §§ 194 ff. BGB entspricht. Die Verjährung soll Rechtsfrieden und Rechtssicherheit herstellen.[1296] Nach § 214 Abs. 1 BGB ist der Schuldner insoweit nach Eintritt der Verjährung berechtigt, die Leistung zu verweigern. Der *status quo* bleibt ab diesem Zeitpunkt erhalten. Eine Verletzung der Leistungspflicht kann auch keinen Schadensersatzanspruch mehr auslösen. Bis auf das Zurückbehaltungsrecht und die Aufrechnung (§ 215 BGB) entfallen die Zwangsmittel des Gläubigers.

Im Hinblick auf den Anspruch auf Beachtung von Schutzpflichten stellt sich die Situation anders dar: Verjährt der Anspruch, sieht sich der Betroffene einer anhaltenden Gefahr ausgesetzt, die jederzeit in eine Beeinträchtigung umschlagen und damit den *status quo ante* verändern kann. Der Störer muss demgegenüber weiterhin mit der naheliegenden Möglichkeit einer Schadensersatzhaftung rechnen. So kann etwa der Schulbetreiber im Privatschüler-Fall[1297] bei Eintritt eines Schadens einem etwaigen Schadensersatzverlangen nicht entgegensetzen, dass er die Verkehrssicherungspflicht schon seit vielen Jahren verletzt und der Schüler auch die zugrunde liegenden Tatsachen kannte. Da die Verjährungsvorschriften also weder Rechtssicherheit noch Rechtsfrieden erzeugen, ist eine teleologische Reduktion

---

1294 Vgl. BGH, Urteil v. 12.06.2015 – V ZR 168/14, NJW-RR 2016, 24, 27 (Rn. 31); *Thole*, in: Staudinger, Neubearbeit. 2023, § 1004 Rn. 474.

1295 Die Rechtsprechung greift dagegen auch insoweit auf § 199 Abs. 5 BGB zurück: Für die Dauer der Aufrechterhaltung der Gefahr handle der Störer dem gegen ihn gerichteten Anspruch auf Unterlassung durchgehend zuwider, sodass die Verjährung überhaupt nicht beginnen könne bzw. immer wieder neu beginne; siehe etwa BGH, Urteil v. 22.06.1990 – V ZR 3/89, NJW 1990, 2555, 2556; BGH, Urteil v. 08.05.2015 – V ZR 178/14, NJW-RR 2015, 781, 782 (Rn. 5 ff.); BGH, Urteil v. 12.06.2015 – V ZR 168/14, NJW-RR 2016, 24, 27 (Rn. 31).

1296 Siehe nur Fraktionsentwurf zum SchuldRModG, BT-Drucks. 14/6040 v. 14.05.2001, S. 100.

1297 S. 140.

geboten.[1298] Eine Verjährung des Schutzanspruchs scheidet aus.[1299] Nur eine Verwirkung kommt in Ausnahmefällen Betracht.[1300]

Ist der Schutzanspruch dagegen auf die Beseitigung einer andauernden Beeinträchtigung gerichtet, also im Facebook-Fall[1301] zum Beispiel auf Wiederherstellung des rechtswidrig gelöschten Nutzerbeitrags, gilt etwas anderes.[1302] Auch insofern kann teleologisch argumentiert werden: Im Hinblick auf den Beseitigungsanspruch besteht die Besonderheit, dass sich die Gefahr bereits realisiert hat. Der Beseitigungsanspruch ist in dieser Eigenschaft dem Anspruch auf Naturalrestitution ähnlich.[1303] Da die Beeinträchtigung also bereits eingetreten ist und lediglich fortdauert, ist die damit verbundene Rechtsunsicherheit für beide Beteiligten beschränkt. Es droht kein weiterer, haftungsauslösender Schadensfall. Die Verjährung des Beseitigungsanspruchs kann also Rechtsfrieden und Rechtssicherheit erzeugen.

Im Ergebnis verjährt der Anspruch auf Beachtung von Schutzpflichten, wenn er auf Beseitigung einer bereits eingetretenen und andauernden Beeinträchtigung gerichtet ist, nicht dagegen, wenn er auf die Unterlassung bzw. Verhinderung einer bevorstehenden Beeinträchtigung abzielt.

N. Wesentliche Ergebnisse des zweiten Teils

Der zweite Teil war der Frage gewidmet, inwieweit die wichtigsten Normen des allgemeinen Schuldrechts auf den Anspruch auf Beachtung von Schutzpflichten anwendbar sind. Dabei hat sich Folgendes ergeben:

1. Das allgemeine Schuldrecht ist in großen Teilen nicht *unmittelbar* auf den Schutzanspruch anwendbar, weil es an Leistungsrechte anknüpft

---

1298 Vgl. auch *Canaris*, Lücken im Gesetz, S. 166 f.; *Gursky*, in: Staudinger, Neubearbeit. 2013, § 1004 Rn. 226; *Thole*, in: Staudinger, Neubearbeit. 2023, § 1004 Rn. 474.

1299 Entsprechend zum Unterlassungsanspruch aus § 1004 Abs. 1 S. 2 BGB die Verweise in Fn. 1293, 1295.

1300 Vgl. dazu etwa *Fritzsche*, Unterlassungsanspruch, S. 528 f. (auch mit Hinweis auf die geringe Praxisrelevanz); *Thole*, in: Staudinger, Neubearbeit. 2023, § 1004 Rn. 475 f.

1301 S. 15 f.

1302 So auch die Rechtsprechung zu § 1004 Abs. 1 S. 1 BGB: BGH, Urteil v. 22.02.2019 – V ZR 136/18, NJW-RR 2019, 590, 592 (Rn. 15); BGH, Urteil v. 14.06.2019 – V ZR 102/18, NJW-RR 2019, 1356, 1358 (Rn. 17).

1303 Diese Parallele wird auch mit Blick auf § 902 Abs. 1 S. 2 BGB gezogen: BGH, Urteil v. 23.02.1973 – V ZR 109/71, BGHZ 60, 235, 239; *Rudolf Schmidt*, Beseitigungsanspruch, S. 107; *Hohloch*, Die negatorischen Ansprüche, S. 197.

und sich Schutzpflichten maßgeblich von Leistungspflichten unterscheiden. Ob die Regeln des allgemeinen Schuldrechts *entsprechend* anwendbar sind, muss jeweils gesondert überprüft werden.[1304]

2. Der Anspruch auf Beachtung von Schutzpflichten kann immer sofort, also mit der Entstehung der Schutzpflicht, geltend gemacht werden. Der Anspruch wird gegenstandslos bzw. erlischt, wenn die konkrete Gefahr, vor der die Schutzpflicht schützen soll, wegfällt. Die Schutzleistung ist außerdem immer dort zu erbringen, wo sie die konkrete Gefahr beseitigen kann. All dies ergibt sich schon aus der Natur von Schutzpflichten. Auf die § 271 BGB, §§ 362 ff. BGB und § 269 BGB muss insoweit nicht zurückgegriffen werden.[1305]

3. § 275 BGB kommt im Hinblick auf den Anspruch auf Beachtung von Schutzpflichten keine Bedeutung zu. Die von § 241 Abs. 2 BGB erfassten Rechtsgüter sind zwar nicht grenzenlos geschützt. Unmögliche oder unzumutbare Schutzmaßnahmen sind grundsätzlich nicht geschuldet.[1306] Dies folgt allerdings schon aus den Grundprinzipien zur Herleitung von Schutzpflichten.[1307] Die Tatsachen, aus denen sich die Möglichkeit und Zumutbarkeit einer Schutzmaßnahme ergeben, stellen deshalb rechtsbegründende Tatsachen dar, die grundsätzlich vom Schutzberechtigten darzulegen und zu beweisen sind.[1308] Eine Beweislastumkehr ist geboten, wenn der Anspruchsteller darlegt und beweist, dass vom Anspruchsgegner eine konkrete Gefahr für seine Rechtsgüter ausgeht. Steht insofern die Zurechenbarkeit der Gefahr fest, handelt es sich bei der Unmöglichkeit bzw. Unzumutbarkeit der Schutzleistung um eine Einwendung bzw. Einrede.[1309] Durch eine Verletzung der Schutzpflicht wird die verpasste Schutzleistung unmöglich, weil sie für den jeweiligen Zeitraum nicht mehr nachholbar ist.[1310]

4. Die §§ 273, 274 BGB sind nur teilweise entsprechend anwendbar. Die Zurückbehaltung einer Leistung im Sinne von § 241 Abs. 1 BGB zur Durchsetzung eines Anspruchs auf Beachtung von Schutzpflichten ist möglich. Dagegen scheidet die Zurückbehaltung einer Schutzmaßnahme im Sinne von § 241 Abs. 2 BGB zum Schutz sowohl der relativen als auch der absoluten Rechte regelmäßig aus. Die Zurückbehaltung einer Schutzmaßnahme

1304 S. 185 ff.
1305 S. 188, 245 f., 187.
1306 S. 191 ff.
1307 S. 197 ff.
1308 S. 200 f.
1309 S. 202 ff.
1310 S. 206 ff.

zum Schutz des Vermögens kommt zwar grundsätzlich in Betracht. Es ist dabei aber verstärkt auf die Umstände des Einzelfalls zu achten, weil Schutzpflichten sich anders als Leistungspflichten immer erst aus der konkreten Situation ergeben.[1311]

5. Der Anspruch auf Beachtung von Schutzpflichten setzt kein Verschulden voraus, kann aber durch eine Mitverursachung der Störung durch den Schutzberechtigten analog § 254 BGB beschränkt sein. Lässt sich die Schutzmaßnahme nicht quoteln, kann der Schutzberechtigte zwar die Gefahrbeseitigung verlangen. Der Anspruch ist aber durch eine Feststellung zur Kostenbeteiligung in Höhe seiner Haftungsquote beschränkt.[1312]

6. § 278 BGB kommt im Hinblick auf den Anspruch auf Beachtung von Schutzpflichten keine Bedeutung zu. Zum einen kann sich der Anspruchsgegner entlasten, indem er Tatsachen darlegt und beweist, aus denen sich ergibt, dass ihm die Abschaltung der vom Dritten ausgehenden Gefahr unmöglich oder unzumutbar ist. Zum anderen lässt sich aus § 278 BGB keine negatorische Haftung für Dritte herleiten, die über diejenige, die außerhalb von Sonderverbindungen anerkannt ist, hinausreichen würde.[1313]

7. Eine analoge Anwendung der §§ 281 ff. BGB auf den Anspruch auf Beachtung von Schutzpflichten scheidet aus. Einem Rückgriff auf § 281 BGB und § 286 BGB steht schon entgegen, dass die Schutzleistung nicht nachgeholt werden kann.[1314] Selbst wenn man die Schutzleistung nicht als absolute Fixschuld begreift, fehlt für eine analoge Anwendung von § 281 BGB und § 286 BGB sowohl die Regelungslücke als auch die vergleichbare Interessenlage: Der Schadensersatzanspruch aus §§ 280 Abs. 1, 241 Abs. 2 BGB i. V. m. §§ 249 ff. BGB deckt alle relevanten Konstellationen ab und führt zu einem angemessenen Interessenausgleich.[1315] Außerdem begreift das Leistungsstörungsrecht die Leistung als eigenständige Wertposition. Die Schutzleistung dagegen ist keine eigenständige Wertposition, sondern dient nur dem Schutz einer schon bestehenden Wertposition.[1316] Diese abweichende Grundausrichtung des Schutzanspruchs steht auch einer entsprechenden Anwendung von § 284 BGB und § 285 BGB entgegen: Während § 284 BGB nur das Vertrauen in den *status ad quem* und nicht in den

1311 S. 211 ff.
1312 S. 219 ff.
1313 S. 222 ff.
1314 S. 225.
1315 S. 224 ff.
1316 S. 236.

status quo ante schützt[1317], kann ein stellvertretendes Commodum nur das Erfüllungsinteresse und nicht das Integritätsschutzinteresse befriedigen[1318]. Ein Schadensersatzanspruch analog §§ 280 Abs. 1, 3, 283 S. 1 BGB scheidet ebenfalls aus[1319]: Wenn die Schutzleistung unmöglich oder unzumutbar wird, entfällt die Schutzpflicht, sodass eine sich anschließende Schädigung des Betroffenen nicht rechtswidrig ist[1320] und nur noch ein Aufopferungsanspruch entsprechend § 14 S. 2 BImSchG, §§ 904 S. 2, 906 Abs. 2 S. 2, 912 Abs. 2, 917 Abs. 2 BGB in Betracht kommt. Ist die Herbeiführung der Unmöglichkeit oder Unzumutbarkeit der Schutzleistung vorwerfbar, liegt schon darin eine Schutzpflichtverletzung, sodass bereits der Anspruch aus §§ 280 Abs. 1, 241 Abs. 2 BGB greift.

8. Die Regeln über den Annahmeverzug sind unanwendbar, weil der Schutzpflichtige keine Leistung annehmen muss, für die der Schutzberechtigte die Verantwortung abgeben will. Ist ein Verhalten des Schutzberechtigten dafür verantwortlich, dass der Schutzverpflichtete eine Gefahr nicht beseitigen kann und kommt es daraufhin zu einem Schaden, bemisst sich der Haftungsumfang nach § 254 BGB.[1321]

9. Ein Erlass, eine Abtretung und eine Schuldübernahme kommen von vornherein nicht in Betracht, weil der Anspruch auf Beachtung von Schutzpflichten als Rechtsbehelf akzessorisch zu der zu schützenden Rechtsposition ist und insoweit dem Schicksal der Rechtsposition folgt.[1322] Ein Verzicht auf den Primäranspruch durch einen *pactum de non petendo* ist möglich.[1323]

10. Die Vorschriften zur Mehrheit von Schuldnern und Gläubigern sind nur eingeschränkt auf den Schutzanspruch entsprechend anwendbar. Relevant sind § 421 BGB, § 426 Abs. 1 BGB, § 840 Abs. 1 BGB sowie – in eingeschränkter Form – § 423 BGB, sofern der Anspruch auf die Beseitigung einer Gefahr durch aktives Tun gerichtet ist.[1324]

11. Der Anspruch auf Beachtung von Schutzpflichten verjährt nur in Gestalt des Beseitigungsanspruchs, nicht in Gestalt des vorbeugenden Unterlassungsanspruchs.[1325]

1317 S. 239 f.
1318 S. 240 ff.
1319 S. 237 f.
1320 S. 238 (hier auch zur gesetzlichen Haftungserweiterung durch § 278 BGB).
1321 S. 243 f.
1322 S. 246 ff., 249.
1323 S. 247 ff.
1324 S. 250 ff.
1325 S. 257 ff.

Insgesamt bestätigt die Analyse der Vorschriften des allgemeinen Schuldrechts die Ergebnisse des ersten Teils dieser Arbeit: Insbesondere hat sich die genaue Bestimmung der Rechtsgrundlage des Anspruchs auf Beachtung von Schutzpflichten als sinnvoll erwiesen. Indem die Einklagbarkeit von Schutzpflichten nicht auf den in § 241 Abs. 1 S. 1 BGB verankerten Naturalerfüllungsanspruch gestützt wird, lässt sich sinnvoll erklären, warum die meisten Vorschriften des allgemeinen Schuldrechts auf den Schutzanspruch nicht oder nur eingeschränkt anwendbar sind. Letztere sind überwiegend auf Leistungspflichten zugeschnitten, von denen sich Schutzpflichten als unselbständige Pflichten maßgeblich unterscheiden. Die Unergiebigkeit des allgemeinen Schuldrechts für den Schutzanspruch zeigt außerdem, dass – entgegen der herrschenden Meinung – die *Forderung* und der *Anspruch des Schuldrechts* nicht gleichgesetzt werden dürfen.

Schluss

Bis zum SchuldRModG wurden Schutzpflichten herangezogen, um im Rahmen eines Schuldverhältnisses einen Schutz zu begründen, der über den deliktsrechtlichen Schutz hinausgeht. Damit ging einher, dass Schutzpflichten ein Leistungselement beinhalten mussten: Dem Schutzberechtigten wurde durch die Schutzpflicht etwas zugesprochen, was ihm außerhalb der Sonderverbindung nicht zusteht, nämlich ein Recht auf „gesteigerten Schutz" bzw. auf „besondere Rücksicht". Noch immer ist diese Vorstellung ein fester Bestandteil der herrschenden Schutzpflichtenlehre.

Allerdings lässt sich ein solches Verständnis nicht mit der Natur von Schutzpflichten vereinbaren. Ein Abgleich der Merkmale von Schutzpflichten mit den Merkmalen sowohl von deliktischen Pflichten als auch von Leistungspflichten hat ergeben, dass Schutzpflichten ihrem Wesen nach deliktische Pflichten sind und sich insofern kategorisch von Leistungspflichten unterscheiden: Schutzpflichten sind unselbständige Pflichten, welche die Rechtsposition des Berechtigten nicht erweitern oder verstärken, sondern den schon bestehenden Rechtskreis nur gegen Beeinträchtigungen abschirmen. Leistungspflichten dagegen sind selbständige Pflichten, die einem Selbstzweck dienen, nämlich der Leistung und der damit verbundenen Erweiterung des Rechtskreises des Gläubigers. Auch die herrschende Schutzpflichtenlehre erkennt diese funktionale Ausrichtung von Schutz- und Leistungspflichten an, widerspricht sich damit aber selbst.

Die Schaffung von § 241 Abs. 2 BGB durch das SchuldRModG hat die Möglichkeit eröffnet, ein in sich schlüssiges System zu entwickeln: Der Schutz des Vermögens in Sonderverbindungen muss nicht länger aus einzelnen Schutzpflichten hergeleitet werden, vielmehr können Schutzpflichten nun umgekehrt – und so ist es richtig – aus dem Schutz des Vermögens hergeleitet werden. Der Schutz des Vermögens wiederum ergibt sich nunmehr – genauso wie zum Beispiel der Schutz des Eigentums – unmittelbar aus dem Gesetz. Auch der Schutz der weiteren Interessen der Beteiligten eines Schuldverhältnisses ergibt sich unmittelbar aus § 241 Abs. 2 BGB, wobei sich diese aber häufig erst unter Heranziehung des Grundsatzes von Treu und Glauben konkretisieren lassen. Die Rechtssicherheit, die § 241 Abs. 2 BGB insoweit bietet, führt zugleich zu einer Entlastung der Rolle von Schutzpflichten: Letztere müssen dem Berechtigten nicht länger etwas

Zusätzliches oder Besonderes vermitteln, sondern können sich darauf beschränken, das schon Bestehende zu schützen.

Ist damit das Wesen von Schutzpflichten erfasst, lässt sich die Frage nach einem Anspruch auf Beachtung von Schutzpflichten beantworten. Pflichten, die keine Leistungspflichten sind und denen auch kein Leistungselement innewohnt, kann kein *Leistungs*anspruch gegenüberstehen.

Zwar geht die immer noch herrschende Lehre davon aus, dass der Anspruch und das in § 241 Abs. 1 S. 1 BGB beschriebene Leistungsrecht weitgehend identisch sind. Es wurde allerdings gezeigt, dass der *Windscheid'sche* Anspruchsbegriff, der dieser Auffassung zugrunde liegt, zu dogmatischen Widersprüchen führt. Konsequent auflösen lassen sich diese Widersprüche nur anhand eines Ordnungsprinzips, welches zwischen Rechtspositionen und Rechtsbehelfen differenziert. Hiernach ist die Forderung eine relative, auf Leistung gerichtete Rechtsposition und der Anspruch ist ein Rechtsbehelf zur klageweisen Durchsetzung dieser Rechtsposition. Unterscheidet man dementsprechend zwischen Forderung und Anspruch, wohnt dem Anspruch selbst kein Leistungselement mehr inne. Er kann zwar der Durchsetzung eines Leistungsrechts dienen. Genauso kann er aber zur Durchsetzung anderer Rechtspositionen – etwa in Gestalt von § 1004 Abs. 1 BGB zur Durchsetzung des Eigentumsrechts – herangezogen werden. Ein solcher, vom Leistungselement befreiter Anspruch lässt sich schließlich auch Schutzpflichten gegenüberstellen, ohne dass man dadurch die kategorische Unterscheidung zwischen Schutz- und Leistungspflichten aufgeben muss.

Allerdings folgt die Anerkennung eines Anspruchs auf Beachtung von Schutzpflichten weder unmittelbar aus der geschützten Rechtsposition noch aus dem Naturalerfüllungsgrundsatz. Die Nähe von Schutzpflichten zu deliktischen Pflichten steht dem entgegen. Wie der vorbeugende Schutz der deliktisch geschützten Rechtsgüter lässt sich auch der vorbeugende Schutz der nach § 241 Abs. 2 BGB geschützten Rechtspositionen nur auf eine (analoge) Anwendung der gesetzlichen Regeln des negatorischen Rechtsschutzes stützen. Die Einklagbarkeit von Schutzpflichten in Bezug auf das reine Vermögen und auf relative Rechte ergibt sich insofern aus einer logischen Weiterentwicklung des quasinegatorischen Beseitigungs- bzw. Unterlassungsanspruchs analog §§ 12, 862, 1004 BGB.

Im Hinblick auf die Reichweite dieses Anspruchs ist die in der Rechtsprechung und Literatur verbreitete Abwägungslösung, wonach es auf eine Abwägung der Interessen im konkreten Einzelfall ankommt, verfehlt. Sie ist das Produkt der Unsicherheit, die im Spannungsfeld zwischen den Lehren vom Erfolgs- und Verhaltensunrecht entsteht: Der deutsche Rechtsanwender ist es nicht gewohnt, aus einer Verhaltenspflicht wie der Schutzpflicht einen negatorischen Anspruch herzuleiten. Das SchuldRModG bietet ihm hierbei jedoch eine Stütze: Der Gesetzgeber hat die Schutzpflicht ausdrücklich als *Pflicht* eingestuft und die Pflichtverletzung in das Zentrum der Schadensersatzhaftung nach § 280 Abs. 1 BGB gestellt. Er hat damit klargestellt, dass die Nichtbeachtung einer Schutzpflicht Unrecht bedeutet. Hierdurch wiederum hat er einer umfassenden Anerkennung des Anspruchs auf Beachtung von Schutzpflichten den Weg geebnet.

Die in der Rechtsprechung und Literatur geäußerten Einwände und Vorbehalte gegenüber einem solchen Anspruch konnten in dieser Arbeit widerlegt werden. Es wurde gezeigt, dass der repressive Rechtsschutz keinen ausreichenden Schutz bietet, dass weder das Interesse an einer gesamtgesellschaftlichen Wohlfahrtsmaximierung noch das Interesse am Erhalt der Vertrauensbeziehung in Schuldverhältnissen dem Schutzanspruch entgegensteht, dass der Schutzberechtigte einer Gefahr nicht ausweichen muss, solange es sich nicht um ein allgemeines Lebensrisiko handelt, und dass der Anspruch auf Beachtung von Schutzpflichten keinen höheren Gefahrengrad voraussetzt als die jeweilige Schutzpflicht selbst. Schutzpflichten sind also grundsätzlich einklagbar. Ist dem Schutzverpflichteten das schützende Verhalten unzumutbar, liegt schon keine Schutzpflicht vor. Erscheint es dabei in einzelnen Fällen ungerecht, den Betroffenen die Schadenslast tragen zu lassen, kommt nur eine Billigkeitshaftung nach dem Rechtsgedanken von § 14 S. 2 BImSchG, §§ 904 S. 2, 906 Abs. 2 S. 2, 912 Abs. 2, 917 Abs. 2 BGB in Betracht.

Sofern man anerkennt, dass der Anspruch auf Beachtung von Schutzpflichten nicht auf eine Leistung gerichtet ist, lässt sich der Anspruch auch im allgemeinen Schuldrecht richtig verorten. Es konnte gezeigt werden, dass die meisten Vorschriften des allgemeinen Schuldrechts auf den Schutzanspruch nicht entsprechend anwendbar sind oder bei entsprechender Anwendung nicht zu einer Änderung der Rechtslage führen. Für die in der Einleitung aufgeworfenen Fragen bedeutet dies zum Beispiel Folgendes: Zum einen richtet sich die Reichweite des Anspruchs auf Beachtung von Schutzpflichten nicht nach § 275 BGB, sondern nach den Grundprinzipien zur Herleitung von Schutzpflichten, worunter auch die Möglichkeit und Zumutbarkeit der Schutzmaßnahme fällt. Die notwendige Konkretisierung des Zumutbarkeitskriteriums erfolgt dabei insbesondere durch die Rechtsprechung zur Reichweite von Schutz- und Verkehrspflichten. Zum anderen führt die schuldhafte Verletzung einer Schutzpflicht – auch wenn auf deren Beachtung ein Anspruch besteht – nicht zu einem Anspruch auf Schadensersatz statt der Leistung nach § 280 Abs. 1, 3 BGB i. V. m. § 281 Abs. 1 BGB bzw. § 283 BGB, sondern lediglich zu einer Haftung nach §§ 280 Abs. 1, 241 Abs. 2 BGB.

Der praktische Vorteil eines Anspruchs auf Beachtung von Schutzpflichten liegt in dem vorbeugenden Schutz des reinen Vermögens und der relativen Rechte. Insbesondere der Umstand, dass auch ein Schutz vor mittelbaren sowie vor nicht vorsätzlichen und nicht sittenwidrigen Vermögensschädigungen möglich ist, hebt das Schutzniveau über dasjenige, welches das Deliktsrecht und die bisherige Rechtsprechung zum (quasi)negatorischen Rechtsschutz bietet.

Das hier erarbeitete Modell zur vorbeugenden Durchsetzbarkeit von Schutzpflichten zeichnet sich vor allem durch seine Einfachheit aus: Einer Schutzpflicht steht genau wie einer Leistungspflicht grundsätzlich ein Anspruch gegenüber. Lediglich die Frage, ob eine Schutzpflicht besteht, kann schwierig zu beantworten sein, wobei allerdings das umfassende Rechtsprechungsmaterial Orientierung bietet. Insgesamt sollte es der Rechtspraxis also möglich sein, ohne Unsicherheit auf den Anspruch auf Beachtung von Schutzpflichten zurückzugreifen. Ob die praktische Relevanz des Anspruchs dadurch zunimmt, bleibt abzuwarten.

Literaturverzeichnis

Adams, Michael, Ökonomische Analyse der Gefährdungs- und Verschuldenshaftung, 1985 (zitiert: *Adams*, Ökonomische Analyse).

Armbrüster, Christian, Eigentusschutz durch den Beseitigungsanspruch nach § 1004 I 1 BGB und durch Deliktsrecht, Neue Juristische Wochenschrift, 56. Jahrgang, 2003, S. 3087–3090 (zitiert: *Armbrüster*, NJW 2003, 3087).

Arndts, Ludwig, Lehrbuch der Pandekten, 6. Aufl. 1868 (zitiert: *Arndts*, Pandekten).

Avenarius, Martin, Struktur und Zwang im Schuldvertragsrecht, Zur funktionellen Bedeutung des § 241 S. 1 BGB, Juristische Rundschau, 1996, S. 492–496 (zitiert: *Avenarius*, JR 1996, 492).

Bacher, Klaus, Die Beeinträchtigungsgefahr als Voraussetzung für Unterlassungsklagen im Wettbewerbsrecht und in anderen Gebieten des Zivilrechts, 1996 (zitiert: *Bacher*, Beeinträchtigungsgefahr).

Bachmann, Gregor, Möglichkeiten und Grenzen einer bürgerlich-rechtlichen Informationshaftung, in: Bachmann, Gregor/Casper, Matthias/Schäfer, Carsten/Veil, Rüdiger (Hrsg.), Steuerungsfunktionen des Haftungsrechts im Gesellschafts- und Kapitalmarktrecht, 2007, S. 93–147 (zitiert: *Bachmann*, in: Bachmann/Casper/Schäfer/Veil, Steuerungsfunktionen des Haftungsrechts, 93).

Bachmann, Gregor/Schirmer, Jan-Erik, Leistungs- und Schutzpflichten in der Zivilrechtsdogmatik, Zum Erfüllungsanspruch aus Schutzpflichten, in: Auer, Marietta/Grigoleit, Hans Christoph/Hager, Johannes/Herresthal, Carsten/Hey, Felix/Koller, Ingo/Langenbucher, Katja/Neuner, Jörg/Petersen, Jens/Riehm, Thomas/Singer, Reinhard (Hrsg.), Privatrechtsdogmatik im 21. Jahrhundert, Festschrift für Claus-Wilhelm Canaris zum 80. Geburtstag, 2017, S. 371–401 (zitiert: *Bachmann/Schirmer*, in: FS Canaris 2017, 371).

Ballerstedt, Kurt, Zur Haftung für culpa in contrahendo bei Geschäftsabschluß durch Stellvertreter, Archiv für die civilistische Praxis, Band 151, 1951, S. 501–531 (zitiert: *Ballerstedt*, AcP 151 (1951), 501).

Bar, Christian von, Entwicklungen und Entwicklungstendenzen im Recht der Verkehrs(sicherungs)pflichten, Juristische Schulung, 28. Jahrgang, 1988, S. 169–174 (zitiert: *von Bar*, JuS 1988, 169).

Ders., „Nachwirkende" Vertragspflichten, Archiv für die civilistische Praxis, Band 179, 1979, S. 452–474 (zitiert: *von Bar*, AcP 179 (1979), 452).

Ders., Verkehrspflichten, Richterliche Gefahrsteuerungsgebote im deutschen Deliktsrecht, 1980 (zitiert: *von Bar*, Verkehrspflichten).

Ders., Vertragliche Schadensersatzpflichten ohne Vertrag?, Juristische Schulung, 22. Jahrgang, 1982, S. 637–645 (zitiert: *von Bar*, JuS 1982, 637).

Ders., Vorbeugender Rechtsschutz vor Verkehrspflichtverletzungen, in: Hauß, Fritz/von Bieberstein, Wolfgang Freiherr Marschall/Reichert-Facilides, Fritz (Hrsg.), 25 Jahre Karlsruher Forum, Jubiläumsausgabe, Beilage Versicherungsrecht, 1983, S. 80–85 (zitiert: *von Bar*, in: 25 Jahre Karlsruher Forum (Beilage VersR 1983), 80).

Baumgärtel, Gottfried (Begr.)/*Laumen, Hans-Willi/Prütting, Hanns* (Hrsg.), Handbuch der Beweislast, Band 3, §§ 812 - 2385 BGB, 5. Aufl. 2023 (zitiert: *Bearbeiter*, in: Baumgärtel/Laumen/Prütting).

Baums, Theodor, Haftung für Verrichtungsgehilfen nach deutschem und schweizerischem Recht, in: Leßmann, Herbert/Großfeld, Bernhard/Vollmer, Lothar (Hrsg.), Festschrift für Rudolf Lukes zum 65. Geburtstag, 1989, S. 623–638 (zitiert: *Baums*, in: FS Lukes, 623).

Baur, Fritz, Der Beseitigungsanspruch nach § 1004 BGB, Zugleich ein Beitrag zum Problem der Rechtswidrigkeit auf dem Gebiet des Güterschutzes, Archiv für die civilistische Praxis, Band 160, 1961, S. 465–492 (zitiert: *F. Baur*, AcP 160 (1961), 465).

Ders., Der Ersatz der Aufwendungen für präventiven Gewässerschutz, JuristenZeitung, 19. Jahrgang, 1964, S. 354–358 (zitiert: *F. Baur*, JZ 1964, 354).

Ders., Zu der Terminologie und einigen Sachproblemen der „vorbeugenden Unterlassungsklage", JuristenZeitung, 21. Jahrgang, 1966, S. 381–383 (zitiert: *F. Baur*, JZ 1966, 381).

Baur, Jürgen/Stürner, Rolf, Sachenrecht, 18. Aufl. 2009, begründet von *Baur, Fritz* (zitiert: *J. Baur/R. Stürner*, Sachenrecht).

Beck, Thomas Alexander, Die präventive Durchsetzung der Rückrufpflicht, Möglichkeiten zur Erzwingung eines Produkterückrufs, 2002 (zitiert: *Beck*, Rückrufpflicht).

beck-online.GROSSKOMMENTAR, Bürgerliches Gesetzbuch, herausgegeben von *Gsell, Beate/Krüger, Wolfgang/Lorenz, Stephan/Reymann, Christoph* (zitiert: *Bearbeiter*, in: BeckOGK, BGB).

Beck'scher Online-Kommentar BGB, herausgegeben von *Hau, Wolfgang/Poseck, Roman*, 68. Edition, Stand: 01.11.2023 (zitiert: *Bearbeiter*, in: BeckOK, BGB).

Beck'scher Online-Kommentar ZPO, herausgegeben von *Vorwerk, Volkert/Wolf, Christian*, 51. Edition, Stand: 01.12.2022 (zitiert: *Bearbeiter*, in: BeckOK, ZPO).

Beck'scher Vergaberechtskommentar, herausgegeben von *Burgi, Martin/Dreher, Meinrad/Opitz, Marc*, Band 1, Gesetz gegen Wettbewerbsbeschränkungen GWB 4. Teil, Wettbewerbsregistergesetz, 4. Aufl. 2022 (zitiert: *Bearbeiter*, in: BeckOK, Vergaberecht).

Beitzke, Günther, Zur rechtlichen Qualifikation der Verlöbnisfolgen, in: Ferid, Murad (Hrsg.), Festschrift für Hans G. Ficker, 1967, S. 78–94 (zitiert: *Beitzke*, in: FS Ficker, 78).

Beuthien, Volker, Zweckerreichung und Zweckstörung im Schuldverhältnis, 1969 (zitiert: *Beuthien*, Zweckerreichung und Zweckstörung).

Bezzenberger, Tilman, Der negatorische Beseitigungsanspruch und die Kosten der Ersatzvornahme, JuristenZeitung, 60. Jahrgang, 2005, S. 373–377 (zitiert: *Bezzenberger*, JZ 2005, 373).

Binder, Jens-Hinrich, Nachsorgende Vertragspflichten?, Begründung und Reichweite fortdauernder Schutzpflichten nach Leistungsaustausch in Schuldverhältnissen, Archiv für die civilistische Praxis, Band 211, 2011, S. 587–625 (zitiert: *Binder*, AcP 211 (2011), 587).

Binding, Karl, Die Schuld im deutschen Strafrecht, Vorsatz. Irrtum. Fahrlässigkeit., 1919 (zitiert: *Binding*, Schuld).

Blaschczok, Andreas, Gefährdungshaftung und Risikozuweisung, 1993 (zitiert: *Blaschczok*, Gefährdungshaftung).

Bodewig, Theo, Der Rückruf fehlerhafter Produkte, Eine Untersuchung der Rückrufpflichten und Rückrufansprüche nach dem Recht Deutschlands, der Europäischen Union und der USA, 1999 (zitiert: *Bodewig*, Der Rückruf fehlerhafter Produkte).

Ders., Vertragliche Pflichten »post contractum finitum«, Juristische Ausbildung, 27. Jahrgang, 2005, S. 505–512 (zitiert: *Bodewig*, JURA 2005, 505).

Bohrer, Michael, Die Haftung des Dispositionsgaranten, Ein Beitrag zur Lehre von der negativen Vertrauenshaftung, 1980 (zitiert: *Bohrer*, Haftung des Dispositionsgaranten).

Bolze, Albert, Der Anspruch, Beiträge zur Erläuterung des deutschen Rechts, 46. Jahrgang, 1902, S. 753–791 (zitiert: *Bolze*, Beiträge 1902, 753).

Bötticher, Eduard, Schadensersatz für entgangene Gebrauchsvorteile, Versicherungsrecht, 17. Jahrgang, 1966, S. 301–313 (zitiert: *Bötticher*, VersR 1966, 301).

Braun, Johann, Leistung und Sorgfalt, Gedanken anläßlich des gleichnamigen Buches von Wolfgang Schur, Archiv für die civilistische Praxis, Band 205, 2005, S. 127–158 (zitiert: *Braun*, AcP 205 (2005), 127).

Brown, John Prather, Toward an Economic Theory of Liability, The Journal of Legal Studies, 2. Jahrgang, 1973, S. 323–349 (zitiert: *Brown*, J. Leg. Stud. 2 (1973), 323).

Brox, Hans (Begr.)/*Walker, Wolf-Dietrich*, Allgemeiner Teil des BGB, 47. Aufl. 2023 (zitiert: *Brox/Walker*, BGB AT).

Dies., Allgemeines Schuldrecht, 47. Aufl. 2023 (zitiert: *Brox/Walker*, Allgemeines Schuldrecht).

Brüggemeier, Gert, Deliktsrecht, 1986 (zitiert: *Brüggemeier*, Deliktsrecht).

Ders., Haftungsrecht, Struktur, Prinzipien, Schutzbereich, Ein Beitrag zur Europäisierung des Privatrechts, 2006 (zitiert: *Brüggemeier*, Haftungsrecht).

Ders., Prinzipien des Haftungsrechts, Eine systematische Darstellung auf rechtsvergleichender Grundlage, 1999 (zitiert: *Brüggemeier*, Prinzipien).

Bruns, Rolf, Recht und Pflicht als Korrespondenzbegriffe des Privatrechts, in: Dietz, Rolf/Hübner, Heinz (Hrsg.), Festschrift für Hans Carl Nipperdey zum 70. Geburtstag am 21. Januar 1965, Band 1, 1965, S. 3–21 (zitiert: *R. Bruns*, in: FS Nipperdey, Bd. 1, 3).

Bucher, Eugen, Für mehr Aktionendenken, Archiv für die civilistische Praxis, Band 186, 1986, S. 1–73 (zitiert: *Bucher*, AcP 186 (1986), 1).

Bundesminister der Justiz (Hrsg.), Abschlußbericht der Kommission zur Überarbeitung des Schuldrechts, 1992 (zitiert: Bundesminister der Justiz (Hrsg.), Abschlußbericht der Kommission, 1992).

Bydlinski, Franz, System und Prinzipien des Privatrechts, 1996 (zitiert: *Bydlinski,* System).

Caemmerer, Ernst von, Bereicherung und unerlaubte Handlung, in: Dölle, Hans/ Rheinstein, Max/Zweigert, Konrad (Hrsg.), Festschrift für Ernst Rabel, Band 1, Rechtsvergleichung und Internationales Privatrecht, 1954, S. 333–401 (zitiert: *von Caemmerer,* in: FS Rabel, Bd. 1, 333).

Ders., Die absoluten Rechte in § 823 Abs. 1 BGB, Beiheft Versicherungsrecht, Karlsruher Forum, 1961, S. 19–27 (zitiert: *von Caemmerer,* Karlsruher Forum 1961 (Beiheft VersR), 19).

Ders., Die Produktenhaftpflicht in der neueren Deutschen Rechtsprechung, Ars boni et aequi, Juhlajulkaisu Y. J. Hakulisen 70-vuotispäivänä 21.1.1972, 1972, S. 76–84 (zitiert: *von Caemmerer,* in: FS Hakulisen, 76).

Ders., Wandlungen des Deliktsrechts, in: von Caemmerer, Ernst/Friesenhahn, Ernst/ Lange, Richard (Hrsg.), Hundert Jahre Deutsches Rechtsleben, Festschrift zum hundertjährigen Bestehen des Deutschen Juristentages 1860-1960, Band 2, 1960, S. 49–136 (zitiert: *von Caemmerer,* in: FS 100 Jahre DJT, Bd. 2, 49).

Calabresi, Guido, The Cost of Accidents: A Legal an Economic Analysis, 1970 (zitiert: *Calabresi,* Cost of Accidents).

Canaris, Claus-Wilhelm, Ansprüche wegen „positiver Vertragsverletzung" und „Schutzwirkung für Dritte" bei nichtigen Verträgen, Zugleich ein Beitrag zur Vereinheitlichung der Regeln über die Schutzpflichtverletzungen, JuristenZeitung, 20. Jahrgang, 1965, S. 475–482 (zitiert: *Canaris,* JZ 1965, 475).

Ders., Das Verlöbnis als „gesetzliches" Rechtsverhältnis: – Ein Beitrag zur Lehre von der „Vertrauenshaftung", Archiv für die civilistische Praxis, Band 165, 1965, S. 1–31 (zitiert: *Canaris,* AcP 165 (1965), 1).

Ders., Die Behandlung nicht zu vertretender Leistungshindernisse nach § 275 Abs. 2 BGB beim Stückkauf, JuristenZeitung, 59. Jahrgang, 2004, S. 214–225 (zitiert: *Canaris,* JZ 2004, 214).

Ders., Die Feststellung von Lücken im Gesetz, Eine methodologische Studie über Voraussetzungen und Grenzen der richterlichen Rechtsfortbildung praeter legem, 2. Aufl. 1983 (zitiert: *Canaris,* Lücken im Gesetz).

Ders., Die Reform des Rechts der Leistungsstörungen, JuristenZeitung, 56. Jahrgang, 2001, S. 499–524 (zitiert: *Canaris,* JZ 2001, 499).

Ders., Die Vertrauenshaftung im deutschen Privatrecht, 1971 (zitiert: *Canaris,* Vertrauenshaftung).

Ders., Schutzgesetze – Verkehrspflichten – Schutzpflichten, in: Canaris, Claus-Wilhelm/Diederichsen, Uwe (Hrsg.), Festschrift für Karl Larenz zum 80. Geburtstag am 23. April 1983, 1983, S. 27–110 (zitiert: *Canaris,* in: FS Larenz 1983, 27).

Coase, Ronald, The Problem of Social Cost, The Journal of Law & Economics, 3. Jahrgang, 1960, S. 1–44 (zitiert: *Coase,* JLE 3 (1960), 1).

Coester-Waltjen, Dagmar, Familienrecht, 7. Aufl. 2020, begründet von *Gernhuber, Joachim* (zitiert: *Coester-Waltjen,* Familienrecht).

Cohnfeldt, Richard, Die Lehre vom Interesse nach römischem Recht, Mit Rücksicht auf neuere Gesetzgebung, 1865 (zitiert: *Cohnfeldt,* Lehre vom Interesse).

Croon-Gestefeld, Johanna, Dingliche Ansprüche und das allgemeine Schuldrecht, Zeitschrift für die gesamte Privatrechtswissenschaft, 8. Jahrgang, 2022, S. 285–309 (zitiert: *Croon-Gestefeld*, ZfPW 2022, 285).

Das Bürgerliche Gesetzbuch mit besonderer Berücksichtigung der Rechtsprechung des Reichsgerichts und des Bundesgerichtshofs, Band 2, 5. Teil, §§ 812–831 (Anhang nach § 823: I. Verletzung des Persönlichkeitsrechts II. Arzthaftungsrecht), 12. Aufl. 1989 (zitiert: *Bearbeiter*, in: RGRK, BGB).

Dauner-Lieb, Barbara, Kodifikation von Richterrecht, in: Ernst, Wolfgang/Zimmermann, Reinhard (Hrsg.), Zivilrechtswissenschaft und Schuldrechtsreform, Zum Diskussionsentwurf eines Schuldrechtsmodernisierungsgesetzes des Bundesministeriums der Justiz, 2001, S. 305–328 (zitiert: *Dauner-Lieb*, in: Zivilrechtswissenschaft und Schuldrechtsreform, 305).

Dauner-Lieb, Barbara/Langen, Werner (Hrsg.), BGB, Band 2, Schuldrecht, §§ 241-853, 4. Aufl. 2021 (zitiert: *Bearbeiter*, in: Dauner-Lieb/Langen, BGB).

Deckert, Martina, Ökonomische Aspekte in der Rechtsanwendung – dargestellt am Beispiel des Haftungsrechts, Juristische Arbeitsblätter, 28. Jahrgang, 1996, S. 712–717 (zitiert: *Deckert*, JA 1996, 712).

Dehner, Walter, Nachbarrecht: Gesamtdarstellung des privaten und öffentlichen Nachbarrechts des Bundes und der Länder (mit Ausnahme des Landes Bayern), Band 1, 7. Aufl. 1996, begründet von Meisner, Christian/Stern, Heinrich, fortgeführt von Hodes, Fritz (zitiert: *Dehner*, Nachbarrecht, Bd. 1).

Ders., Nachbarrecht: Gesamtdarstellung des privaten und öffentlichen Nachbarrechts des Bundes und der Länder (mit Ausnahme des Landes Bayern), Band 2, 7. Aufl. 1991, begründet von Meisner, Christian/Stern, Heinrich, fortgeführt von Hodes, Fritz (zitiert: *Dehner*, Nachbarrecht, Bd. 2).

Dernburg, Heinrich, System des Römischen Rechts, Pandekten, bearbeitet von Paul Sokolowski, Teil 2, 8. Aufl. 1912 (zitiert: *Dernburg*, Pandekten, Teil 2).

Deutsch, Erwin, Allgemeines Haftungsrecht, 2. Aufl. 1996 (zitiert: *Deutsch*, Haftungsrecht).

Ders., Entwicklungstendenzen des Schadensrechts in Rechtsprechung und Wissenschaft, Juristische Schulung, 7. Jahrgang, 1967, S. 152–158 (zitiert: *Deutsch*, JuS 1967, 152).

Ders., Fahrlässigkeit und erforderliche Sorgfalt, Eine privatrechtliche Untersuchung, 2. Aufl. 1995 (zitiert: *Deutsch*, Fahrlässigkeit).

Dubischar, Roland, Über die Grundlagen der schulsystematischen Zweiteilung der Rechte in sogenannte absolute und relative, Ein dogmengeschichtlicher Beitrag zur Lehre vom subjektiven Privatrecht, 1961 (zitiert: *Dubischar*, Lehre vom subjektiven Privatrecht).

Ehmann, Horst/Kley, Britta, Unmöglichkeitslehre, Juristische Schulung, 38. Jahrgang, 1998, S. 481–491 (zitiert: *Ehmann/Kley*, JuS 1998, 481).

Ehmann, Horst/Sutschet, Holger, Modernisiertes Schuldrecht, Lehrbuch der Grundsätze des neuen Rechts und seiner Besonderheiten, 2002 (zitiert: *Ehmann/Sutschet*, Modernisiertes Schuldrecht).

Eisenberg, Melvin A., Actual and Virtual Specific Performance, the Theory of Efficient Breach, and the Indifference Principle in Contract Law, California Law Review, 93. Jahrgang, 2005, S. 975–1050 (zitiert: *Eisenberg*, Cal. L. Rev. 93 (2005), 975).

Eltzbacher, Paul, Die Unterlassungsklage, Ein Mittel vorbeugenden Rechtsschutzes, 1906 (zitiert: *Eltzbacher*, Unterlassungsklage).

Emmerich, Volker, Das Recht der Leistungsstörungen, 6. Aufl. 2005 (zitiert: *Emmerich*, Leistungsstörungen).

Ders., Inhalt des Schuldverhältnisses – Leistungsstörungen, Grundlagen des Vertrags- und Schuldrechts, 1974, S. 279–463 (zitiert: *Emmerich*, in: Grundlagen, 279).

Engisch, Karl, Einführung in das juristische Denken, herausgegeben und bearbeitet von *Würtenberger, Thomas/Otto, Dirk*, 12. Aufl. 2018 (zitiert: *Engisch*, Einführung in das juristische Denken).

Ders., Untersuchungen über Vorsatz und Fahrlässigkeit im Strafrecht, 1930 (zitiert: *Engisch*, Vorsatz und Fahrlässigkeit).

Enneccerus, Ludwig/Lehmann, Heinrich, Recht der Schuldverhältnisse, 15. Aufl. 1958 (zitiert: *Enneccerus/H. Lehmann*, Recht der Schuldverhältnisse).

Enneccerus, Ludwig/Nipperdey, Hans Carl, Allgemeiner Teil des Bürgerlichen Rechts, Erster Halbband: Allgemeine Lehren, Personen, Rechtsobjekte, 15. Aufl. 1959 (zitiert: *Enneccerus/Nipperdey*, AT des Bürgerlichen Rechts, 1. Halbbd.).

Dies., Allgemeiner Teil des Bürgerlichen Rechts, Zweiter Halbband: Entstehung, Untergang und Veränderung der Rechte, Ansprüche und Einreden, Ausübung und Sicherung der Rechte, 15. Aufl. 1960 (zitiert: *Enneccerus/Nipperdey*, AT des Bürgerlichen Rechts, 2. Halbbd.).

Erman, Walter, Beiträge zur Haftung für das Verhalten bei Vertragsverhandlungen, Archiv für die civilistische Praxis, Band 139, 1934, S. 273–336 (zitiert: *Erman*, AcP 139 (1934), 273).

Erman, Walter (Begr.)/*Westermann, Harm Peter/Grunewald, Barbara/Maier-Reimer, Georg* (Hrsg.), Bürgerliches Gesetzbuch, 15. Aufl. 2017 (zitiert: *Bearbeiter*, in: Erman, BGB, 15. Aufl. (2017)).

Dies., BGB, Handkommentar mit AGG, EGBGB, ErbbauRG, LPartG, ProdhaftG, VBVG, VersAusglG, WEG und ausgewählten Rechtsquellen des IPR, 17. Aufl. 2023 (zitiert: *Bearbeiter*, in: Erman, BGB).

Esser, Josef, Die Zweispurigkeit unseres Haftpflichtrechts, JuristenZeitung, 8. Jahrgang, 1953, S. 129–134 (zitiert: *Esser*, JZ 1953, 129).

Ders., Einführung in die Grundbegriffe des Rechtes und Staates, Eine Einführung in die Rechtswissenschaft und in die Rechtsphilosophie, 1949 (zitiert: *Esser*, Grundbegriffe).

Esser, Josef (Begr.)/*Schmidt, Eike*, Schuldrecht, Band 1, Allgemeiner Teil, Teilband 1, Entstehung, Inhalt und Beendigung von Schuldverhältnissen, 8. Aufl. 1995 (zitiert: *Esser/E. Schmidt*, Schuldrecht, Bd. 1.1).

Dies., Schuldrecht, Band 1, Allgemeiner Teil, Teilband 2, Durchführungshindernisse und Vertragshaftung, Schadensausgleich und Mehrseitigkeit beim Schuldverhältnis, 8. Aufl. 2000 (zitiert: *Esser/E. Schmidt*, Schuldrecht, Bd. 1.2).

Esser, Josef (Begr.)/*Weyers, Hans-Leo*, Schuldrecht, Band 2, Besonderer Teil, Teilband 2, Gesetzliche Schuldverältnisse, 8. Aufl. 2000 (zitiert: *Esser/Weyers*, Schuldrecht, Bd. 2.2).

Evans-von Krbek, Franziska-Sophie, Nichterfüllungsregeln auch bei weiteren Verhaltens- oder Sorgfaltspflichtverletzungen?, Archiv für die civilistische Praxis, Band 179, 1979, S. 85–152 (zitiert: *Evans-von Krbek*, AcP 179 (1979), 85).

Faenger, Julia, Leistungsunabhängige Nebenpflichten zum Schutz des Integritätsinteresses im deutschen und französischen Recht, Eine rechtsvergleichende Betrachtung ausgehend von den Rücksichtspflichten des § 241 Abs. 1 BGB, 2012 (zitiert: *Faenger*, Leistungsunabhängige Nebenpflichten).

Falkenhausen, Alexander von, Vorhalte- und Vorsorgekosten, Schadensvorsorgeaufwendungen im Spannungsfeld zwischen dem Kausalitätsprinzip und präventiv-poenalen Intenationen des Deliktsrechts, 1979 (zitiert: *von Falkenhausen*, Vorhalte- und Vorsorgekosten).

Faust, Florian, Comparative Law and Economic Analysis of Law, in: Reimann, Mathias/Zimmermann, Reinhard (Hrsg.), The Oxford Handbook of Comparative Law, 2019, S. 826–851 (zitiert: *Faust*, in: The Oxford Handbook of Comparative Law, 826).

Ders., Der Schutz vor reinen Vermögensschäden – illustriert am Beispiel der Expertenhaftung, Archiv für die civilistische Praxis, Band 210, 2010, S. 555–579 (zitiert: *Faust*, AcP 210 (2010), 555).

Ders., Die Vorhersehbarkeit des Schadens gemäß Art. 74 Satz 2 UN-Kaufrecht (CISG), 1996 (zitiert: *Faust*, Die Vorhersehbarkeit des Schadens).

Ders., Digitale Wirtschaft – Analoges Recht: Braucht das BGB ein Update?, Gutachten A zum 71. Deutschen Juristentag, 2016 (zitiert: *Faust*, Digitale Wirtschaft).

Ders., Generalklauselartige Aufklärungspflicht, in: Eidenmüller, Horst/Faust, Florian/Grigoleit, Hans Christoph/Jansen, Nils/Wagner, Gerhard/Zimmermann, Reinhard (Hrsg.), Revision des Verbraucher-*acquis*, 2011, S. 201–221 (zitiert: *Faust*, in: Revision, 201).

Ders., Pflichtverletzung und Vertretenmüssen als Voraussetzungen des Anspruchs auf Schadensersatz statt der Leistung, in: Heldrich, Andreas/Prölss, Jürgen/Koller, Ingo/Langenbucher, Katja/Grigoleit, Hans Christoph/Hager, Johannes/Hey, Felix/Neuner, Jörg/Petersen, Jens/Singer, Reinhard (Hrsg.), Festschrift für Claus-Wilhelm Canaris zum 70. Geburtstag, Band 1, 2007, S. 219–249 (zitiert: *Faust*, in: FS Canaris 2007, Bd. 1, 219).

Faust, Florian/Grigoleit, Hans Christoph, Informationspflichten: Grundlegende Weichenstellung, in: Eidenmüller, Horst/Faust, Florian/Grigoleit, Hans Christoph/Jansen, Nils/Wagner, Gerhard/Zimmermann, Reinhard (Hrsg.), Revision des Verbraucher-*acquis*, 2011, S. 193–199 (zitiert: *Faust/Grigoleit*, in: Revision, 193).

Fehling, Michael/Faust, Florian/Rönnau, Thomas, Durchblick: Grund und Grenzen des Eigentums- und Vermögensschutzes, Juristische Schulung, 46. Jahrgang, 2006, S. 18–25 (zitiert: *Fehling/Faust/Rönnau*, JuS 2006, 18).

Fikentscher, Wolfgang, Schuldrecht, 9. Aufl. 1997 (zitiert: *Fikentscher*, Schuldrecht).

Fikentscher, Wolfgang/Heinemann, Andreas, Schuldrecht, Allgemeiner und Besonderer Teil, 12. Aufl. 2022 (zitiert: *Fikentscher/Heinemann*, Schuldrecht).

Fleischer, Holger, Vorvertragliche Pflichten im Schnittfeld von Schuldrechtsreform und Gemeinschaftsprivatrecht, dargestellt am Beispiel der Informationspflichten, in: Schulze, Reiner/Schulte-Nölke, Hans (Hrsg.), Die Schuldrechtsreform vor dem Hintergrund des Gemeinschaftsrechts, 2001, S. 243–267 (zitiert: *Fleischer*, in: Schuldrechtsreform, 243).

Flume, Werner, Allgemeiner Teil des Bürgerlichen Rechts, Band 2, Das Rechtsgeschäft, 4. Aufl. 1992 (zitiert: *W. Flume*, AT des Bürgerlichen Rechts, Bd. 2).

Foerste, Ulrich, Weiland, Thomas: Die Sicherung konkurrierender Sachleistungsansprüche im Wege einstweiliger Verfügung durch Vormerkung und Verfügungsverbot, Archiv für die civilistische Praxis, Band 193, 1993, S. 274–277 (zitiert: *Foerste*, AcP 193 (1993), 274).

Förster, Christian, Anmerkung zu BGH, Urt. vom 14.01.2021 – III ZR 168/19, Neue Juristische Wochenschrift, 74. Jahrgang, 2021, S. 1463–1467 (zitiert: *Förster*, NJW 2021, 1463).

Friedmann, Daniel, The Efficient Breach Fallacy, The Journal of Legal Studies, 18. Jahrgang, 1989, S. 1–24 (zitiert: *Friedmann*, J. Leg. Stud. 18 (1989), 1).

Fritzsche, Jörg, Unterlassungsanspruch und Unterlassungsklage, 2000 (zitiert: *Fritzsche*, Unterlassungsanspruch).

Frost, Marina, „Vorvertragliche" und „vertragliche" Schutzpflichten, 1981 (zitiert: *Frost*, Schutzpflichten).

Frotz, Gerhard, Verkehrsschutz im Vertretungsrecht, Zugleich ein Beitrag zur sozialen Verantwortung als Korrelat privatautonomer Gestaltungsfreiheit, 1972 (zitiert: *Frotz*, Verkehrsschutz).

Funcke, Jan Christoph, Die sogenannte actio quasinegatoria, Zur Frage der quasinegatorischen Unterlassungsansprüche, 2010 (zitiert: *Funcke*, Die sogenannte actio quasinegatoria).

Gebauer, Peer, Naturalrestitution beim Schadensersatz wegen Nichterfüllung, 2002 (zitiert: *Gebauer*, Naturalrestitution).

Ders., Zur Haftung des Mieters bei unbefugter Untervermietung, BGH – Urt. v. 13.12.1995 – XII ZR 194/94, Juristische Ausbildung, 20. Jahrgang, 1998, S. 128–135 (zitiert: *Gebauer*, JURA 1998, 128).

Gerecke, Martin, Rechtsgüterschutz und Einzelhandel – zugleich ein Beitrag zur Rechtsstellung des Unbefugten in Verkehrs- und Schutzpflicht, 2007 (zitiert: *Gerecke*, Rechtsgüterschutz).

Gerhardt, Walter, Der Haftungsmaßstab im gesetzlichen Schuldverhältnis (Positive Vertragsverletzung, culpa in contrahendo), Juristische Schulung, 10. Jahrgang, 1970, S. 597–603 (zitiert: *Gerhardt*, JuS 1970, 597).

Ders., Die Haftungsfreizeichnung innerhalb des gesetzlichen Schutzverhältnisses, JuristenZeitung, 25. Jahrgang, 1970, S. 535–539 (zitiert: *Gerhardt*, JZ 1970, 535).

Gernhuber, Joachim, Das Schuldverhältnis, Begründung und Änderung, Pflichten und Strukturen, Drittwirkungen, 1989 (zitiert: *Gernhuber*, Das Schuldverhältnis).

Ders., Die Erfüllung und ihre Surrogate, sowie das Erlöschen der Schuldverhältnisse aus anderen Gründen, 2. Aufl. 1994 (zitiert: *Gernhuber*, Erfüllung).

Gierke, Otto von, Recht und Sittlichkeit, Sonderausgabe, 1963 (zitiert: *von Gierke*, Recht und Sittlichkeit).

Göschen, Johann Friedrich Ludwig, Aus dessen hinterlassenen Papieren herausgegeben von *Erxleben, Albrecht*, Vorlesungen über das gemeine Civilrecht, Band 2, Zweite Abtheilung, Obligationenrecht, 2. Aufl. 1843 (zitiert: *Göschen*, Vorlesungen, Bd. 2 Abt. 2).

Gottwald, Peter, Die Haftung für culpa in contrahendo, Juristische Schulung, 22. Jahrgang, 1982, S. 877–885 (zitiert: *Gottwald*, JuS 1982, 877).

Grigoleit, Hans Christoph, Die Aufklärungspflichten des *acquis*, in: Eidenmüller, Horst/Faust, Florian/Grigoleit, Hans Christoph/Jansen, Nils/Wagner, Gerhard/Zimmermann, Reinhard (Hrsg.), Revision des Verbraucher-*acquis*, 2011, S. 223–265 (zitiert: *Grigoleit*, in: Revision, 223).

Ders., Leistungspflichten und Schutzpflichten, in: Heldrich, Andreas/Prölss, Jürgen/Koller, Ingo/Langenbucher, Katja/Grigoleit, Hans Christoph/Hager, Johannes/Hey, Felix/Neuner, Jörg/Petersen, Jens/Singer, Reinhard (Hrsg.), Festschrift für Claus-Wilhelm Canaris zum 70. Geburtstag, Band 1, 2007, S. 275–306 (zitiert: *Grigoleit*, in: FS Canaris 2007, Bd. 1, 275).

Grosch, Marcus, Rechtswandel und Rechtskraft bei Unterlassungsurteilen, Zugleich ein Beitrag zum Verhältnis von Zeit und Recht sowie eine Kritik der Dogmatik vom materiellen Unterlassungsanspruch, 2002 (zitiert: *Grosch*, Rechtswandel).

Gröschler, Peter, Die notwendige Unterscheidung von Leistungspflichten und Nebenpflichten nach neuem Schuldrecht, in: Dauner-Lieb, Barbara/Hommelhoff, Peter/Jacobs, Matthias/Kaiser, Dagmar/Weber, Christoph (Hrsg.), Festschrift für Horst Konzen zum siebzigsten Geburtstag, 2006, S. 109–129 (zitiert: *Gröschler*, in: FS Konzen, 109).

Grüneberg, Bürgerliches Gesetzbuch, 83. Aufl. 2024 (zitiert: *Bearbeiter*, in: Grüneberg).

Grunsky, Wolfgang, Anmerkung, Archiv für die civilistische Praxis, Band 183, 1983, S. 209–212 (zitiert: *Grunsky*, AcP 183 (1983), 209).

Grziwotz, Herbert/Lüke, Wolfgang/Saller, Roland (Hrsg.), Praxishandbuch Nachbarrecht, 3. Aufl. 2020 (zitiert: *Bearbeiter*, in: Grziwotz/Lüke/Saller).

Gursky, Karl-Heinz, Anmerkung zu Eberhard Schwerdtner: Verzug im Sachenrecht, Archiv für die civilistische Praxis, Band 174, 1974, S. 415–418 (zitiert: *Gursky*, AcP 174 (1974), 415).

Ders., Bereicherungsausgleich bei Selbsterfüllung?, Neue Juristische Wochenschrift, 24. Jahrgang, 1971, S. 782–787 (zitiert: *Gursky*, NJW 1971, 782).

Haas, Lothar/Medicus, Dieter/Rolland, Walter/Schäfer, Carsten/Wendtland, Holger, Das neue Schuldrecht, 2002 (zitiert: *Haas/Medicus/Rolland/C. Schäfer/Wendtland*, Das neue Schuldrecht).

Hager, Johannes, Die Kostentragung bei Rückruf fehlerhafter Produkte, Versicherungsrecht, 35. Jahrgang, 1984, S. 799–807 (zitiert: *J. Hager*, VersR 1984, 799).

Handkommentar, Bürgerliches Gesetzbuch, Schriftleitung durch *Schulze, Reiner*, 12. Aufl. 2024 (zitiert: *Bearbeiter*, in: HK, BGB).

Hartmann, Felix, Der Anspruch auf das stellvertretende commodum, 2007 (zitiert: *Hartmann*, Anspruch auf das stellvertretende commodum).

Hasse, Johann Christian, Die Culpa des Römischen Rechts., Eine civilistische Abhandlung, besorgt von Bethmann-Hollweg, August von, 2. Aufl. 1838 (zitiert: *Hasse*, Culpa).

Hassemer, Michael, Heteronomie und Relativität in Schuldverhältnissen, Zur Haftung des Herstellers im europäischen Verbrauchsgüterkaufrecht, 2007 (zitiert: *Hassemer*, Heteronomie).

Hattenhauer, Hans, Grundbegriffe des Bürgerlichen Rechts, Historisch-dogmatische Einführung, 2. Aufl. 2000 (zitiert: *Hattenhauer*, Grundbegriffe).

Heinze, Meinhard, Rechtsnachfolge in Unterlassen, Ein Beitrag zur dogmatischen Struktur des Unterlassungsanspruchs § 1004 I 2 BGB und der Rechtsnachfolge, 1974 (zitiert: *Heinze*, Rechtsnachfolge).

Hellwig, Konrad, System des Deutschen Zivilprozeßrechts, Band 1, Ordentliches Verfahren, ausschließlich besondere Prozeßarten und Zwangsvollstreckung, 1912 (zitiert: *Hellwig*, System, Bd. 1).

Henckel, Wolfram, Parteilehre und Streitgegenstand im Zivilprozeß, 1961 (zitiert: *Henckel*, Parteilehre und Streitgegenstand).

Ders., Prozessrecht und materielles Recht, 1970 (zitiert: *Henckel*, Prozessrecht und materielles Recht).

Ders., Vorbeugender Rechtsschutz im Zivilrecht, Eine rechtsvergleichende Skizze, Archiv für die civilistische Praxis, Band 174, 1974, S. 97–144 (zitiert: *Henckel*, AcP 174 (1974), 97).

Henkel, Heinrich, Einführung in die Rechtsphilosophie, Grundlagen des Rechts, 2. Aufl. 1977 (zitiert: *Henkel*, Einführung in die Rechtsphilosophie).

Henssler, Martin, Risiko als Vertragsgegenstand, 1994 (zitiert: *Henssler*, Risiko als Vertragsgegenstand).

Herholz, Felix, Das Schuldverhältnis als konstante Rahmenbeziehung, Ein Rechtsgrund für negative Interesseansprüche trotz Rücktritt und Wandlung, Archiv für die civilistische Praxis, Band 130, 1929, S. 257–324 (zitiert: *Herholz*, AcP 130 (1929), 257).

Herresthal, Carsten, Nachwirkende Leistungstreue- und Rücksichtnahmepflichten, in: Arnold, Stefan/Lorenz, Stephan (Hrsg.), Gedächtnisschrift für Hannes Unberath, 2015, S. 179–210 (zitiert: *Herresthal*, in: GS Unberath, 179).

Herrmann, Elke, Der Störer nach § 1004 BGB, Zugleich eine Untersuchung zu den Verpflichteten der §§ 907, 908 BGB, 1987 (zitiert: *E. Herrmann*, Der Störer).

Herrmann, Harald, Die Rückrufhaftung des Produzenten, Betriebs-Berater, 40. Jahrgang, 1985, S. 1801–1812 (zitiert: *H. Herrmann*, BB 1985, 1801).

Heymann, Britta/Götz, Johanna, Sperren erlaubt?, Anmerkungen zu BGH Aktenzeichen III ZR 179/20 und BGH Aktenzeichen III ZR 192/20 zu Nutzungsbedingungen und Gemeinschaftsstandards von Facebook, Gewerblicher Rechtsschutz und Urheberrecht, 123. Jahrgang, 2021, S. 1491–1495 (zitiert: *Heymann/Götz*, GRUR 2021, 1491).

Himmelschein, Jury, Erfüllungszwang und Lehre von den positiven Vertragsverletzungen, Archiv für die civilistische Praxis, Band 135, 1932, S. 255–327 (zitiert: *Himmelschein*, AcP 135 (1932), 255).

Ders., Zur Frage der Haftung für fehlerhafte Leistung, Archiv für die civilistische Praxis, Band 158, 1959/1960, S. 273–279 (zitiert: *Himmelschein*, AcP 158 (1959/1960), 273).

Historisch-kritischer Kommentar zum BGB, herausgegeben von *Schmoeckel, Mathias/Rückert, Joachim/Zimmermann, Reinhard*, Band 2, Schuldrecht: Allgemeiner Teil, Teilband 1, §§ 241–304, 2007 (zitiert: *Bearbeiter*, in: HKK, BGB).

Hoffmann, Hans-Joachim, Der Einfluß des Gefälligkeitsmoments auf das Haftungsmaß, Archiv für die civilistische Praxis, Band 167, 1967, S. 394–409 (zitiert: *H.-J. Hoffmann*, AcP 167 (1967), 394).

Hoffmann, Jan Felix, Der immaterialgüterrechtliche Vernichtungsanspruch – Versuch einer Zivilisierung, Zeitschrift für Geistiges Eigentum, 6. Jahrgang, 2014, S. 335–384 (zitiert: *J. F. Hoffmann*, ZGE 2014, 335).

Ders., Zum vermögensrechtlichen Schutz absoluter und relativer Rechtspositionen an der Schnittstelle zum Immaterialgüterrecht, Juristische Ausbildung, 36. Jahrgang, 2014, S. 71–80 (zitiert: *J. F. Hoffmann*, JURA 2014, 71).

Hofmann, Franz, Der Unterlassungsanspruch als Rechtsbehelf, 2017 (zitiert: *Hofmann*, Unterlassungsanspruch).

Ders., Gewinnherausgabe bei Vertragsverletzungen, »Bereicherungsrechtliche« Überlegungen unter Berücksichtigung des englischen Rechts, Archiv für die civilistische Praxis, Band 213, 2013, S. 469–506 (zitiert: *Hofmann*, AcP 213 (2013), 469).

Hohloch, Gerhard, Die negatorischen Ansprüche und ihre Beziehungen zum Schadensersatzrecht, 1976 (zitiert: *Hohloch*, Die negatorischen Ansprüche).

Ders., Vorvertragliche Haftung nach culpa-in-contrahendo-Grundsätzen auch zugunsten Dritter? – BGHZ 66, 51, Juristische Schulung, 17. Jahrgang, 1977, S. 302–306 (zitiert: *Hohloch*, JuS 1977, 302).

Hölder, Eduard, Über Ansprüche und Einreden, Archiv für die civilistische Praxis, Band 93, 1902, S. 1–130 (zitiert: *Hölder*, AcP 93 (1902), 1).

Horn, Norbert, Culpa in Contrahendo, Juristische Schulung, 35. Jahrgang, 1995, 377-387 (zitiert: *Horn*, JuS 1995, 377-387).

Horstmann, Horst, Untersuchungen über die Anwendbarkeit schuldrechtlicher Normen auf dingliche Ansprüche, 1938 (zitiert: *Horstmann*, Untersuchungen).

Hossenfelder, Martin, Pflichten von Internetnutzern zur Abwehr von Malware und Phishing in Sonderverbindungen, 2013 (zitiert: *Hossenfelder*, Pflichten von Internetnutzern).

Huber, Peter/Faust, Florian, Schuldrechtsmodernisierung, Einführung in das neue Recht, 2002 (zitiert: *Bearbeiter*, in: Schuldrechtsmodernisierung).

Huber, Ulrich, Das geplante Recht der Leistungsstörungen, in: Ernst, Wolfgang/Zimmermann, Reinhard (Hrsg.), Zivilrechtswissenschaft und Schuldrechtsreform, Zum Diskussionsentwurf eines Schuldrechtsmodernisierungsgesetzes des Bundesministeriums der Justiz, 2001, S. 31–183 (zitiert: *U. Huber*, in: Zivilrechtswissenschaft und Schuldrechtsreform, 31).

Ders., Leistungsstörungen, Band 1, Die allgemeinen Grundlagen – Der Tatbestand des Schuldnerverzugs – Die vom Schuldner zu vertretenden Umstände, 1999 (zitiert: *U. Huber*, Leistungsstörungen, Bd. 1).

Ders., Leistungsstörungen, Empfiehlt sich die Einführung eines Leistungsstörungsrechts nach dem Vorbild des Einheitlichen Kaufgesetzes? Welche Änderungen im Gesetzestext und welche praktische Auswirkungen im Schuldrecht würden sich dabei ergeben?, in: Bundesminister der Justiz (Hrsg.), Gutachten und Vorschläge zur Überarbeitung des Schuldrechts, Band 1, 1981, S. 647–909 (zitiert: *U. Huber*, in: Gutachten und Vorschläge zur Überarbeitung des Schuldrechts, Bd. 1, 647).

Ders., Schadensersatz statt der Leistung, Archiv für die civilistische Praxis, Band 210, 2010, S. 319–353 (zitiert: *U. Huber*, AcP 210 (2010), 319).

Ders., Verschulden, Gefährdung und Adäquanz, in: Müller, Klaus/Soell, Hermann (Hrsg.), Rechtswissenschaften und Gesetzgebung, Festschrift für Eduard Wahl zum siebzigsten Geburtstag am 29. März 1973, 1973, S. 301–337 (zitiert: *U. Huber*, in: FS Wahl, 301).

Ders., Zivilrechtliche Fahrlässigkeit, in: Forsthoff, Ernst/Weber, Werner/Wieacker, Franz (Hrsg.), Festschrift für Ernst Rudolf Huber zum 70. Geburtstag am 8. Juni 1973, 1973, S. 253–289 (zitiert: *U. Huber*, in: FS E. R. Huber, 253).

Ders., Zur Dogmatik der Vertragsverletzungen nach einheitlichem Kaufrecht und deutschem Schuldrecht, in: Ficker, Claudius/König, Detlef/Kreuzer, Karl/Leser, Hans/von Bieberstein, Wolfgang Freiherr Marschall/Schlechtriem, Peter (Hrsg.), Festschrift für Ernst von Caemmerer zum 70. Geburtstag, 1978, S. 837–872 (zitiert: *U. Huber*, in: FS Caemmerer, 837).

Ders., Zur Haftung des Verkäufers wegen positiver Vertragsverletzung, Archiv für die civilistische Praxis, Band 177, 1977, S. 281–348 (zitiert: *U. Huber*, AcP 177 (1977), 281).

Hübner, Heinz, Allgemeiner Teil des Bürgerlichen Gesetzbuches, 2. Aufl. 1996 (zitiert: *Hübner*, BGB AT).

Hugo, Gustav, Lehrbuch eines civilistischen Cursus, Band 4, Lehrbuch des heutigen römischen Rechts, 7. Aufl. 1826 (zitiert: *G. Hugo*, Civilistischer Cursus, Bd. 4).

Jakobs, Horst Heinrich, Unmöglichkeit und Nichterfüllung, 1969 (zitiert: *Jakobs*, Unmöglichkeit und Nichterfüllung).

Jakobs, Horst Heinrich/Schubert, Werner, Die Beratung des Bürgerlichen Gesetzbuchs, in systematischer Zusammenstellung der unveröffentlichten Quellen, Allgemeiner Teil, §§ 1 bis 240, 1. Teilband, 1985 (zitiert: *Jakobs/Schubert*, Beratung des BGB, AT, 1. Teilbd.).

Dies., Die Beratung des Bürgerlichen Gesetzbuchs, in systematischer Zusammenstellung der unveröffentlichten Quellen, Recht der Schuldverhältnisse I, §§ 241 bis 432, 1978 (zitiert: *Jakobs/Schubert*, Beratung des BGB, Recht der Schuldverhältnisse I).

Dies., Die Beratung des Bürgerlichen Gesetzbuchs, in systematischer Zusammenstellung der unveröffentlichten Quellen, Recht der Schuldverhältnisse III, §§ 652 bis 853, 1983 (zitiert: *Jakobs/Schubert*, Beratung des BGB, Recht der Schuldverhältnisse III).

Dies., Die Beratung des Bürgerlichen Gesetzbuchs, in systematischer Zusammenstellung der unveröffentlichten Quellen, Sachenrecht I, §§ 854 – 1017, 1985 (zitiert: *Jakobs/Schubert*, Beratung des BGB, Sachenrecht I).

Dies., Die Beratung des Bürgerlichen Gesetzbuchs, in systematischer Zusammenstellung der unveröffentlichten Quellen, Familienrecht I, §§ 1297 bis 1563, 1987 (zitiert: *Jakobs/Schubert*, Beratung des BGB, Familienrecht I).

Jansen, Nils, Das Problem der Rechtswidrigkeit bei § 823 Abs. 1 BGB, Archiv für die civilistische Praxis, Band 202, 2002, S. 517–554 (zitiert: *Jansen*, AcP 202 (2002), 517).

Ders., Die Struktur des Haftungsrechts, Geschichte, Theorie und Dogmatik außervertraglicher Ansprüche auf Schadensersatz, 2003 (zitiert: *Jansen*, Struktur).

Jarass, Hans (Hrsg.), Bundes-Immissionsschutzgesetz, Kommentar unter Berücksichtigung der Bundes-Immissionsschutzverordnungen, der TA Luft sowie der TA Lärm, 14. Aufl. 2022 (zitiert: *Bearbeiter*, in: Jarass, BImSchG).

Jauernig, Othmar (Begr.)/*Stürner, Rolf* (Hrsg.), Bürgerliches Gesetzbuch, 19. Aufl. 2023 (zitiert: *Bearbeiter*, in: Jauernig, BGB).

Ders., Einstweilige Verfügung gegen ein Bezugsverbot?, Neue Juristische Wochenschrift, 26. Jahrgang, 1973, S. 1671–1674 (zitiert: *Jauernig*, NJW 1973, 1671).

Jaun, Manuel, Haftung für Sorgfaltspflichtverletzungen, Von der Willensschuld zum Schutz legitimer Integritätserwartungen, 2007 (zitiert: *Jaun*, Sorgfaltspflichtverletzungen).

Jhering, Rudolph von, Culpa in contrahendo oder Schadensersatz bei nichtigen oder nicht zur Perfection gelangten Verträgen, Jherings Jahrbücher für die Dogmatik des heutigen römischen und deutschen Privatrechts, Band 4, 1861, S. 1–112 (zitiert: *von Jhering*, JherJb 4 (1861), 1).

Ders., Das Schuldmoment im römischen Privatrecht, Eine Festschrift, 1867 (zitiert: *von Jhering*, Schuldmoment).

Ders., Der Zweck im Recht, Band 1, 6.-8. Aufl. 1923 (zitiert: *von Jhering*, Zweck im Recht, Bd. 1).

Ders., Geist des römischen Rechts auf den verschiedenen Stufen seiner Entwicklung, Dritter Theil, Erste Abtheilung, 2. Aufl. 1871 (zitiert: *von Jhering*, Geist des römischen Rechts, 3. Teil, 1. Abt.).

Joussen, Jacob, Schuldrecht I – Allgemeiner Teil, 7. Aufl. 2023 (zitiert: *Joussen*, Schuldrecht I – AT).

juris Praxiskommentar BGB, herausgegeben von *Herberger, Maximilian/Martinek, Michael/Rüßmann, Helmut/Weth, Stephan/Würdinger, Markus*, Band 2, Schuldrecht, herausgegeben von *Junker, Markus/Beckmann, Roland Michael/Rüßmann, Helmut*, 10. Aufl. 2023 (zitiert: *Bearbeiter*, in: jurisPK, BGB).

juris Praxiskommentar BGB, herausgegeben von *Herberger, Maximilian/Martinek, Michael/Rüßmann, Helmut/Weth, Stephan/Würdinger, Markus*, Band 3, Sachenrecht, herausgegeben von *Martinek, Michael*, 10. Aufl. 2023 (zitiert: *Bearbeiter*, in: jurisPK, BGB).

Kahl, Thomas, Regelanwendung und Einzelfallgerechtigkeit bei den sogenannten rein prozessualen Rechtsbehelfen, in: Krebs, Peter/Nicolai, Andrea/Baldus, Christian/Becker, Christoph/Berger, Klaus Peter/Dauner-Lieb, Barbara/Klein-Blenkers, Friedrich (Hrsg.), Jahrbuch Junger Zivilrechtswissenschaftler 1994, Summum ius, summa iniuria, Zivilrecht zwischen Rechtssicherheit und Einzelfallgerechtigkeit, Kölner Tagung 14.–17. September 1994, 1995, S. 205–220 (zitiert: *Kahl*, in: Jahrbuch Junger Zivilrechtswissenschaftler 1994, 205).

Kähler, Lorenz, Unterlassungsansprüche gegen algorithmische Fehlentscheidungen, Neue Juristische Wochenschrift, 73. Jahrgang, 2020, S. 113–118 (zitiert: *Kähler*, NJW 2020, 113).

Kaiser, Dagmar/Schnitzler, Klaus/Schilling, Roger/Sanders, Anne (Hrsg.), BGB, Band 4, Familienrecht, §§ 1297-1921, 4. Aufl. 2021 (zitiert: *Bearbeiter*, in: Kaiser/Schnitzler/Friederici/Schilling, BGB).

Kamp, Florian, Funktion und Grenzen schuldverhältnisbedingter Nebenpflichten, Eine dogmatische und ökonomische Analyse von § 241 II BGB, 2020 (zitiert: *Kamp*, Funktion und Grenzen).

Kant, Immanuel, Matephysik der Sitten, herausgegeben und mit Einleitung sowie einem Personen- und Sachregister versehen von *Vorländer, Karl*, 2. Aufl. 1907 (zitiert: *Kant*, Metaphysik der Sitten).

Kaser, Max/Knütel, Rolf/Lohsse, Sebastian, Römisches Privatrecht, Ein Studienbuch, 22. Aufl. 2021 (zitiert: *Kaser/Knütel/Lohsse*, Römisches Privatrecht).

Katzenstein, Matthias, Anmerkung, JuristenZeitung, 65. Jahrgang, 2010, S. 633–636 (zitiert: *Katzenstein*, JZ 2010, 633).

Ders., Der Schadensersatz statt der Leistung nach §§ 280 Abs. 1 und 3, 281 bis 283 BGB, Juristische Ausbildung, 27. Jahrgang, 2005, S. 217–224 (zitiert: *Katzenstein*, JURA 2005, 217).

Ders., Haftungsbeschränkungen zugunsten und zulasten Dritter, Zugleich ein Beitrag zur Systematik des Schadenshaftungsrechts, 2004 (zitiert: *Katzenstein*, Haftungsbeschränkungen).

Ders., Übergang vom vindikatorischen Herausgabeanspruch auf Schadensersatz nach § 281 BGB?, Archiv für die civilistische Praxis, Band 206, 2006, S. 96–135 (zitiert: *Katzenstein*, AcP 206 (2006), 96).

Kaufmann, Horst, Zur Geschichte des aktionenrechtlichen Denkens, JuristenZeitung, 19. Jahrgang, 1964, S. 482–489 (zitiert: *Kaufmann*, JZ 1964, 482).

Kegel, Gerhard, Vertrag und Delikt, 2002 (zitiert: *Kegel*, Vertrag).

Keller, Friedrich Ludwig von, Pandekten, Vorlesungen, Band 1, 2. Aufl. 1866, aus dem Nachlasse des Verfassers, besorgt von Lewis, William (zitiert: *von Keller*, Pandekten, Bd. 1).

Kelsen, Hans, Reine Rechtslehre, Einleitung in die rechtswissenschaftliche Problematik, 2. Aufl. 1960 (zitiert: *Kelsen*, Reine Rechtslehre).

Kersting, Christian, Die Dritthaftung für Informationen im Bürgerlichen Recht, 2007 (zitiert: *C. Kersting*, Die Dritthaftung).

Kersting, Wolfgang, Recht, Gerechtigkeit und demokratische Tugend, Abhandlungen zur praktischen Philosophie der Gegenwart, 1997 (zitiert: *W. Kersting,* Recht, Gerechtigkeit und demokratische Tugend).

Kindhäuser, Urs/Neumann, Ulfried/Paeffgen, Hans-Ullrich/Saliger, Frank (Hrsg.), Strafgesetzbuch, 6. Aufl. 2023 (zitiert: *Bearbeiter,* in: Kindhäuser/Neumann/Paeffgen/Saliger, StGB).

Kleindiek, Detlef, Deliktshaftung und juristische Person, Zugleich zur Eigenhaftung von Unternehmensleitern, 1997 (zitiert: *Kleindiek,* Deliktshaftung).

Klingmüller, Fritz, Die Lehre von den natürlichen Verbindlichkeiten, Eine historisch-dogmatische Untersuchung, 1905 (zitiert: *Klingmüller,* Natürliche Verbindlichkeiten).

Knoche, Joachim, Irreale Pflichten im Zivilrecht, Ursachen, Erkennbarkeit, Tendenzen, in: Heldrich, Andreas/Prölss, Jürgen/Koller, Ingo/Langenbucher, Katja/Grigoleit, Hans Christoph/Hager, Johannes/Hey, Felix/Neuner, Jörg/Petersen, Jens/Singer, Reinhard (Hrsg.), Festschrift für Claus-Wilhelm Canaris zum 70. Geburtstag, Band 1, 2007, S. 571–590 (zitiert: *Knoche,* in: FS Canaris 2007, Bd. 1, 571).

Koch, Bernhard, Unterlassungsansprüche aus mietvertraglichen Verboten, Dogmatische Grundlagen mit Beispielen aus Deutschland und Österreich im Vergleich mit den USA, 1999 (zitiert: *Koch,* Unterlassungsansprüche).

Köhler, Helmut, BGB Allgemeiner Teil, Ein Studienbuch, 47. Aufl. 2023 (zitiert: *Köhler,* BGB AT).

Ders., Vertragliche Unterlassungspflichten, Archiv für die civilistische Praxis, Band 190, 1990, S. 496–537 (zitiert: *Köhler,* AcP 190 (1990), 496).

Ders., Zur Bereicherungshaftung bei Wettbewerbsverstößen, in: Rauscher, Thomas/Mansel, Heinz-Peter (Hrsg.), Festschrift für Werner Lorenz zum 80. Geburtstag, 2001, S. 167–182 (zitiert: *Köhler,* in: FS Lorenz, 167).

Ders., Zur Geltendmachung und Verjährung von Unterlassungsansprüchen, Juristen-Zeitung, 60. Jahrgang, 2005, S. 489–497 (zitiert: *Köhler,* JZ 2005, 489).

Kohler, Jürgen, Das Verfügungsverbot lebt, Stellungnahme zu: Hans Wieling, Jus ad rem durch einstweilige Verfügung?, JZ 1982, 839 ff., JuristenZeitung, 38. Jahrgang, 1983, S. 586–593 (zitiert: *Kohler,* JZ 1983, 586).

Kolbe, Sebastian, Unzumutbarer Beseitigungsaufwand, Neue Juristische Wochenschrift, 61. Jahrgang, 2008, S. 3618–3621 (zitiert: *Kolbe,* NJW 2008, 3618).

Kollmann, Andreas, Begriffs- und Problemgeschichte des Verhältnisses von formellem und materiellem Recht, 1996 (zitiert: *Kollmann,* Begriffs- und Problemgeschichte).

Köndgen, Johannes, Die Positivierung der *culpa in contrahendo* als Frage der Gesetzgebungsmethodik, in: Schulze, Reiner/Schulte-Nölke, Hans (Hrsg.), Die Schuldrechtsreform vor dem Hintergrund des Gemeinschaftsrechts, 2001, S. 231–242 (zitiert: *Köndgen,* in: Schuldrechtsreform, 231).

Ders., Ökonomische Aspekte des Schadensproblems, Bemerkungen zur Kommerzialisierungsmethode des Bundesgerichtshofs, Archiv für die civilistische Praxis, Band 177, 1977, S. 1–34 (zitiert: *Köndgen,* AcP 177 (1977), 1).

Konzen, Horst, Betriebsverfassungsrechtliche Leistungspflichten des Arbeitgebers, System der Handlungs-, Duldungs- und Unterlassungsansprüche im BetrVG, 1984 (zitiert: *Konzen*, Leistungspflichten).

Köpcke, Günther, Typen der positiven Vertragsverletzung, 1965 (zitiert: *Köpcke*, Typen der positiven Vertragsverletzung).

Korch, Stefan, Leistungs- und Schutzpflichten – Ein Beitrag zur dogmatischen Erfassung des § 241 Abs. 2 BGB, Zeitschrift für die gesamte Privatrechtswissenschaft, 6. Jahrgang, 2020, S. 189–219 (zitiert: *Korch*, ZfPW 2020, 189).

Korth, Ulrich, Beschränkung der negatorischen Beseitigungshaftung, Zeitschrift für das juristische Studium, 1. Jahrgang, 2008, S. 647–659 (zitiert: *Korth*, ZJS 2008, 647).

Kötz, Hein, Vorbeugender Rechtsschutz im Zivilrecht, Eine rechtsvergleichende Skizze, Archiv für die civilistische Praxis, Band 174, 1974, S. 145–166 (zitiert: *Kötz*, AcP 174 (1974), 145).

Ders., Ziele des Haftungsrechts, in: Baur, Jürgen/Hopt, Klaus/Mailänder, Peter (Hrsg.), Festschrift für Ernst Steindorff zum 70. Geburtstag am 13. März 1990, 1990, S. 644–666 (zitiert: *Kötz*, in: FS Steindorff, 644).

Kötz, Hein/Schäfer, Hans-Bernd, Judex, calcula!, JuristenZeitung, 47. Jahrgang, 1992, S. 355–356 (zitiert: *Kötz/H.-B. Schäfer*, JZ 1992, 355).

Dies., Schadensverhütung durch ökonomische Anreize, Eine emprirische Untersuchung, Archiv für die civilistische Praxis, Band 189, 1989, S. 501–525 (zitiert: *Kötz/H.-B. Schäfer*, AcP 189 (1989), 501).

Kötz, Hein (Begr.)/*Wagner, Gerhard*, Deliktsrecht, 14. Aufl. 2021 (zitiert: *Kötz/G. Wagner*, Deliktsrecht).

Kramme, Malte, Der Konflikt zwischen Bankgeheimnis und Refinanzierungsabtretung, Deutschland – Frankreich – Schweiz, 2014 (zitiert: *Kramme*, Konflikt).

Krebs, Peter, Sonderverbindung und außerdeliktische Schutzpflichten, 2000 (zitiert: *Krebs*, Sonderverbindung).

Kreß, Hugo, Lehrbuch des Allgemeinen Schuldrechts, unveränderter Neudruck der Ausgabe München 1929, mit einer Einführung versehen und herausgegeben von *Weitnauer, Hermann/Ehmann, Horst*, 1974 (zitiert: *Kreß*, Lehrbuch des Allgemeinen Schuldrechts).

Kreuzer, Karl, Anmerkungen zu BGH, Urt. v. 28.01.1976 – VIII ZR 246/74, JuristenZeitung, 31. Jahrgang, 1976, S. 776–781 (zitiert: *Kreuzer*, JZ 1976, 776).

Kronman, Anthony T., Spcific Performance, The University of Chicago Law Review, 45. Jahrgang, 1978, S. 351–382 (zitiert: *Kronman*, U. C. L. Rev. 45 (1978), 351).

Krückmann, Paul, Nachlese zur Unmöglichkeitslehre, Jherings Jahrbücher für die Dogmatik des bürgerlichen Rechts, Band 57, 1910, S. 1–210 (zitiert: *Krückmann*, JherJb 57 (1910), 1).

Ders., Unmöglichkeit und Unmöglichkeitsprozeß; zugleich eine Kritik der Entwürfe Rußlands, Ungarns und der Schweiz, Archiv für die civilistische Praxis, Band 101, 1907, S. 1–307 (zitiert: *Krückmann*, AcP 101 (1907), 1).

Kübel, Franz Philipp von, Recht der Schuldverhältnisse, Teil 1, Allgemeiner Theil mit Begründung, 1882, in: Schubert/Werner, Die Vorlagen der Redaktoren für die erste Kommission zur Ausarbeitung des Entwurfs eines Bürgerlichen Gesetzbuches, 1980 (zitiert: *von Kübel*, Teilentwurf BGB, Schuldrecht I).

Kühl, Kristian, Recht und Moral, in: von Düwell, Marcus/Hübenthal, Christoph/Werner, Micha (Hrsg.), Handbuch Ethik, 3. Aufl. 2011 (zitiert: *Kühl*, in: Handbuch Ethik).

Kuhlmann, Kai, Leistungspflichten und Schutzpflichten, Ein kritischer Vergleich des Leistungsstörungsrechts des BGB mit den Vorschlägen der Schuldrechtskommission, 2001 (zitiert: *Kuhlmann*, Leistungspflichten und Schutzpflichten).

Lampe, Ortrun, Defensiver und aggressiver übergesetzlicher Notstand, Neue Juristische Wochenschrift, 21. Jahrgang, 1968, S. 88–93 (zitiert: *Lampe*, NJW 1968, 88).

Lando, Henrik/Rose, Caspar, On the enforcement of specific performance in Civil Law countries, International Review of Law and Economics, 24. Jahrgang, 2004, S. 473–487 (zitiert: *Lando/Rose*, IRLE 24 (2004), 473).

Lange, Hermann, Schadensersatz, 1. Aufl. 1979 (zitiert: *H. Lange*, Schadensersatz, 1. Aufl. (1979)).

Lange, Hermann/Schiemann, Gottfried, Schadensersatz, 3. Aufl. 2003 (zitiert: *H. Lange/Schiemann*, Schadensersatz).

Larenz, Karl, Allgemeiner Teil des deutschen bürgerlichen Rechts, 7. Aufl. 1989 (zitiert: *Larenz*, AT des Bürgerlichen Rechts).

Ders., Bemerkungen zur Haftung für „culpa in contrahendo", in: Flume, Werner/Raisch, Peter/Steindorff, Ernst (Hrsg.), Beiträge zum Zivil- und Wirtschaftsrecht, Festschrift für Kurt Ballerstedt zum 70. Geburtstag am 24. Dezember 1975, 1975, S. 397–419 (zitiert: *Larenz*, in: FS Ballerstedt, 397).

Ders., Lehrbuch des Schuldrechts, Band 1, Allgemeiner Teil, 14. Aufl. 1987 (zitiert: *Larenz*, Lehrbuch des Schuldrechts AT, Bd. 1).

Ders., Rechtswidrigkeit und Handlungsbegriff im Zivilrecht, in: von Caemmerer, Ernst/Nikisch, Arthur/Zweigert, Konrad (Hrsg.), Vom deutschen zum europäischen Recht, Festschrift für Hans Dölle, Band 1, Deutsches Privat- und Zivilprozessrecht, Rechtsvergleichung, 1963, S. 169–200 (zitiert: *Larenz*, in: FS Dölle, Bd. 1, 169).

Larenz, Karl (Begr.)/*Canaris, Claus-Wilhelm*, Lehrbuch des Schuldrechts, Besonderer Teil, 2. Halbband, 13. Aufl. 1994 (zitiert: *Larenz/Canaris*, Lehrbuch des Schuldrechts, Bd. 2.2).

Dies., Methodenlehre der Rechtswissenschaft, 1995 (zitiert: *Larenz/Canaris*, Methodenlehre).

Lehmann, Heinrich, Allgemeiner Teil des Bürgerlichen Gesetzbuches, neubearbeitet von Hübner, Heinz, 16. Aufl. 1966 (zitiert: *H. Lehmann*, BGB AT).

Ders., Die positiven Vertragsverletzungen, Archiv für die civilistische Praxis, Band 96, 1905, S. 60–113 (zitiert: *H. Lehmann*, AcP 96 (1905), 60).

Ders., Die Unterlassungspflicht im Bürgerlichen Recht, 1906 (zitiert: *H. Lehmann*, Unterlassungspflicht).

Lehmann, Michael, Die bürgerlichrechtliche Haftung für Werbeangaben, Culpa in contrahendo als Haftungsgrundlage für vertragsanbahnende Erklärungen, Neue Juristische Wochenschrift, 34. Jahrgang, 1981, S. 1233–1242 (zitiert: *M. Lehmann*, NJW 1981, 1233).

Lenzen, Elmar, Sind unselbständige Unterlassungsansprüche klagbar?, Neue Juristische Wochenschrift, 20. Jahrgang, 1967, S. 1260–1261 (zitiert: *Lenzen*, NJW 1967, 1260).

Leonhard, Franz, Allgemeines Schuldrecht des BGB, Band 1, 1929 (zitiert: *Leonhard*, Schuldrecht AT, Bd. 1).

Leser, Hans, Zu den Instrumenten des Rechtsgüterschutzes im Delikts- und Gefährdungshaftungsrecht, Archiv für die civilistische Praxis, Band 183, 1983, S. 568–602 (zitiert: *Leser*, AcP 183 (1983), 568).

Lettl, Tobias, Die Beeinträchtigung des Eigentums nach § 1004 I 1 BGB, Juristische Schulung, 45. Jahrgang, 2005, S. 871–879 (zitiert: *Lettl*, JuS 2005, 871).

Leuering, Dieter, Einstweiliger Rechtsschutz gegen die Ausführung noch zu fassender Gesellschafterbeschlüsse, in: Dreher, Meinrad/Mülbert, Peter/Drescher, Ingo/Verse, Dirk (Hrsg.), Festschrift für Alfred Bergmann zum 65. Geburtstag am 13. Juli 2018, 2018, S. 457–471 (zitiert: *Leuering*, in: FS Bergmann, 457).

Lieder, Jan, Die Anwendung schuldrechtlicher Regeln im Sachenrecht, Juristische Schulung, 51. Jahrgang, 2011, S. 874–879 (zitiert: *Lieder*, JuS 2011, 874).

Lobinger, Thomas, Der Anspruch auf das Fehlersurrogat nach § 281 BGB - BGHZ 114, 34, Juristische Schulung, 33. Jahrgang, 1993, S. 453–460 (zitiert: *Lobinger*, JuS 1993, 453).

Ders., Die Grenzen rechtsgeschäftlicher Leistungspflichten, Zugleich ein Beitrag zur Korrekturbedürftigkeit der §§ 275, 311a, 313 BGB n. F., 2004 (zitiert: *Lobinger*, Grenzen).

Ders., Rechtsgeschäftliche Verpflichtung und autonome Bindung, Zu den Entstehungsgründen vermögensaufstockender Leistungspflichten im Bürgerlichen Recht, 1999 (zitiert: *Lobinger*, Rechtsgeschäftliche Verpflichtung).

Ders., Zum Unterlassungsanspruch des Betriebsrats bei Betriebsänderungen, in: Annuss, Georg/Picker, Eduard/Wissmann, Hellmut (Hrsg.), Festschrift für Reinhard Richardi zum 70. Geburtstag, 2007, S. 657–678 (zitiert: *Lobinger*, in: FS Richardi, 657).

Ders., Zur Dogmatik des allgemeinen betriebsverfassungsrechtlichen Unterlassungsanspruchs, Ein Beitrag zum Zusammenhang von Rechtsschutz und Rechtszuweisung im deutschen und europäischen Arbeitsrecht, Zeitschrift für Arbeitsrecht, 35. Jahrgang, 2004, S. 101–181 (zitiert: *Lobinger*, ZfA 2004, 101).

Löhr, Egid von, Die Theorie der Culpa, 1806 (zitiert: *von Löhr*, Theorie der Culpa).

Looschelders, Dirk, Die Mitverantwortlichkeit des Geschädigten im Privatrecht, 1999 (zitiert: *Looschelders*, Mitverantwortlichkeit des Geschädigten).

Ders., Pflichtverletzung als Prüfstein der Privatrechtsdogmatik, in: Auer, Marietta/Grigoleit, Hans Christoph/Hager, Johannes/Herresthal, Carsten/Hey, Felix/Koller, Ingo/Langenbucher, Katja/Neuner, Jörg/Petersen, Jens/Riehm, Thomas/Singer, Reinhard (Hrsg.), Privatrechtsdogmatik im 21. Jahrhundert, Festschrift für Claus-Wilhelm Canaris zum 80. Geburtstag, 2017, S. 403–423 (zitiert: *Looschelders*, in: FS Canaris 2017, 403).

Ders., Schuldrecht, Allgemeiner Teil, 21. Aufl. 2023 (zitiert: *Looschelders*, Schuldrecht AT).

Ders., Schuldrecht, Besonderer Teil, 18. Aufl. 2023 (zitiert: *Looschelders*, Schuldrecht BT).

Lorenz, Stephan/Riehm, Thomas, Lehrbuch zum neuen Schuldrecht, 2002 (zitiert: *S. Lorenz/Riehm*, Lehrbuch zum neuen Schuldrecht).

Lorenz, Werner, Das Problem der Haftung für primäre Vermögensschäden bei der Erteilung einer unrichtigen Auskunft, in: Paulus, Gotthard/Diederichsen, Uwe/Canaris, Claus-Wilhelm (Hrsg.), Festschrift für Karl Larenz zum 70. Geburtstag, 1973, S. 575–620 (zitiert: *W. Lorenz*, in: FS Larenz 1973, 575).

Löwisch, Manfred, Herausgabe von Ersatzverdienst, Zur Anwendbarkeit von § 285 BGB auf Dienst- und Arbeitsverträge, Neue Juristische Wochenschrift, 56. Jahrgang, 2003, S. 2049–2053 (zitiert: *Löwisch*, NJW 2003, 2049).

Lüftenegger, Klaus, Die Rückrufpflicht des Herstellers unter Berücksichtigung der höchstrichterlichen „Pflegebetten"-Rechtsprechung, 2018 (zitiert: *Lüftenegger*, Rückrufpflicht).

Lüke, Gerhard, Anmerkung zu AG Stuttgart, Urteil v. 20.07.1979 – 7 C 4632/79, Neue Juristische Wochenschrift, 32. Jahrgang, 1979, S. 2047–2050 (zitiert: *G. Lüke*, NJW 1979, 2047).

Lüsing, Jan, Die Pflichten aus culpa in contrahendo und positiver Vertragsverletzung, Über die Rechtsnatur von Schutzpflichten und die Begründung von Leistungspflichten vor Vertrag, 2010 (zitiert: *Lüsing*, Die Pflichten).

Madaus, Stephan, Die Abgrenzung der leistungsbezogenen von den nicht leistungsbezogenen Nebenpflichten im neuen Schuldrecht, Juristische Ausbildung, 26. Jahrgang, 2004, 289–292 (zitiert: *Madaus*, JURA 2004, 289–292).

Mädrich, Matthias, Das allgemeine Lebensrisiko, Ein Beitrag zur Lehre von der Haftungsbegrenzung im Schadensersatzrecht, 1980 (zitiert: *Mädrich*, Lebensrisiko).

Mankowski, Peter, Der Rechnungsberichtigungsanspruch und das aus ihm fließende Zurückbehaltungsrecht, Betriebs-Berater, 66. Jahrgang, 2011, S. 1097–1100 (zitiert: *Mankowski*, BB 2011, 1097).

Marburger, Peter, Grundsatzfragen des Haftungsrechts unter dem Einfluß der gesetzlichen Regelungen zur Produzenten- und zur Umwelthaftung, Archiv für die civilistische Praxis, Band 192, 1992, S. 1–34 (zitiert: *Marburger*, AcP 192 (1992), 1).

Maultzsch, Felix, Die Grenzen des Erfüllungsanspruchs aus dogmatischer und ökonomischer Sicht, Archiv für die civilistische Praxis, Band 207, 2007, S. 530–563 (zitiert: *Maultzsch*, AcP 207 (2007), 530).

Maunz, Theodor/Dürig, Günter (Begr.)/*Herzog, Roman/Scholz, Rupert/Herdegen, Matthias/Klein, Hans* (Hrsg.), Grundgesetz (zitiert: *Bearbeiter*, in: Maunz/Dürig/Herzog/Scholz/Herdegen/Klein, GG).

Mayer, Kurt, Produkthaftung und Gefahrbeseitigungsanspruch (Stichwort: „Rückrufpflicht"), Der Betrieb, 40. Jahrgang, 1985, S. 319–326 (zitiert: *K. Mayer*, DB 1985, 319).

Medicus, Dieter, Gefährdungshaftung im Zivilrecht, Juristische Ausbildung, 18. Jahrgang, 1996, S. 561–566 (zitiert: *Medicus*, JURA 1996, 561).

Ders., Probleme um das Schuldverhältnis, Vortrag gehalten vor der Juristischen Gesellschaft zu Berlin am 20. Mai 1987, 1987 (zitiert: *Medicus*, Probleme um das Schuldverhältnis).

Ders., Zur Anwendbarkeit des Allgemeinen Schuldrechts auf Schutzpflichten, in: Heldrich, Andreas/Prölss, Jürgen/Koller, Ingo/Langenbucher, Katja/Grigoleit, Hans Christoph/Hager, Johannes/Hey, Felix/Neuner, Jörg/Petersen, Jens/Singer, Reinhard (Hrsg.), Festschrift für Claus-Wilhelm Canaris zum 70. Geburtstag, Band 1, 2007, S. 835–855 (zitiert: *Medicus*, in: FS Canaris 2007, Bd. 1, 835).

Medicus, Dieter/Lorenz, Stephan, Schuldrecht I, Allgemeiner Teil, 22. Aufl. 2021 (zitiert: *Medicus/S. Lorenz*, Schuldrecht AT).

Dies., Schuldrecht II, Besonderer Teil, 18. Aufl. 2018 (zitiert: *Medicus/S. Lorenz*, Schuldrecht II).

Medicus, Dieter/Petersen, Jens, Allgemeiner Teil des BGB, 11. Aufl. 2016 (zitiert: *Medicus/Petersen*, BGB AT).

Medicus, Dieter (Begr.)/*Petersen, Jens*, Bürgerliches Recht, Eine nach Anspruchsgrundlagen geordnete Darstellung zur Examensvorbereitung, 29. Aufl. 2023 (zitiert: *Medicus/Petersen*, Bürgerliches Recht).

Mertens, Hans-Joachim, Deliktsrecht und Sonderprivatrecht – Zur Rechtsfortbildung des deliktischen Schutzes von Vermögensinteressen, Archiv für die civilistische Praxis, Band 178, 1978, S. 227–262 (zitiert: *Mertens*, AcP 178 (1978), 227).

Ders., Verkehrspflichten und Deliktsrecht, Gedanken zu einer Dogmatik der Verkehrspflichtverletzung, Versicherungsrecht, 31. Jahrgang, 1980, S. 397–410 (zitiert: *Mertens*, VersR 1980, 397).

Möllers, Thomas, Rechtsgüterschutz im Umwelt- und Haftungsrecht, Präventive Verkehrspflichten und Beweiserleichterungen in Risikolagen, 1996 (zitiert: *Möllers*, Rechtsgüterschutz).

Möschel, Wernhard, Dogmatische Strukturen des bargeldlosen Zahlungsverkehrs, Archiv für die civilistische Praxis, Band 186, 1986, S. 187–236 (zitiert: *Möschel*, AcP 186 (1986), 187).

Motive zu dem Entwurfe eines Bürgerlichen Gesetzbuches für das Deutsche Reich, Amtliche Ausgabe, Band 1, Allgemeiner Theil, 1888 (zitiert: Motive, Bd. 1).

Motive zu dem Entwurfe eines Bürgerlichen Gesetzbuches für das Deutsche Reich, Amtliche Ausgabe, Band 2, Recht der Schuldverhältnisse, 1888 (zitiert: Motive, Bd. 2).

Motive zu dem Entwurfe eines Bürgerlichen Gesetzbuches für das Deutsche Reich, Amtliche Ausgabe, Band 3, Sachenrecht, 1888 (zitiert: Motive, Bd. 3).

Motzer, Stefan, Schutzpflichtverletzung und Leistungsunmöglichkeit, JuristenZeitung, 38. Jahrgang, 1983, S. 884–889 (zitiert: *Motzer*, JZ 1983, 884).

Mühl, Otto, Vindikation und Kondiktion, Archiv für die civilistische Praxis, Band 176, 1976, S. 396–424 (zitiert: *Mühl*, AcP 176 (1976), 396).

Müller, Gernot, Der Leistungsbegriff im Arbeitsverhältnis, Zugleich ein Beitrag zur Bestimmung von Begriff und Rechtsnatur des Arbeitsverhältnisses, 1974 (zitiert: *G. Müller*, Leistungsbegriff).

Müller, Markus/Hempel, Rolf, Nebenpflichten des Verkäufers unter besonderer Berücksichtigung der Verjährung, Archiv für die civilistische Praxis, Band 205, 2005, S. 246–274 (zitiert: *M. Müller/Hempel*, AcP 205 (2005), 246).

Müller, Ulrich, Die Haftung des Stellvertreters bei culpa in contrahendo und positiver Forderungsverletzung, Neue Juristische Wochenschrift, 22. Jahrgang, 1969, S. 2169–2179 (zitiert: *U. Müller*, NJW 1969, 2169).

Münchener Kommentar zum Bürgerlichen Gesetzbuch, herausgegeben von *Rebmann, Kurt/Säcker, Franz Jürgen*, Band 2, Schuldrecht, Allgemeiner Teil, §§ 241–432, 3. Aufl. 1994 (zitiert: *Bearbeiter*, in: MüKo (1994), BGB).

Münchener Kommentar zum Bürgerlichen Gesetzbuch, herausgegeben von *Rebmann, Kurt/Säcker, Franz Jürgen/Rixecker, Roland*, Band 6, Sachenrecht, §§ 854–1296, 4. Aufl. 2004 (zitiert: *Bearbeiter*, in: MüKo (2004), BGB).

Münchener Kommentar zum Bürgerlichen Gesetzbuch, herausgegeben von *Säcker, Franz Jürgen/Rixecker, Roland*, Band 7, Sachenrecht, §§ 854–1296, 7. Aufl. 2017 (zitiert: *Bearbeiter*, in: MüKo (2017), BGB).

Münchener Kommentar zum Bürgerlichen Gesetzbuch, herausgegeben von *Säcker, Franz Jürgen/Rixecker, Roland/Oetker, Hartmut/Limperg, Bettina*, Band 2, Schuldrecht – Allgemeiner Teil I, 9. Aufl. 2022 (zitiert: *Bearbeiter*, in: MüKo, BGB).

Münchener Kommentar zum Bürgerlichen Gesetzbuch, herausgegeben von *Säcker, Franz Jürgen/Rixecker, Roland/Oetker, Hartmut/Limperg, Bettina*, Band 3, Schuldrecht – Allgemeiner Teil II, 9. Aufl. 2022 (zitiert: *Bearbeiter*, in: MüKo, BGB).

Münchener Kommentar zum Bürgerlichen Gesetzbuch, herausgegeben von *Säcker, Franz Jürgen/Rixecker, Roland/Oetker, Hartmut/Limperg, Bettina*, Band 7, Schuldrecht – Besonderer Teil IV, §§ 705–853, Partnerschaftsgesellschaftsgesetz, Produkthaftungsgesetz, 9. Aufl. 2024 (zitiert: *Bearbeiter*, in: MüKo, BGB).

Münchener Kommentar zum Bürgerlichen Gesetzbuch, herausgegeben von *Säcker, Franz Jürgen/Rixecker, Roland/Oetker, Hartmut/Limperg, Bettina*, Band 8, Sachenrecht, §§ 854–1296, WEG, ErbbauRG, 9. Aufl. 2023 (zitiert: *Bearbeiter*, in: MüKo, BGB).

Münchener Kommentar zum Bürgerlichen Gesetzbuch, herausgegeben von *Säcker, Franz Jürgen/Rixecker, Roland/Oetker, Hartmut/Limperg, Bettina*, Band 9, Familienrecht I, §§ 1297–1588, Versorgungsausgleichsgesetz, Gewaltschutzgesetz, Lebenspartnerschaftsgesetz, 9. Aufl. 2022 (zitiert: *Bearbeiter*, in: MüKo, BGB).

Münchener Kommentar zur Zivilprozessordnung, mit Gerichtsverfassungsgesetz und Nebengesetzen, herausgegeben von *Krüger, Wolfgang/Rauscher, Thomas*, Band 1, §§ 1–354, 6. Aufl. 2020 (zitiert: *Bearbeiter*, in: MüKo, ZPO).

Münchener Kommentar zur Zivilprozessordnung, mit Gerichtsverfassungsgesetz und Nebengesetzen, herausgegeben von *Krüger, Wolfgang/Rauscher, Thomas*, Band 2, §§ 355–945b, 6. Aufl. 2020 (zitiert: *Bearbeiter*, in: MüKo, ZPO).

Münzberg, Wolfgang, Bemerkungen zum Haftungsgrund der Unterlassungsklage, JuristenZeitung, 22. Jahrgang, 1967, S. 689–694 (zitiert: *Münzberg*, JZ 1967, 689).

Ders., Verhalten und Erfolg als Grundlagen der Rechtswidrigkeit und Haftung, 1966 (zitiert: *Münzberg*, Verhalten und Erfolg).

Neumann, Irmgard, Leistungsbezogene Verhaltenspflichten, Zur Durchsetzung sogenannter vertraglicher Nebenpflichten, 1989 (zitiert: *I. Neumann*, Leistungsbezogene Verhaltenspflichten).

Neuner, Jörg, Allgemeiner Teil des Bürgerlichen Rechts, 13. Aufl. 2023, begründet von *Larenz, Karl*, in der 8. und 9. Auflage bearbeitet von *Wolf, Manfred* (zitiert: *Neuner*, BGB AT).

Niederländer, Hubert, Schadensersatz bei Aufwendungen des Geschädigten vor dem Schadensereignis, JuristenZeitung, 15. Jahrgang, 1960, S. 617–621 (zitiert: *Niederländer*, JZ 1960, 617).

Nikisch, Arthur, Zivilprozeßrecht, 2. Aufl. 1952 (zitiert: *Nikisch*, Zivilprozeßrecht).

Oetker, Hartmut, Das Dauerschuldverhältnis und seine Beendigung, Bestandsaufnahme und kritische Würdigung einer tradierten Figur der Schuldrechtsdogmatik, 1994 (zitiert: *Oetker*, Dauerschuldverhältnis).

Offermatt, Gerhard, Dinglicher Beseitigungsanspruch, 1937 (zitiert: *Offermatt*, Beseitigungsanspruch).

Okuda, Masamiehi, Über den Anspruchsbegriff im deutschen BGB, Archiv für die civilistische Praxis, Band 164, 1964, S. 536–547 (zitiert: *Okuda*, AcP 164 (1964), 536).

Oppermann, Bernd, Unterlassungsanspruch und materielle Gerechtigkeit im Wettbewerbsprozeß, Zur Entstehung und Durchsetzung von Unterlassungsansprüchen im Wettbewerbsrecht und im gewerblichen Sonderrechtsschutz, 1993 (zitiert: *Oppermann*, Unterlassungsanspruch).

Paech, Fritz, Der Leistungsverzug, eine Studie zum Bürgerlichen Gesetzbuch, 1902 (zitiert: *Paech*, Leistungsverzug).

Paßmann, Jan-Hendrik, Schutzpflichtverletzungen im Spannungsverhältnis von schuldrechtlichem und deliktischem Haftungsregime, 2010 (zitiert: *Paßmann*, Schutzpflichtverletzungen).

Peters, Frank, Anmerkung zu BGH Urteil v. 18.09.1986 – III ZR 227/84, JuristenZeitung, 42. Jahrgang, 1987, S. 198–199 (zitiert: *Peters*, JZ 1987, 198).

Picker, Eduard, Das Verhältnis von § 823 Abs. 2 zu Abs. 1 BGB im System von Rechtszuweisung und Rechtsschutz, in: Meller-Hannich, Caroline/Haertlein, Lutz/Gaul, Hans Friedhelm/Becker-Eberhard, Ekkehard (Hrsg.), Rechtslage – Rechtserkenntnis – Rechtsdurchsetzung, Festschrift für Eberhard Schilken zum 70. Geburtstag, 2015, S. 85–104 (zitiert: *Picker*, in: FS Schilken, 85).

Ders., Deliktsrechtlicher Eigentumsschutz bei Störungen der Sach-Umwelt-Beziehung, eine Skizze, JuristenZeitung, 65. Jahrgang, 2010, S. 541–553 (zitiert: *Picker*, JZ 2010, 541).

Ders., Der deliktische Schutz der Forderung als Beispiel für das Zusammenspiel von Rechtszuweisung und Rechtsschutz, in: Heldrich, Andreas/Prölss, Jürgen/Koller, Ingo/Langenbucher, Katja/Grigoleit, Hans Christoph/Hager, Johannes/Hey, Felix/Neuner, Jörg/Petersen, Jens/Singer, Reinhard (Hrsg.), Festschrift für Claus-Wilhelm Canaris zum 70. Geburtstag, Band 1, 2007, S. 1001–1035 (zitiert: *Picker*, in: FS Canaris 2007, Bd. 1, 1001).

Ders., Der „dingliche" Anspruch, in: Koziol, Helmut/Rummel, Peter (Hrsg.), Im Dienste der Gerechtigkeit, Festschrift für Franz Bydlinski, 2002, S. 269–318 (zitiert: *Picker*, in: FS Bydlinski, 269).

Ders., Der negatorische Beseitigungsanspruch, 1973 (zitiert: *Picker*, Der negatorische Beseitigungsanspruch).

Ders., Der privatrechtliche Rechtsschutz gegen baurechtswidrige Bauten als Beispiel für die Realisierung von „Schutzgesetzen", Archiv für die civilistische Praxis, Band 176, 1976, S. 28–79 (zitiert: *Picker*, AcP 176 (1976), 28).

Ders., Gerhard Hohloch: Die negatorischen Ansprüche und ihre Beziehungen zum Schadensrecht, Archiv für die civilistische Praxis, Band 178, 1978, S. 499–504 (zitiert: *Picker*, AcP 178 (1978), 499).

Ders., Hauptintervention, Forderungsprätendentenstreit und Urheberbenennung, zugleich ein Beitrag zum Thema Prozeßrecht und materielles Recht, in: Jakobs, Horst Heinrich/Knobbe-Keuk, Brigitte/Picker, Eduard/Wilhelm, Jan (Hrsg.), Festschrift für Werner Flume zum 70. Geburtstag, 1978, S. 649–740 (zitiert: *Picker*, in: FS Flume, 649).

Ders., Negatorische Haftung und Geldabfindung, Ein Beitrag zur Differenzierung der bürgerlichrechtlichen Haftungssysteme, in: Medicus, Dieter/Mertens, Hans-Joachim/Nörr, Knut Wolfgang/Zöllner, Wolfgang (Hrsg.), Festschrift für Hermann Lange zum 70. Geburtstag am 24. Januar 1992, 1992, S. 625–696 (zitiert: *Picker*, in: FS Lange, 625).

Ders., Positive Forderungsverletzung und culpa in contrahendo – Zur Problematik der Haftung „zwischen" Vertrag und Delikt, Archiv für die civilistische Praxis, Band 183, 1983, S. 369–520 (zitiert: *Picker*, AcP 183 (1983), 369).

Ders., Rechtszuweisung und Rechtsschutz im Deliktsrecht am Beispiel des Kaltluftsee-Falles (BGHZ 113, 384), in: Beuthien, Volker/Fuchs, Maximilian/Roth, Herbert/Schiemann, Gottfried/Wacke, Andreas (Hrsg.), Perspektiven des Privatrechts am Anfang des 21. Jahrhunderts, Festschrift für Dieter Medicus zum 80. Geburtstag am 9. Mai 2009, 2009, S. 311–331 (zitiert: *Picker*, in: FS Medicus 2009, 311).

Ders., Schuldrechtliche Rechte gegen den Betreiber von Zwangsvollstreckung oder Teilungsversteigerung als „die Veräußerung hinderndes Recht" i. S. d. Drittwiderspruchsklage, Ein prozeßrechtlicher Problemfall als Probe auf das Zivilrechtssystem, JuristenZeitung, 69. Jahrgang, 2014, S. 431–442 (zitiert: *Picker*, JZ 2014, 431).

Ders., Vertragliche und deliktische Schadenshaftung, Überlegungen zu einer Neustrukturierung der Haftungssysteme, JuristenZeitung, 42. Jahrgang, 1987, S. 1041–1058 (zitiert: *Picker*, JZ 1987, 1041).

Ders., Zur Beseitungshaftung nach § 1004 BGB – eine Apologie, zugleich ein Beitrag zur bürgerlichrechtlichen Haftungsdogmatik, in: Lange, Hermann/Nörr, Knut Wolfgang/Westermann, Harm Peter (Hrsg.), Festschrift für Joachim Gernhuber zum 70. Geburtstag, 1993, 315-368 (zitiert: *Picker*, in: FS Gernhuber, 315-368).

Planck, Gottlieb (Begr.)/*Strohal, Emil* (Hrsg.), Planck's Kommentar zum Bürgerlichen Gesetzbuch nebst Einführungsgesetz, Band 2 (1. Hälfte), Recht der Schuldverhältnisse (Allgemeiner Teil), §§ 241–432, 4. Aufl. 1914 (zitiert: *Bearbeiter*, in: Planck, BGB, 4. Aufl. (1914)).

Posner, Richard, A Theory of Negligence, The Journal of Legal Studies, 1. Jahrgang, 1972, S. 29–96 (zitiert: *Posner*, J. Leg. Stud. 1 (1972), 29).

Produkthaftungshandbuch, herausgegeben von *Foerste, Ulrich/Westphalen, Friedrich Graf von*, 4. Aufl. 2024 (zitiert: *Bearbeiter*, in: Produkthaftungshandbuch).

Protokolle der Kommission für die zweite Lesung des Entwurfs des Bürgerlichen Gesetzbuchs., Band 1, Allgemeiner Theil und Recht der Schuldverhältnisse Abschn. I, Abschn. II Tit. I, 1897 (zitiert: Protokolle, BGB, Bd. 1).

Protokolle der Kommission für die zweite Lesung des Entwurfs des Bürgerlichen Gesetzbuchs., Band 2, Recht der Schuldverhältnisse, Abschn. II, Tit. 2–20, Abschn. III, IV, 1898 (zitiert: Protokolle, BGB, Bd. 2).

Protokolle der Kommission für die zweite Lesung des Entwurfs des Bürgerlichen Gesetzbuchs., Band 3, Sachenrecht, 1899 (zitiert: Protokolle, BGB, Bd. 3).

Prütting, Hanns/Wegen, Gerhard/Weinreich, Gerd (Hrsg.), Bürgerliches Gesetzbuch, 18. Aufl. 2023 (zitiert: *Bearbeiter*, in: Prütting/Wegen/Weinreich, BGB).

Prütting, Jens/Scholl, Bernd, Die Schuldrechtsklausur II, Kernprobleme der gesetzlichen Schuldverhältnisse in der Fallbearbeitung, 2019 (zitiert: *J. Prütting/Scholl*, Schuldrechtsklausur II).

Prütting, Jens/Stubenrauch, Robin, Anmerkung zu BGH, Urteil v. 18.05.2021 – VI ZR 401/19, Fachdienst Zivilrecht – LMK, 2021 (zitiert: *J. Prütting/Stubenrauch*, LMK 2021, 811968).

Prütting, Jens/Winter, Wiebke, Anmerkung zu BGH, Beschluss v. 16.02.2021 – VI ZR 1104/20, Fachdienst Zivilrecht – LMK, 2021 (zitiert: *J. Prütting/W. Winter*, LMK 2021, 807655).

Puchta, Georg Friedrich, Pandekten, auf Grund der früheren A. F. Rudorff'schen Bearbeitung sorgfältig revidierte und vermehrte Auflage von Schirmer, Theodor, 12. Aufl. 1877 (zitiert: *Puchta*, Pandekten).

Raab, Thomas, Negatorischer Rechtsschutz des Betriebsrats gegen mitbestimmungswidrige Maßnahmen des Arbeitgebers, Ein Beitrag zur Systematik des betriebsverfassungsrechtlichen Rechte- und Pflichtenverhältnisses und zum Organstreit, 1993 (zitiert: *Raab*, Negatorischer Rechtsschutz).

Raiser, Ludwig, Der Stand der Lehre vom subjektiven Recht im Deutschen Zivilrecht, JuristenZeitung, 16. Jahrgang, 1961, S. 465–473 (zitiert: *L. Raiser*, JZ 1961, 465).

Raiser, Rolf, Schadenshaftung bei verstecktem Dissens, Archiv für die civilistische Praxis, Band 127, 1927, S. 1–45 (zitiert: *R. Raiser*, AcP 127 (1927), 1).

Regelsberger, Ferdinand, Pandekten, Band 1, 1893 (zitiert: *Regelsberger*, Pandekten, Bd. 1).

Reichel, Hans, Unklagbare Ansprüche., Jherings Jahrbücher für die Dogmatik des bürgerlichen Rechts, Band 59, 1911, S. 409–460 (zitiert: *Reichel*, JherJb 59 (1911), 409).

Repgen, Tilman, Vertragstreue und Erfüllungszwang in der mittelalterlichen Rechtswissenschaft, 1994 (zitiert: *Repgen*, Vertragstreue und Erfüllungszwang).

Rettenbeck, Stephan, Die Rückrufpflicht in der Produkthaftung, Zugleich ein Beitrag zur EG-Richtlinie über die allgemeine Produktsicherheit vom 29. Juni 1992, 1994 (zitiert: *Rettenbeck*, Rückrufpflicht).

Riehm, Thomas, Der Grundsatz der Naturalerfüllung, 2015 (zitiert: *Riehm*, Grundsatz der Naturalerfüllung).

Ders., Rechtsgrund – Pflicht –Anspruch, Zur Dogmatik des Schuldverhältnisses, in: Auer, Marietta/Grigoleit, Hans Christoph/Hager, Johannes/Herresthal, Carsten/Hey, Felix/Koller, Ingo/Langenbucher, Katja/Neuner, Jörg/Petersen, Jens/Riehm, Thomas/Singer, Reinhard (Hrsg.), Privatrechtsdogmatik im 21. Jahrhundert, Festschrift für Claus-Wilhelm Canaris zum 80. Geburtstag, 2017, S. 345–369 (zitiert: *Riehm*, in: FS Canaris 2017, 345).

Rimmelspacher, Bruno, Materiellrechtlicher Anspruch und Streitgegenstandsprobleme im Zivilprozeß, 1970 (zitiert: *Rimmelspacher*, Materiellrechtlicher Anspruch).

Ring, Gerhard/Grziwotz, Herbert/Schmidt-Räntsch, Johanna (Hrsg.), BGB, Band 3, Sachenrecht, §§ 854–1296, 5. Aufl. 2022 (zitiert: *Bearbeiter*, in: Ring/Grziwotz/Schmidt-Räntsch, BGB).

Ringshandl, Andreas, Anmerdkung zu BGH, Urteil v. 9. 2. 2018 – V ZR 311/16 (OLG Naumburg), JuristenZeitung, 73. Jahrgang, 2018, S. 682–684 (zitiert: *Ringshandl*, JZ 2018, 682).

Rosenberg, Leo (Begr.)/*Schwab, Karl Heinz/Gottwald, Peter*, Zivilprozessrecht, 18. Aufl. 2018 (zitiert: *Rosenberg/K. H. Schwab/Gottwald*, Zivilprozessrecht).

Roth, Herbert, Ansprüche auf Rechtsfortsetzung und Mitverschulden, Archiv für die civilistische Praxis, Band 180, 1980, S. 263–299 (zitiert: *H. Roth*, AcP 180 (1980), 263).

Ders., Die Einrede des Bürgerlichen Rechts, 1988 (zitiert: *H. Roth*, Einrede).

Ders., Zur Bedeutung des § 906 BGB für deliktische Schadensersatzansprüche – BGH, NJW-RR 2001, 1208, Juristische Schulung, 41. Jahrgang, 2001, S. 1161–1165 (zitiert: *H. Roth*, JuS 2001, 1161).

Roth, Wolfgang, Faktische Eingriffe in Freiheit und Eigentum, Struktur und Dogmatik des Grundrechtstatbestandes und der Eingriffsrechtfertigung, 1994 (zitiert: *W. Roth*, Faktische Eingriffe).

Rother, Werner, Haftungsbeschränkung im Schadensrecht, 1965 (zitiert: *Rother*, Haftungsbeschränkung).

Rust, Ulrich, Leistungs- und Schutzpflichten in der Gewährleistungshaftung, Monatsschrift für Deutsches Recht, 52. Jahrgang, 1998, S. 947–950 (zitiert: *Rust*, MDR 1998, 947).

Saenger, Ingo (Hrsg.), Zivilprozessordnung, Familienverfahren, Gerichtsverfassung, Europäisches Verfahrensrecht, 10. Aufl. 2023, Handkommentar (zitiert: *Bearbeiter*, in: Saenger, ZPO).

Savigny, Friedrich Carl von, Das Obligationenrecht als Theil des heutigen Römischen Rechts., Band 2, 1853 (zitiert: *von Savigny*, Obligationenrecht, Bd. 2).

Ders., Pandekten, Obligationenrecht, Allgemeiner Teil, Nach Savignys Vorlesungsmanuskript herausgegeben von Avenarius, Martin, 2008 (zitiert: *von Savigny*, Obligationenrecht Manuskript).

Ders., System des heutigen römischen Rechts, neu herausgegeben von *Heuser, Otto Ludwig*, Band 1, 1840 (zitiert: *von Savigny*, System, Bd. 1).

Ders., System des heutigen römischen Rechts, neu herausgegeben von *Heuser, Otto Ludwig*, Band 3, 1840 (zitiert: *von Savigny*, System, Bd. 3).

Ders., System des heutigen römischen Rechts, neu herausgegeben von *Heuser, Otto Ludwig*, Band 5, 1841 (zitiert: *von Savigny*, System, Bd. 5).

Schäfer, Hans-Bernd/Ott, Claus, Lehrbuch der ökonomischen Analyse des Zivilrechts, 6. Aufl. 2020 (zitiert: *H.-B. Schäfer/Ott*, Ökonomische Analyse).

Schlechtriem, Peter, Schutzpflichten und geschützte Personen, Überlegungen aus rechtsvergleichender Sicht zu Verträgen mit Schutzwirkungen zugunsten Dritter aus Anlaß von BGH 13.11.1997, ZR 144/94, in: Beuthien, Volker/Fuchs, Maximilian/Roth, Herbert/Schiemann, Gottfried/Wacke, Andreas (Hrsg.), Festschrift für Dieter Medicus: Zum 70. Geburtstag, 1999, S. 529–542 (zitiert: *Schlechtriem*, in: FS Medicus 1999, 529).

Schlechtriem, Peter/Schmidt-Kessel, Martin, Schuldrecht, Allgemeiner Teil, 6. Aufl. 2005 (zitiert: *Schlechtriem/Schmidt-Kessel*, Schuldrecht AT).

Schmidt, Eike, Die verpatzte Jubiläumsfeier, in: Lange, Hermann/Nörr, Knut Wolfgang/Westermann, Harm Peter (Hrsg.), Festschrift für Joachim Gernhuber zum 70. Geburtstag, 1993, S. 423–433 (zitiert: *E. Schmidt*, in: FS Gernhuber, 423).

Schmidt, Jürgen, „Actio". „Anspruch". „Forderung", in: Martinek, Michael/Schmidt, Jürgen/Wadle, Elmar (Hrsg.), Festschrift für Günther Jahr zum siebzigsten Geburtstag, Vestigia Iuris, 1993, S. 401–417 (zitiert: *J. Schmidt*, in: FS Jahr, 401).

Ders., Aktionsberechtigung und Vermögensberechtigung, Ein Beitrag zur Theorie des subjektiven Rechts, 1969 (zitiert: *J. Schmidt*, Aktionsberechtigung).

Schmidt, Reimer, Die Obliegenheiten, 1953 (zitiert: *Reimer Schmidt*, Obliegenheiten).

Schmidt, Rudolf, Der negatorische Beseitigungsanspruch, 1924 (zitiert: *Rudolf Schmidt*, Beseitigungsanspruch).

Schnapp, Jan, Empfiehlt sich die „Pflichtverletzung" als Generaltatbestand des Leistungsstörungsrechts?, JuristenZeitung, 56. Jahrgang, 2001, S. 583–589 (zitiert: *Schnapp*, JZ 2001, 583).

Schreiber, Otto, Schuld und Haftung als Begriffe der privatrechtlichen Dogmatik, Band 1, 1914 (zitiert: *O. Schreiber*, Schuld und Haftung, Bd. 1).

Schröder, Jan, Verkehrssicherungspflicht gegenüber Unbefugten, Archiv für die civilistische Praxis, Band 179, 1979, S. 567–594 (zitiert: *Schröder*, AcP 179 (1979), 567).

Schulz, Andreas, Überlegungen zur ökonomischen Analyse des Haftungsrechts, Versicherungsrecht, 35. Jahrgang, 1984, S. 608–618 (zitiert: *Schulz*, VersR 1984, 608).

Schulze, Götz, Die Naturalobligation, Rechtsfigur und Instrument des Rechtsverkehrs einst und heute – zugleich Grundlegung einer zivilrechtlichen Forderungslehre, 2008 (zitiert: *G. Schulze*, Naturalobligation).

Ders., Nicht erzwingbare Leistungsforderungen im Zivilrecht, Juristische Schulung, 51. Jahrgang, 2011, S. 193–199 (zitiert: *G. Schulze*, JuS 2011, 193).

Schur, Wolfgang, Leistung und Sorgfalt, Zugleich ein Beitrag zur Lehre von der Pflicht im Bürgerlichen Recht, 2001 (zitiert: *Schur*, Leistung und Sorgfalt).

Schwartz, Alan, The Case for Specific Performance, The Yale Law Journal, Band 89, 89. Jahrgang, 1979, S. 271–306 (zitiert: *Schwartz*, Yale L. J. 89 (1979), 271).

Schwenzer, Ingeborg, Rückruf- und Warnpflichten des Warenherstellers, JuristenZeitung, 42. Jahrgang, 1987, S. 1059–1065 (zitiert: *Schwenzer*, JZ 1987, 1059).

Schwerdtner, Eberhard, Verzug im Sachenrecht, Eine rechtssystematische und rechtsdogmatische Untersuchung über die Anwendbarkeit der schuldrechtlichen Verzugsvorschriften auf dingliche Ansprüche, 1973 (zitiert: *Schwerdtner*, Verzug im Sachenrecht).

Shavell, Steven, Economic Analysis of Accident Law, 1987 (zitiert: *Shavell*, Accident Law).

Ders., Specific Performance Versus Damages for Breach fo Contract: An Economic Analysis, Texas Law Review, 84. Jahrgang, 2006, S. 831–876 (zitiert: *Shavell*, T. L. Rev. 84 (2006), 831).

Siber, Heinrich, Der Rechtszwang im Schuldverhältniss nach deutschem Reichsrecht, 1903 (zitiert: *Siber*, Rechtszwang).

Ders., Grundriß des deutschen bürgerlichen Rechts, Band 2, Schuldrecht, 1931 (zitiert: *Siber*, Grundriß, Bd. 2).

Sintenis, Carl Friedrich Ferdinand, Das practische gemeine Civilrecht., Band 2, Das Obligationenrecht., 3. Aufl. 1868 (zitiert: *Sintenis*, Civilrecht, Bd. 2).

Soergel, Hans Theodor (Begr.)/*Siebert, Wolfgang* (Hrsg.), Bürgerliches Gesetzbuch mit Einführungsgesetz und Nebengesetzen, Band 2, Schuldrecht I (§§ 241–432), 12. Aufl. 1990 (zitiert: *Bearbeiter*, in: Soergel, BGB).

Dies., Bürgerliches Gesetzbuch mit Einführungsgesetz und Nebengesetzen, Band 3/2, Schuldrecht 1/2, §§ 243–304, 13. Aufl. 2014 (zitiert: *Bearbeiter*, in: Soergel, BGB).

Dies., Bürgerliches Gesetzbuch mit Einführungsgesetz und Nebengesetzen, Band 12, Schuldrecht 10, §§ 823–853, ProdHG, UmweltHG, 13. Aufl. 2005 (zitiert: *Bearbeiter*, in: Soergel, BGB).

Dies., Bürgerliches Gesetzbuch mit Einführungsgesetz und Nebengesetzen, Band 15/1, Sachenrecht 2/1, §§ 985–1017, ErbbauVO, 13. Aufl. 2006 (zitiert: *Bearbeiter*, in: Soergel, BGB).

Spindler, Gerald, Unternehmensorganisationspflichten, Zivilrechtliche und öffentlich-rechtliche Regelungskonzepte, 2. Aufl. 2011 (zitiert: *Spindler*, Unternehmensorganisationspflichten).

Stathopoulos, Michael, Bemerkungen zum Verhältnis zwischen Fahrlässigkeit und Rechtswidrigkeit im Zivilrecht, in: Canaris, Claus-Wilhelm/Diederichsen, Uwe (Hrsg.), Festschrift für Karl Larenz zum 80. Geburtstag am 23. April 1983, 1983, S. 631–647 (zitiert: *Stathopoulos*, in: FS Larenz 1983, 631).

Staub, Hermann, Die positiven Vertragsverletzungen, 2. Aufl. 1913 (zitiert: *Staub*, p. V. V.).

Staudinger, Julius von (Begr.), J. von Staudingers Kommentar zum Bürgerlichen Gesetzbuch (zitiert: *Bearbeiter*, in: Staudinger).

Stech, Jürgen, Unklagbare Ansprüche im heutigen Recht, Zeitschrift für Zivilprozeß, Band 77, 1964, S. 161–221 (zitiert: *Stech*, ZZP 77 (1964), 161).

Steffen, Erich, Verkehrspflichten im Spannungsfeld von Bestandsschutz und Handlungsfreiheit, Versicherungsrecht, 31. Jahrgang, 1980, S. 409–412 (zitiert: *Steffen*, VersR 1980, 409).

Steiner, Gert, Schadensverhütung als Alternative zum Schadensersatz, 1983 (zitiert: *Steiner*, Schadensverhütung).

Stickelbrock, Barbara, Angleichung zivilrechtlicher und öffentlich-rechtlicher Haftungsmaßstäbe beim Störerbegriff des § 1004 BGB, Archiv für die civilistische Praxis, Band 197, 1997, S. 456–504 (zitiert: *Stickelbrock*, AcP 197 (1997), 456).

Stiebler, Hartwig, Vorbeugender Rechtsschutz vor Verkehrspflichtverletzungen, 1986 (zitiert: *Stiebler*, Verkehrspflichtverletzungen).

Stoll, Hans, Anmerkung zu: Verkehrspflichten, Richterliche Gefahrsteuerungsgebote im deutschen Deliktsrecht von Christian von Bar, Rabels Zeitschrift für ausländisches und internationales Privatrecht, Band 46, 1982, S. 591–598 (zitiert: *Hans Stoll*, RabelsZ 46 (1982), 591).

Ders., Die Beweislastverteilung bei positiven Vertragsverletzungen, in: Esser, Josef/Thieme, Hans (Hrsg.), Festschrift für Fritz von Hippel zum 70. Geburtstag, 1967, S. 517–559 (zitiert: *Hans Stoll*, in: FS von Hippel, 517).

Ders., Haftungsfolgen im bürgerlichen Recht, Eine Darstellung auf rechtsvergleichender Grundlage, 1993 (zitiert: *Hans Stoll*, Haftungsfolgen).

Ders., Haftungsrechtlicher Schutz gegen drohendes Unrecht, in: Medicus, Dieter/Mertens, Hans-Joachim/Nörr, Knut Wolfgang/Zöllner, Wolfgang (Hrsg.), Festschrift für Hermann Lange zum 70. Geburtstag am 24. Januar 1992, 1992, S. 729–747 (zitiert: *Hans Stoll*, in: FS Lange, 729).

Ders., Haftungsverlagerung durch beweisrechtliche Mittel, Archiv für die civilistische Praxis, Band 176, 1976, S. 145–196 (zitiert: *Hans Stoll*, AcP 176 (1976), 145).

Ders., Unrechtstypen bei Verletzung absoluter Rechte, Archiv für die civilistische Praxis, Band 162, 1963, S. 203–236 (zitiert: *Hans Stoll*, AcP 162 (1963), 203).

Ders., Vorteilsausgleichung bei Leistungsvereitelung, in: Schwenzer, Ingeborg/Hager, Günter (Hrsg.), Festschrift für Peter Schlechtriem zum 70. Geburtstag, 2003, S. 677–696 (zitiert: *Hans Stoll*, in: FS Schlechtriem, 677).

Stoll, Heinrich, Abschied von der Lehre von der positiven Vertragsverletzung, Betrachtungen zum dreißigjährigen Bestand der Lehre, Archiv für die civilistische Praxis, Band 136, 1932, S. 257–320 (zitiert: *Heinrich Stoll*, AcP 136 (1932), 257).

Ders., Die Lehre von den Leistungsstörungen, Denkschrift des Ausschusses für Personen-, Vereins- und Schuldrecht, 1936 (zitiert: *Heinrich Stoll*, Leistungsstörungen).

Stollenwerk, Detlef, Drohender Gebäudeeinsturz im Nachbarrecht, Versicherungsrecht, 49. Jahrgang, 1998, S. 559–560 (zitiert: *Stollenwerk*, VersR 1998, 559).

Strohal, Emil, Schuldpflicht und Haftung, 1914 (zitiert: *Strohal*, Schuldpflicht und Haftung).

Stürner, Michael, Grenzen des privatrechtlichen Eigentumsschutzes. § 275 Abs. 2 BGB als Schranke negatorischer Ansprüche?, in: Peine, Franz-Joseph/Wolff, Heinrich Amadeus (Hrsg.), Nachdenken über Eigentum, Festschrift für Alexander v. Brünneck zur Vollendung seines siebzigsten Lebensjahres, 2011, S. 360–378 (zitiert: *M. Stürner*, in: FS v. Brünneck, 360).

Stürner, Rolf, Der Anspruch auf Erfüllung von Treue- und Sorgfaltspflichten, Juristen-Zeitung, 31. Jahrgang, 1976, S. 384–392 (zitiert: *R. Stürner*, JZ 1976, 384).

Sutschet, Holger, Der Schutzanspruch zugunsten Dritter, Unter Berücksichtigung der Pflichtenlehre des Kommissionsentwurfs, 1999 (zitiert: *Sutschet*, Schutzanspruch).

Taupitz, Jochen, Ökonomische Analyse und Haftungsrecht – Eine Zwischenbilanz, Archiv für die civilistische Praxis, Band 196, 1996, S. 114–167 (zitiert: *Taupitz*, AcP 196 (1996), 114).

Teichmann, Arndt, § 823 BGB und Verletzung eines anderen im Sport (1. Teil), Juristische Arbeitsblätter, 11. Jahrgang, 1979, S. 293–297 (zitiert: *Teichmann*, JA 1979, 293).

Ders., Strukturveränderungen im Recht der Leistungsstörungen nach dem Regierungsentwurf eines Schuldrechtsmodernisierungsgesetzes, Betriebs-Berater, 56. Jahrgang, 2001, S. 1485–1492 (zitiert: *Teichmann*, BB 2001, 1485).

Thiele, Wolfgang, Leistungsstörung und Schutzpflichtverletzung, Zur Einordnung der Schutzpflichtverletzungen in das Haftungssystem des Zivilrechts, JuristenZeitung, 22. Jahrgang, 1967, S. 649–657 (zitiert: *Thiele*, JZ 1967, 649).

Thomale, Chris, Die Einrede als materielles Gestaltungsrecht, Archiv für die civilistische Praxis, Band 212, 2012, S. 920–970 (zitiert: *Thomale*, AcP 212 (2012), 920).

Thomas, Hans-Hein, Materiellrechtliche Anspruchsgrundlagen von Unterlassungsklagen, 1972 (zitiert: *H.-H. Thomas*, Unterlassungsklagen).

Thon, August, Rechtsnorm und Subjectives Recht, Untersuchungen zur Allgemeinen Rechtslehre, 1878 (zitiert: *Thon*, Rechtsnorm und Subjectives Recht).

Tuhr, Andreas von, Der Allgemeine Teil des Deutschen Bürgerlichen Rechts, Band 1, Allgemeine Lehren und Personenrecht, 1910 (zitiert: *von Tuhr*, Der Allgemeine Teil des Deutschen Bürgerlichen Rechts, Bd. 1).

Ders., Der Allgemeine Teil des Deutschen Bürgerlichen Rechts, Band 2 Hälfte 2, 1918 (zitiert: *von Tuhr*, Der Allgemeine Teil, Bd. 2.2).

Ders., Naturalherstellung und Geldersatz, Jherings Jahrbücher für die Dogmatik des bürgerlichen Rechts, Band 46, 1904, S. 39–58 (zitiert: *von Tuhr*, JherJb 46 (1904), 39).

Ulen, Thomas, The Efficiency of Specific Performance: Toward a Unified Theory of Contract Remedies, Michigan Law Review, 83. Jahrgang, 1984, S. 341–403 (zitiert: *Ulen*, M. L. Rev. 83 (1984), 341).

Unberath, Hannes, Die Vertragsverletzung, 2007 (zitiert: *Unberath*, Vertragsverletzung).

Wächter, Carl Georg, Erörterungen aus dem Römischen, Deutschen und Württembergischen Privatrechte., zweites Heft, 1846 (zitiert: *Wächter*, Erörterungen).

Ders., Pandekten, Band 1, Allgemeiner Theil, 1880 (zitiert: *Wächter*, Pandekten, Bd. 1).

Wagener, Jonas/Wünnerke, Fabian, Zur unterlassungsrechtlichen Wiederholungsgefahr bei automatisierter Löschung von Beiträgen in sozialen Netzwerken, Recht Digital, 2. Jahrgang, 2022, S. 50–52 (zitiert: *Wagener/Wünnerke,* RDi 2022, 50).

Wagner, Gerhard, Prozeßverträge, Privatautonomie im Verfahrensrecht, 1998 (zitiert: *G. Wagner,* Prozeßverträge).

Wassermeyer, Heinz, Der prima facie Beweis und die benachbarten Erscheinungen, Eine Studie über die rechtliche Bedeutung der Erfahrungssätze, 1954 (zitiert: *Wassermeyer,* Der prima facie Beweis).

Weber, Rolf, Schutzpflichten – Ein Sozialstaatsgedanke?, in: Habscheid, Walther/Ehmann, Horst (Hrsg.), Freiheit und Zwang: rechtliche wirtschaftliche und gesellschaftliche Aspekte, Festschrift zum 60. Geburtstag von Professor Dr. iur. Dr. phil. Hans Giger, 1989, S. 735–760 (zitiert: *Rolf Weber,* in: FS Giger, 735).

Wech, Petra, Das Bankgeheimnis, Struktur, Inhalt und Grenzen einer zivilrechtlichen Schutzpflicht, 2009 (zitiert: *Wech,* Das Bankgeheimnis).

Weiland, Thomas, Die Sicherung konkurrierender Sachleistungsansprüche im Wege einstweiliger Verfügung durch Vormerkung und Verfügungsverbot, 1992 (zitiert: *Weiland,* Sicherung).

Weilbauer, Arthur, Die ergänzenden Leistungspflichten nach Treu und Glauben, 1922 (zitiert: *Weilbauer,* Leistungspflichten nach Treu und Glauben).

Weller, Marc-Philippe, Die Vertragstreue, Vertragsbindung – Naturalerfüllungsgrundsatz – Leistungstreue, 2009 (zitiert: *Weller,* Vertragstreue).

Wendelstein, Christoph, Pflicht und Anspruch, Zugleich ein Beitrag zur Bedeutung subjektiver Rechte im Privatrecht, 2021 (zitiert: *Wendelstein,* Pflicht).

Wening-Ingenheim, Johann Nepomuk von, Die Lehre vom Schadensersatze nach römischem Rechte., Eine civilistische Abhandlung, 1841 (zitiert: *von Wening-Ingenheim,* Lehre vom Schadensersatz).

Ders., Lehrbuch des Gemeinen Civilrechtes, nach Heise's Grundriß eines Systems des gemeinen Civil-Rechts zum Behufe von Pandekten-Vorlesungen, Band 2, 5. Aufl. 1837 (zitiert: *von Wening-Ingenheim,* Lehrbuch des Gemeinen Civilrechtes, Bd. 2).

Wesel, Uwe, Zur Frage des materiellen Anspruchs bei Unterlassungsklagen, in: Becker, Walter/Schnorr von Carolsfeld, Ludwig (Hrsg.), Sein und Werden im Recht, Festgabe für Ulrich von Lübtow zum 70. Geburtstag am 21. August 1970, 1970, S. 787–801 (zitiert: *Wesel,* in: FS Lübtow, 787).

Wetzel, Rita, Die Zurechnung des Verhaltens Dritter bei Eigentumsstörungstatbeständen (unter besonderer Berücksichtigung der Wissenszurechnung), 1971 (zitiert: *Wetzel,* Zurechnung).

Wetzell, Georg Wilhelm, System des ordentlichen Civilprocesses, 3. Aufl. 1878 (zitiert: *Wetzell,* System).

Wicher, Reinhard, Zur Frage der Haftung für fehlerhafte Leistung, Archiv für die civilistische Praxis, Band 158, 1959/1960, S. 297–302 (zitiert: *Wicher,* AcP 158 (1959/1960), 297).

Widmer, Pierre, Reform und Vereinheitlichung des Haftpflichtrechts auf schweizerischer und europäischer Ebene, in: Zimmermann, Reinhard (Hrsg.), Grundstrukturen des Europäischen Deliktsrechts, 2003, S. 147–188 (zitiert: *Widmer*, in: Grundstrukturen, 147).

Wieacker, Franz, Leistungshandlung und Leistungserfolg im Bürgerlichen Schuldrecht, in: Dietz, Rolf/Hübner, Heinz (Hrsg.), Festschrift für Hans Carl Nipperdey zum 70. Geburtstag am 21. Januar 1965, Band 1, 1965, S. 783–813 (zitiert: *Wieacker*, in: FS Nipperdey, Bd. 1, 783).

Wieling, Hans, Jus ad rem durch einstweilige Verfügung?, JuristenZeitung, 37. Jahrgang, 1982, S. 839–842 (zitiert: *Wieling*, JZ 1982, 839).

Wieser, Eberhard, Die Forderung als Anrecht und Zuständigkeit, Juristische Rundschau, 1967, S. 321–326 (zitiert: *Wieser*, JR 1967, 321).

Wiethölter, Rudolf, Der Rechtfertigungsgrund des verkehrsrichtigen Verhaltens, Eine Studie zum zivilrechtlichen Unrecht, 1960 (zitiert: *Wiethölter*, Rechtfertigungsgrund).

Wilhelm, Jan, Sachenrecht, 7. Aufl. 2021 (zitiert: *Wilhelm*, Sachenrecht).

Wilhelmi, Rüdiger, Risikoschutz durch Privatrecht, Eine Untersuchung zur negatorischen und deliktischen Haftung unter besonderer Berücksichtigung von Umweltschäden, 2009 (zitiert: *Wilhelmi*, Risikoschutz).

Windscheid, Bernhard, Die Actio, Abwehr gegen Dr. Theodor Muther, 1857 (zitiert: *Windscheid*, Abwehr gegen Muther).

Ders., Die Actio des römischen Civilrechts, vom Standpunkte des heutigen Rechts, 1856 (zitiert: *Windscheid*, Actio).

Ders., Lehrbuch des Pandektenrechts, Band 1, unter vergleichender Darstellung des deutschen bürgerlichen Rechts bearbeitet von Theodor Kipp, 9. Aufl. 1906 (zitiert: *Windscheid*, Lehrbuch des Pandektenrechts, Bd. 1).

Ders., Lehrbuch des Pandektenrechts, Band 2, unter vergleichender Darstellung des deutschen bürgerlichen Rechts bearbeitet von Theodor Kipp, 9. Aufl. 1906 (zitiert: *Windscheid*, Lehrbuch des Pandektenrechts, Bd. 2).

Wolf, Ernst, Rücktritt, Vertretenmüssen und Verschulden, Archiv für die civilistische Praxis, Band 153, 1954, S. 97–144 (zitiert: *E. Wolf*, AcP 153 (1954), 97).

Wollschläger, Christian, Die Entstehung der Unmöglichkeitslehre, Zur Dogmengeschichte des Rechts der Leistungsstörungen, 1970 (zitiert: *Wollschläger*, Unmöglichkeitslehre).

Würthwein, Susanne, Schadensersatz für Verlust der Nutzungsmöglichkeit einer Sache oder für entgangene Gebrauchsvorteile?, Zur Dogmatik des Schadensersatzrechts, 2001 (zitiert: *Würthwein*, Schadensersatz für Verlust der Nutzungsmöglichkeit).

Dies., Zur Schadensersatzpflicht wegen Vertragsverletzungen im Gemeinen Recht des 19. Jahrhunderts, Grundsätze des Leistungsstörungsrechts im Gemeinen Recht in ihrer Bedeutung für das BGB, 1990 (zitiert: *Würthwein*, Schadensersatzpflicht).

Wüstenbecker, Horst, Die subjektiven Privatrechte, Juristische Arbeitsblätter, 16. Jahrgang, 1984, S. 227–233 (zitiert: *Wüstenbecker*, JA 1984, 227).

Zeuner, Albrecht, Gedanken zur Unterlassungs- und negativen Feststellungsklage, in: von Caemmerer, Ernst/Nikisch, Arthur/Zweigert, Konrad (Hrsg.), Vom deutschen zum europäischen Recht, Festschrift für Hans Dölle, Band 1, Deutsches Privat- und Zivilprozessrecht, Rechtsvergleichung, 1963, S. 295–327 (zitiert: *Zeuner*, in: FS Dölle, Bd. 1, 295).

Ziebarth, Karl, Die Realexecution und die Obligation. Mit besonderer Rücksicht auf die Miethe erörtert nach römischem und deutschem Recht in Vergleich mit dem preußischen, 1866 (zitiert: *Ziebarth*, Realexecution).

Zimmer, Daniel, Das neue Recht der Leistungsstörungen, Neue Juristische Wochenschrift, 55. Jahrgang, 2002, 1-12 (zitiert: *Zimmer*, NJW 2002, 1-12).

Zimmermann, Reinhard, Herausforderungsformel und Haftung für fremde Willensbetätigungen nach § 823 I BGB, JuristenZeitung, 35. Jahrgang, 1980, S. 10–16 (zitiert: *Zimmermann*, JZ 1980, 10).

Zöllner, Wolfgang, Zivilrechtswissenschaft und Zivilrecht im ausgehenden 20. Jahrhundert, Archiv für die civilistische Praxis, Band 188, 1988, S. 85–100 (zitiert: *Zöllner*, AcP 188 (1988), 85).

Zweigert, Konrad/Kötz, Hein, Einführung in die Rechtsvergleichung auf dem Gebiete des Privatrechts, 3. Aufl. 1996 (zitiert: *Zweigert/Kötz*, Rechtsvergleichung).